U0897533

大学体育理论与实践教程

DAXUE TIYU LILUN YU SHIJIAN JIAOCHENG

主　编　刘生彦
副主编　靳铁柱　徐桂兰

编　委
齐元华　王　蛟　李洲鹏　王彬彬
杨　妮　王　飞　穆禹辰

图书在版编目(CIP)数据

大学体育理论与实践教程/刘生彦主编．—成都：西南财经大学出版社,2016.10

ISBN 978-7-5504-2603-0

Ⅰ.①大…　Ⅱ.①刘…　Ⅲ.①体育—高等学校—教材　Ⅳ.①G807.4

中国版本图书馆 CIP 数据核字(2016)第 200583 号

大学体育理论与实践教程

刘生彦　主编

责任编辑：朱斐然
封面设计：穆志坚
责任印制：封俊川

出版发行	西南财经大学出版社(四川省成都市光华村街 55 号)
网　　址	http://www.bookcj.com
电子邮件	bookcj@foxmail.com
邮政编码	610074
电　　话	028-87353785　87352368
照　　排	四川胜翔数码印务设计有限公司
印　　刷	四川森林印务有限责任公司
成品尺寸	185mm×260mm
印　　张	20.5
字　　数	505 千字
版　　次	2016 年 10 月第 1 版
印　　次	2016 年 10 月第 1 次印刷
印　　数	1—5500 册
书　　号	ISBN 978-7-5504-2603-0
定　　价	44.80 元

前 言

学校体育是高等教育的重要组成部分，学校体育必须认真贯彻“健康第一”的指导思想。根据大学生年龄特点制定教学内容、选择教学方法，有效提高大学生健康水平，培养大学生终身锻炼的习惯是学校体育教学工作的首要任务，是推进大学生全面发展的主要途径和手段。

本教材紧扣《全国普通高等学校体育课程教学指导纲要》的精神和要求，以《高等学校体育工作基本标准》为依据，力图通过学校体育教学内容和方法的选择与整合，结合大学生体质健康标准的要求，选择适合大学生喜爱的锻炼内容，改进创新教学方法和手段，重点突出基础知识和最新理论及观点，同时，注重各运动项目健身实践。

本书由刘生彦担任主编，参与编写的教师及编写章节如下：

刘生彦编写第一、二、三、四、五章；靳铁柱编写第八章第一、四节，第十一章；徐桂兰编写第九章第一、五节，与刘生彦共同编写第十章第一节；齐元华编写第七章；王蛟编写第十章第三、四节；李洲鹏编写第六章，第八章第五节；王彬彬编写第八章第二节，第十章第二节；王飞编写第十章第五节；杨妮编写第九章第二、三、四节；穆禹辰与刘生彦共同编写第八章第三节。全书由刘生彦统稿定稿，并进行图像图示处理。

本书的编写与出版，得到了西安财经学院行知学院领导的关心和支持，有关部门的大力协助，全体参编人员的通力合作，在此一并表示诚挚的感谢。在编写过程中，参阅了大量的书籍和采用了部分专家、学者的研究成果，引用了其中部分图、表和文字，在此谨向有关作者致以衷心的感谢！

由于编写人员水平有限，难免出现不妥之处，恳请批评指正。

编 者

2016 年 7 月

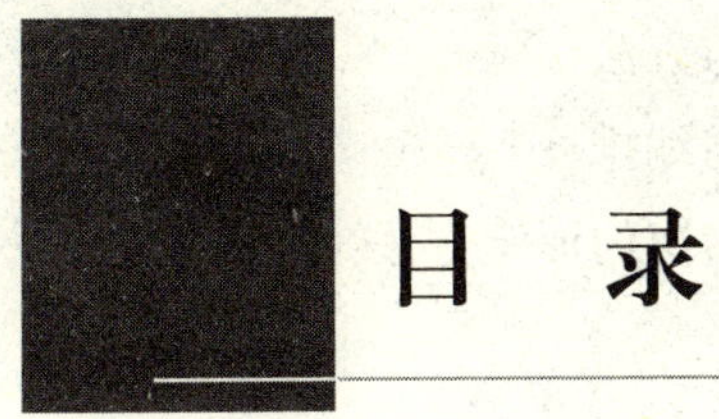

目 录

上篇 基础理论篇

下篇 运动实践篇

上篇

基础理论篇

第一章 体育概述

第一节 体育的概念

一、体育概念概述

“体育（Physical education）”一词于19世纪60年代由西方传入我国，其原意为“身体教育”，是指以身体练习为基本手段，结合日光、空气、水等自然因素和卫生措施，有组织有计划地锻炼身心的一类活动。随着社会进步与体育实践的发展，体育派生出体育教育、竞技体育和身体锻炼三个既有区别、又有联系的内容，并逐渐形成了与教育、文化相关联的新体系，原有“体育”一词已不能涵盖具有相对独立体系的“竞技体育”和“身体锻炼”。

体育的概念随着社会的不断发展和人们对体育认识的深化而不断变化。根据中国体育发展的特点和规律给“体育”下定义，体育是以身体练习为基本手段，以发展身体、增强体质为基本特征的教育过程和社会文化活动，包括体育教育、竞技体育和社会体育（群众体育）三方面的内容，受社会政治、经济的影响和制约，并为其服务。体育教育、竞技体育和社会体育（群众体育）三者既有区别，又相互关联地构成一个整体。

关于体育的概念有多种表述：体育是一种寓教育于运动之中的社会现象，是通过运动促进人的全面发展并丰富人们文化生活的一种社会现象；体育是身体教育的或体质教育的简称，指的是教育者向受教育者传授增强体质的知识技能和运用这些知识技能实际锻炼身体的过程。体育运动是人类的特殊育化方式，是现代人的基本生存方式。因此，体育是以身体运动为基本手段，促进人的全面发展，丰富人们文化生活的社会实践活动。从广义上看，体育已经发展成体育运动、体育科学、体育产业和体育文化四位一体的社会现象。

综上所述，我们比较认同赵立从体育现象出发，给出的体育的概念：体育（广义的，亦称体育运动）是指以身体练习为基本手段，以增强体质，促进人的全面发展、丰富社会文化生活为目的的一种人类社会文化活动。它是社会总文化的一部分，其发展受到政治和经济的制约，也为政治和经济服务。

但是，对“体育”概念的争论一直没有停止。张洪潭在《体育的概念、术语、定义之解说立论》一文中认为“体育就是旨在强化体能的非生产性肢体活动”，包信在《关于体育的概念和本质的讨论》中认为“体育的本质归为：人的用以强化身体素质的非生产性的身体练习”，等等，不一一列举。总之，体育的概念将随着人们认识的不断深入而发展和变化。

二、与体育概念相关的名词和定义

身体练习是指人们为增进健康、增强体质、娱乐身心、提高运动技术水平而采取的各种具体动作的总称。其主要特点是有大肌肉参与的运动技术动作。

体质是指人体的质量，是人在先天遗传性和后天获得性的基础上所表现出来的人体形态结构、生理机能和心理素质的综合的相对稳定的特征。体质是人的一切生命活动的物质基础。在人的整个生命活动过程中，体质表现出明显的个体差异性以及个体发展阶段性。体质的好坏受遗传因素、营养条件、身体锻炼、生活环境和生命规律的影响。因而，体质是可变的。在影响体质的诸因素中，经常地、科学地从事体育运动是最为积极有效的。体质的外延包含身体形态、体能、机能、适应能力和精神状态等。

身体形态包括体格、体型及身体姿态，是人体生长、发育水平的重要指标。

机能是指器官系统的功能。例如脉搏、血压等是反映心血管系统机能水平的指标。这些功能与人的运动能力直接相关。

体能是指有机体在身体活动中所表现出来的能力，包括走、跑、跳、投、攀、爬、搬运等能力，其基础是人的身体素质。人的身体素质是指人的力量、灵敏、耐力、速度和柔韧等素质。在现代，国际上比较流行健康体能的概念，它是使人保持正常生活和工作能力的身体素质，主要指力量、耐力和柔韧三大身体素质。

适应能力是指人体在适应外界环境时所表现出来的机能能力。它包括对外界环境的适应能力和对疾病的抵抗能力。

根据我国体育工作的实际情况，我国的体育事业一般划分为三个领域，即学校体育、社会体育（群众体育）、竞技体育。

学校体育（狭义的体育）是在以学校教育为主的环境中，运用身体运动、卫生保健等手段，对受教育者施加影响，促进其身心健康发展的，有目的、有计划、有组织的教育活动，包括各类学校的体育教学和课外体育活动等。

社会体育是指公民自愿参加的以增进身心健康为主要目的的群众性体育活动。社会体育也称群众体育或大众体育。

竞技体育是指在全面发展身体、最大限度地挖掘和发挥人（个体或群体）在体力、心理、智力等方面的潜力的基础上，以攀登运动技术高峰和创造优异运动成绩为主要目的的一种运动活动过程。

第二节 体育的分类

体育的分类是将体育领域中的各种表现形式，按照一定的标准进行区别并确定其归属的过程。按照不同的标准，可以将体育划分为不同的类别，例如，若按体育实施范围划分，可分为学校体育、军队体育、社区体育、农村体育等；若按年龄特征划分，可分为幼儿体育、儿童体育、成年体育、老年体育等；若按时代特点划分，可分为传统体育、近代体育、现代体育等；若按照功能划分，可分为医疗体育、健身体育等。本书依据各种体育实践的基本功能和特征、人们对体育基本类型的认同，以及体育工作的实际情况等综合因素，将体育划分为学校体育、社会体育、竞技体育三种基本类型。

一、学校体育

学校体育，就是在以学校教育为主的环境中，运用身体运动、卫生保健等手段，对受教育者施加影响，促进其身心健康发展的，有目的、有计划、有组织的教育活动。学校体育属于教育范畴，无论在哪种社会条件下，都受该社会的政治、经济、文化、教育的影响和制约，并通过培养人才为之服务。学校体育与学校德育、智育共同组成完整的学校教育体系，是培养符合社会需要的合格人才的一项基本内容和基本途径。学校体育由五个主要部分或要素构成：体育教学（以体育课为主要形式）；课外体育活动（由学校或学生自行组织，以学生体育锻炼为主要内容）；运动代表队训练和各种形式的体育比赛（如班级赛、校际赛、各类选拔赛，以及参加地区和全国性比赛等）；早操和课间操（前者多由学生个人自由锻炼或学生自由组合锻炼，后者多为有组织的徒手体操活动）；科学的作息和保健措施（旨在保证学生足够的睡眠、休息和锻炼时间，同时要讲究卫生，注意营养，预防疾病发生等）。

按照时间序列，学校体育系统的结构大致上可以划分为学前阶段体育、初等教育阶段体育、中等教育阶段体育和高等教育阶段体育四个部分。

二、社会体育

社会体育（我国亦称群众体育，有的国家称为大众体育或国民体育），指职工、农民和街道居民自愿参加的、以增进身心健康为主要目的的，内容丰富、形式灵活的社会体育活动。它是我国体育的基本组成部分，也是我国体育事业的重要组成部分。它既有别于高水平的竞技体育，也有别于学校体育和武装力量体育。

社会体育以促进社会健康，增强人民体质，延长人的寿命，满足人民群众的健美、消遣、娱乐、休闲、保健、医疗、康复、社交等多方面的需要为目的，多不追求达到高水平的运动成绩。

社会体育具有以下特点：占有较大的社会空间和较多的社会时间；具有多种形式的活动分类、活动方式和灵活的组织形式；参加对象十分广泛，活动内容非常丰富；与社会的结合十分紧密。

发展社会体育，促进全民健身，可以增强劳动者的身体素质，提高劳动生产率；预防和减少疾病，提高健康水平；改善生活环境，提高生活质量；融洽人际关系，提高适应社会的能力；丰富社会文化生活，促进精神文明建设。中国社会体育的未来发展走向是在政府部门主导下，广泛动员社会力量，调动各方面的积极性，逐步形成全社会参与的格局，使社会体育日趋生活化、普遍化、组织化、科学化、规范化、制度化。同时，体育产业将日益发展，体育市场逐渐完善，人民群众的体育消费水平将会不断提高。

三、竞技体育

竞技体育是体育的重要组成部分，它与学校体育（体育教育）、社会体育（群众体育）共同构成体育的主体框架，是以体育竞赛为主要特征，以创造优异运动成绩、夺取比赛优胜为主要目标的社会体育活动。也可以说，竞技体育是在全面发展身体，最大限度地挖掘和发挥人在体力、心理、智力等方面潜力的基础上，以提高运动技术水平和创造优异运动成绩为主要目的的一种活动过程。

竞技体育包含着运动员选材、运动训练、运动竞赛和竞技体育管理四个组成部分。

第三节 奥林匹克运动

奥林匹克运动是在奥林匹克主义指导下，以体育运动和四年一度的奥林匹克庆典为主要活动内容，促进人的生理、心理和社会道德全面发展，加深各国人民之间的互相了解，在全世界普及奥林匹克主义，维护世界和平的国际社会运动。奥林匹克运动包括以奥林匹克主义为核心的思想体系，以国际奥委会、国际单项体育联合会和各国奥委会为骨干的组织体系和以奥运会为周期的活动体系。

奥林匹克运动兴起于欧洲资本主义工业化时代，但其渊源可以追溯到古希腊的奥林匹克运动会。古代奥运会为祭祀希腊的万神之王——宙斯神而设立，每四年一届，在古希腊最著名的宗教祭祀圣地——奥林匹亚举行。

为了系统了解奥林匹克运动，人们把它分为古代奥林匹克运动和现代奥林匹克运动。

一、古代奥林匹克运动

古代奥运会产生于古希腊。公元前 776 年首届古奥运会在奥林匹亚召开。古代奥运会自公元前 776 年至公元 394 年，历时 1 170 年，共举行了 293 届。第 1 届古代奥运会仅有一个比赛项目——距离约为 192. 27 米的场地跑。自第 1 届古代奥运会起，规定 4 年举行 1 次。

每届奥运会均在能容纳 5 万观众的奥林匹亚运动场上举行。比赛场地均为 200×30 米。也有专门供运动员居住和训练的地方。最初只有短跑一项比赛，后来逐渐增加了长跑、跳远、标枪、铁饼、角力、5 项全能（跑、跳远、铁饼、标枪、摔跤）、拳击、赛马和赛车等 24 个项目。

二、现代奥林匹克运动会

从 1889 年开始，在后来被人尊称为“奥林匹克之父”的法国教育家皮埃尔·德·顾拜旦（Pierre de Coubertin）的倡导和努力下，恢复了中断一千多年的奥运会，并于 1896 年 4 月 6 日—4 月 15 日，在希腊雅典举办了第一届现代奥运会。

正式的冬季奥林匹克运动会始于 1924 年。1994 年起，冬奥会与夏奥会以 2 年为相隔期交叉举行。冬季奥运会与夏季奥运会的举办地点在不同的国家。

至2016年5月，现代奥运会（夏季奥运会）共举办了30届，冬季奥运会举办了22届。

三、奥林匹克思想体系

（一）《奥林匹克宪章》

《奥林匹克宪章》（Olympic Charter）是国际奥委会制定的关于奥林匹克运动的最高法律文件。宪章对奥林匹克运动的组织、宗旨、原则、成员资格、机构及其各自的职权范围和奥林匹克各种活动的基本程序等作了明确规定。这个法律文件是约束所有奥林匹克活动参与者行为的最基本标准和各方进行合作的基础。

（二）奥林匹克格言

奥林匹克格言（Olympic Motto）亦称奥林匹克口号。“更快、更高、更强”是奥林匹克格言，它充分表达了奥林匹克运动所倡导的不断进取、永不满足的奋斗精神。它不仅表示在竞技运动中要不畏强手，敢于斗争，敢于胜利，而且鼓励人们在自己的生活和工作中不甘于平庸，要朝气蓬勃，不断进取，超越自我，将自己的潜能发挥到极限。

（三）奥林匹克宗旨

奥林匹克运动的宗旨是“通过没有任何歧视、具有奥林匹克精神——以友谊、团结和公平竞争的精神互相理解的体育活动来教育青年，从而为建立一个和平的更美好的世界做出贡献”。

（四）奥林匹克精神

奥林匹克精神（Olympic spirit）就是相互理解、友谊、团结和公平竞争的精神。奥林匹克精神对奥林匹克运动具有十分重要的指导作用。

（五）奥林匹克标志

奥林匹克标志（Olympic Logo）是由《奥林匹克宪章》确定的，也被称为奥运五环标志。它由5个奥林匹克环套接组成，可以是单色也可以是蓝、黄、黑、绿、红5种颜色。环从左到右互相套接，上面是蓝、黑、红环，下面是黄、绿环。整个造型为一个底部小的规则梯形。奥林匹克标志不仅象征五大洲的团结，而且强调所有参赛运动员应以公正、坦诚的运动员精神在比赛场上相见。

图1-3-1 奥林匹克五环标志

四、中国与奥林匹克运动

（一）旧中国与奥林匹克运动

1894年6月23日国际奥委会成立。1896年，第1届现代奥运会的圣火在希腊雅典燃烧。赛前，国际奥委会的一封邀请函寄至清政府，可当时正值中国甲午战争战败，被迫签订丧权辱国的《马关条约》，清朝统治者根本无暇顾及奥运赛事。

1932年美国洛杉矶举行第10届奥运会，在张学良将军的资助下，派出了三人代表团：

代表沈嗣良，选手刘长春，教练宋君复。刘长春参加了100米、200米比赛，开创了我国参加奥运会的历史记录。

1936年在德国柏林举行的第11届奥运会上，中国69名选手参加了比赛，参加项目有田径、游泳、举重、拳击、自行车、篮球及足球，另外还有一个武术表演队。最后只有符保卢通过了撑竿跳高及格赛。

1948年在英国伦敦举行的第14届奥运会，因受经费限制，运动员分批从上海、香港出发赴伦敦，足球队、篮球队为了筹募代表队的经费，沿途安排了表演比赛以慰侨胞，并希望解决部分旅费。就这样代表队在伦敦还是唯一住不起奥运村的队伍。这是中国奥运史上不堪回首的一页。

（二）新中国加入奥林匹克运动大家庭

中华人民共和国正式成立后，为了抗议国际奥委会制造“两个中国”阴谋，中华人民共和国在1958年8月19日的一封致国际奥委会的函中宣布退出奥林匹克运动。

1971年10月，中华人民共和国在联合国安理会的席位得到了恢复。由于种种原因，直到1979年，中华人民共和国的奥委会才再一次获得了国际奥委会的正式承认。

（三）我国参加奥运会的获奖经历

1984年7月在美国洛杉矶举行的第23届奥运会上，中国奥委会派出了353人的庞大代表团。在开幕后的第1天比赛中，中国著名运动员许海峰获得男子60发自选手枪的金牌，打破了中国在奥运会上金牌“零”的记录。在第23届奥运会上，我国选手共获得15枚金牌、8枚银牌、9枚铜牌，取得了历史性的突破。

1988年第24届奥运会在韩国汉城召开，我国奥委会派出了445人的代表团，其中运动员301人。在本届奥运会上，中国只获得了5枚金牌、11枚银牌和12枚铜牌。

1992年第25届奥运会在西班牙巴塞罗那举行，我国奥委会派出了380人的代表团，其中运动员251人。我国选手共获得16枚金牌、22枚银牌、16枚铜牌。

1996年第26届奥运会在美国亚特兰大举行，我国运动员参加了26个大项目中的22项比赛，共获得16枚金牌、22枚银牌、12枚铜牌，并创下4项举重世界纪录。

2000年9月第27届奥运会在澳大利亚悉尼举行，这是人类社会进入新千年的首届体育盛会，是奥运会历史上设项最多（28大项300小项），参赛国家和地区及人数最多的一届。我国选手获得了28枚金牌、16枚银牌、15枚铜牌。

2004年在希腊雅典举行的第28届奥运会上，我国选手获得了32枚金牌、17枚银牌、14枚铜牌。

2008年在中国北京举行的第29届奥运会上，我国选手获得了51枚金牌、21枚银牌、28枚铜牌。

2012年在英国伦敦举行的第30届奥运会上，我国选手获得了38枚金牌、27枚银牌、23枚铜牌。

（四）中国成功举办第29届夏季奥运会

2008年8月8日，在“同一个世界，同一个梦想（One World，One Dream）”口号的感召下，在“绿色奥运、科技奥运、人文奥运”理念的指导下，北京成功举办了第29届奥运会。在本届奥运会的金牌榜上，作为东道主的中国体育代表团历史性地超越美国，升至金牌榜首位，并且金牌总数突破了50大关，远远超过了上届奥运会的32枚，奖牌总数也首度达到100枚。虽然奖牌总数比美国队少了10枚，但中国健儿在本届盛会取得了无数个历史性的突破。

北京奥运会的举办，掀起了群众健身的热潮，有力地推动了我国全民健身运动的开展。为了满足广大人民群众日益增长的体育需求，为了纪念北京奥运会的成功举办，2009年1月7日，经国务院批准，从2009年起，每年8月8日为“全民健身日”。同年8月30日，国务院颁布了《全民健身条例》。

（五）中国将举办第24届冬季奥运会

2015年7月31日，北京携手张家口获得2022年第24届冬奥会举办权。

第四节　体育欣赏

一、体育欣赏简介

体育欣赏是指人们在工作学习之余，欣赏体育表演或比赛以陶冶情操，使身心两方面得到积极休息的一种活动。体育欣赏可分为直接欣赏和间接欣赏。直接欣赏指去体育比赛现场观看比赛，而间接欣赏则指通过大众传播媒介观看体育比赛。

随着现代社会物质文明和精神文明的高度发展，人们的业余生活越来越丰富，对业余生活质量的要求也越来越高。特别是在高节奏、高效率的工作压力下，人们需要不断调节生活节奏，自我放松，愉悦身心。

体育运动不仅有着强烈的竞争性，而且还具有很强的技艺性、教育性和观赏性。随着社会的进步、商业性体育的兴起以及新闻传播媒介的迅速发展，一种被称为信息消费的体育——观赏体育应运而生。而欣赏体育比赛、体育表演，则成为人们业余生活中不可缺少的重要内容，它给人们带来越来越多的视觉享受。

运动竞赛和体育比赛中运动员尽善尽美的表演，健、力、美的和谐统一，鲜明的节奏、默契的配合，表现出诗意的情感、艺术的造型，给人以美的享受，令人忘掉忧愁和烦恼，有效地调整心态，改善情绪，使人朝气蓬勃、充满活力、增进健康。

人们在欣赏体育比赛的过程中还可以看到运动员之间、运动员和裁判员之间、观众和运动员之间发生着频繁而激烈的思想感情或行为上的交流；从中看到个人与集体的关系、人与人之间的合作精神、谅解精神、相互鼓励的精神；在激烈的竞争中，还有严格的规则，人们从中可受到诚实品质和严密组织纪律的熏陶。因此，体育欣赏能培养人们团结合作的精神，豁达乐观的性格、愉快的情绪。

在体育欣赏的过程中，人们可以学到许多体育方面的知识，如通过主持人和嘉宾的现场解说，观众可以了解一些体育项目的起源和发展，一些优秀运动员的情况，一些国家和地区的风土人情，了解一些项目的裁判规则等。这些可以开阔眼界，增长体育知识，增进各国运动员和人民之间的了解和友谊。

体育欣赏给人们提供了一个学习运动员拼搏进取、无私奉献、为国争光等精神的大课堂。在体育比赛中，运动员你追我赶，每分必争，每球必夺。不经过奋力拼搏，要战胜对手、夺取胜利是不可能的。正因为如此，“更快、更高、更强”就成了现代奥林匹克运动的口号，它充分表现了体育的竞争意识，这种竞争意识反映了人类勇于接受挑战，敢于拼搏，勇于争取胜利的气概和人们征服自然、改造社会、超越自我的理想。

二、体育的美学特点

（一）体育的整体美

整体美是体育活动中的一种美的特定形态，主要表现在集体项目的群体组合和活动中。如篮球队、排球队、足球队，通过体育技术的组合、运行、提高等，以及出神入化的运用表现出来一种整体美。队员们之间配合默契，娴熟的传接球、投篮、扣球、射门等都表现了群体意识美、智慧美和技术美。

（二）体育的含蓄美

体育的艺术美、创造美，人们内心的道德美、力量美、智慧美等都是含蓄美的表现形式。

（三）体育的形式美

体育的形式美是技术、形状、结构和动作组合美，是体育的外形美，包括比例、和谐、均衡、节奏等。它给人们以生理上、心理上的愉悦，是人们表现自我意识和创造能力的方式之一，是体育美的重要体现。

（四）人体的形态美

人体的形态美主要表现为自然或正常的体态，包括正常的生长发育、丰满的肌肉、自然协调的动作、正常的行动姿态等。体育活动使人们形成了健壮匀称的体格，端正的健美姿势。形与美的协调，充分展示了人体美和充满朝气的气质美。

（五）人体的动作美

人体的动作美主要表现在动作的协调和韵律感上。体育就是发展人们身体的各种能力，培养动作的灵巧性和协调性，发挥动作的速度，使其既经济又美观。人们在比赛或活动中，动作协调、节奏分明，产生一种动作美，特别是艺术体操、花样游泳、武术等项目，更是体育与艺术的结合，具有很好的美育作用。

（六）人体的健康美

健康美是人类健康的身体呈现的美。在大众中开展的各项健身活动，充分地展示了充满着生命力的健康美。身体健康、肌肉匀称、体格健壮，还有优美大方、灵活、协调、富有节奏感以及活动中体现出来的良好心理素质，都给人以健康美的情感体验。

在体育运动中，美的表现具有不同的形状、相貌和特性，它们给人的审美感受也是不尽相同的。正是由于体育能给予人们如此多的情感体验，从而促使更多的人去关心它，了解它，欣赏它，体验它，参与它。

三、如何欣赏体育竞赛

（一）从技术、战术角度欣赏体育竞赛

从运动技术、战术的角度欣赏体育竞赛，会使人联想到现代社会的许多事业都需要人们像赛场上的运动员那样刻苦努力、明确分工、真诚合作，才能成功。

1. 竞技技术欣赏

在球类比赛中，篮球、排球、乒乓球、足球、网球、羽毛球等球类运动发展的速度非常快，新技术不断出现。

篮球比赛中的跳起空中换手投篮、勾手投篮、补篮以及单手、双手正（反）扣篮、投三分球等极具欣赏价值，我们还可以欣赏运动员传接球、运球、突破、抢篮板球等基本技术。

欣赏足球比赛时，我们特别偏爱精彩的射门，射门是进攻的“归宿”，但能不能达到进球的目的，还要看运动员的传接球、控制球、带球过人等基本技术掌握得怎样，其技术越高，射门的次数就越多，获胜的可能性就越大。

排球比赛中除了常见的移动、传球、发球、扣球、拦网等基本技术之外，快球技术发展也很快，比较常见的有近体快球、短平快球、远网快球等。我国排球健儿还创造和发展了“时间差”“位置差”等快球技术，起到了自身掩护、甩掉拦网的作用。

优秀的网球选手在比赛中击球速度快，底线抽球落点准、角度大，来回球数量多，同时还具有好的发球及网前技术。

我们在欣赏跳板跳水比赛时，应该了解跳板跳水的关键技术。合理利用跳板的反弹力，可以获得好的起跳角度和高度，因此，走板和起跳是跳板跳水的技术基础，要求整个身体的压板动作要与跳板振动节奏相吻合。“压水花”技术自 20 世纪 70 年代以来已为世界各国的优秀运动员所掌握，要求运动员在入水时，两臂用力舒展伸直，在将要入水的一瞬间手掌上翻、掌心朝下，身体与水面成 90°或接近 90°的入水角度，溅起的水花越小越好。

竞技体操比赛要求运动员的技术动作既要难度高，又要稳健，准确优美，节奏好，幅度大。我们可以从以下几个方面来欣赏它的基本技术：静止姿势，有悬垂和支撑，例如吊环中的直角支撑、倒十字支撑等；用力动作，有悬垂和支撑的转换，由支撑到支撑，由悬垂到悬垂；摆动动作，有转体、空翻、回环、换握、腾越、摆动、全旋。

各项体育运动均是由一系列的技术动作组成的，每个项目都有其自身的技术特点。我们在欣赏体育比赛时不仅要注意运动员完成技术动作的情况，更应当欣赏运动员是如何利用自身的有利条件形成独特技术特点的。

2. 竞技战术欣赏

体育比赛中的战术是指比赛双方根据赛场情况变化，正确分配体力，采取合理行动，充分发挥自己的优势，限制对方的特长，以期达到取得比赛胜利的目的。不同的体育比赛具有不同的战术特点。

在田径比赛中，战术要根据自己的特点和对手的情况而定，如中长跑的体力分配、速度安排、跟跑、最后冲刺等。如在跳高比赛中，为节省体力和给对手以心理压力所使用的免跳和选择起跳高度等。在对抗性强的球类运动中，战术更是灵活多变、复杂多样。足球比赛中战术的运用，首先是选择适合本队特点及运动员体力和技术水平发挥的比赛阵型，同时也要考虑双方力量对比及其他客观条件（场地、气候等）。如足球比赛中常用的全队战术有：全队进攻战术、全队防守战术和定位球战术。先进的“全攻全守”的总体型打法把足球比赛带入了一个新的境界，这种战术最大限度地发挥了集体力量，调动了全队的积极性。攻势足球则是强调和提倡进攻，鼓励多射门，争取多进球。

（二）从人体能力和运动精神的角度观赏体育竞赛

竞技体育运动最大限度地发挥了人体运动潜能。通过平时训练的积累，运动员在体育比赛中所表现出来的、大大超过常人的运动能力和水平是非常吸引人的。例如，把 7.26 千克的铅球推出 20 米开外；9 秒多就能跑完 100 米；2 小时 8 分多钟就能跑完 42.195 千米的“马拉松”全程；能够举起相当于自己体重 3 倍的绝对重量；高高跃起超过自己身高几十厘米的横杆，等等。运动员在比赛中顽强拼搏、勇于进取的意志品质以及团结协作、密切配合的集体主义精神会使人们受到启迪和教益。人们在观赏运动员的技艺和能力的同时也容易对运动员的外貌、风度、动作、习惯、爱好等方面产生兴趣，甚至着迷。有些人把某个运动员当作自己的偶像来崇拜，许多优秀运动员的成长过程会使人们受到有益的启迪和鼓舞。

（三）从体育文化的角度观赏体育竞赛

现代竞技体育比赛已经成为影响最大的一种全球性活动，体育比赛的内涵和外延更加深刻丰富，它的意义已超出比赛的本身，充满了时代精神和人生哲理。所以从体育文化的角度来观赏体育比赛，会使人们在观念、思维、情趣等方面得到净化和升华。

人们在观赏比赛时总是会感到时代的脉搏，领会到时代的精神。优胜劣汰是体育竞赛的本质属性，参赛各方在强与弱、优与劣、先进与落后、正确与错误、创新与守旧等方面进行竞争，从广义上讲，竞争更是人类进步和社会发展的强大动力。人们应该从体育竞争中认识竞争，学习和适应竞争，竞技体育比赛在培养人们的竞争能力，激发人们的竞争意识方面有着独特的作用。正是竞技运动所具有的独特作用和魅力，使竞技体育比赛更具观赏性。

体育史的演进往往是以一串连缀的数字为标志的。这些数字记录着人类向自身生命挑战所超越的奇迹。在体育运动中，那些与生命本身直接相关的品质，如力量、速度、敏捷、和谐、智慧、毅力、勇敢顽强、理智热情、端正坦荡……都在运动的过程中得到锤炼、检验与升华。因此，从某种意义上说，体育便成为人们完善自我，指向理想人格的尺度与渠道，成为锻造最佳生命质量的基石与熔炉。我们欣赏体育，是欣赏它蕴含着的生命光华，以及这光华给予我们的启迪、感召和鼓舞。我们赞美体育，是赞美它凝聚着人类对和平、友谊与进步的美好愿望。

奥林匹克格言是“更快、更高、更强”，它充分表达了奥林匹克运动不断进取的拼搏意识和奋斗精神。在这个格言的激励下，优秀的选手们顽强训练、勇于拼搏。运动会的纪录被一次一次地刷新，新的高峰被征服，这都是人类不断超越自我、战胜自我的表现。而有的体育项目还需要队员团结协作才能夺取胜利。其实，这种战胜自我和团结协作的精神不止停留在竞技场上。在奥林匹克选手后面，有着亿万的人民群众，选手们顽强拼搏、互相竞争、团结协作的精神品质，强烈地感染着世人。这种宝贵的精神品质，是奥林匹克运动价值体系的精髓。人们欣赏体育运动、喜欢体育运动，不仅是因为从中欣赏到运动健儿的精湛技艺，更是因为从中受到鼓舞、教育和激励，激发了改造社会、改造自然的巨大动力。现代奥林匹克运动的社会价值及其潜在价值也集中体现于此。

（四）从体育美的角度欣赏体育竞赛

1. 对身体美的欣赏

体育欣赏的内容十分丰富。有的人欣赏竞技运动比赛的激烈场面，有的人欣赏竞技运动比赛中的裁判执法水平，也有的人欣赏体育运动场馆的建筑艺术风格，还有的人欣赏体育运动的器材、服装和其他用品。

然而，对于大部分体育竞赛的观众来说，在观看体育项目的过程中，首先映入眼帘的是运动员的身体形态。因此，对身体美的欣赏是最基本、最直观的欣赏。身体美，是人类健康的身体所呈现的美，它是一种由良好的生理和心理状态综合显示出的健康之美，是生命灌注之美。身体美不仅包括人体表面形态的美，还包括骨骼、肌肉、皮肤、毛发等影响人体表面形态的构件，并涉及音容笑貌、服装饰物等与表现身体美有关的所有方面。古希腊“维纳斯”女神、“掷铁饼者”等雕塑之所以长年不衰，屡屡作为经典的艺术造型为艺术家二次、三次或多次创作提供素材并为大众所熟悉和欣赏，除其造型艺术价值外，雕塑人物的身体形态美也满足了人们对美的追求。

身体美的内容十分丰富，它不仅包括强壮美、体态美、体型美等外在美，还包括一些潜在的美的因素，如速度美、素质美等。

（1）强壮美。强壮美主要在男性运动员身上体现，表现为肌肉发达、身体魁伟、强健，给人以强壮有力、充满生命的活力等感受。

（2）体态美。体态美是指人的形体和姿势美，表现在运动员形态结构的匀称、举手投足间体现出的优雅等综合效果上，集中体现在人体的姿态上。

（3）体型美。体型是人体结构的类型，主要取决于遗传、环境和营养等因素，但也可以通过体育锻炼和运动训练加以改造。由于各运动项目的特点不同，对运动员的体型也有不同的要求，例如，篮球运动员的体型高大、躯干健壮、四肢较长、匀称协调；而游泳运动员的体型则是肌肉丰满、肩宽背阔、胸厚臀薄。匀称的体型和发达的肌肉有助于形成线条美。

（4）素质美。素质美即通常说的力量、速度、耐力、柔韧、灵敏等身体素质中表现的潜在美，它以一种特殊形式存在于身体美之中，是通过运动实践、生产实践和生活显现出来的。力量美多体现在高强度的运动竞赛中，如凶猛的拳击比赛，勇猛冲撞的橄榄球比赛等。速度美通过惊人的速度表现出来，如自行车赛场上飞驰的团体追逐赛，田径场上的短跑比赛等。耐力美表现在长时间的运动过程中，如长跑比赛中，脚着地柔和，动作轻快，重心平稳，给观众留下轻快、轻松和飘逸的风姿。柔韧美和灵敏美，则使观众感受到一种柔软、舒展、机敏之感，如跳水、体操等。许多知名度较高，参与和欣赏人数众多的运动之所以受到热捧，则是因为这些运动往往集中了各类素质之美，使观众能较强地综合感受到运动之美。

2. 对运动美的欣赏

运动美是身体的运动之美，是人们在体育活动中表现出的美，是社会文化生活的反映，它是一种特殊的审美对象。感受运动美，需要懂得一定的运动知识，特别是竞赛运动知识，并以理解人体运动的潜力和限度为前提；表现运动美，则不但要掌握知识，还必须亲自参加体育活动的具体实践。运动美的特点在于准确、干净、敏捷、协调、连贯、舒展而富有节奏，给人以“增之一分则多，减之一分则少”的感受。

运动中各种动作表现在姿势与结构上的美，是在空间相对稳定时显现的，像连续放映的影片突然定格，具有类似雕塑艺术的立体的直观性特征。

在体育运动中，一般把刚毅、强壮、雄健、豪放、壮丽、剧烈运动的美，都视为阳刚之美，而把柔和、优雅、纤巧、缠绵、秀丽、平缓活动的美，都视为阴柔之美。一般来说，男运动员的形体、动作，力量和速度型的运动项目，表现出阳刚之美，而女运动员的形体、动作，柔韧和灵敏型的项目，表现阴柔之美。如表现不当，刚柔错位，阴阳颠倒，就很难产生美感。阳刚与阴柔之美是相对而言的。刚柔对比是形成动作美的重要手段。两者对比可显得刚者愈刚，柔者愈柔；反过来也可刚柔相济，刚中见柔，柔中见刚，相得益彰，产生多样性统一的艺术魅力。

3. 对风格美的欣赏

风格美，一般包括两个方面的内容，即技术风格和思想风格。

技术风格美，包括运动员（队）在技术、战术上所表现出的特长与特点之美，亦即技术、战术风貌和格调上的特性之美。各个运动员（队）根据各自的特点创造出与众不同的风格，构成了自己独特的技术风格之美。例如，中国的乒乓球，自 20 世纪 50 年代初开始步入世界乒坛并逐步形成了我国运动员直拍握法的“快、狠、准、变”的技术风格；而在足球场上，世界各国更是风格多样，如巴西队的华丽脚法风格、意大利的防守反击风格、英格兰的凶狠拼抢风格等。

思想风格美，是指运动员在运动竞赛中所体现的思想品质、道德修养、行为作风等综合的社会意识美。人们在观赏运动竞赛时，也往往深受感动，产生共鸣而享受到一种意识形态美。

第二章 大学体育与大学生身心健康

第一节 大学体育的目的、目标与任务

一、大学体育的目的

大学体育以体育课、运动竞赛和课余锻炼为基本手段，通过身体练习，增强学生的体质，促进学生的身心和谐健康发展，培养学生从事体育锻炼的意识、兴趣、习惯和能力，使学生学会健身方法，为终身体育奠定良好的基础；同时，大学体育注重对学生的道德素质和社会适应能力的培养，使其成为具有时代精神的、德智体全面发展的社会合格人才。

二、大学体育的目标

高校体育是高校教育的重要组成部分，2002 年教育部颁布的《全国普通高等学校体育课程教学指导纲要》（下称《纲要》）中明确规定：高校体育课程的性质是大学生以身体练习为主要手段，通过合理的体育教育和科学的体育锻炼过程，达到增强体质、增进健康和提高体育素养为主要目标的公共必修课程；是学校课程体系的重要组成部分；是高校体育工作的中心环节。体育课程是寓身心和谐发展、思想品德教育、文化科学教育、生活与体育技能教育于身体活动中并有机结合的教育过程；是实施素质教育和培养全面发展的人才的重要途径。大学体育课程目标分为基本目标和发展目标两个层次，每个层次均包含运动参与、运动技能、身体健康、心理健康和社会适应五个领域的目标。

（一）基本目标

基本目标是根据大多数学生的基本要求而确定的，分为五个领域目标。

1. 运动参与目标

积极参与各种体育活动并基本形成自觉锻炼的习惯，基本形成终身体育的意识，能够编制可行的个人锻炼计划，具有一定的体育文化欣赏能力。

2. 运动技能目标

熟练掌握两项以上健身运动的基本方法和技能；能科学地进行体育锻炼，提高自己的运动能力；掌握常见运动创伤的处置方法。

3. 身体健康目标

掌握有效提高身体素质、全面发展体能的知识与方法；能合理选择人体需要的健康营养食品；养成良好的行为习惯，形成健康的生活方式；具有健康的体魄。

4. 心理健康目标

根据自己的能力设置体育学习目标；自觉通过体育活动改善心理状态、克服心理障碍，养成积极乐观的生活态度；运用适宜的方法调节自己的情绪；在运动中体验运动的乐趣和成功的感觉。

5. 社会适应目标

表现出良好的体育道德和合作精神；正确处理竞争与合作的关系。

（二）发展目标

发展目标是针对部分学有所长和有余力的学生确定的，也可作为大多数学生的努力目标，分为五个领域目标。

1. 运动参与目标

形成良好的体育锻炼习惯；能独立制订适用于自身需要的健身运动处方；具有较高的体育文化素养和观赏水平。

2. 运动技能目标

积极提高运动技术水平，发展自己的运动才能，在某个运动项目上达到或相当于国家等级运动员水平；能参加有挑战性的野外活动和运动竞赛。

3. 身体健康目标

能选择良好的运动环境，全面发展体能，提高自身科学锻炼的能力，练就强健的体魄。

4. 心理健康目标

在具有挑战性的运动环境中表现出勇敢顽强的意志品质。

5. 社会适应目标

形成良好的行为习惯，主动关心、积极参加社区体育事务。

为了完成上述目标，《纲要》规定，普通高等学校的一、二年级必须开设体育课程。修满规定学分、达到基本要求是学生毕业、获得学位的必要条件之一。普通高等学校对三年级以上学生（包括研究生）开设体育选修课。

同时，为实现体育课程目标，应使课堂教学与课外、校外的体育活动有机结合，学校与社会紧密联系。要把有目的、有计划、有组织的课外体育锻炼、校外（社会、野外）活动、运动训练等纳入体育课程，形成课内外、校内外有机联系的课程结构。

三、大学体育的组织实施

《学校体育工作条例》规定，学校体育工作指体育课程教学、课外体育活动、课余体育训练和竞赛，并规定了体育课是学生毕业、升学考试科目。上述规定中的学校体育工作是我国高校体育的基本组织形式。不同的形式都有各自的特点和需要完成的首要任务，既有各自独特的作用，又有相互补充、促进共同任务完成的作用。

2014 年 6 月 11 日，教育部印发了《高等学校体育工作基本标准》（下称《基本标准》）。《基本标准》是对全日制普通高等学校体育工作的基本要求，也是评估、检查高等学校体育工作的重要依据。

（一）体育课程

体育课程是完成高校体育工作任务的主要组织形式。我国高校体育课程是以《纲要》和《基本标准》为依据组织实施的。《纲要》和《基本标准》规定普通高等学校一、二年级必须开设体育课程（四学期共计144学时），三年级以上开设体育选修课，并提出《纲要》是编写大学生体育教学大纲，进行体育课程教学、评估和管理的依据。根据学校教育的总目标和体育学科的规律，可有针对性地开设大学体育基础课、大学体育选修课、大学体育保健课、大学体育理论课等类型的体育课。

（二）课外体育活动

高等学校的课外体育活动是体育课程的延续和补充，是高校体育教育过程中不可分割的环节，是实现高校体育目的和任务的又一重要途径。课外体育活动包括早操、课间操、班级体育锻炼、体育课课外辅导、运动会及有组织的郊游等。课外体育活动的内容应以《国家学生体质健康标准》和体育课学习的内容为主，再结合自己感兴趣和喜好的一些其他项目。时间可长可短，因人、因地、因时而异，以振奋精神、活跃情绪、不过于疲劳且能坚持锻炼为原则。可独立按个人计划完成，也可在教师指导下进行，或加入体育社团（俱乐部、体育协会）等组织进行锻炼。

2006年12月，为全面贯彻党的教育方针，认真落实“健康第一”的指导思想，切实提高学生体质健康水平，教育部、国家体育总局、共青团中央向全国发出了《关于开展全国亿万学生阳光体育运动的通知》，从2007年开始，结合《国家学生体质健康标准》的全面实施，在全国各级各类学校中广泛深入地开展全国亿万学生阳光体育运动。通知要求以“达标争优、强健体魄”为目标，用3年时间，使85%以上的学校能全面实施《国家学生体质健康标准》，使85%以上的学生能做到每天锻炼一小时，达到《国家学生体质健康标准》及格等级以上，每人至少掌握两项日常锻炼的体育技能，以形成良好的体育锻炼习惯，使学生体质健康水平切实得到提高。

（三）课余运动训练

大学课余运动训练是利用课余时间，对部分身体素质较好并有某项运动专长的学生进行系统训练的一种专门教育过程。它是高校体育的主要组织形式之一，也是认真贯彻执行普及和提高相结合的重要措施。它一方面肩负着提高运动技术水平、创造优异成绩、参与校外交往、为校争光的光荣使命，另一方面又承担着指导普及、促进高校体育运动蓬勃开展的艰巨任务。

我国各高校在广泛开展群众性体育活动的基础上，都建立了本校师生共同喜爱的传统运动项目的校代表队，并对其进行科学系统的课余训练，不少高校也都取得了令人满意的效果。

大学课余运动训练有着目标的双重性、对象的广泛性、时间的课余性、运动项目的专门性与训练手段的多样性相结合的特点。更新观念、敢于创新，建设有中国特色的大学课余运动训练之路是十分广阔的。

（四）课余体育竞赛

大学体育竞赛包括校内竞赛和校外竞赛。体育竞赛具有竞争性特点，可以起到活跃课余文化生活、振奋人心、激发情感、发展人际交往等作用，并且是检验体育教学、体育锻炼及运动训练效果的一种重要手段，而且也是吸引广大学生参加体育活动的一种好形式。

高校体育竞赛应以育人为宗旨，以校内竞赛为主，特别是以经常开展小型多样的基层竞赛为主，坚持勤俭节约的原则。体育运动竞赛可以检验学校的体育工作，培养学生勇敢顽强、拼搏进取、开拓创新、团结协作、遵纪守法等优良品质和集体荣誉感，使学生增强体育意识，提高运动技术水平，从而培养和选拔体育运动的优秀人才。开展各种形式的校际竞赛活动，还可以开拓学生的视野，提高学生的社会交际能力。

四、大学体育的任务

培养健康合格的社会建设者是体育教育的宗旨。随着社会的不断进步，大学体育的任务也随之转变，促进学生的健康成为学校体育的首要任务。

（一）增强学生体质，促进学生身心健康

增强体质是高校体育的重要任务。强健的体质是人们进行各种活动的前提，体质的增强包括人体各个系统机能的提高，它是一个长期锻炼的过程。

全面增强学生体质在于一个长期的、有目的的系统运动和练习，要在保证学生生长发育的前提下，实现体格健美，增强学生的免疫力，促使学生精力充沛，生命力旺盛，为学习和生活提供保证。

（二）促使学生努力掌握体育的基本知识、基本技能，培养终身体育意识

大学体育课应教会学生科学的身体锻炼方法，培养学生终身参加体育锻炼的兴趣、能力和习惯。在科学的指导下，帮助学生掌握体育知识和技能、养成良好习惯。

引导学生正确地从事体育锻炼，通过身体练习，激发学生的运动兴趣，培养学生养成自觉进行体育锻炼的习惯，为终身体育奠定基础。

（三）培养学生的道德意志品质

大学体育课应在体育活动中对学生进行道德品质的教育，通过运动的组织形式及身体练习来对学生进行道德意志品质的教育，提高学生的思想品德修养水平。体育锻炼本身就包含两种运动形态：一是娱乐性的运动，二是磨炼人意志品质的运动，如有氧健身跑，在极点出现时需要有顽强的意志才能坚持下去。

（四）培养学生审美和创造美的能力

体育运动的魅力在于参加者展现出的高超的技艺和完美的形体。培养学生欣赏体育运动的审美能力，进而能在欣赏中受到启发和感染，能自觉地创造美。

（五）培养学生的竞争意识，提高学生的社会适应能力

现代社会竞争日趋激烈，努力培养学生的竞争意识和能力有助于学生走出校门，更好地适应社会。体育锻炼能增加人与人接触和交往的机会，促进人与人的相互了解，培养学生的群体适应能力。在体育活动过程中，既需要交往与合作，又存在着相互竞争的现象。这种在体育活动过程中形成的交往、合作和竞争的意识以及行为会直接或间接地影响学生的日常生活、学习、工作和今后的社会生活。

第二节 大学体育的地位与作用

《中华人民共和国教育法》第五条规定："教育必须为社会主义现代化建设服务，必须与生产劳动相结合，培养德、智、体等全面发展的社会主义事业的建设者和接班人。"《中华人民共和国高等教育法》第四条规定："高等教育必须贯彻国家的教育方针，为社会主义现代化建设服务，与生产劳动相结合，使受教育者成为德、智、体等方面全面发展的社会主义事业的建设者和接班人。"这些规定明确了德、智、体全面发展的教育方针，明确了体育在高等教育中所担负的特殊任务和重要地位。大学体育是我国高等教育的重要组成部分，也是我国社会主义建设中的一项重要事业，是国民体育的基础。它对培养社会主义建设人才，发展我国体育事业，提高学生体质健康水平，建设校园体育文化具有重要意义。大学体育在高等教育中具有重要的、不可替代的地位和作用。

大学体育的地位与作用是根据高校体育在现阶段所能发挥的作用和建设事业来决定的。

一、大学体育的地位

根据我国目前的体育教育制度，高校体育是学生接受学校体育教育的最后阶段。因此，高校体育既是高校教育的重要组成部分，又是学校体育与社会体育的连接点，是国民体育的重要基础。它不仅对实现高等教育目标，培养全面发展的高素质人才有着重要作用，而且对丰富和发展群众体育，实现全面健身战略计划有着举足轻重的带动和指导作用。

高校体育之所以成为高等教育的组成部分，是由体育本身在教育和培养的系统中所具有的价值和作用决定的。整个教育过程就是德、智、体、美诸育相互补充、相互配合、协调统一地作用于教育对象的过程，这是教育发展的客观规律。

（一）在培养全面发展的专门人才过程中的地位

随着现代科技的发展，社会生产方式和劳动力结构发生了根本的改变，社会的发展对人才的教育培养提出了新的要求，德、智、体"三育"并重的教育思想逐步受到了重视。英国哲学家、教育学家洛克在论述教育内容时，对教育的三个组成部分做了明确区分，并要求将实际的锻炼法，分别贯穿在德、智、体"三育"的过程中。斯宾塞在他的《教育论》中也对体育进行了专门分析，提出了重视青少年健康和体育锻炼的思想，大力提倡儿童的户外运动。他们的教育理论，反映了体育作为全面教育的组成部分的自然科学规律。作为高等教育组成部分的高校体育，必须与德育、智育相结合，在培养全面发展的合格专门人才中发挥更大作用，才能与高校体育在高等教育中的重要地位相匹配，满足社会发展对人才的需要。

（二）在发展我国体育事业过程中的地位

学校体育是我国社会主义体育事业的基础。各国的科学研究和体育实践表明，国民体质的增强和竞技运动水平的提高，是一个系统的循序渐进的过程，违反科学规律的身体锻炼和运动训练，都难以取得理想的效果。为此，把学校体育作为发展我国体育事业的战略重点，并从孩子抓起具有深远的意义。

国民体质的强弱关系到国力的强弱和民族的兴衰。学生时期的青少年正处于机体生长发育的旺盛阶段，而体育锻炼正是促进身体发育的重要因素。因此，努力抓好学校体育工作，加强学生的体育锻炼，促进学生的生长发育，增强学生的体质和健康，就会使国民体质和健康水平不断提高。

竞技体育是显示一个国家民族素质、科技水平和经济发展能力等综合实力的窗口。竞技水平的高低，关系到国家的声誉、民族的威望和民族精神。而竞技水平的提高需要经过多年系统训练。现代竞技体育的发展，不仅要求运动员具备良好的体能和技能，同时对他们的心理和智力水平也提出了更高的要求，而大学生在智力发展方面具有优势，有利于他们对科学训练和竞赛规律的深入理解。在体能和技能方面，由于身心发展日趋成熟，大学生具有很好的适应能力和提高的空间。因此，大学高水平的运动训练，是提高运动成绩，实现奥运战略目标的重要组成部分。目前，我国许多大学生运动员已在国际大赛上取得了优异成绩，对提高我国竞技运动水平发挥着越来越重要的作用。同时，高校体育可使学生全面掌握体育知识、技能，养成良好的体育运动习惯，在步入社会后，仍可以为促进社会性群众体育的开展发挥重要的作用。

（三）在社会主义精神文明建设过程中的地位

大学生是我国人口的重要组成部分，是我国现代化建设的后备高级专门人才。他们的思想境界和道德风貌，将对整个社会带来深远影响。突出大学生体育在精神文明建设中的地位，有利于推进我国社会主义精神文明建设。

体育的教育功能，是通过体育运动的实践过程来体现的。多种形式的校园体育活动，能明显改善和有效调节大学生由于学习生活压力而产生的身心紧张状态，是消除疲劳最有效的一种途径，能使学生精神焕发、头脑清醒，学习效率提高。坚持体育锻炼，能保证大脑工作始终处于良性的能量代谢状态，改善大脑和神经系统的功能。多种运动刺激，对培养灵活的思维能力、丰富的想象能力、敏锐的观察能力、良好的注意力和记忆力都有重要的作用，从而促进智力的发展，为学习文化知识和完成学业打下良好的基础。

体育作为一种文化现象，本身就包含着健与美的和谐统一。求知欲强、积极上进且思维活跃的大学生，不仅追求物质生活，而且对精神文化生活有着更迫切的需求。丰富多彩的课余体育活动能使校园文化生活充满活力，能满足大学生身心全面发展的需要。开展好大学生体育活动和竞赛，为大学生创造满足文化生活需求的园地，吸引更多的学生参加有利于身心健康的体育活动，可以培养大学生勇敢、顽强的意志品质，团结协作的责任感、荣誉感和爱国主义精神，对培养大学生高尚的道德情操也具有深远的意义。因此，高校体育不仅在搞好学校教育过程中，而且在社会主义精神文明建设过程中都是不可忽视的重要方面。

（四）在培养人的现代社会意识过程中的地位

现代社会为人类的文化需求和精神需要提供了充分的条件。体育作为广义文化的重要内容，必然受到社会的高度重视。因此，一个国家体育的普及程度就成为衡量国民生活质量和文明修养水平的重要标志。参加体育运动是妥善安排闲暇时间的重要生活方式，不仅可以增进健康，还可以使人焕发精神，享受生活乐趣。

体育运动不分民族、职务和社会地位的高低，参加者都是在公平的前提下进行竞争，是人与人之间最透明的交往活动。在活动中人的喜怒哀乐都能充分表现出来，这样便能有效地促进人的个性发展。在竞赛中，胜不骄、败不馁，尊重对手、尊重裁判都能受到公众的认同。这对培养人的文明行为、社交能力和公平竞争意识具有积极的作用。不同运动项目又有其各自的特征，参加不同的运动项目，可产生不同的情感体验，如武术练习可体验中国的传统文化，增强民族自信心；野外活动可增进大学生理解自然、亲近自然和热爱自然的情感，培养大学生保护环境的现代社会意识，使大学生不仅拥有强健的体魄和丰富的科学知识，而且能以高尚的情操和文明的精神风貌走向社会。

二、大学体育的作用

（一）增强大学生体质，提高健康水平

大学生正处在身心发展的关键时期。高校体育教育能有效地帮助大学生促进身体的正常发育，增强体质，提高健康水平，并塑造健美体态；掌握各种基本活动技能；提高身体基本活动能力；提高对外界的适应能力和对疾病的抵抗能力；促进智力，发展创造力，从而以强健的身体和充沛的精力保证当前的学习和迎接未来的工作。

（二）促进大学生个性全面发展

高校体育教育包括体育课、课外体育锻炼、训练与竞赛等形式，在使学生学习、掌握体育基本知识、基本技术、基本技能和增强体质的同时，也培养和发展着学生良好的道德品质和个性形成。

（三）提高大学生的体育素养

大学生经过十几年的体育学习，比较系统地掌握了体育的基本理论、基本技能和科学锻炼身体的方法。通过大学体育教育可进一步提高大学生的体育意识、素养和综合能力，为终身体育奠定基础。

（四）培养优秀体育人才

高校在科研、师资、场地等方面具有较好条件，加之大学生在体能智能上也有一定优势。因此可对部分体育基础较好，并有一定专项运动才能的大学生进行有计划的业余训练，不断提高其运动技术水平。这样既培养了体育骨干，又进一步推动了高校体育活动的开展，与此同时还丰富了校园文化生活。

第三节 健康概述

一、健康概述

（一）健康的概念

什么是健康？从古至今，人们对健康的解释都不同。随着社会的发展和生产力水平的不断提高，物质生活逐渐丰富，人类正在逐渐从体力劳动和与大自然的直接接触中“脱离”出来，生活方式正在逐渐被现代的交通工具、先进的通信手段和丰富的食物结构“置换”，以至于出现相当数量的运动不足和营养过剩的人群。人类正在逐渐为激烈的社会竞争和巨大的社会压力所笼罩，以至于引发诸多精神和心理的病症。现代“文明病”的出现，使得人类对健康的认识和追求显得比以往任何一个时期都迫切和强烈。

1948 年，世界卫生组织（WHO）在其宪章中给健康的定义是“健康不仅仅是没有疾病和衰弱的状态，而是一种在身体上、精神上和社会上的完满状态”。1979 年，世界卫生组织又在《阿拉木图宣言》中重申“健康不仅是疾病和体弱的匿迹，而且是身心健康、社会幸福的完美状态”。之后，世界卫生组织又指出“道德健康”也应该包括在健康的含义中，一个人只有在躯体健康、心理健康、社会适应良好和道德健康四个方面都健全才能算是完全健康的人。据此，世界卫生组织提出了 10 项健康标准，以此作为衡量个体健康的基本标志。

（1）精力充沛，能从容不迫地应付日常生活和工作。

（2）处世乐观，态度积极，乐于承担责任，事无巨细不挑剔。

（3）善于休息，睡眠良好。

（4）应变能力强，能适应环境的各种变化。

（5）能抵抗一般的感冒和传染病。

（6）体重适中，身体匀称，站立时头、肩、臂位置协调。

（7）眼睛明亮，反应敏捷，眼和眼睑不发炎。

（8）牙齿清洁，无龋齿，不疼痛，牙龈颜色正常，无出血现象。

（9）头发有光泽，无头屑。

（10）肌肉丰满，皮肤有弹性，走路、活动感到轻松。

以上健康标准，大约只有 15%的人能达到；约 15%的人有疾病；大部分人都处于没有疾病又不完全健康的中间状态，也就是说处于机体无明确疾病，但活力降低，适应能力出现不同程度衰退的一种生理状态，如乏力、头晕、耳鸣、心悸、烦躁等，即所谓的“亚健康”状态。

（二）亚健康

现代医学将健康称作“第一状态”，疾病称作“第二状态”，将介于健康与疾病之间的生理功能低下的状态称作“第三状态”，也称“亚健康状态”或“中间状态”。亚健康状态一般指机体虽无明显疾病，却呈现出活力下降，适应能力不同程度减退的一种生理状态。专家认为，亚健康状态包括不良的心理行为、低迷的精神状态、对社会的不适应以及身体各部位的某种不适等。具体表现有：情绪低落、心情烦躁、忧郁、焦虑、失眠、头晕、头痛、疲劳、慢性咽痛、淋巴结肿大、肌肉关节疼痛以及反复感冒等一系列难以用某种疾病予以解释的症候群，而身体检查又无重大异常。

二、影响健康的主要因素

影响健康的因素是多方面的、综合的，主要包括环境因素（自然环境、社会因素）、生活方式因素、生物学因素和卫生保健服务。其中，社会因素中享有文化和接受教育的权利是人全面发展的重要前提，也是享有健康的前提。人群的文化水平与人群的健康水平之间存在着正相关关系。受教育程度和文化素养决定着人的健康观和健康价值观，决定着人是否做出有益于健康的决策。生活方式因素指人的生活式样，是生活活动的总和，包括生活态度、生活水平和生活惯常行为。

三、体育与健康

据世界卫生组织宣布，每个人的健康60%取决于自己，15%取决于遗传，10%取决于社会因素，8%取决于医疗条件，7%取决于生活环境和地理气候条件的影响。然而，就每个人本身来说，遗传、社会因素和医疗条件、生活环境、地理和气候条件都是客观存在，除特殊情况外，很难加以改变。也就是说，这些都属于相对固定的因素，它们对人的健康和寿命造成的影响是不以人们的意愿为转移的。至于职业与经济状况，也是相对固定的；个人的文化修养、涵养、兴趣、嗜好，以及家庭成员间的相互关系，在一般情况下可长期保持原状，不会发生大的变化；而饮食、运动、情绪和心理变化则直接关系到每个人每天的物质和精神生活。故在正常情况下，足以影响健康的关键因素是每日饮食是否适宜、体育锻炼是否适当，以及情绪（包括精神和心理状态）是否良好或稳定。

那么，为了拥有健康，我们需要懂得正确的促进健康的方法，即规律的生活作息制度、积极的休息与睡眠、合理营养和平衡膳食、科学锻炼身体、避免吸烟和被动吸烟、避免酗酒和滥用药物、及时调控情绪和及时寻求心理咨询。

第四节 大学生身体健康

一、大学生的主要生理特点

青年时期的大学生，主要生理发育指标有身体形态、生理机能和性发育。

（一）身体形态的变化

1. 身高

身高是身体发育的基本标志。我国男大学生平均身高约为173厘米，女大学生平均身高为159厘米。一般男生19岁，女生17岁以后，身高的增长就会比较缓慢，此时下肢骨骨化已基本完成，身高的增长仅靠脊柱的缓慢发育而微量增长。身高的发育主要受遗传基因的影响，此外还受环境因素、生活条件、营养状况和体育活动水平等因素的影响。

2. 体重

我国18~25岁的男大学生体重均值为58.5千克，女大学生为51.5千克。男生20岁，女生18岁，体重的增长基本趋于稳定。

3. 其他形态指标

其他有关的第二性征、胸围、头围、肩宽、骨盆宽等生长指标也基本发育成熟。

大学生年龄阶段已经处在青春期后期，进入青年期，但仍保留青春期一些特征，生理可塑性还很强。

（二）生理机能变化

1. 神经系统逐步完善

大学生年龄阶段，神经系统在生理发育上基本达到成人的水平。脑神经纤维变粗、增长、分支和髓鞘化，神经冲动的传递速度也大幅增快；大脑皮质的兴奋性和抑制过程较为平衡；第二信号系统迅速发展，第一和第二信号系统的活动相互关系更为完善，第二信号系统逐渐占据主导地位。可见，大学生神经系统的结构与功能均已达到良好状态。具体表现为观察能力强，动作反应灵敏、协调、准确，记忆力好，注意力集中，想象力丰富，分析、理解和判断问题能力迅速提高。这些生理机能的增强，为发展思维及适应复杂的外界环境变化提供了物质基础。

但是，此年龄段神经系统的功能还不够稳定，内分泌活动活跃，性腺活动增强使其具有兴奋性高、容易疲劳和激动，恢复较快等特点。

2. 心血管系统功能趋于稳定

大学生心脏发育日趋完善，形态与功能接近成年人水平，心脏收缩能力提高，心血管功能增强，具有较强的代偿能力和适应能力，可以承受较大的运动负荷。适当的体育活动会增强心血管功能。

3. 肺活量和通气量增加

随着胸围、胸腔的扩大，肺活量增大，呼吸频率相对减少，呼吸系统发育日益完善。一般女性 19 岁、男性 21 岁其肺活量增长趋于稳定。我国男大学生的肺活量一般为 3 800~4 400ml，女生为 2 700~3 100ml，具备了发展耐力的生理基础，可进行有氧耐力的练习，以增强心肺功能。

（三）力量增长

到了大学阶段，骨骼、关节和肌肉已全面成熟。此时，身高已不再明显增长，但因为性腺活动旺盛，性激素分泌增加，肌肉纤维的增长由纵向转向横向体积发展，肌肉体积增加、弹性加强、力量增强。女生与男生在力量上存在显著的性别差异，男生显著高于女生。大学生表现出来的运动能力，包括力量、速度、耐力、灵敏和柔韧素质均已接近甚至达到人生的顶峰状态。在这个时期要加强全面的身体锻炼，以促进身体各部位功能的提高和完善，使身体各器官的功能在顶峰状态保持较长时间，减缓随年龄增长而引起的自然下降，使自己拥有强健的体魄和旺盛的精力。

（四）性成熟

性的成熟是青年时期最重要的生理变化之一，如性发育和第二性征发育等。

1. 男性性发育

男性的性成熟，主要表现在性器官——睾丸功能的发育与成熟上。睾丸的功能是产生精子和分泌雄性激素。

男性进入青春期后在雄性激素的作用下迅速发育。睾丸的发育从 10 岁左右开始，12~16 岁期间迅速增大，阴茎开始变粗变大。随着前列腺的发育，男子在 15~16 岁出现遗精，到 17 岁左右睾丸发育成熟。男性第二性征发育中，13~14 岁在睾丸迅速增长的同时长出阴毛，阴毛长出后 1~2 年腋毛开始生长，并长出胡须，前额变宽，额部发际上移，逐渐形成男性成人面貌。同时喉结突出，声音变粗而低沉。上述变化到十七八岁基本结束。

2. 女性性发育

女性的性成熟，主要表现在性器官——卵巢功能的发育和成熟上。卵巢的功能是产生卵子和分泌雌性激素。

女性进入青春期后，在雌性激素的作用下，内外生殖器官迅速发育，并与其他器官共同进入成熟阶段。随着性发育成熟，出现月经周期，第一次月经是女性青春期的重要标志，月经初潮一般在9~16岁。在第二性征发育中，乳房发育开始比较早，10~14岁乳房隆起明显，到十七八岁达到丰满、成熟状态。阴毛生长一般比乳房发育晚半年左右，腋毛生长与月经初潮年龄相近。

二、体育锻炼与身体健康

（一）身体成分

身体成分是构成身体健康素质的组成部分，在《国家学生体质健康标准》中，采用身高标准体重的评价指标来间接地反映学生的身体成分。身体成分主要是指人体脂肪的重量与其他组织重量的比例关系。了解自己的身体成分，有利于通过体育锻炼或调节饮食来增加体重，或将体重控制在一定的范围之内，保持身体内适宜的脂肪含量。

人体脂肪含量过多，机体做功能力就相对减少，血液中的胆固醇含量就高，容易导致人体内某些物质代谢的紊乱。脂肪过多、体重过大不仅会影响人体的健美，而且会给健康带来一系列不良的影响。大量的流行病学调查显示：冠心病、动脉粥样硬化、高血压、糖尿病、胆结石、关节炎及某些肿瘤的发生与身体肥胖有关。肥胖还会增加心脏负担，缩短寿命。

体重过轻既是一种症状，也是一种疾病，它对人体健康有着多方面的危害。体重过轻的人，不仅容易疲倦、体力差、兴奋性低、学习和工作效率不高，常有“力不从心”的感觉；而且抵抗力低、免疫力差、耐寒抗病能力弱，易患肺结核、肝炎、肺炎等疾病，对环境变化的适应能力也较差。

显然，体重过轻与肥胖一样，既不是健康的标准，也不是人体健美的象征，而是身心健康的大敌。

1. 控制体重的锻炼方法

最佳的降低体重的方法就是体育锻炼与节制饮食相结合，因为它比只运用一种方法更能有效地降低体重。从长远的眼光看，要想成功持久地控制体重，避免降低体重后的“反弹”，必须养成体育锻炼和节制饮食的习惯，形成一个崭新的、充满生命力的生活方式。通过体育锻炼来降低体重，应做到以下几点：

（1）要选择适宜的运动方式。

如果你的体重过重，最佳方式是保证每周的体育锻炼次数。

（2）锻炼的次数越多，消耗的热量也就越多。

每天早晨和下午各锻炼一次，比每天只进行一次较长时间锻炼所消耗的热量要多。下午4~5点钟，大多数人身体的基础代谢都处于较低的水平，这时是最佳的锻炼时机，这时锻炼不但能够多消耗身体热量，同时还可以提高身体20分钟至数小时的基础代谢率，使热量得到进一步的消耗，所以降低体重的效果会更好。

（3）锻炼的强度是决定降体重计划能否实现的关键。

在刚开始锻炼时，应以小强度长时间的锻炼方式为宜。在体重有所下降，体重健康水平得到一定程度提高后，再逐步增加运动强度，如慢走——快走——走跑交替——持续慢跑——持续中速跑等。

（4）持续运动的时间对降低体重最为重要。

持续运动是指在运动时身体不要停下来休息，始终保持在运动的状态。如果走累了变成慢走、跑走交替都属于持续运动。

（5）大肌肉群参与运动能够消耗更多的热量。

在锻炼时要尽量使四肢和躯干的肌肉参与运动，避免只有局部小肌肉群参与运动。

（6）锻炼和控制饮食相结合。

要降低体重，不仅要运动自己的腿，还要管住自己的嘴。要做到这一点并不是轻而易举的，除了自己应具有坚强的控制力和毅力之外，家长的参与、监督和配合也起着非常重要的作用。

2. 增加体重的锻炼方法

增加体重最有效的途径就是摄取的热量要大于消耗的热量。增加体重当然是要增加肌肉而非脂肪，可以从下面几个方面入手：

（1）医疗检查。

应到医院检查是否患有蛔虫病，结核病、慢性腹泻、内分泌疾病等慢性消耗性疾病。这些疾病都会使身体出现体重下降或增加缓慢的现象。

（2）打破旧的代谢平衡。

"吃多少都不长肉"是体重偏轻的人的共同体会。这是因为人体一旦习惯于某种生活模式，每天的入（进食）与出（消耗）基本保持平衡。在这种情况下，单靠多吃不起作用，要打破旧的平衡，首先要增加活动量，给身体一个需要增加能量摄入的信号，这样多吃的食物才会被消化和吸收。

（3）增加营养。

蛋白质在摄入的总热量中应占 20%；糖类（米饭、馒头等主食）是补充肌糖原的主要来源，粮食制品和蔬菜水果应占 55%～60%；脂肪是高热量的食物组成部分，应占 25%～30%。

（4）尽量少食用含咖啡因的饮料和食物以及其他导致基础代谢增加的药物。

因为咖啡、茶、可乐等这些物质都可以使人体的基础代谢增加，消耗体内的热量，使体重降低。

（5）保证休息，精神放松。

人在睡眠时会分泌"生长激素"，新陈代谢也处于最低水平，消耗最小，充足的睡眠是生长的重要保证。

（二）体育锻炼对神经系统的作用

神经系统是人体各器官系统生理调控的指挥中心。体育锻炼对身体的良好作用，也是通过神经系统的影响而实现的。因此，体育锻炼首先能使神经系统的调节机能得到锻炼和提高。体育锻炼对神经系统的影响有以下两个方面。

1. 体育锻炼能促进大脑的发育

首先，体育锻炼能使血液循环加快，血流量增多，使脑细胞得到充足的氧气和养料，从而促进脑细胞体积增大、神经细胞树状突起的分支增多；其次，体育锻炼的时候，由于肌肉的活动，能促进反射弧神经纤维上的髓鞘加快形成，完善大脑的传导功能，提高反应速度；最后，体育锻炼能改善大脑皮层的兴奋和抑制过程，建立运动条件反射，掌握运动技能，使思维敏捷，动作准确协调。

2. 体育锻炼能改善神经系统的机能

儿童、少年时期，第一信号系统较发达；进入青春期中期，第二信号系统也有了相当程度的发展。此时如能经常参加体育锻炼，则使第一和第二信号系统之间的联系更为完善，分析与综合能力进一步提高，神经细胞内部的结构和机能得到迅速发展，为进一步培养思维能力创造了良好的物质基础。此外，体育锻炼能使大脑和神经系统得到锻炼，提高神经系统的均衡性、灵活性和神经细胞工作的耐久力；能使神经细胞获得更充足的能量物质和氧气供应，从而使大脑和神经系统在紧张的工作过程中获得充分的能量物质保证。

总之，体育锻炼给人体带来的最大好处是提高和改善了神经系统的机能，并因此促进整个身体的健康。

（三）体育锻炼对运动系统的作用

运动系统由骨骼（见图 2-4-1）、肌肉和关节三部分组成。人体的形态、结构、生长发育和人体的体型都是由骨骼、肌肉和关节来体现的。人体的一切活动也是由骨骼、肌肉和关节连接起来在神经系统的支配下进行的。人体健壮与否决定着人体活动的质量，体育锻炼是促进运动系统发展的最佳手段。

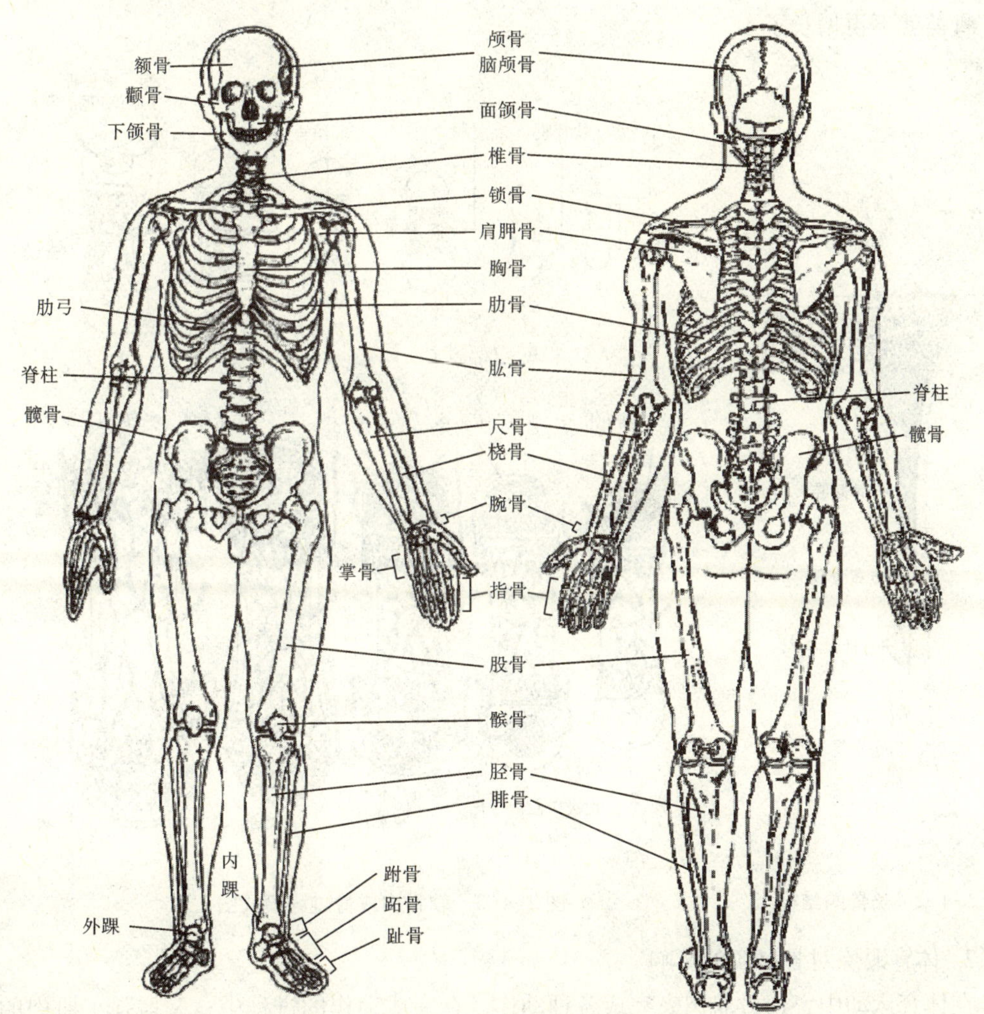

图 2-4-1　全身骨骼图

1. 体育锻炼对骨骼结构与机能的影响

骨骼是人体内最坚实而又具有一定弹性的部分。骨膜是骨表面上一层很薄的结缔组织膜（见图 2-4-2）。骨的里面有造血细胞和丰富的血管及神经，它具有修补骨骼的能力。骨质内的血管是经骨膜进入的，骨膜下面是一层结构很坚实的骨密质，骨密质愈厚，抗压能力就愈强。在骨的内层和长骨两端是结构疏松的骨松质，骨松质的形态像海绵状，它是由骨小梁纵横交错，按照受力方向排列，以保持骨的坚固而不过重。

体育运动可促进血液循环，加强新陈代谢，促使骨密质增厚、骨变粗。骨小梁的排列由于受到肌肉的牵拉和外力的作用，排列更加规则，加强了骨的坚固性。经常运动，韧带在骨骼上的附着部位，结节、粗隆和其突起变得更粗糙明显，这有利于肌肉、韧带更牢固地附着在上面。所有这些变化都有利于骨骼承受更大的外力作用，也就是说提高了骨的抗弯、抗断和耐压的性能。经常参加体育锻炼不仅使骨变粗，还可以使骨骼增长。身材的高矮是由骨骼发育成长决定的。经常运动的青少年，比同龄的青少年，身高平均高出 4~7 厘米。骨骼之所以增长，是因为骨骼的两端有软质的骨骺，这层骺软骨在新陈代谢作用下，不断地骨化而变为硬骨，同时又不断增长新的软骨，因此，骨骼就不断地加长（见图 2-4-3）。这个变化过程在儿童和青少年时期十分明显，一般要到 25 岁左右骨骼才完全骨化，骨骼就不再增长了。

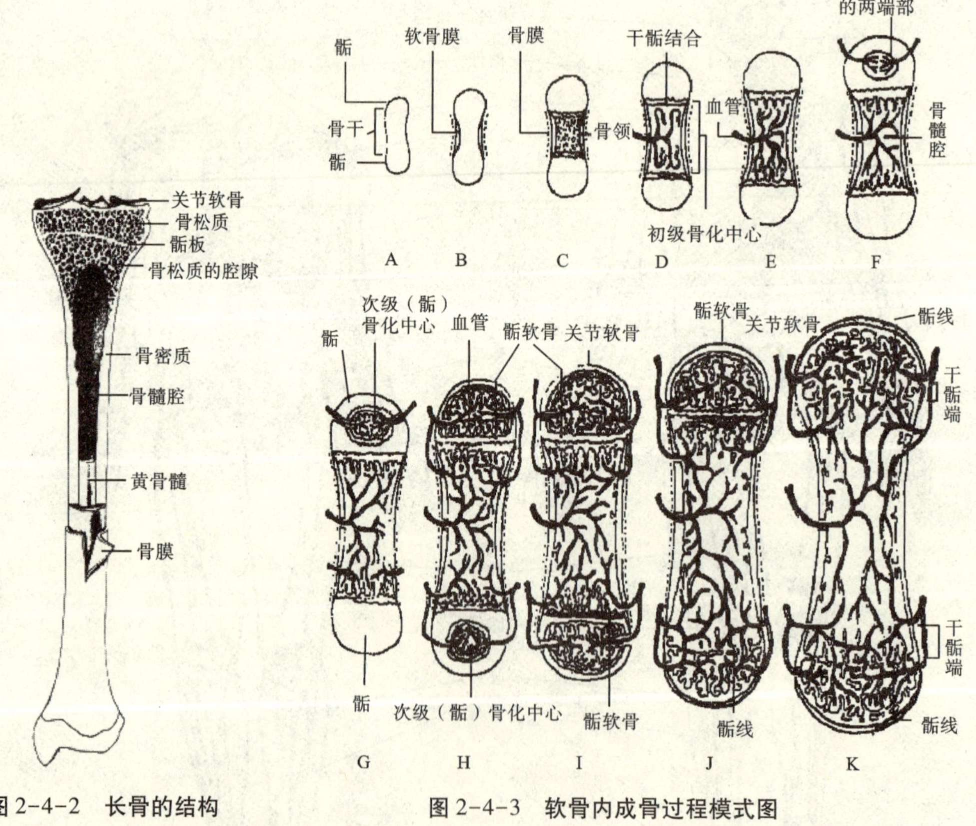

图 2-4-2　长骨的结构

图 2-4-3　软骨内成骨过程模式图

2. 体育锻炼对骨骼肌的影响

在体育运动中，通过肌肉来完成各种动作，在完成动作的过程中，又增强了肌肉的功能。经常进行体育锻炼，人体的肌肉可发生非常明显的变化：一是肌肉组织在量上的发展，即肌纤维（见图 2-4-4）变粗，数量有所增多，因而变得更加粗壮、结实；二是肌肉本身质上的改变，比如储存氧气的“肌红蛋白”增加，储存的营养物质“肌糖原”也增加，而且肌肉内毛细血管的数量也大大增多（这就使运动员的肌肉比一般人有更多的物质储备，可保证从事运动的需要）；三是肌纤维和肌腱的连接以及肌腱和骨骼的连接也变得更结实。此外，体育锻炼还可使整个神经系统对肌肉的控制能力大大提高；肌肉对神经刺激产生反应的速度、准确性以及各块肌肉之间互相协调配合的能力都有很大的改进。

总之，经常参加体育锻炼可使肌纤维变粗而且坚韧有力，使其中含蛋白质的储量增加，血管变丰富，血液循环及新陈代谢改善；动作的耐力、速度、灵活性、准确性都增强。

3. 体育锻炼对关节的影响

关节的周围都有韧带和肌腱包围着（见图 2-4-5）。韧带能加固关节，肌腱能引起关节运动。体育锻炼能使关节软骨增厚，增强关节的弹性、灵活性和牢固性，还能增强肌腱和韧带以及它们在骨上附着的强度，使人体能承受更大的运动负荷，减少外伤和关节方面的疾病。

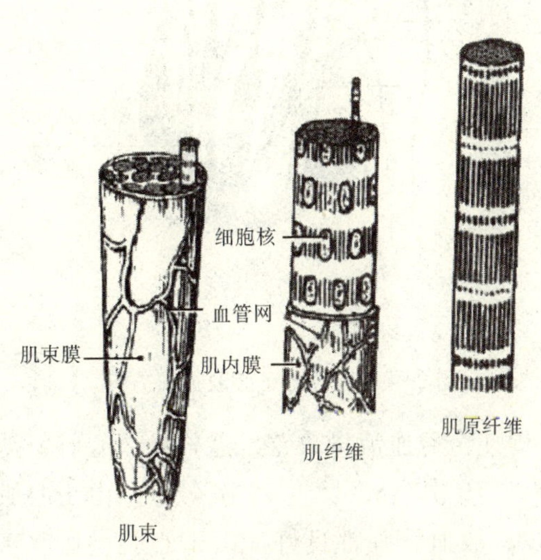

图 2-4-4　肌纤维结构模式图

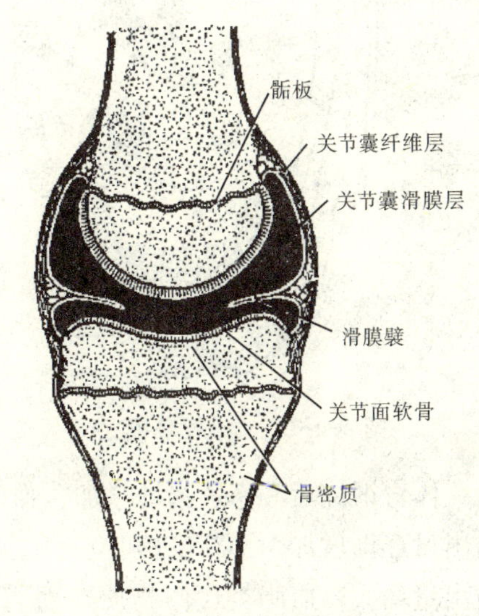

图 2-4-5　关节主要结构模式图

（四）体育锻炼对循环系统的作用

人体内各器官与组织细胞进行活动，需不断供给氧与营养物质。氧来自通过呼吸道进入肺泡的空气，在肺泡内由于分压差而发生的气体交换。营养物质由小肠黏膜吸收。人体内有完善的血液循环系统（见图 2-4-6），包括大循环（体循环）与小循环（肺循环）。血液自右心室到肺动脉、肺毛细血管、肺静脉入左心房，此为肺循环。经过此循环血液获得氧。血液自左心室到主动脉、大动脉、小动脉经毛细血管与静脉系统回到右心房，此为体循环。摄入的营养物质在消化道内消化后被小肠吸收，经肠系膜静脉到门静脉入肝脏，再经肝静脉到下腔静脉而进入右心房与右心室。肺循环与体循环是相互衔接的，从左心室进入动脉的血液既含有丰富的氧也含有丰富的营养物质。经分布在全身各器官与组织的毛细血管，将动脉血输送给它们，以满足其需要，使其正常的机能活动得以维持。

体循环和肺循环的起、终点均在心脏（见图 2-4-7）。人的心脏位于胸腔之内，夹在两肺之间，稍稍偏左方。它的大小相当于一个拳头，心跳的快慢是不以人的意志为转移的，它有自己的节律性，有“生命之泵”的称号。构成人体的18万亿个细胞，它们吃喝的养料和水分，是通过血液的流动运送而来的，它们排出的废物也是通过血液的流动运走的。血液流动来去往复的动力来自心脏。心脏通过自身节律性的收缩和舒张即心脏的跳动，来挤压、推送血液。

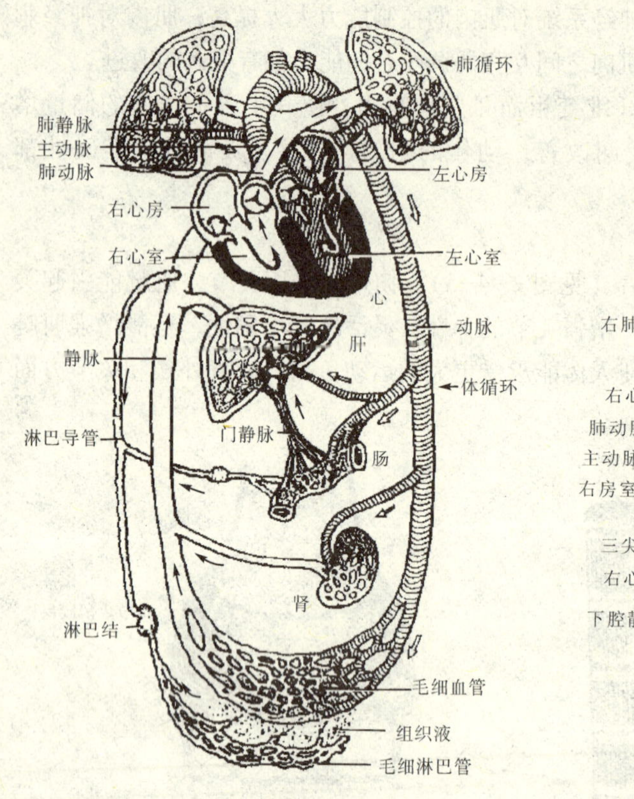

图2-4-6　血液循环模式图

图2-4-7　心脏各腔及血流方向

体育锻炼后心率适当地增加，血流量增大，促使全身血流量改善，这样日久心脏每搏输出量逐渐增加，而在安静时心率变慢（男生平均76次/分，女生79次/分）；由于心脏输出量增大，血脂类代谢物质在血管壁沉积减少，故血管弹性良好。由于心肌供血改善（冠状动脉血流量改善），心肌增厚，收缩力加强。由于心脏功能改善，能量物质增多，能量利用也发生变化。锻炼可使心脏肌球蛋白的ATP酶作用的活性增强。肌球蛋白与肌红蛋白之间相互作用的速度增快，使心肌收缩力增强。体育锻炼还可引起肌球蛋白分子结构或其活动控制上的根本变化。有研究指出：长期体育锻炼可使心肌糖原含量增加30%，肌红蛋白增加35%，己糖激酶增加80%，心脏摄取血糖能力增加165%，氧化血乳酸的能力增加260%，组织呼吸增加37%。平时心脏输出量不是最大的，在需要时成倍地增加。经常锻炼者心肌发达，神经调节功能更为灵活，心脏储备力量也大。例如，在剧烈运动时，每搏最大输出量：一般男子为140~160毫升，而男运动员为190~200毫升；一般女子为100~120毫升，而女运动员为150~160毫升。每分钟最大输出量：一般男子为27~30升，男运动员为35~40升；一般女子为18~20升，女运动员为24~28升，以适应肌体供血、氧的需要。由于冠状动脉血流量改善，血脂类代谢物质在血管壁沉积减少，这对预防和改善高血压、冠心病有良好作用。心脏工作储备能量增多，反过来又促进和提高了体育锻炼水平。

（五）体育锻炼对呼吸系统的影响

1. 体育锻炼能有效提高呼吸系统的功能

（1）增强呼吸肌的力量。人体在安静吸气时膈肌收缩而下降，肋间外肌收缩上提肋骨，使胸廓扩大，胸腔内的负压增加，空气经呼吸道进入肺内。呼气时，膈肌松弛而上升，肋间外肌舒张肋骨下降，使胸廓缩小，负压减少，将肺内气体经呼吸道排出体外。经常参加体育锻炼的人，随着呼吸运动的加强，其他辅助肌（腹肌、肩带肌、背肌等）也都要参加工作。这样，吸气时就能将胸腔扩得更大，而使呼吸有力，胸围、呼吸差（深吸气时与深呼气时胸围大小之差）增大。一般人在深吸气时胸围只比深呼气多5~7厘米，而经常锻炼的人则多7~11厘米，胸腔扩大肺内容纳的空气就多。譬如，横膈肌上下活动1厘米就有250~350毫升的气体进出。所以，经常参加体育锻炼，可以增强呼吸肌的力量和耐久力，进而提高呼吸系统的功能。

（2）肺活量的增大。由于呼吸能力的增强，因而胸围、呼吸差和肺活量（以最大努力吸气之后，再以最大努力呼气，所能呼出的气体总量）也就增大。人体进行气体交换的场所是肺泡，两肺内的肺泡总数约7.5亿个。在安静时人体每分钟需氧量约0.25~0.3升。这样，只需要1/20的肺泡扩张就足以满足人体的需要。经常锻炼的人在运动时，摄氧量可达4.5~5.5升，比安静时大20倍。这是因为经常锻炼，细胞的新陈代谢相应加强，气体交换的需要量也将随之提高。这样呼吸肌就必须更加有力地收缩，使更多的肺泡张开，扩大气体交换的接触，保证人体运动的需要。经常进行体育锻炼增强了呼吸肌的力量，扩大了脑廓的活动范围，使充满气体的肺泡增多，因而肺活量增大。肺活量的增大，反映了肺贮备能力和适应能力的增强。

（3）呼吸频率的改变。肺活量的增大，意味着在每次呼吸时，都能吸取更多的氧气和排出更多的二氧化碳。在安静时，肺活量大的人的呼吸是深而慢，每分钟约8~12次；而一般人的呼吸是浅而快，每分钟大约12~18次。深而慢的呼吸具有很多优越性，这就是在每次呼吸后有较长的休息时间，因而不易疲劳。轻度劳动和运动不易出现呼吸急促、胸闷现象。一般缺乏锻炼的人，因为肺活量小，换气率（通气率）低，最大吸气量小，所以在运动或劳动时容易缺乏氧气而产生过多的酸性代谢物（乳酸），即使呼吸频率加快，也不能满足需要。其结果是呼吸肌过度紧张，产生胸闷气喘等现象。呼吸频率和潮气量（呼吸时，每次吸入或呼出的气量）都是直接影响肺泡通气量的因素。如果潮气量小，肺泡通气量也减少，加上停留在无效腔（鼻、咽喉、支气管均无交换气体功能，这些不进行气体交换的管腔称为无效腔）的气体，实际进入肺泡的气量就更少，即使呼吸频率加快，每次进入肺泡的气量也并不增加。如果潮气量大，则进入肺泡的气量就大，即使呼吸频率稍低，而肺泡通气量也相对有所增加。

人们在进行体育锻炼或劳动时，肌肉需要大量的能量。由于能量是各种营养物质通过氧化而产生的，所以，人体在进行劳动或锻炼时，需要大量的氧气。绝大多数脑力劳动者，成天伏案学习或工作，为什么也需要大量的氧呢？因为在用脑的时候，大脑单位组织的耗氧量并不比肌肉活动少，而且耗氧量很多。肺的耗氧量占全身耗氧量的1/4，约为肌肉耗氧量的10~20倍。同时如果人们长时间伏案学习或工作，胸部得不到充分的扩展，会使胸腔狭窄而肺活量小，一旦参加体力活动就会气喘吁吁，劳动效率也很低，并容易患肺部疾病。因此，脑力劳动者，更应注意锻炼。经常参加体育锻炼不断提高呼吸系统的功能，使呼吸变慢变深，增大肺活量，这样就可以得到较多的氧。呼吸潜力增大就可以满足身体各器官的需要，当然大脑也就得到足够的氧气，使工作时不易出现疲劳现象。

2. 体育锻炼对呼吸系统疾病的预防和治疗作用

鼻、咽喉、气管、支气管是呼吸的通道。感冒是最多见的一种呼吸道传染病，主要表现为鼻炎、喉炎、咽炎等上呼吸道感染症状，并常伴有发烧、头痛、乏力等全身症状。通常人的鼻腔和咽喉都潜伏有一些病菌，只是由于健康的人有足够的抵抗力，所以不易发病；当人体抵抗力减弱时，病菌就会乘虚而入，首先使上呼吸道黏膜发生炎症。上呼吸道，是呼吸系统的门户，受到感染后，就会继续向支气管蔓延，常会引起支气管炎或肺炎等并发症。体育锻炼可以使新陈代谢更加旺盛，心肺功能增强，提高身体抵抗能力，同时还可以促使呼吸道毛细血管更加密实，以及上皮细胞的纤毛活动和肺内的吞噬能力得到加强。这样就能及时消除呼吸道的病菌，减少感染的机会。

其次，呼吸系统的常见病是气管和支气管哮喘。气管和支气管哮喘的病因，是肺组织弹性衰弱导致肺泡经常处于紧张状态，肺内积存有大量残余空气，使人不能充分吸气，呼气也很困难。因此，呼气时肺泡不能充分收缩，氧供应量就严重不足，出现呼吸功能变差的种种症状。患有呼吸系统疾病的人，通过适当的体育锻炼，可以促进身体健康，改善呼吸系统的功能，减轻症状并防止病变继续发展。

（六）体育锻炼对消化系统的影响

1. 消化系统的组成和作用

人体在整个生命活动中，除了需要和环境进行气体交换外，还必须不断地从外界吸取营养，以供新陈代谢的需要。消化系统的功能是消化食物、吸收养料、排出糟粕。消化系统的作用是人体新陈代谢正常进行的保证。

消化系统包括消化管和消化腺。消化管由口腔、咽、食管、胃、小肠、大肠和肛门所组成（见图 2-4-8）。消化管的运动起着接受食物，将食物

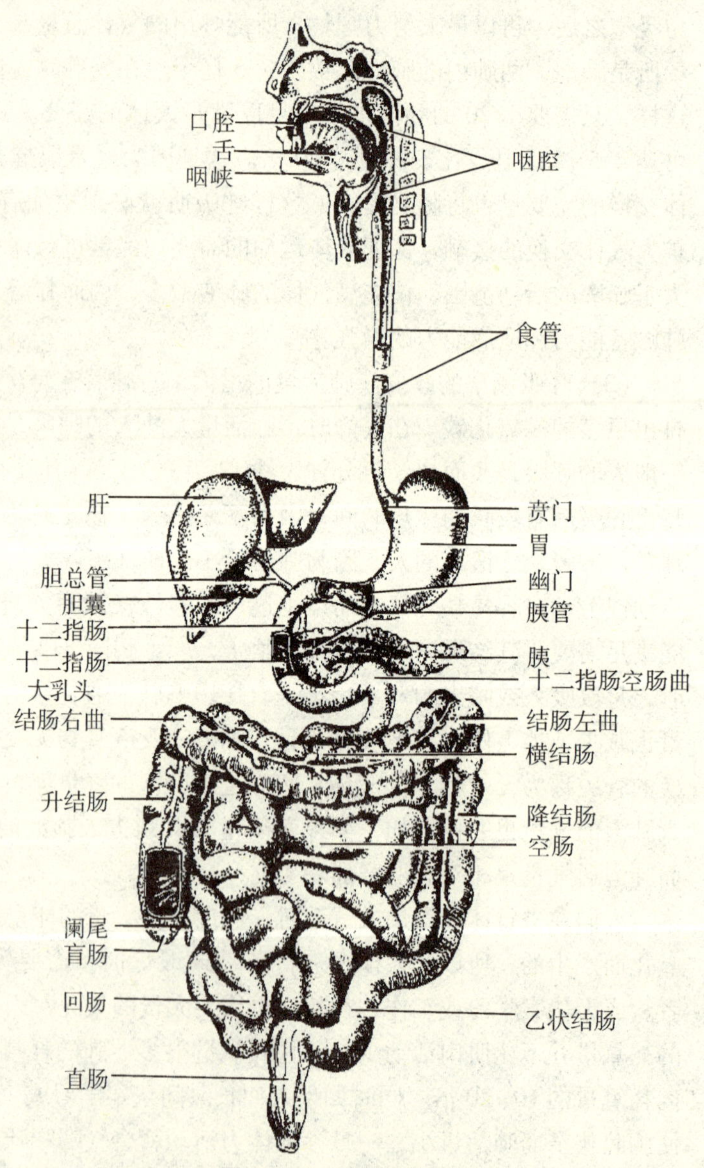

图 2-4-8 消化器模式图

磨碎、搅拌，使食物与消化液充分调和，并不断向肛门推送的作用。这个过程称之为物理性消化。消化腺有唾液腺、胃腺、胰腺、肝、肠腺等，分泌各种消化液。消化液含有的各种消化酶，可将食物中糖类、脂肪、蛋白质水解成可以吸收的简单物质。这个过程称之为化学性消化。食物在消化管内进行分解的过程称为消化。食物经过消化后透过消化管壁进入血液循环的过程，称之为吸收。消化过程是通过神经和体液的调节完成的，而消化的各环节无不受大脑皮层的影响。大脑皮层在消化过程中，同其他系统的活动一样占有主要的地位。

2. 体育锻炼对消化系统的良好作用

体育锻炼对消化系统具有良好的作用。由于体育锻炼，体内的代谢活动加强，能量物质大量消耗，这就需要消化器官加强功能，更好地吸取食物的养料，以满足机体的需要。体育锻炼也可使大脑皮层等神经系统得到改善：锻炼时情绪愉快，锻炼后植物性神经工作能力得到加强；消化系统在神经和体液的调节下，使消化器官的物理性消化和化学性消化能力加强，如消化腺分泌的消化液增多、消化管道蠕动加强。因此，体育锻炼促进了对食物更好的消化和吸收。另外，由于运动时呼吸活动的加强，需要横膈肌和腹肌的活动范围增大，这种活动的增大对肝脏和胃肠起着按摩作用，有利于消化。只有消化、吸收和排泄等功能加强了，才能保证体内物质代谢的正常进行。但是如违背生理活动规律而进行不适当的体育锻炼，对消化系统也会产生不良的影响。

3. 体育锻炼是预防和治疗消化系统疾病的积极手段

消化和吸收，是由中枢神经通过交感神经和副交感神经来管理的。但是，大脑皮层对它有很大影响。譬如：精神抑郁、忧虑或情绪过分紧张、激动的时候，消化液分泌就会减少，肠胃蠕动也不正常。我国医学非常重视精神因素对脏腑活动的影响，如“思伤脾”的意思是指抑郁、忧虑等情绪可使脾胃功能下降，引起消化、吸收功能的紊乱。体育锻炼时，愉快兴奋的情绪可抑制忧虑、抑郁的情绪，并在大脑皮层的调节下，使脾胃功能得到增强。另外，体育锻炼能增强腹肌和盆腔肌的力量，使腹腔内的消化器官保持正常位置，并能强化消化道的平滑肌作用。这些就能有效地防止内脏下垂和便秘等疾病的发生。

（七）如何选择合适的锻炼方法

由于年龄、性别、身体条件和健康状况不同，在进行体育锻炼时应选择合理的锻炼方法。按体质健康状况等大致把体育锻炼划分为 5 种类型，根据自己的实际情况选择适合自身的锻炼内容和方法，以达到理想的健身效果。

1. 健康型

健康型是指身体健壮，有较强的参加体育锻炼的热情和欲望，并能承受较大运动负荷者，这类人根据实际情况选择一两个运动项目作为健身手段，如选择球类、田径、举重、游泳等，常用综合练习法、重复练习法和间歇练习法等进行有计划的锻炼。

2. 一般型

一般型是指身体不大健壮，但无疾病，体质一般者。此类型在学生中占大多数。他们往往认为自身无病而缺乏参加体育锻炼的热情和恒心，进行体育锻炼往往流于形式。这类人应该选择对增强体质有实效的、形式活泼、能激发参加锻炼兴趣的项目和方法，如球类、武术、健美操等项目，用综合练习法、重复练习法进行锻炼。

3. 体弱型

体弱型是指体弱多病的学生。为增强体质，战胜疾病，增进健康，可采用慢跑、定量步行、太极拳、气功等方法进行锻炼。宜采用重复练习法、循环练习法进行力所能及的锻炼。

4. 肥胖型

肥胖型是指体重超过正常标准的学生。他们的锻炼多为了减肥，因此可选择长跑、长距离游泳和健美运动进行锻炼，一般多采用重复和循环练习法。

5. 消瘦型

消瘦型是指体重低于正常指标的学生。他们希望通过锻炼能使自己更壮实、丰满，可选择举重、体操、健美运动等项目，多采用重复练习法和循环练习法。只要长期坚持，并有一定负荷刺激肌肉，使之横截面增大，就能使肌肉健壮，进而拥有匀称的健康体型。

第五节 大学生心理健康

一、大学生的主要心理特点

大学生的年龄特征决定其心理以不成熟、不稳定和不平衡为主要特征。其中，大学生自我意识的骤然增强是核心问题，围绕这一核心问题，他们的认知、情感、意志、个性等主要心理和生理特征处在一个动态的调节过程之中，并且由过去的被动性调节变为主动自我调节。因而这一时期是其一生中心理变化最复杂、波动最大的时期。其特点如下：

（一）自我意识突出

由于开始大学生活，摆脱了对家庭的依赖，因而强烈地要求重塑自我，增加了成人感、理智感和自信心。思想活动已经脱离了直接形象和直接经验的限制，有较强的抽象概括能力，并能形成辩证逻辑思维，但发展水平参差不齐，有的表现自负自尊，有的易受情绪波动左右等。

（二）情感激烈复杂

大学生正处在风华正茂之年，是体验人生感情的最激烈时期。男生存在着好奇和喜表现的心理特点，都希望通过体育锻炼表现自己的勇敢精神和力量，使自己的体态更端庄，增加气度。女生的心理变化，从天真、纯朴变成温柔、含蓄、好静、好美。她们不喜欢参加激烈和负重较大的运动。大学生已经逐渐学会了控制和调节自己外部表现和内心体验不一致的情绪，情感变得日臻丰富、复杂。

（三）意志力增强

大学生在各方面的影响下，意志力明显增强，能主动、自觉地克服困难，在行动中清晰地意识到自己行动的目的性和社会意义；但在果断性和自制力发展上比较缓慢，表现出优柔寡断，动摇不定，分不清主次和事情的轻重缓急，或草率或武断及经不起心理挫折等特点。

（四）性格基本形成

性格是反映一个人对现实的稳定态度和习惯了的行为方式。大学时期个性倾向系统日趋形成，自我意识不断发展，性格基本形成。意志、理智、情绪等方面也逐渐稳定。

二、体育锻炼的心理学原理

心理是心理过程（即心理活动过程）和个性心理特征的简称。体育心理科学可揭示人体运动中的规律。为了获得良好的体育锻炼效果，不仅要遵循运动技能形成的规律，同时还要掌握人体特殊的心理活动变化和发展的规律，才能达到目的。因此，人体运动不仅可以增强体质，还可以促进心理品质的发展；同时，良好的心理状态和品质也为人体运动提供保证。

（一）身体锻炼的动机

能引起、维持人的活动，并将该活动导向为第一目标，以满足个体某种需要的念头、愿望、理想称为动机。动机是人体的内在心理过程，行为是这种内在过程的结果，动机有始发机能、指向选择机能、强化机能。引起动机需要的两种条件：一是内在条件；二是外在条件。前者就是"需要"，即因个体对某种东西的缺乏而引起的内部紧张状态和不舒服感，动机就是由这些需要构成的，需要使人产生欲望和动力，引起活力；后者是个体之外的各种刺激，这些刺激包括物质因素，也包括社会性因素，可统称为环境因素，它们也是引起动机的因素之一。心理学家把凡是能引起个体动机并能满足个体需要的外在刺激称为"诱因"。行为可由需要引起，也可由环境引起，但往往是内在条件和外在条件相互影响的结果。因此锻炼身体是人出于活动和身心发展的需要，也是出于健康的需要。

（二）情绪和意志品质

情绪是指有机体受到生活环境中的刺激时，其生物需要是否获得满足而产生的暂时性的较强烈的态度及体验，包括愉快、悲哀、愤怒、恐惧、忧愁、赞叹等。客观事物的不同特点及客观事物与人之间的不同关系，使人在情绪上产生不同的态度和体验。情绪是人及其他动物共有的一种心理活动，例如人在恐惧时，可使意识变狭窄，判断力、理解力降低，甚至丧失理智和自制力，造成正常的行为的瓦解。如果不良情绪经常反复出现，会导致人体神经功能紊乱、内分泌功能失调、血压持续升高等，甚至可能导致某些器官、系统的疾病。身体锻炼能促进产生脑肽，刺激下丘脑，进而产生愉快的情绪体验。这是身体锻炼对情绪的积极调节。另外，经常从事身体锻炼，在体育锻炼中享受成功的喜悦、承受挫折的压力，可以大大提高情绪的适应性，也有利于以更积极的态度迎接生活的挑战，适应各种生活环境。

意志是自觉确定目的，并选择手段，调节行动，克服各种困难，达到预定目的的心理过程。意志品质是在意志行动的各个阶段所表现出的稳定的行为特征。良好的意志品质不是与生俱来的，而是在后天的教育过程中逐渐形成的。我们要善于运用体育的心理科学知识武装自己，把人体运动过程与培养意志过程统一起来，促进良好意志品质的培养。在体育活动中，我们要有意识地设置困难，以提高克服困难的能力，在适应外界刺激和干扰因素的情况下进行体育锻炼和训练比赛等；结合运动项目的特点和方法来培养意志品质，例如短跑能培养坚强、勇敢、敏捷等品质，长跑着重培养毅力、坚韧和自信等品质，体操着重培养沉着、专心、稳定等品质；运用自我暗示、自我命令、自我锻炼等方法培养意志。

（三）心理过程和心理特征

人脑对客观现实的反映过程是心理活动的主要方面，由认识过程、情绪过程和意志过程三方面构成。人脑的认识过程又称“信息加工活动”，由感觉、知觉、记忆、思维和想象等活动构成，人在认识客观事物时所产生的态度体验称为“情绪”或“情感”。人们认识到体育锻炼能够增强体质，并在亲身体验中验证了这一点，由此产生了喜爱的情感，从而使锻炼更加自觉、主动，使体质在进一步的锻炼中得到增强。心理学认为，人在通过认识、情感和意志反映客观世界的过程中会形成各种各样的心理特征，造成人与人之间的心理差异。体育活动可以塑造和改善一个人的能力、气质和性格。

1. 能力

能力是一种个性心理特征，是顺利实现某种活动的心理条件。能力的发展和发挥要在具体的社会实践中表现出来。身体的整体素质水平是能力发展的条件，身体器官系统功能的健全是发展能力的基础，环境和教育的因素对能力的发展有着重要的作用。

2. 气质

气质是心理活动稳定的动力特征。这些动力特征主要表现在心理过程的强度、速度、稳定性、灵活性及指向性上，如情绪的强弱、思维的快慢、注意力集中时间的长短、注意转移的难度以及心理活动倾向于外部事物还是内心世界等。气质较多地受到遗传素质的制约，它比其他的心理特点更具有天然的、稳定的特征，是一种较难改变的个性心理特征。

3. 性格

性格是对现实稳定的态度以及与之相适应的习惯行为方式，是个性心理特征的一个最重要的方面。人的性格是在一个人生理素质的基础上，通过社会实践和体育活动逐步形成的。由于每个人所处的具体环境和拥有的教育条件的不同，他们所形成的性格具有不同的特征。性格一经形成之后就比较稳定，也正因为这个特点，性格才能突出反映一个人的心理面貌和风格。但是性格也是可以改变的，特别是处于形成过程中的性格具有较大的可塑性，这为教育提供了良好的条件。此外，体育对性格的影响是重大的，在体育环境和体育教育中，公开的竞争、相互间的协调和尊重对性格的影响都不可忽视。

三、体育锻炼对大学生心理健康的影响

体育运动是增强体质，促进身心健康的有效措施。保持乐观、进取的生活态度，正确对待生活中的困难和挫折，充分发挥自己的认知能力，对人的一生来说是非常重要的。但是如何保持良好的心理健康状态呢？积极主动参与体育活动，改善对环境的适应能力，控制情感情绪，协调人际关系，预防和治疗生理疾病是促进心理健康的重要途径。

（一）体育锻炼有助于智力的发展

体育运动是一种积极、主动的活动过程，在此过程中练习者必须调整好自己的注意力，有目的地知觉（观察）、记忆、思维和想象。因此，经常参加体育运动能改善人体中枢神经系统，提高大脑皮层的兴奋和抑制的协调作用，使神经系统的兴奋和抑制的交替转换过程得到加强，从而改善大脑皮层神经系统的均衡性和准确性，促进人体感知能力的发展，使得大脑思维想象的灵活性、协调性、反应速度等得以改善和提高。经常参加健身活动还能使人在空间和运动感知能力等方面得以发展，使本体感觉、重力感、触觉和速度、

高度感等更为准确，从而提高了脑细胞工作的耐受能力。此外，体育运动还能缓解日常学习和生活的紧张，能降低焦虑水平，缓解紧张的内在机制，改善神经系统的工作能力。

（二）体育运动能提高自我知觉和自信心

大学生在个体的健身活动过程中由于健身的内容、难度、目标以及与其他参加健身的个体接触，不可避免地会对自己的行为、形象、能力等进行自我评价，进而促进积极自我知觉。同时，个体参加健身活动的内容绝大多数是根据自我兴趣、能力等选择的，他们一般都能很好地完成健身的内容，这有利于增强个体的自信心和自尊心，并能在健身活动中得到安慰和满足。

（三）体育运动能增强人际关系和谐

体育运动有利于形成和改善人际关系。随着社会经济的发展以及生活节奏的加快，许多生活在大城市的人越来越缺乏适当的社会联系，人与人之间的关系趋向冷漠。因此，体育运动就成为一个增进人与人接触的最好形式。参加体育运动，可使人与人之间互相产生亲近感，使个体社会交往的需要得到满足，丰富和发展人们的生活方式，这有利于个体忘却学习和生活带来的烦恼，消除精神压力和孤独感；并在体育运动中找到志趣相投的知音，从而给个体带来心理上的益处，形成和改善人际关系。

（四）体育运动能调节情绪

大学生的情绪具有多变性，情绪好时，精神振奋；情绪不好时，垂头丧气；有时因失意而感到情绪压抑；有时又会因为如愿以偿而感到欣然自得。青年人对刺激情境变化的敏感是情绪不稳定的主要原因。

激素是调节机体生理生化活动的重要物质，内分泌活动发生紊乱，就会引起机体的生理活动失调。如甲状腺素和去甲状腺素的含量偏高或偏低都会使人情绪处于波动状态。甲状腺素含量过高，人就可能表现出狂躁不安；而甲状腺素衰竭时，人就会表现出抑郁烦闷。

体育运动可以锻炼人的意志，增强人的心理坚韧性和处理应激情景的能力。大学生具有较高的文化修养，具备反省自身弱点的能力和控制自己情绪变化的能力。一个理智的大学生面对不良的情绪波动时，能主动地寻找引起情绪波动的原因，并不断地调节自己的情绪状态，避免情绪波动造成的不利影响。

（五）体育运动能消除疲劳

疲劳是一个综合性症状，与人的生理和心理因素有关。当一个人从事活动时情绪消极或当任务的要求超出个人的能力时，生理和心理都会很快地产生疲劳。然而，如果在从事体育运动时保持良好的情绪状态和保证中等强度的活动量，就能减少疲劳。因此，体育运动对治疗神经衰弱具有特别显著的作用。

（六）体育运动能治疗心理疾病

体育运动是治疗抑郁症的有效手段之一。就目前而言，尽管一些心理疾病的病因以及体育运动有助于心理疾病消除的基本机制尚未完全清楚，但体育运动作为一种心理治疗手段在国外已开始流行起来。有氧练习可降低焦虑、抑郁，对长期性的轻微到中度的焦虑症和抑郁症有治疗作用。锻炼者参加锻炼前的焦虑、抑郁程度越高，受益于健身活动的收获也越大；健身活动后，即使心血管功能没有提高，焦虑、抑郁程度也可能下降。

总之，体育不仅是发展大学生健康体质的需要，而且也是大学生发展心理、实现自我完善的需要。针对大学生年龄阶段心理不成熟、不稳定的主要特征，以及大学生培养自我意识、情感、意志、性格等方面的需要，可开展高校体育活动，组织大学生参与或观赏各种形式的体育活动。通过体育课教学、体育训练和比赛的自我效果评价以及各种体育传播媒介，大学生不仅可以增强体质、增进健康，而且可以锻炼意志、陶冶情操、发展情感、完善自我，并在体育活动中拓宽视野、增长才智，正确处理个人与集体的关系，区分真、伪、丑、美，提高思想境界，树立正确的价值观。

第六节 大学校园体育文化

一、校园体育文化概述

（一）文化释义

一般来说，文化有狭义和广义两种含义：狭义的文化，主要指人类社会意识形态及与之相适应的制度和设施；广义的文化，指人类所创造的物质财富和精神财富的总和及其创造过程。严格地说，“文化”一词是一个发展变化的历史概念。

（二）体育文化

体育文化，是关于人类体育运动的物质、制度、精神文化的总和。大体包括体育认识、体育情感、体育价值、体育理想、体育道德、体育制度和体育物质条件等。

体育文化是伴随着体育的产生和发展而形成的。体育的历史与人类的历史一样源远流长。在人类文明的历史长河中，体育文化是一个逐渐发展的过程。

校园是学生学习和生活的主要空间，校园文化建设的好坏，直接影响到育人的成败；校园体育文化是校园文化的重要组成部分，校园体育文化的建设情况，直接影响到学校体育活动的开展情况，与学生的身心健康有很大的关系；良好的校园体育文化环境可以陶冶学生的情操，纠正学生的不良行为，是学生身心发展的必要条件。由此可见，校园体育文化建设非常重要。

（三）校园体育文化

校园体育文化是一种特别的文化现象，它既是校园文化的一部分，又是体育文化的一部分。它是校园文化和体育文化两者相互影响、相互渗透、相互促进而发展起来的。它是校园内所呈现的一种特定的体育文化氛围，是促进学生身心全面发展，具有时代特点的一种群体文化。它是学校在长期的教学、科研和行政管理过程中逐步形成的，更是在广大学生直接参与和精神培养下发展起来的。

校园文化是以学生为主体的，以课外体育文化活动为主要内容，以校园为主要空间，以校园精神为特征的一种群体文化。校园文化作为一种社会文化，它是在一定社会政治、经济、文化、教育、体育等条件下，由学校广大师生在实践过程中共同创造的体育物质财富和精神财富的总和。

校园文化有着深刻的内涵和丰富的外延，首先它与校园德育、智育、美育文化一起构成了校园文化群；其次，它又与竞技体育、群众体育等共同组成了广义的体育文化群。从广义讲，校园文化是学校广大师生员工在学校现存的环境中，在学校体育教育、学习和活动等过程创造出来的物质与精神的所有内容。从狭义上说，校园体育文化是指在学校教学环境下，以学生为主体，以教师为主导，在各种体育活动中相互作用创造出来的学校文化形态之一，包括体育精神、体育的价值观念、体育道德和体育能力，是学校这一特殊社区的体育群体意识。

学校体育文化由三个层面组成：第一个层面是精神层面，居于主导地位，其中体育健康价值观是学校体育文化的本质和核心，决定了学校体育的目标；第二层是制度、方法层面，这个层面既是学校体育的组织形式，也是学校体育意识的体现，包括体育教学、课余体育活动、体育科学研究、体育竞赛、体育协会、体育交流等全方位制度、方法的确立；第三层物质方面，这是学校体育文化的基础，也是客观物质保障，包括校园的体育建筑、环境、场地器材、用品和师资队伍等。以上三个层面在学校体育文化建设过程中，应当在“以人为本”的基础上获得协调发展。

二、校园体育文化的功能和作用

（一）校园体育文化的功能

1. 健身功能

校园体育文化作为学校特有的文化现象，在高校已蓬勃发展，体育运动不仅能改善和提高中枢神经系统的工作能力，而且能使人们保持清晰的思维和良好的记忆能力。人们在体育锻炼的过程中，能使自身的血液循环加快，心脏功能提高，呼吸系统的功能改善，促进骨骼、肌肉的生长发育。大学生都处在生长发育阶段，参加适合自己的体育运动项目，可为以后的健康打下良好的基础，使自身正常地生长发育、防病治病、推迟衰老，做到延年益寿。

2. 教育功能

（1）导向功能。

所谓导向功能就是把高校成员的业余体育文化生活引导到正确的方向上来。教育心理学告诉我们，青少年学生处于生理、心理急剧发育、变化的时期，思想活跃，接受新鲜事物快，易受环境影响，政治观念、道德修养极为不稳定，面对新形势缺乏辨别新事物好坏的能力，如果他们从思想和行动上认同和模仿社会上的不良风气和不良行为，就会使他们误入歧途。良好的校园体育文化环境使他们正确选择自己喜爱的体育项目，接受先进思想，健康成长。青少年学生精力旺盛、爱好体育、喜欢表现，而校园体育文化为他们提供了一个培养创造力，释放能量的广阔天地。积极参加校园体育文化活动，充分发挥创造力是学生课余时间消耗能量的重要途径，如果同时加以正确引导，不仅使他们在体育方面能得到锻炼，同时其他方面的各种能力也会得到同样的提高。

（2）凝聚功能。

校园体育文化的客观存在，关系着一个学校体育工作的生存发展。这是因为校园体育文化，特别是作为校园体育文化内核的校园体育精神与校园价值体系是学校的凝聚力和向心力所在。

校园体育文化的凝聚力、向心力问题，目前愈来愈受到人们的重视。一所学校要在激烈的社会竞争中立于不败之地，并一往无前地向前迈进，除了要有高水平的教学、科研和高水平的管理等“内功”外，还要有高质量的体育教学、高水平运动队在各种竞赛中所取得的成绩，以及由校园体育精神所凝聚结成的极大的集体合力、奋发向上的群体意识和学校成员的主观能动性。良好的校园体育文化可以使人感到全身充满着青春活力，有一种令人振奋、催人向上的精神。

（3）陶冶功能。

学校教育的本质就是使学生通过对文化价值的摄取，获得人生意蕴的全面体验，进而陶冶自己的情操。在这方面校园体育文化比起常规的教育、教学具有更独特的功能，原因在于：一是校园体育文化创造了一个陶冶人们心灵的场所，对学校各方面教育起着积极的作用；二是体育比赛各种规则的适用规范着人的行为。当代青少年生活的环境比较复杂，他们是在相互交往的社会生活中成长起来的，所以必须利用各种场所对其进行民主与法制的教育，培养他们社会主义的世界观和人生观。重视校园体育设施的投入使广大学生能有较好的活动场所，对陶冶学生的情操具有良好的推动作用。

3. 社会功能

（1）社会同化功能。

所谓“同化”是指一个人自愿地接受他人的观点、信念、态度和行为，使自己的态度与之相接近。校园体育文化社会同化功能，其实就是校园成员个体社会化的过程。现行的学校教育，其实现的目标之一就是促进校园成员的个体社会化，而这种个体社会化的内容与要求是和校园体育文化的“教化”目标一脉相承的。校园体育文化的深入发展可以使校园个体与社会环境之间，谋求达到平衡和协调，从而实现对人的身体、精神、心灵、性格的塑造，达到社会化的目的。

（2）社会辐射功能。

这里所指的“辐射”，是指校园体育文化的文化态势高于社区的总体文化态势时就会对其产生影响。学校是传播精神文明的场所，其文化层次和品位一般较周围地区更高。就个体而言，一个人求学深造除获取各种社会知识和专业知识之外，接受了精神文明的熏陶，具有良好的思想文化素质和文明行为，步入社会后势必对他人产生影响；就群体而言，一所学校就是一个整体，它综合了每个个体的素质，在文化上达到了社会文化的制高点；就校园体育文化而言，广大学生在大学毕业后走上社会，会利用他们在大学里所学的体育知识技术、技能向社会辐射，是社会的有益补充；就学校所在区域而言，学校对周围社会文化的辐射影响既有广度又有深度，具有其他文化无法比拟的功能优势。

4. 情感功能

（1）娱乐功能。

娱乐功能也称消遣功能或称调适功能。这是体育项目特有的功能。对学校成员的生活和精神来说，校园体育文化是一种很好的调节剂。作为校园文化部分的体育文化生活，它不仅可以作为紧张学习工作之余的体力、脑力恢复的调节剂，而且还可以进一步作为人们娱乐、享受、愉悦身心的调节剂。如象棋、体育舞蹈、健美操、太极拳、各种体育竞赛等，在校园生活中始终是人们喜闻乐见的具体调节形式。这些形式近似一种消遣，从生理和心理的需要来看，身体放松、竞技、欣赏科学和大自然为丰富学校成员的精神文化生活提供了可能性。因为消遣为人们提供了激发基本才能的变化条件。

（2）审美功能。

审美功能又称美化功能，它可以说是推动人类自身发展的一种内驱力。体育比赛的终极目的就是让人们去欣赏美，不应该以比分多少去论英豪。校园体育文化的审美功能是看不见摸不着的，它已融入校园成员的情感体验之中。校园体育文化的丰富，充实了人们的精神境界，同时也提高和美化了人们的精神境界。如果没有情感的熏陶、审美的内化，学生的精神世界将会贫乏、平淡、单调，在校园中的生活就不会有光彩和美感。因此，要使每一个学生的心灵美丽、充实、多姿，就必须重视校园体育文化的审美功能，通过情感和美感的力量使他们茁壮成长。对当代大学生来说，丰富而健康的精神文化活动，为学生充分地表现爱美的天性，提供了机会和条件，让他们以各自的审美情趣美化生活，从中得到多样化的体验，并极力按照美的规律塑造自己。在引导和鼓励学生追求仪表美的同时，我们应注重教育学生对自然美、体型美、艺术美等的向往与追求，帮助学生抵御那些低俗、腐朽，毒害青少年健康成长的、与社会主义精神文明格格不入的低级审美情趣，从而培养高尚的道德情感和审美情趣，以推动社会主义精神文明建设不断向前发展。

（二）校园体育文化的作用

1. 强身怡情，增进学生身心健康

增进健康，促进学生身心发展是学校体育的本质功能，也是学校体育最根本的目的。同时，在学生心情不好时，它可以通过体育活动来释放自己的不良情绪，从而达到了调节心情的目的。这对学生身心健康发展是有利的。

2. 教育熏陶，改变学生的不良行为

文化具有育人功能。当人处在一个文化环境中，他就会受到文化的熏陶，潜意识当中就会约束自己的行为。校园体育文化作为一种文化，自然也具有这样一种功能。规则是体育的重要组成部分，学生在从事体育活动过程中，要遵守体育规则，违反规则就要受到惩罚或谴责，从而督促他们改变自己的不良行为。

3. 激励学生，提高学生从事体育活动的热情和积极性

良好的校园体育文化环境可以提供一个良好的体育氛围，鼓舞学生参加体育活动。譬如学校宣传栏当中的体育新闻、体育明星，尤其是学校体育明星，可以从精神上鼓励学生参与体育活动。

4. 培养学生的竞争意识，增强与人合作的观念，加强学生的集体观念

竞争是体育文化的典型特征，学生参加体育竞赛和体育锻炼的过程，从本质上来说就是一种与他人竞争的过程，这能够培养自己的竞争意识。在团体项目中，只有加强与队友的合作才能最终取得比赛的胜利。在这些项目当中，团队的荣誉是第一位的，在这一过程中加强了学生与他人合作的意识，加强了学生的集体观念。

5. 培养学生良好的品质

体育活动不是一个简简单单的过程，学生在从事体育活动的过程中，可能会遇到困难和伤痛，只有克服它们才能真正享受体育的快乐。因此，通过体育活动可以培养学生吃苦耐劳、克服困难、挑战自我、超越自我等良好的意志品质。

第三章 大学生体育锻炼与卫生保健

第一节 体育锻炼概述

一、体育锻炼的概念

体育锻炼是指运用体育运动内容、手段和方法，结合自然力（日光、空气、水）和卫生措施，以发展身体、增强体质、调节精神、丰富文化生活为目的的身体活动过程。

体育锻炼是人类特有的一种有目的、有意识的健身手段和行为。通过体育锻炼，可以有效增强体质。参加体育锻炼要讲求科学，采用科学的锻炼方法，使体育锻炼科学化、系统化、全面化。体育锻炼必须根据个体的不同年龄、身体发展特点和实际情况有目的地开展，才能更好地促进人体全面发展、健全身心。

二、体育锻炼的基本原则

（一）从实际出发的原则

从实际出发的原则是指锻炼身体应从个人实际情况和外界的实际环境出发，确定锻炼目的，选择适宜的运动项目，合理地安排运动时间和运动负荷。

（二）循序渐进的原则

循序渐进的原则是指在安排锻炼内容、难度、时间及负荷等方面要根据人体发展规律，有计划、有步骤地逐步提高要求。使人体在不断适应的同时增强体质。

（三）持之以恒的原则

持之以恒的原则指锻炼身体要有连续性和系统性，只有安排适合自己兴趣、爱好的运动项目，科学地制订健身计划，经常参加体育锻炼，才能不断有效地增强体质。相反，在中断体育锻炼后，随着时间推移，体质和运动能力较以前有明显的下降。

（四）全面锻炼的原则

全面锻炼的原则指以一个主要运动项目为主，然后辅之以多个锻炼内容的锻炼方法，可以使身体形态、机能和心理品质都得到全面和谐的发展。

三、体育锻炼的内容

体育锻炼的内容多种多样，极其丰富，根据不同的锻炼目的和要求，可分为以下几类：

（一）健身运动

健身运动是指为增强体质而从事的身体锻炼。如步行、慢跑、太极拳、游泳、骑自行车、划船、滑冰、舞蹈及各种球类活动等。

（二）健美运动

健美运动是为了人体的健美而进行的体育锻炼。健美运动不仅可以增进健康，还可以培养审美能力和身体的表现能力。如为了使肌肉发达，采用举重和器械体操练习；为了形成良好的体型与姿态，采用艺术体操、健美操、各种舞蹈和基本体操中的一些练习等。

（三）娱乐体育

娱乐体育是为了丰富文化生活，吸引人们愉快地度过空闲时间而开展的具有鲜明娱乐色彩的体育活动。这类活动使人身心愉快，既锻炼了身体，也陶冶了情操。如活动性游戏、渔猎、郊游、打台球、野外定向活动等。

（四）医疗与矫正体育

医疗与矫正体育是为了治疗某些身体有缺陷、功能有障碍的人而进行的专门的体育活动，一般应在医生的指导下进行。其内容主要有步行、跑步、太极拳、按摩、各种保健操、矫正体操、生产操等。

（五）格斗性体育

格斗性体育是为了提高自卫防身能力和应变能力而进行的身体锻炼。如擒拿、散打、推手、拳击、射击等。

四、体育锻炼的方法

（一）练习法

1. 重复练习法

重复练习法是指锻炼者在相对固定的条件下，按照计划和要求反复练习同一内容的方法。这种方法适用于：第一，运动负荷较小或用时较短的项目进行重复练习；第二，动作技术比较复杂，难以掌握的项目，通过反复练习有助于学习和掌握项目技巧；第三，运动负荷较大，难以一次完成练习，可分组进行练习。

采用重复练习法应注意：

（1）合理确定重复的要素。包括重复练习的总次数、每次重复练习的距离或时间、每次重复练习的强度（速度或重量等）、各次重复次数之间的间隔时间等。

（2）切实保证每次重复练习的质量。不能由于重复次数多而降低动作要求，也不能由于疲劳出现而减少练习的数量。

（3）重复练习易产生枯燥感觉。

2. 循环练习法

循环练习法是根据身体锻炼的需要，将多个具有不同发展功能的项目搭配起来，在一次练习中依次循环进行练习的方法。

采用循环练习法锻炼身体，应解决好以下几个问题：

（1）要根据锻炼的具体任务，确定循环练习的各项内容，使之相互配合。

（2）合理确定各项练习的比例和顺序。

（3）正确安排各项练习之间的间隔，并为下一项练习做好准备，内容的安排应注意承上启下。

3. 变换练习法

变换练习法是指在改变锻炼内容、强度和环境的条件下进行练习的方法。采用变换练习法能够提高中枢神经系统的灵活性，发展身体的调节能力和适应能力，同时对于修正锻炼计划，活跃锻炼气氛也有一定的意义。

采用变换练习法锻炼身体，应解决好以下几个问题：

（1）变换要以锻炼的实际需要为前提，有针对性地安排变换的条件，不能随意变换。

（2）科学安排、灵活掌握变换锻炼计划，在锻炼中注意收集反馈信息，加强锻炼过程中的医务监督，视身体反应随时加以调整。

（3）变换练习是短期的计划安排，变换练习后转入常规的练习，变换时间过长、过频都不利于锻炼计划执行。

（4）无论如何变换，注意力都应集中在锻炼项目上，不能因为环境的变换而忽视了锻炼内容，失去了锻炼的意义。

（二）现代流行的锻炼方法

1. 有氧锻炼法

有氧锻炼法是指锻炼者在锻炼过程中没有负氧债的情况下进行身体锻炼的方法。这种锻炼方法，可以有效地提高心血管和呼吸机能，促进新陈代谢，并能减少脂肪积累，是普遍采用的锻炼方法。这种锻炼法的关键是控制运动强度，使锻炼者能够不负氧债，通常都是用控制心律来测定是否属于有氧锻炼。在锻炼时，脉搏应保持在 130 次/分钟左右，且不高于 150 次/分钟。运动强度应掌握在 70%以下。采用有氧锻炼的典型项目有：健步走、长跑、竞走、游泳、骑自行车、滑雪、耐力体操及韵律操、徒步旅行等。运用其他项目锻炼，只要坚持慢速度、长距离和持续时间在 5 分钟以上，均可达到有氧锻炼的效果。

2. 娱乐消遣法

娱乐消遣法是指为了寻求生理上的放松，欢度闲暇而进行的锻炼方法。这种锻炼方法，运动强度不大，令人轻松愉快，具有消除疲劳的特殊功能。通常有两种：一种是观赏性的消遣，如观看各种体育比赛；另一种是实践性的消遣娱乐，如散步、旅行、郊游、踏青、登山、日光浴、空气浴、垂钓等。

3. 保健养生法

我国古代流传下来很多保健养生方法，如气功、导引等都是中华民族的宝贵遗产，深受广大锻炼者喜爱。这种锻炼法的内容很多，有明显外部动作的，如导引、五禽戏、易筋经、八段锦、小劳术、太极拳等，也有相对静止的且外部动作不太明显的，如行气、静养功、按摩等。

第二节　运动处方

一、运动处方概述

众所周知，人生病到医院看医生，医生必须要经过“望、闻、问、切”或医学检查诊断病情，然后根据具体情况开具治疗处方，这是医学处方。生命在于运动，但在体育锻炼中并非所有的运动对身体都有良好的作用，也并非所有的人从事同一种运动都有同样好的锻炼效果。运动不当，不但达不到锻炼的目的，甚至可能会影响健康。由于缺乏科学锻炼的知识，在日常锻炼中人们很难避免“人云亦云，一哄而上”，看到别人如此锻炼，就盲目跟从。这种做法是不科学的。如何科学地从事体育锻炼，才能使机体最大限度地保持或提高机能水平，才能使某种疾病得到有效的防治或消除，使机体尽快地康复？这就需要针对不同的对象和需要制订不同的运动计划，即运动处方。

20世纪50年代，美国生理学家卡波维奇（Rapovich）最早提出运动处方的概念。60年代以来，随着康复医学的发展，对冠心病等疾病的康复训练的开展，运动处方开始受到重视。1969年世界卫生组织（World Health Organization，WHO）开始使用运动处方术语，从而在国际上得到认可。

二、运动处方的概念

运动处方是康复医师或体疗师，对从事体育锻炼者或病人，根据医学检查资料（包括运动试验和体力测验），按其健康、体力以及心血管功能状况，用处方的形式规定运动种类、运动强度、运动时间及运动频率，并提出运动中的注意事项。是指导人们有目的、有计划、科学地锻炼的一种方法。也可以说，运动处方是根据锻炼者身体检查的资料，按其健康状况、体力情况及运动的目的，用处方的形式制定适当的运动种类、运动强度、运动时间及运动频度，进行有计划的周期性锻炼的指导性方案。

三、运动处方分类

运动处方的种类很多，运动锻炼目的因人而异，有针对运动员训练以取得良好运动成绩为主要目的的竞技性运动处方；有针对一般人以锻炼身体、预防疾病为主要目的的健康运动处方；有针对某些慢性疾病和创伤病人康复期的治疗性运动处方和健康人的预防性运动处方等。根据锻炼器官系统可以分为心血管系统康复的运动处方、运动系统康复的运动处方、神经系统康复的运动处方、呼吸系统康复的运动处方等。

四、运动处方的内容

（一）运动种类

运动处方的运动种类可分为三类：耐力性（有氧）运动、力量性运动和伸展运动及健身操。

1. 耐力性（有氧）运动

耐力性（有氧）运动是运动处方中最主要和最基本的运动手段。在治疗性运动处方和预防性运动处方中，主要用于心血管、呼吸、代谢、内分泌等系统慢性疾病的康复和预防，以改善和提高心肺、代谢、内分泌等系统的功能。在健身、健美运动处方中，耐力性（有氧）运动是保持全面身心健康、保持理想体重的有效运动方式。

有氧运动的项目有：步行、慢跑、走跑交替、上下楼梯、游泳、自行车、室内功率自行车、步行车、跑台、跳绳、划船、滑冰、滑雪、球类运动等。

2. 力量性运动

力量性运动在运动处方中，主要用于运动系统、神经系统等肌肉神经麻痹或关节功能障碍的患者，以恢复肌肉力量和肢体活动功能为主。在矫正畸形和预防肌力平衡破坏所致的慢性疾患的康复中，通过有选择地增强肌肉力量、调整肌力平衡，从而改善躯干和肢体的形态和功能。

力量性运动有自由负重练习、部分健美操等。

3. 伸展运动及健身操

伸展运动及健身操较广泛地应用在治疗、预防和健身、健美各类运动处方中，主要的作用有放松精神、消除疲劳、改善体型、防治高血压、神经衰弱等疾病。

伸展运动及健身操的项目主要有：太极拳、保健气功、五禽戏、广播体操、医疗体操、矫正体操等。

（二）运动强度

运动强度是运动处方的核心及设计运动处方中最困难的部分，需要适当的监测来确定运动强度是否适宜。运动强度是指单位时间内的运动量，即运动强度=运动量/运动时间。而运动量是运动强度和运动时间的乘积，即运动量=运动强度×运动时间。运动强度可根据最大吸氧量的百分数、代谢当量（METs，按音译称之为“梅脱”）、心率、自觉疲劳程度等来确定。

通常，在日常锻炼中，我们可以采用测定心率来作为反映运动强度的生理指标。根据运动强度的大小分为较大、较小、小。较大运动强度，运动时心率可达到125~165次/分，较小强度运动时心率可达到110~135次/分，小强度运动时心率可达到100~110次/分。

（三）运动时间

耐力性运动（有氧运动）可进行15~60分钟，其中达到适宜心率的时间须在15分钟以上，才能达到锻炼的效果。运动强度和运动持续时间决定其运动的负荷量，采用同样运动负荷量时，运动强度大则持续时间较短。年轻和体质好的宜选择强度较大、持续时间较短的练习，中老年及体弱者宜选择强度小而持续时间较长的运动。

（四）运动频度

运动频度是指每周体育锻炼的次数。最好每天都安排锻炼，可调剂生活、学习节奏。如果以健身或康复为目的，一般人的运动频度应以每周三次以上为适宜，同时还应结合每次运动的强度、持续的时间、个人的身体恢复情况，以及对运动的适应能力等因素综合考虑。如果每次锻炼的运动量不大，也可增加运动频度，只要没有疲劳的积累，对身心健康是有益的。每天运动一次，甚至两次，使体育锻炼成为生活方式中的组成部分，作为每天生活中的习惯性活动。

（五）注意事项

为了确保安全，在运动处方中，要根据参加锻炼者或患者的具体情况，提出相应的注意事项。不同种类的处方，注意事项不同。如：运动的禁忌症或不宜进行运动的指征，在运动中应停止运动的指征，充分的准备活动及放松整理活动，运动时保持正确的身体姿势，运动中注意正确的呼吸方式和节奏，等等。

五、运动处方的制订

制订运动处方时，首先要对身体进行系统的检查和诊断，根据身体检查和诊断的情况开出处方，再按照处方进行实际锻炼。经过一个阶段的锻炼后再进行身体检查和诊断，以检查和评定锻炼的效果，为重新修订运动处方提供依据，使之更符合现阶段的实际要求。如此循环下去，不断提高身体锻炼水平，以达到增强体质的目的。

第三节　体育锻炼的卫生常识

生命在于运动，然而运动必须有一定的规律性，只有掌握了体育锻炼的一般生理卫生知识，科学地进行体育锻炼，才能够起到强身健体、预防疾病的作用。从某种意义上说，运动安全是体育锻炼的首要问题，如果不注意运动卫生、盲目或随意地运动，有时反而会对身体造成危害。

一、体育锻炼卫生常识

（一）运动前的准备活动和运动后的整理活动

1. 准备活动的作用

能克服肌体的生理惰性，提高呼吸系统和血液循环系统的机能，使呼吸加快加深，肺通气量增大。心跳加快加强，心输出量增加，保证肌肉中氧与营养物质的供应，为人体进入运动状态提供良好的物质基础；能提高神经系统的兴奋性，为进入运动状态做好精神准备；使体温适度升高，可降低肌肉和韧带的黏滞性，提高其弹性和伸展性，增加关节活动的幅度，从而避免运动损伤和肌肉痉挛。

2. 准备活动的内容

主要是一般性热身，如跑步、徒手操、活动肢体各关节。另外还要根据运动项目的特点进行专项练习，如打篮球先运球、传接球等。准备活动的量和时间，要因项目的特点，个体机能状况等来确定。

3. 准备活动的时间

准备活动的时间一般在10~20分钟左右，做到身体发热微微出汗，全身肌肉、关节感到舒展、心率相应提高为宜。

4. 整理运动

整理运动的生理学依据同样来自人体的适应性原理，是从运动状态过渡到相对安静状态的一种促进体力恢复的手段。其主要作用在于帮助肌肉的血液畅流，排出二氧化碳，消除代谢产物，以偿还氧债，减轻肌肉酸痛，达到消除疲劳的效果。

整理活动应着重全身性放松，尽可能采用轻松、活泼、柔和的练习，活动量逐步减缓，以促使呼吸频率和心率下降。整理活动后，还要注意身体保暖，以防身体着凉，引起感冒。

（二）合理安排体育运动和锻炼时间

参加体育锻炼的时间主要根据个人的生活习惯、身体状况或工作性质而定，一般很难统一。但就多数体育锻炼者来说，体育锻炼的时间多安排在清晨、下午和傍晚。不同的锻炼时间有不同的特点和利弊，练习者可根据自己的实际情况选择。

1. 清晨锻炼的特点和利弊

许多人喜欢在清晨进行体育锻炼，这首先是出于清晨的空气新鲜，早锻炼有助于体内的二氧化碳排出，吸入较多的氧气，有利于体内的新陈代谢加强，提高锻炼的效果；其次，清晨起床后大脑皮层处于抑制状态，通过一定时间的体育锻炼，可适度提高大脑皮层的兴奋性，从而有利于一天的学习与工作。经常参加体育锻炼的人多有这样的体会，如果清晨不进行体育锻炼，一天都会觉得无精打采；再者，早晨锻炼时，凉爽的空气刺激呼吸道黏膜可增强机体的抵抗力，以适应外界环境的变化，不易发生感冒等病症。所以有人说，“早晨动一动，少闹一场病”。对于清晨时间较宽松的人来说，清晨不失为理想的锻炼时间。但是，由于清晨锻炼多在空腹情况下进行，所以运动量不要太大，时间也不宜太长。否则，长时间的运动会造成低血糖，不仅影响锻炼效果，而且会使身体产生不适感。另外，对工作学习紧张、习惯于晚起床的人来说，没有必要每天强迫自己进行早锻炼。

2. 下午锻炼的特点和利弊

主要适合有一定空余时间的人进行体育锻炼，特别适合在校的师生，经过一天紧张的工作后，下午进行一定强度的体育锻炼，不仅可以增强体质，而且可使身心得到调整。下午进行体育锻炼时，运动强度可大一些，青年学生可打球、跑步等。对心血管病人来说，下午运动最安全。医学研究表明，心血管病的发病率和心肌劳损的发生率在上午6~12时最高，所以，为了避免这一“危险”时间，运动医学工作者认为，心血管病人的适宜锻炼时间应在下午。

3. 傍晚锻炼的特点和利弊

晚饭后也是体育锻炼的大好时光，特别是对那些工作、学习十分繁忙的人来说尤其如此。傍晚进行适当的体育锻炼，既可以强身健体，又可以帮助机体消化吸收。傍晚运动的主要形式可以为散步，傍晚进行体育活动的时间可长可短，但一般不要超过1小时，运动强度也不可太大，心率应控制在120次/分以内。强度过大的运动会影响胃肠道的消化吸收，同时，傍晚锻炼结束与睡觉的间隔时间应在1小时以上，否则会影响夜间的休息。

（三）锻炼前后的合理进食

1. 晨练不宜空腹

很多人有空腹晨练的不良习惯，长此下去有损身体健康。人经过一夜的睡眠后，身体已消耗了一部分营养，而晨练也要消耗一定的能量，因而适当补充能量以适应晨练是必须的。从另一方面讲，清晨血液浓度相对浓缩，空腹晨练容易造成血糖下降，引起心慌、头晕、恶心等现象。因此，在晨练前最好喝一杯牛奶、豆浆或糖水，以适应运动的需要。

2. 合理安排运动与进餐时间

饭后不能立即运动。据研究，大强度运动可在饭后2小时后进行，中等强度运动应在饭后1小时后进行，小强度运动在饭后半小时以后进行最合理。饭后立即运动的危害有：

（1）刺激胃肠。饱食后进行运动，会给胃肠带来机械性刺激，使胃肠内容物左右上下振动，可引起呕吐、胃痉挛等症状。

（2）血流分配紊乱。饱食后消化器官需要大量血液来消化吸收，当全身肌肉在运动时，也需要大量血液参与。于是就会夺取消化器官的血液量，导致消化吸收功能的紊乱，这种紊乱既影响运动效果又危害机体。

（3）影响运动效果。人体进食后体内交感神经受到抑制，此时锻炼，运动效果不显著。另外，食后胰岛素分泌上升，可抑制脂肪的分解，能量的来源就会受到限制。由于脂肪分解少，减肥运动也不宜在这个时间段内进行。

3. 运动中和运动后不宜大量饮水

人体每天需要补充8~10杯水来维持代谢。在锻炼与健身中，如果等到口渴了才喝水，往往为时晚矣，也无法恢复良好的状态。如果在运动时脱水，通常会出现体温每5分钟上升1℃，血液会浓缩，血流量减少，出现痉挛现象。

运动中饮水过多，又会使胃部膨胀，妨碍膈肌活动，影响呼吸，也不利运动。饮水过多还会导致血液稀释，血流量增多，加重心脏和胃部的生理负担，不利健康。运动后更不宜大量饮水，因为运动时，体内盐分随汗大量排出，导致血液的渗透压降低，运动后大量饮水会破坏体内水盐代谢的平衡，甚至发生肌肉抽筋等现象。

（四）锻炼后的保暖和洗浴

体育锻炼后洗澡不仅可以保护皮肤的清洁卫生，还能使神经系统兴奋性降低。体表血管扩张，血液循环加快，从而改善肌肤和组织的营养状况，降低肌肉紧张，加强新陈代谢，有利于机体内营养物质的运输和疲劳物质的排除，提高睡眠质量。

锻炼后进行温水浴是消除疲劳的好方法，水温40℃左右为宜，时间为10~15分钟。运动结束半小时后，还可以进行冷热水浴。冷水温度为15℃，热水温度为40℃，冷水淋浴1分钟，热水淋浴2分钟，交替3次。

桑拿浴和蒸汽浴有镇静、扩张皮肤毛细血管、加快血液循环、加速代谢产物排泄的作用。但运动结束后不要立即进行桑拿浴和蒸汽浴，因为人体需要散发掉运动使体内产生的大量热量，高温环境将影响这一过程。因此，运动后一定要休息30分钟再进行桑拿浴和蒸汽浴。

体育锻炼后不能立即进行冷水浴。有的人图一时痛快，锻炼完立即进行冷水浴，这不仅不能消除疲劳，而且会引发各种疾病，严重的会当即休克或死亡，常见的会引发感冒、发热等。体育锻炼中，随着新陈代谢的加强，人体通过皮下血管的扩张、汗腺分泌汗液使体内产生的大量热量向外散发。运动结束后，体内的热量还没有完全散发，散热过程还在进行，扩张的血管还未收缩，这时如果进行冷水浴，会迫使皮下血管迅速收缩，热量散发不出来，机体就会因热量积聚而发生代谢紊乱，从而引起疾病。

同时，剧烈运动后，机体免疫力有所下降，这时如果不注意保暖，各种病毒细菌就会乘虚而入，引起感冒、发热等症状。因此，锻炼后应赶快穿好衣服，不要等凉了以后才穿。

（五）伤病时的体育锻炼

1. 根据伤病情况可以进行适当的体育锻炼

伤后康复锻炼能改善伤部血液循环，增强组织的新陈代谢，加速淤血和渗出液的吸收，促进受伤组织的愈合，防止组织粘连、关节囊和韧带挛缩，增强关节稳定性，避免因肌肉萎缩和受伤组织的松弛而导致关节不稳引起再伤。

适当的体育锻炼可维持心血管功能及代谢的运动适应性。体育锻炼可使最大摄氧量增加5%~25%，一旦停止运动，这种增加即迅速消退。为了维持心血管及代谢的运动适应，要保持一定的耐力运动。上肢损伤者可做跑步、阻力自行车、蹬楼梯等运动；下肢损伤时，可用拉力器、扩胸器、哑铃等进行锻炼，也可做适当的腹背肌体操。保持已经获得的良好锻炼状态，伤愈后即能参加正常锻炼。

在患病期间，如感冒、发热或其他疾病时，不能进行体育锻炼，病好后，方可锻炼。

2. 根据情况选择恢复锻炼的时间

恢复锻炼时间的判定比较复杂。若伤后过早恢复锻炼，将会妨碍创伤的痊愈或使创伤加重，出现急性损伤转变成慢性损伤，并可引起其他损伤。但过迟恢复锻炼，又会影响先前已获得的锻炼效果。因此，正确判定恢复锻炼的时机是运动创伤康复治疗中的重要问题。

一般来说，伤肢的关节活动应恢复正常，肌力的恢复应达到95%以上，活动时应无疼痛，即可进行恢复锻炼。某些损伤还需做特殊功能检查。韧带扭伤和肌肉拉伤的恢复训练时间早于韧带与肌肉断裂。某些运动创伤与专项技术的特殊要求有关，对锻炼的影响较大，因而专项训练的恢复较迟。

二、大学生体育运动卫生

运动卫生包括生活卫生、精神卫生和运动训练卫生。了解并研究运动卫生的基本内容及其与人体健康、体育锻炼效果之间的相互关系，对保护和增进体育运动参加者的身体健康，尤其是在培养良好的个人卫生习惯，注意个人精神卫生和选择良好的锻炼环境的能力等方面具有重要意义。

（一）生活卫生

生活卫生是体育卫生的重要组成部分。体育运动参加者的个人卫生状况，不仅对增进人体健康和预防疾病具有重要意义，而且还能促进身体锻炼的效能和对伤害事故的预防。

1. 建立科学的生活制度

生活制度是指对一天内的睡眠、饮食、工作（或学习）、体育锻炼等各项活动相对固定的时间安排。

时间对于人体生命活动的效率具有重大意义。如果每天都在同一时间里进食，就会产生固定的条件反射，消化器官分泌大量的消化液，以保证消化过程更有效地进行；如果每天有节律地在同一时间里进行脑力劳动（学习）或体力活动（体育锻炼），那么就会提高脑力劳动能力和身体工作能力。因此，建立科学的有节律的作息制度是使有机体具有高度效能的重要条件之一。

科学的生活作息制度必须保证以下几点：在严格规定的时间内完成各种活动的内容；正确地交替学习（工作）、体育锻炼和休息；定时进食；睡眠充足。在学校里面，科学的生活规律不仅有助于增进身体健康，还能提高学习效率，从而使各项素质得到全面发展。相反，生活没有规律，不遵守作息制度，起居无常，劳作无度，不仅会影响学习效果，还会危害身体健康，久而久之，会诱发各种疾病。

2. 保护视力、预防近视

视力对人们的工作、学习和生活都有重要的影响，注意用眼卫生，保持良好的视力是个人卫生中不可忽视的内容。尤其是重视保护学生的视力，对青少年一代的全面健康成长具有重要意义。

为了保护青少年的视力和预防近视眼的发生，应注意培养他们形成良好的用眼卫生习惯，如应经常参加体育锻炼，全面增强体质；读书写字时，姿势要端正，眼与书本的距离要保持在30~35厘米，并尽可能使书本平面与视线成直角；切勿躺着、走路和在摇晃的车厢里看书读报，避免在昏暗和耀眼的光线下学习；看电视时间不宜过长等。实践证明，每天坚持做眼保健操，保持眼睛清洁，是保护视力的有效手段。

3. 坚决克服不良的生活嗜好

青少年正处在生长发育的关键时期，身体各器官系统处于量变到质变的复杂过程中。吸烟和酗酒等不良的嗜好，会导致许多疾病的发生，会严重地影响他们的身心健康，必须引起高度重视。

烟草燃烧的烟雾中含有20多种对健康有害的物质，其中尼古丁（烟碱）、吡啶、烟焦油、一氧化碳等对人体健康危害最大。对人体神经系统、呼吸系统、心血管系统和消化系统都会有不同程度的影响，长期吸烟，可诱发上述系统的各种疾病。此外，孕妇吸烟将会影响胎儿发育，使婴儿体重、体力、智力等发育水平均低于一般婴儿的平均水平。吸烟还可损害中耳，使听力下降。

综上所述，吸烟对人体健康的危害是多方面的，尤其对儿童、青少年的危害更大。因此，必须教育青少年养成不吸烟的良好习惯。

酒中含有会影响人体健康的酒精物质，酒精含量越高对人体的危害就越大。一般白酒的酒精（乙醇）含量为40%~60%，葡萄酒、橘子酒含酒精8%~12%，啤酒含酒精3%~5%。经常饮用高度酒，会对人体的高级神经中枢、消化系统及心血管系统等产生极为不利的影响。

若吸烟和饮酒同时进行，对人体的危害更大，因为溶解在酒精中的烟碱和其他有害物质可以通过胃肠吸收而直接进入血液，影响心血管系统的功能。饮酒后血流速度加快，从而加快了有毒物质通过循环系统传递到身体各部位的过程。因此，在日常生活中，应提倡不吸烟，少饮酒。

（二）心理卫生

1. 心理卫生的概念

人的心理需要多方面的锻炼，人的情绪需要积极调节和恰当控制。按照人的心理活动规律，有意识地采取各种措施，保持和增进心理健康，提高对社会生活的适应能力，以预防身心疾病发生的学问和实践方法，就叫作心理卫生。

2. 心理卫生健康的标志

心理卫生健康是指个体在各种环境中都能保持一种良好的心理状态。心理健康的人，应该能够随着自然环境和社会环境的变化而不断地调整自身的心理结构以达到与外界的平衡。大学生心理卫生健康的标志总体上可以归纳为以下5个方面：

（1）有理想，自我意识明确，刻苦学习，努力工作。

（2）热爱生活，人际关系良好。

（3）适应环境能力强，能创造性地处理问题。

（4）情绪的自控能力强，从容乐观，沉着冷静。

（5）充分了解自己，对自己能做出正确的评价。

以上5个方面是互相联系，相辅相成的。

3. 心理卫生对健康的影响

人的一切心理活动都是由大脑皮层统一指挥的，生理的疾病会影响心理活动，如果心理不健康，也必然会引起生理变化。古今医学研究表明，激烈的情绪反应是重要的致病因素，有时甚至能致命。要消除不良的心理，就应当讲究心理卫生。

讲究心理卫生主要应注意以下四个方面：

（1）接受良好的心理教育。主要是学习心理卫生知识，培养坚定、顽强、豁达、开朗、乐观的性格。

（2）要有健康的精神生活。主要是树立高尚的理想和信念，热爱祖国，热爱生活，热爱事业，有明确的奋斗目标，有丰富的文化娱乐活动，努力用科学知识充实自己的头脑，注意陶冶高尚的情操。

（3）要注意保护大脑。做到生活有规律，劳逸结合，脑力劳动与体力劳动结合，避免持续的精神紧张和过度的脑力疲劳，保持充足的睡眠。

（4）要经常从事体育锻炼。体育锻炼既能增强体质，又能陶冶情操，还是一种积极休息的好形式。脑力劳动后，从事适量的体育锻炼可以消除大脑的疲劳，促进肌体的新陈代谢，改善大脑的营养状态，使人精力充沛。

4. 大学生常见的心理障碍、心理疾病及心理调节方法

大学生正处于青春期，形态、生理和内分泌的改变会直接影响他们心理和行为的改变。由于学习上的压力以及择业等方面的诸多问题都会对心理产生很大的影响，如不注意调节则易发展为一些心理疾病。因此，对于学生的心理问题必须引起高度重视。

心理障碍是指影响个体正常行为和活动效能的心理因素或心理状态。常见的心理障碍有焦虑、麻木或冷漠、逆反心理等。心理疾病一般指精神而言，常见的有3类：一是神经功能症（神经衰弱、焦虑症、强迫症、恐惧症、疑病症等）；二是身心疾病；三是精神分裂症（单纯型精神分裂症、青春型精神分裂症）。

心理调节的方法是使人获得心理健康的方法和手段，它能有效地保护和促进心理健

康，保持和改善对环境的适应能力，预防心理障碍。进行心理调节的方法有以下 4 种：

（1）心理咨询。心理咨询是咨询专家给来访者以心理上的帮助过程。它是通过向咨询专家诉说有关学习、工作、生活、恋爱等方面的困扰，经过专家的启发诱导，排除疑虑，建立信心的过程。心理咨询是通向心理健康的有效途径。

（2）一般疗法。可采用同别人交谈、听音乐、看电视、读书看报、回忆美好往事等方法。

（3）体育疗法。参加体育活动、体育比赛、散步、旅游等活动使人们身心愉快，缓解紧张心理，沟通感情，使人产生亲切感，缓解紧张的人际关系，使人朝气蓬勃，充满活力，增进心理健康。

（4）民族传统体育保健疗法。传统体育保健是我国古代养生术与锻炼身体方法相结合的宝贵文化遗产。唐代名医孙思邈说过："善养性者，则治未病之病，是其义也。"即通过调养精神和形体来保持健康状态。传统体育保健历史悠久，内容丰富，包括气功、太极拳、按摩等项目，是一项非常适合体弱者和慢性病患者的身体保健措施，深受人们喜爱。

（三）运动着装和环境卫生

1. 运动着装

运动时最好不要穿着不吸汗的衣服。运动衣和运动鞋应符合运动项目的要求，并具有透气性、吸湿性等性能。

运动着装选择要轻便、舒适、美观大方。夏季以浅色运动衣裤为好，冬季应注意保暖，但又不妨碍运动。运动衣裤要勤换、勤洗，以免汗液和细菌污染机体。运动鞋应具有一定的弹性和透气性。

2. 运动环境卫生

人体健康与周围环境有着密切的关系。良好的运动环境，可以激发锻炼者的运动情绪和锻炼效果。反之，可抑制锻炼情绪，还可以引起生理异常反应和诱发运动损伤。

空气是影响运动环境的主要因素之一，因此，一定要选择空气质量好、绿化较好、环境优雅的室外运动，如果在室内运动，要注意打开窗户通风。

另外还要注意光线、噪声及运动场地、设施等影响运动环境的因素。

（1）冷环境对人体健康及运动能力的影响。冷环境一般指气温在 0℃以下的环境。人们之所以能在寒冷的环境中劳动和生活，除了必要的衣着保护外，更重要的是依赖于自身的调节和适应能力。坚持在冷环境中运动可改善人体对寒冷的适应能力，提高耐寒力，有利于身体各系统机能的进一步加强。

在寒冷环境中进行体育活动会因外周血管的舒张降低身体对寒冷的绝缘能力，但是运动中旺盛的新陈代谢率会使体内产生的热量增加，仍然能够保持与热平衡。如果是在温度较低的水中游泳或潜水，尽管运动中代谢产生的热量增加，但仍可能低于身体热量的散失。

如果长时间暴露在寒冷的环境中，低温的刺激会使机体发生损伤。一般分为局部性损伤（或称冻伤）和全身性损伤（或称冻僵）。在冬季或在寒冷地区运动的人应该十分注意机体的保暖，运动前增加热身活动可以提高机体的新陈代谢能力，使机体做好抵御寒冷的准备。

（2）热环境对人体健康及运动能力的影响。环境温度对运动能力的影响主要表现在两个相矛盾的方面：一是需要充分的血液供应以保证肌肉代谢所需；而另一方面代谢产生的热又必须尽快通过血液从深部组织传递到皮肤表面散热，这样一来又无法满足收缩中的肌肉对氧的需求。

人体从事体育运动时的最佳体温是37.2℃，骨骼肌的温度是38℃。在温度适宜的环境中从事体力工作，体温会因体内产生热量而升高达40℃，剧烈运动时可能还要高。因此，在高气温、热辐射、高温度的环境条件下长时间剧烈运动（如超长距离跑或马拉松），由于体表散热效率低，易形成体内淤热而产生热疾患。

人体的热适应有一定的限度，如果超过适应能力的范围，可引起正常生理机能的紊乱，造成运动热疾患的产生。为避免这种情况，热环境中的体育锻炼应尽量选择在早上或傍晚较凉爽的时候进行，并安排有规律的饮水和休息时间。

体育锻炼的场地卫生也应该受到重视，主要包括：运动建筑设备的一般卫生要求，室内体育建筑设备的卫生要求和室外运动场地设备的卫生要求。

三、女子体育卫生

女子经常参加体育锻炼，不仅可以促进身体的生长发育，增进健康，提高身体各器官、系统的功能水平，使之能更好地胜任对身体条件要求较高的工作任务，而且还可以使身体各部的肌肉得到协调均匀的发展。特别是通过体育锻炼能使腹肌、腹背肌和骨盆底肌的肌肉力量得到增强，这对于女子妊娠期的身体健康和顺利分娩都有很大好处。

10岁以前，男女儿童的身体机能情况和运动能力基本相同，在进入青春发育期后，由于内分泌和生殖系统的迅速发育，他们身体各方面出现急剧的变化，男女在身体形态上、生理机能和心理特征方面都出现较大的性别差异。这个时期女子除心脏、呼吸、骨骼和肌肉等方面的发育和功能与男子的区别越来越显著外，还开始出现月经初潮。因此，女子在进行体育锻炼时，在运动项目的选择和运动负荷的安排上，必须考虑到女子的解剖生理特点，并提出相应的体育卫生要求，同时要注意女子经期的体育卫生。

（一）女性解剖生理特点

男女之间的性别差异存在于许多方面，其中与健身锻炼有关的解剖生理特点主要表现在运动系统、心血管系统和生殖系统上。

与同龄男性相比，女性骨骼细小，肌肉重量占体重的比例较小，但关节韧带弹性较好，脊柱椎间盘较厚。因此，女性的肌肉力量、能够承受的负荷均明显小于男子，而身体的柔韧性和关节的灵活性却比男性好。

在氧运输系统的功能上，与同龄男性相比，女性心脏重量轻10%~15%；心输出量较同年龄、同身材的男性低10%。由于心肌收缩能力较弱，女子主要靠加快心率增加心输出量。女子全身血量、红细胞数量及血红蛋白的含量等均低于男子。女子胸廓较小，呼吸肌力量较弱，因此肺通气和肺换气功能均较弱。因此，女子在运动时供氧能力比男子差。

女子内生殖器位于盆腔内，子宫呈倒置的梨状，位于小骨盆腔中央。子宫的正常位置主要依靠子宫韧带、子宫附近的器官，以及腹腔、盆腔内的一定压力来维持。腹壁肌肉，骨盆底肌和腹壁肌，对保持一定的腹腔、盆腔内压起着重要的作用。

女子进入青春期的时间，一般较男子早两年，结束也早两年，女子除骨盆较宽、皮下脂肪较多、体重和身高变化较大外，其余各种身体形态、机能指标均落后于同龄男子。在体型方面，女子肩部较窄，骨盆较宽、下肢较短、躯干相对较长，这种体型使女子的身体重心比较低，有利于维持平衡，对完成下肢支撑的平衡动作较为有利，但对跳跃、速度的发挥不利。

女子体内的脂肪约占体重的28%，男子约占18%，女子皮下脂肪多，使身体显得丰满。女子皮下脂肪虽然较厚，但下腹部对冷的刺激仍较敏感，故在冬季锻炼及月经期时，要注意下腹部的保暖。

（二）女子体育锻炼的一般要求

由于男女性别上的差异，在参加体育锻炼时，对男女有不同的要求。

（1）由于女子心血管系统和呼吸系统的机能水平比男子低，故其能承受的运动量和运动强度均比男子要小，要注意区别对待。

（2）女子的肩部较窄，握力、臂力较弱，在做悬垂、支撑、攀登及大幅度摆动动作时较困难，锻炼时应注意循序渐进，并给予必要的助力和保护。

（3）女子身体重心较低，平衡能力较强，柔韧性较强，适宜进行平衡木及艺术体操等项目的活动。因此，在锻炼时应有意识地保持和发展柔韧性，加强肩带肌、腹肌、腰背肌和骨盆底肌的锻炼。

（4）不宜做过多的从高处跳下的练习，地面不可过硬，注意落地姿势及缓冲，以免过分振荡，影响盆腔器官的正常位置及骨盆的正常发育。

（5）为塑造形体美，可多选择一些增强腰背、腹肌和骨盆底肌的练习，如仰卧起坐、仰卧举腿等练习。

（6）要重视全面身体素质锻炼，克服和改善女生的生理弱点，努力提高力量、耐力等身体素质，使之终身受益。

（三）月经期体育锻炼要求

月经是女子正常生理现象，在月经期间，女子身体一般不出现明显的生理机能变化。因此，月经正常的女子在月经期间，可以参加适当的体育运动，如做广播操，打乒乓球、羽毛球或排球等活动。这些活动不仅可以改善盆腔的血液循环，减轻盆腔的充血现象，而且由于运动时腹肌与骨盆底肌的收缩与放松活动对子宫所起的柔和的按摩作用，还有助于经血的排出。此外，丰富多彩的体育活动还可以调节大脑皮层的兴奋和抑制过程，从而减轻全身的不适反应。所以无须对女子经期进行运动提出种种不适当的限制，只是需要一些特殊的措施。

月经期进行体育锻炼有以下要求：

（1）由于一般人在月经期间，身体的反应能力、适应能力和肌肉力量会有所降低，神经调节的准确性及灵活性也有所下降，因此，月经期间运动量的安排要适当减少，活动时间不宜过长。月经期间一般不宜参加比赛，因为比赛时，活动强度较大，精神过于紧张，体力及神经系统都不能适应，易导致卵巢功能失调引起经血过多或月经紊乱。对于月经初潮的女子，由于她们的性腺内分泌周期尚不稳定，运动量的掌握更要慎重，不宜过大，要循序渐进，使她们逐步养成经期锻炼的习惯。

（2）月经期间除应注意一般卫生外，还不宜游泳。因为经期子宫内膜脱落后，子宫内形成较大的创面，子宫颈口略为开大，宫腔与阴道口位置对直，此时，人体全身与局部对病菌侵袭的抵抗力下降，游泳时病菌可能侵入内生殖器官，进而引起炎症。此外，月经期间也应避免寒冷刺激，特别是下腹部不应受凉，冷水浴锻炼也应暂停。

（3）月经期间应避免做剧烈的、大强度的或振动大的跑跳动作（如疾跑、跨跳、腾跃、跳高、跳远等），以及使腹内压明显增高的屏气和静力性动作（如推铅球、后倒成桥、收腹、倒立、俯卧撑等），以免子宫受到过大的振动或由于腹内压过于增高而使子宫受压或受推，造成经血过多或引起子宫位置的改变。青春期女子平常应加强腰、腹肌和骨盆底肌的锻炼，这样既可防止在运动中发生子宫位置的变化，又可预防在经期发生疼痛等不适反应，对其成年后的正常分娩也有好处。

（4）对月经紊乱（经量过多、过少或经期不准）以及痛经（经期下腹部疼痛）、月经失调者和原有内生殖器炎症的女生，经期应减少运动量、强度和时间，甚至停止体育运动。

第四节 体育锻炼的医务监督

医务监督是指用医学和生理学、生物化学的方法，对从事体育运动的人（包括运动员）的身体进行全面检查和观察，评价其发育水平、训练水平和健康状况，为体育教师和教练员提供科学训练的依据，保证运动训练顺利进行并取得较好成绩的一种手段。简言之，即在医学观察下合理科学地进行体育运动，以期达到保证健康，预防伤病，提高运动技术水平的目的。

对于一般体育锻炼者而言，较难做到及时、完备的医务监督，但掌握一定的自我监督的方法很有必要。

自我监督又称自我检查，它是体育运动参加者在体育锻炼过程中，对自己的健康状况和生理功能变化做连续观察并定期记录。其目的在于评价锻炼结果、调整锻炼计划，防止过度疲劳和运动性损伤，更有利于提高健康水平。经常性地进行自我监督，对于增进信心、坚持科学锻炼、防止运动过量或不足、提高锻炼效果和养成良好运动卫生习惯等都有重要意义。

自我监督的内容包括主观感觉和客观检查。

一、主观感觉

1. 运动心情

正常时，精神饱满，体力充沛，渴望锻炼。健康状况不佳或发生了过度训练时，就出现心情不佳，厌烦锻炼的现象。

2. 自我感觉

正常时自我感觉良好，身体无不适感觉。如果在运动中或运动后出现异于寻常的疲劳，感到恶心甚至呕吐、头晕，身体某些部位疼痛，则说明体力下降或患病了。

3. 睡眠

良好的睡眠是入睡快，醒后精力充沛。如果入睡迟，夜间易醒、失眠，睡醒后仍感疲劳，表明睡眠失常。

4. 食欲

因运动时能量消耗大，运动后食欲良好，食量大。如运动后不想进食，食量减少，在一段时间内不能恢复食欲，表明胃肠消化和吸收机能下降，可能与运动量安排不合适或身体机能的健康状况不良有关。

5. 排汗量

运动时排汗量的多少与运动量大小、训练程度、饮水量、气温、空气湿度、衣着厚薄以及神经系统状态有密切关系。在客观条件相同的情况下，随着锻炼水平的提高，排汗量可减少。如果在相同情况下，排汗量比过去明显增加，特别是夜间大量出冷汗，表明身体极度疲劳，也可能是内脏器官患病的征兆。

6. 体征

锻炼时的外部体征，一般可从以下三方面去观察：精神（锻炼者的精神、表情、言语、眼神、注意力等）、躯体（面色、呼吸、嘴唇、排汗等）、动作（动作质量、准确性、步态等）。

运动量适宜时，锻炼者一般表现为精神良好、面色稍红、步态轻快等。运动量大时，锻炼者一般表现为面色红、气喘、满脸流汗、精神差、眼神无光、反应迟钝、动作不稳等，此时必须减量运动。

7. 其他情况

在过度运动后，由于疲劳，男性可能会出现遗精，女性也可能在一段时期内出现月经不调、痛经等情况。总之，在锻炼前、中、后期所出现的一些特殊感觉都要记在监督日记上，供指导人员参考。

运动量过小的表现：运动后身体无微汗、无发热感，脉搏也无大的变化，在运动后2~3分钟即恢复至安静状态，说明运动量过小。

运动量适宜的表现：锻炼后有微汗、轻松愉快、感觉良好、睡眠、食欲良好，或虽然稍感疲乏、肌肉酸痛，但休息后会很快消失，次日体力充沛，渴望锻炼，表明运动量适中。

运动量过大的表现：锻炼后大汗淋漓、头晕眼花、胸闷、身体疲倦、睡眠差、食欲下降，脉搏在运动后15分钟尚不能恢复，次日仍觉乏力，不想锻炼，这些表明运动量过大，此时应注意减少运动量。具体表现主要有，胸闷、胸痛、晕眩，心悸、头晕、血压过于升高或下降；明显的呼吸困难、嘴唇发紫、脸色苍白、出冷汗、头晕、恶心、呕吐；四肢肌肉剧痛、关节疼痛、步态不稳、动作不协调等。

二、客观检查

1. 安静时脉搏

每天早晨醒后，先不起床而立即仰卧测1分钟的脉搏数，这就是安静时脉搏，叫“基础脉搏”，也有的把它称为“晨脉”。用这个脉搏来检查身体机能状态十分必要，若安静时脉搏比平时高12次以上，可能和过度训练有关，应立即改变锻炼方法和减少运动量；若比平时高6~8次，说明运动量大了，应当进行调整；若比平时高4~5次，就不要再增加运动量了。

2. 体育锻炼时的脉搏

一般体育锻炼从健身的角度讲，脉搏应控制在（220次/分-年龄）×(60%~80%）的适度（大约130次/分）。专家认为，如果运动达不到一定的量，就不会明显改善心脏功能。运动时脉率每分钟低于100次，几乎没有健身效果。脉率在130次/分左右锻炼后，有微汗、轻松舒畅感，脉搏约在10分钟内恢复，食欲、睡眠情况良好，次日体力充沛，这说明个体对运动量完全适应；如果锻炼后，出汗多，头晕眼花，胸闷、胸痛，心悸气短，食欲、睡眠不佳，脉搏在15分钟内不能恢复，次日周身乏力，缺乏运动兴趣，则表明运动量对个体过大；如果锻炼后身体有发热感，脉搏也无明显变化，并在3分钟之内恢复到安静心率，则说明对个体来说运动量不足。如活动后产生早搏，心律不齐等需及时就医。

3. 体重

正常成年人体重比较稳定，健康人在大负荷运动后，由于体液的丧失，会有一时性体重下降，但在一两天后就能恢复正常。如果体重持续下降，并伴有其他异常现象，可能是健康状况不良或过度锻炼。

4. 血压、肺活量、心电图

健康运动者的血压应趋于稳定，锻炼后收缩压上升2.6~3.3kPa（20~25mmHg），舒张压下降0.6~1.3kPa（5~10mmHg），应视为正常。测肺活量时应连续5次，每次测的结果如果是逐渐上升的，说明呼吸机能良好；若逐渐下降或前后显著下降，说明呼吸肌耐力差，是反应不良的表现。若血压突然升高、肺活量明显下降、心电图异常，则应减少运动量并到医院进行检查。

5. 运动成绩

在合理的训练中，运动成绩应逐步提高，如果成绩没有提高甚至下降，动作的协调性降低，可能是身体机能不良的反映，也可能是过度训练的早期表现。

第五节 运动损伤的预防、处理与急救

一、体育运动中常见的生理反应及处理

（一）肌肉酸痛

1. 原因和症状

运动后肌肉酸痛是运动时肌肉活动量过大，引起局部肌纤维及结缔组织的细微损伤，以及部分肌纤维的痉挛所致。这种酸痛不是在运动结束后即刻发生，而是发生在运动结束1~2天以后，因此也称为延迟性疼痛。由于这种酸痛现象只是局部肌纤维的细微损伤和痉挛，不影响整块肌肉的运动功能。所以，酸痛后经过肌肉内部对细微损伤的修复，肌肉组织会变得更加强壮，以后同样负荷将不易再发生酸痛。

2. 处理和预防

当已经出现肌肉酸痛后，可采用以下方法减轻和缓解：

（1）热敷。对酸痛的局部肌肉进行热敷，促进血液循环及代谢过程，有助于损伤组织

的修复及痉挛的缓解。

（2）伸展练习。对酸痛局部进行静力牵张练习，保持伸展状态 2 分钟，休息 1 分钟，重复进行，有助于缓解痉挛。

（3）按摩使肌肉放松，促进血液循环，缓解肌肉痉挛和损伤修复。

（4）口服维生素 C。维生素 C 可促进结缔组织中的胶原合成，有助于损伤的结缔组织的修复。

（5）针灸、电疗等也有一定作用。

锻炼时，应根据自身的身体状况安排锻炼负荷，尽量避免局部肌肉负担过重；锻炼时，要充分做好运动前的准备活动和运动后的整理活动。

（二）运动中腹痛

1. 原因和症状

运动中腹痛多数在中长跑时产生。主要因准备活动不充分，开始时运动过于剧烈，或者跑得过快，内脏器官功能尚未达到运动状态，致使脏腑功能失调，引起腹痛；也有的人运动前吃得过饱，饮水过多，以及腹部受凉，引起胃肠痉挛；少数因运动时间过长或过于剧烈，使下腔静脉压力上升，引起血液回流受阻，或者因肝脾淤血，膈肌运动异常，致使两肋部胀痛。

2. 处理和预防

对于运动中腹痛的处置，如果没有器质性病变迹象，一般可采用减慢跑速，加深呼吸，按摩疼痛部位或弯腰跑等方法处理，疼痛常可减轻或消失。如疼痛仍不减轻，甚至加重，就应停止运动，并口服十滴水或溴丙胺太林（每次一片），或揉按内关、足三里、大肠俞等穴位。如仍不见效，应送医院做进一步检查。

可采取以下措施进行预防：饭后一小时后进行运动；做好准备活动，运动量要循序渐进，并注意呼吸节奏；夏季运动要适当补充盐分；对于各种慢性疾病引起的腹痛应就医检查，病愈之前，应在医生和体育教师指导下进行锻炼。

（三）“极点”和“第二次呼吸”

1. 症状

在以中高强度进行的中长距离跑时，运动开始不久，就经常会出现呼吸急促、胸闷气短、全身乏力、动作不协调，甚至有恶心现象，在运动生理学上称这一系列生理反应为“极点”。当运动状态稳定地保持一段时间后，呼吸、循环及其他内脏器官的机能与这种运动状态在新的水平上达到协调，“极点”时的一系列不良生理反应和现象逐步得到缓解甚至消失，此后的运动过程便变得轻松有力、心情舒畅，运动生理学上称这一生理过程为“第二次呼吸”。

2.“极点”的出现与消失

在运动开始前，机体各脏器是处于一个稳定的相互协调的状态之中。当运动开始后，由于肌肉组织快速地进入了预定的工作状态，而内脏器官的生理惰性导致了其工作状态的提升水平不能与肌肉组织相协调，造成运动开始不久，肌肉工作处于代谢紊乱的状态。其一系列的生理反应导致了“极点”的出现。为了弥补因惰性所带来的“功能负债”，内脏器官工作水平将不断提高直至超过与肌肉运动相适应的水平，以进行“功能补偿”。此时肌肉和内脏都处于各自的困难状态，身体的不良反应最为强烈。此时，应稳定情绪，并适当减慢跑速，加深呼吸，坚持下去。随着“功能补偿”的结束和有氧代谢的逐步形成，内脏器官工作水平也逐步与运动器官的工作水平趋于平衡，“极点”随即消失，形成了“第二次呼吸”。

（四）运动性晕厥

1. 原因和症状

在运动中，出于脑部突然血液供给不足而发生的暂时性知觉丧失现象，叫运动性晕厥。原因是剧烈运动或长时间运动，使大量血液积聚在下肢，回血量减少；也和剧烈运动后引起的低血糖有关。运动性晕厥表现为全身无力、头昏耳鸣、眼前发黑、面色苍白、失去知觉、突然昏倒、手足发凉、脉搏慢而弱、血压降低、呼吸缓慢等。

2. 处理和预防

当出现运动性晕厥时，应立即使患者平卧，足略高于头部，并由小腿向大腿心脏方向推摩或拍击。同时用手指点压人中、合谷等穴位，必要时给氨水闻嗅，如有呕吐，应将患者头偏向一侧；如停止呼吸，应立即进行人工呼吸。轻度休克者，应由同伴搀扶慢慢走一段时间，帮助其进行深呼吸，即可消除症状。

为了预防运动性晕厥，平时要经常坚持体育锻炼，以增强体质；久蹲后不要突然起立；不要带病参加剧烈运动；疾跑后不要立即停下来；不要在饥饿情况下参加剧烈运动。如果遵循上述要求，运动性晕厥是可以避免的。

（五）肌肉痉挛（抽筋）

1. 原因和症状

在体育锻炼中，肌肉受到寒冷的强烈刺激时，可能发生肌肉痉挛。它常在游泳或冬季户外锻炼时发生；有的因准备活动不够，或肌肉猛力收缩，或收缩与放松不协调时，均可发生肌肉痉挛；在进行了较长时间的运动且大量排汗后，机体内大量电解质随汗液流失，细胞渗透压失调，神经传导紊乱，造成痉挛；也有的由情绪过分紧张所致。肌肉痉挛时，肌肉突然变得坚硬、疼痛难忍，而且一时不易缓解。

2. 处理和预防

对痉挛部位的肌肉做牵引。例如：腓肠肌痉挛时，即伸直膝关节，并配合按摩、揉捏、叩打以及点压委中、承山、涌泉穴等，以促使痉挛缓解和消失。

运动前做好准备活动，对容易发生痉挛的部位，事先应做适当按摩。夏季进行长时间运动时要注意补充盐分；冬季锻炼时要注意保暖；游泳下水前应先用冷水淋浴；游泳时不要在水中停留时间过长；疲劳和饥饿时，不要进行剧烈运动。

（六）运动中暑

1. 原因和症状

在高温环境中，长时间体育锻炼易发生中暑，尤其在温度高、通风不良、头部缺乏保护、被烈日直接照射的情况下，最容易发病。中暑，早期可有头晕、头痛、呕吐现象，逐步发展为体温升高，皮肤灼热干燥；严重者可出现精神失常、虚脱、抽搐、心律失常、血压下降，甚至昏迷危及生命。

2. 处理和预防

一旦出现运动中暑，应立即将患者扶送到阴凉通风处休息，同时采取降温消暑手段，如：解开衣领、额部冷敷作头部降温、喝些清凉饮料，并补充生理盐水或葡萄糖生理盐水等。严重患者，经临时处理后，应迅速送医院进一步治疗。

在高温炎热季节锻炼时，应适当减少运动量和锻炼时间，避免在烈日下长时间锻炼，保持良好通风并备有低糖含盐的饮料。

（七）运动性贫血

1. 原因与症状

血液中红细胞数与血红蛋白量低于正常值，称为贫血。因运动引起的血红蛋白量减少，如男性血红蛋白量低于12g/100ml，女性低于10.5g/100ml，则称为运动性贫血。在通常情况下，本病的发病率女性高于男性。由于贫血常引起多种不良生理反应，危及健康，因此，学生常常恐惧体育锻炼，特别害怕中长跑锻炼。

其发病的主要原因为：

（1）运动时，由于肌肉对蛋白质和铁的需求量增加，一旦需求量得不到满足，即可引起运动性贫血。

（2）运动时，由于脾脏释放的溶血卵磷脂能使红细胞的脆性增加，再加上剧烈运动使血流加速，易引起红细胞破裂，致使红细胞的新生与衰亡之间的平衡遭到破坏，从而导致运动性贫血。由于贫血发病缓慢，其症状表现有头晕、恶心、呕吐、气喘，以及体力和运动能力下降等。

2. 处理和预防

如运动中（后）出现头晕则暂停运动，并补充富含蛋白质和铁的食物。如果无力、恶心等，应适当减小运动量，必要时口服硫酸亚铁，这对缺铁性贫血的治疗有明显效果。

为了预防运动性贫血的发生，在体育锻炼中应遵循循序渐进和区别对待的原则，并调整膳食。如果运动时经常有头晕现象，应及时诊断医治，以便正常参加体育锻炼。

（八）胫骨腓骨疲劳性骨膜炎

1. 原因和症状

此病多发生在初从事跑、跳项目的锻炼者。由于这类活动使腿部肌群不断收缩，而过度牵扯其腰椎骨的附着部分，致使骨膜松弛，骨骼肌产生肿胀、疼痛等炎症反应，导致出现此病。此外，由于场地硬，跑、跳落地动作不正确而缺乏缓冲，使小腿受到较大的反作用力冲击也是引起此病发生的常见原因。

2. 处理和预防

适当控制用足尖跑、跳的运动量，使下肢在未加重症状的情况下，逐步适应。另外，运动前要做好准备活动，运动后加强局部按摩，并可在运动后用50℃左右的温热水浸浴小腿，每次约半小时，对减轻炎症有较好的效果。

二、运动损伤的预防与处理

运动损伤即在运动过程中发生的各种损伤。在体育活动过程中，运动损伤时有发生，积极的预防和伤后积极的处理都是必不可少的。因此，掌握一些预防和伤后处理的方法也显得非常必要。

（一）运动损伤的分类

（1）按受伤的组织结构分，包括皮肤损伤、肌肉与肌腱损伤、关节损伤、滑囊损伤、骨损伤、神经损伤、血管损伤和内脏器官损伤。

（2）按损伤的病程分，包括急性损伤：指一瞬间遭受直接或间接暴力造成的损伤；慢性损伤：包括劳损和陈旧性损伤。

（3）按伤后皮肤、黏膜是否完整分，包括开放性损伤：伤后皮肤或黏膜的完整性遭到破坏，伤口与外界相遇；闭合性损伤：伤后皮肤和黏膜仍保持完整，伤处无裂口与外界相通。

（4）按伤情轻重分，包括：

①轻微损伤：常见的擦伤、软组织挫伤、指关节扭伤等，经简单处理即可自行康复，对日常生活和工作妨碍不大；

②轻伤：如关节扭伤、轻度脑震荡、刺伤和割伤等，须经过相关的治疗和处理，有功能障碍者须卧床休息，对日常生活和工作有一定的妨碍；

③重伤：如脾脏破裂、重度脑震荡、骨折以及急救伤等，须经过急救或手术以及药物治疗，治疗恢复期较长，功能影响较大。

（二）运动损伤产生的原因

1. 思想上的原因

运动损伤的发生常与参加体育锻炼者对预防运动损伤的重要意义认识不足有关，思想麻痹大意是所有运动损伤因素中最主要的因素。盲目或冒失地进行体育锻炼，运动前不检查器械，情绪紧张，急于求成，预防措施不得力，好胜好奇，忽视了循序渐进和量力而行的原则，或在练习中畏难、恐惧、害羞而犹豫不决和过分紧张，这些心理状态，往往是造成运动损伤的重要原因。

2. 准备活动方面的原因

有统计资料表明，缺乏准备活动或准备活动不正确，是造成运动损伤的又一重要原因。在准备活动上常存在以下几方面的问题：

（1）不做准备活动。在中枢神经系统和其他各器官系统的功能尚未做好准备的情况下，就进行紧张的体育活动，因而容易发生肌肉拉伤、挫伤和扭伤。

（2）准备活动不充分或对准备活动的生理作用认识不足。做准备活动马虎、敷衍，在神经系统和各器官的功能尚未达到适宜的水平时，就进入紧张的体育活动，因此会发生伤害事故。

（3）准备活动的内容与体育活动的内容结合不好，或没有专项准备活动（专项练习）。运动中负担较重部位的功能没有充分改善，此时容易发生机体组织损伤。

（4）准备活动的运动量过大，身体在进入正式运动前已感到疲劳。当进入正式运动时，身体的功能不是处于最佳状态，而是有所下降，容易造成运动损伤。

3. 运动技术方面的原因

技术动作的错误，违反了人体结构功能的特点及运动时力学原理而造成的损伤，例如篮球、排球的传接球时不正确的手形引起手指扭伤；力量练习，双手上举举重时上体过于后仰；

4. 运动负荷安排上的原因

安排运动量时，没有充分考虑到学生的生理特点和体质状况。运动负荷超过其能承受的生理负担，尤其是局部负担量过大。在一般学校的体育教学训练中，如果几项内容安排不合理，就会给身体某部位形成较大负担，从而引起某部位负担量过大，造成损伤。

5. 运动场地与设施方面的原因

运动场地狭窄，地面不平，器械安置不当或不牢固，做高难度动作时缺乏保护和必要的防护器具（护腕、护膝、护裆等）；运动时的服装和鞋不符合体育卫生的要求均容易引起损伤。

6. 身体素质的原因

身体素质较差，肌肉力量不足，柔韧性不好，协调性差等，均易导致损伤的发生。

7. 身体状况不佳

身体疲劳或睡眠、休息不好，带伤、带病或伤病初愈，身体机能相对较低，在这种情况下运动，如不适当降低练习强度和难度，很容易造成损伤。

8. 气候条件方面的原因

空气污浊、噪声、光线暗淡、气温过高或过低，以及运动服装不符合要求等原因都可直接或间接造成伤害事故。

（三）运动损伤的预防

（1）加强运动安全教育。克服麻痹思想，提高预防损伤的意识。

（2）认真做好准备活动。根据所参加的运动项目特点，对可能发生的运动损伤的环节和易伤部位，要及时做好预防措施。

（3）加强保护与帮助。有些项目在加强与同伴的相互保护与帮助的同时，还要加强和提高自我保护能力。如摔倒时，立即屈肘，低头，团身滚动；由高处跳下时，用前脚掌着地，同时屈膝缓冲等。

（4）保持良好的身体状况。身体有不适时应减少运动强度或停止运动。

（5）合理安排运动量。做练习时防止局部运动器官负担过重。

（四）常见运动损伤及处理

1. 擦伤

机体表面与粗糙的物体相互摩擦而引起皮肤表层损害，称为擦伤。主要症状为表皮剥脱、有小出血点和组织液渗出。伤口无感染则易干燥结痂而愈；伤口有感染，则局部可发生化脓、有分泌物。

小面积的擦伤，用1%～2%红汞或1%～2%龙胆紫涂抹；关节部位擦伤宜涂抹消炎软膏。

擦伤面积大，伤口深，易受污染，需用2.5%碘酒和75%酒精在伤口周围消毒，用生理盐水棉球清除伤口异物，外敷生理盐水或1‰雷弗奴尔纱布，再用绷带包扎。感染的伤口应每日或隔日换药。

2. 裂伤、刺伤、切伤

裂伤：指受钝物打击引起的皮肤和皮下组织撕裂，伤口边缘不整齐。

刺伤：是尖细锐物刺穿皮肤及皮下组织器官的损伤，伤口小而深。

切伤：是锐器切破皮肤所致。伤口边缘整齐，多成直线形，出血较多。

裂伤、刺伤和切伤，轻者可先用碘酒、酒精将伤口周围皮肤消毒，再用消毒纱布覆盖，加压包扎。伤口较大、较深、污染较重的，应及时送医院，由医务人员做清创术，清除污物、异物、坏死组织，彻底止血，缝合伤口；口服或注射抗菌药物预防感染。伤口小而深和污染较重者，应注射破伤风抗毒血清 1 500~3 000 国际单位，预防破伤风。

严重的切伤、刺伤有时会伤及深部的血管、神经、肌腱，处理时要仔细检查。

3. 肌肉拉伤

（1）肌肉拉伤的发生机制与分级。

肌肉拉伤可分成主动拉伤和被动拉伤两种。前者是由于肌肉做主动的猛烈收缩时，其力量超过了肌肉本身所能承担的能力；后者主要是肌肉用力牵伸时超过了肌肉本身特有的伸展程度，从而引起拉伤。肌肉拉伤包括肌纤维的微小分离以至肌纤维的完全断裂，临床上一般分为三级。

一度：只有少数的肌纤维被拉长和撕裂，而周围的筋膜完好无损，纤维的断裂只在显微镜下能见到。运动时感到疼痛，但仍可以进行运动。

二度：有较多数量的肌纤维断裂，筋膜可能亦有撕裂，锻炼者可能感到“啪”一声拉断的感觉。常可摸到肌肉与肌腱连接处略有缺失和下陷。在撕裂处周围由于出血，水肿可能发生。

三度：肌肉完全被撕裂。撕裂处可能在肌腹、肌腱或者在肌腱与骨的连接点上。锻炼者基本上不能再活动。受伤后首先产生剧烈的疼痛，但疼痛会很快消退，因为此时神经纤维也被损伤了，这时一般需要外科手术的治疗。

（2）肌肉拉伤的治疗。

肌肉抗阻力试验是检查肌肉拉伤的一种简便方法。其做法是在患者做受伤肌肉的主动收缩活动时，检查者对该活动施加一定阻力，在对抗过程中出现疼痛的部位，即为拉伤肌肉的损伤处。

肌肉拉伤的治疗要根据具体情况而定。少量肌纤维断裂者，应立即给予冷敷，局部加压包扎，并抬高患肢，外敷中草药。肌肉大部分或完全断裂者，应在加压包扎后立即去医院进行手术缝合。

4. 肌肉挫伤

（1）肌肉挫伤的发生机制与分级。

肌肉挫伤是足球、橄榄球等多项运动中最常见的损伤。伤后引起疼痛与暂时性功能丧失，需要较长时间康复治疗。典型挫伤发生于下肢，最常见的是股四头肌与胫前肌。

病理上肌肉挫伤的早期组织变化为血肿形成与炎症反应，与肌肉拉伤不同的是，其以后由致密结缔组织的疤痕取代血肿，疤痕中没有肌纤维再生。严重肌肉挫伤可引起骨化性肌炎并发症。局部疼痛与僵硬是骨化性肌炎最常见的症状，患者有时可触及肿块。临床上肌肉挫伤分为三级。

一度（轻度）挫伤：局部压痛，膝关节活动度在 90°以上，无步态改变。

二度（中度）挫伤：压痛较重并有肿块，膝关节活动小于 90°，受伤者有跛行，不能深度屈曲膝关节。

三度（重度）挫伤：有严重肿胀与压痛，膝关节活动小于 45°，在没有别人帮助下受伤者不能行走。

（2）肌肉挫伤的治疗。

肌肉挫伤发生后要马上停止锻炼，根据情况及时处理。如果皮肤出血，先用酒精或碘酒将伤口消毒，然后撒些磺胺结晶粉（外用消炎粉），用绷带包扎起来。如果受伤部位红肿疼痛，可先用冷水毛巾冷敷局部，防止继续出血。24 小时后改用热水毛巾敷在局部，以活血、消肿、止疼。也可对受伤部位进行按摩，有条件的还可在受伤处涂上酒精或松节油。

经过治疗伤势减轻以后，要及时活动受伤的关节或肌肉，借以恢复功能，如慢慢练习走路、下蹲、弯腰、举胳膊等，以免伤好后关节活动不灵，甚至发生肌肉萎缩。

5. 韧带损伤

（1）韧带损伤的发生机制和分级。

韧带损伤是指由于用力过大、过度牵伸而导致不同程度的韧带纤维或其附着处的断裂。韧带附着在邻近骨端上，用以连接两骨，其深面与骨端间附有滑膜组织。韧带有较强的抗张能力，它保护关节在正常范围内活动，防止关节出现异常活动。如果外力使关节异常活动超越韧带所能承受的范围时，就会发生韧带损伤。韧带损伤多发生在受力较强而组织较脆弱的部位，其损伤的程度则取决于所受到作用力的强弱与时间的长短。如果所受外力较小，作用时间较短，往往没有明显的功能丧失，因为只有少量韧带纤维断裂，即所谓的韧带扭伤。如损伤程度较重，则有更多的韧带纤维断裂，表现为一定的功能丧失。如果损伤严重，则韧带完全断裂，该韧带的功能也丧失，关节的稳定性受到影响。韧带损伤时一般都有局部水肿，严重时有明显的出血血肿形成。韧带损伤愈合较慢，且不完全，如得不到积极治疗，韧带会被拉长或松弛，丧失正常的韧带张力，并容易引起再度损伤，造成关节不稳定而导致关节的退行性病变或创伤性关节炎。临床上，韧带损伤分为三级。

一度（轻度）损伤：韧带只有小部分被拉长或拉断，会产生轻微的疼痛和局部水肿，关节有较小的不稳定性，没有明显的功能丧失。

二度（中度）损伤：大量的韧带纤维被撕裂和分离，有一定程度的功能丧失，关节存在中等不稳定性，有明显的疼痛、水肿，可能发生肌肉僵硬。

三度（重度）损伤：韧带完全撕裂和分离，并完全丧失其功能，引起关节的极大不稳定性，由于神经可能受损，疼痛很快会消失，有严重的水肿。

（2）韧带损伤的治疗。

对于轻度韧带损伤，治疗方法主要是止痛与加快消肿。韧带损伤发生后，应进行局部冷敷、加压包扎、抬高伤肢。24~48 小时后对伤部周围热敷或按摩。3 天后对伤部热敷或按摩；中度损伤的治疗关键是制动，使韧带处在避免牵拉的位置，以便加速愈合，可用弹性绷带固定受伤处；对于重度损伤，则应在损伤早期将韧带断端进行良好的对合。

6. 腰扭伤

（1）腰扭伤的发生机制与症状。

腰扭伤在举重、跳水、投掷、体操、篮球、排球等运动中最容易发生。人体腰部的正中有一条脊梁骨，是由 5 个脊椎骨连起来的，叫作腰椎。连接腰椎骨的有很多条韧带和细小的肌肉，人向前后左右弯腰以及腰部的伸长、缩短，都靠这些肌肉收缩来牵动。肌肉收缩虽有一定的伸展力和弹性，但也不能突然超过限度。有些体育活动腰部最吃力，如果腰部的肌肉还没活动开就猛一用力，肌肉和韧带拉伸过了劲，就容易撕开和拉伤，造成腰扭伤。

（2）腰扭伤的治疗。

发生腰扭伤后，要停止活动，立即休息。如果不休息、不及时治疗，容易反复发作留下病根，变成慢性腰腿痛。躺在床上休息时，为了使腰部的肌肉放松，腰下可垫个薄点的软枕头，以减轻疼痛。腰扭伤后，用热敷疗法较好。并注意适当加强背肌练习，也可去医院接受治疗。

7. 骨折

（1）骨折的发生机制与症状。

骨折可分为完全性骨折（骨完全断裂为两块，如横断骨折、螺旋骨折）和不完全性骨折（骨未完全断裂，如裂缝骨折、柳枝骨折）。锻炼时发生骨折的原因有：第一种是直接暴力，如踢足球时小腿被踢伤发生的胫骨骨折，跪倒在地面引起的髌骨骨折。第二种是间接暴力，如自单杠上摔下，用手扶地时发生的肱骨髁上骨折，足球守门员扑球时摔倒引起的锁骨骨折等。第三种是牵拉力，因肌肉强烈收缩时引起，如举重时提起杠铃突然进行翻腕动作，前臂屈肌附着在肱骨内上髁处可因肌肉突然收缩而产生的撕脱骨折。第四种是积累性暴力，因劳损的积累导致疲劳性骨折（如股骨疲劳性骨折）。

骨折后的症状一般都比较严重，主要表现为疼痛、肿胀、皮下淤血、功能丧失、出现畸形和假关节，受到压迫和震动时有痛感。

（2）骨折的治疗。

骨折发生后要立即停止伤肢的活动，并进行急救。如果病人有休克的症状，要平躺休息，喝些热茶水，然后进行包扎。固定包扎时，动作要轻巧、缓慢，不要乱拉乱拖，以免造成严重的错位，影响整复。包扎固定后，应去医院接受进一步的治疗。

8. 髌骨劳损

髌骨劳损系髌骨周缘腱止装置的慢性损伤性病变及髌骨软骨病。它们既可单独发生，也可同时存在，其病因和症状大致相同。这种损伤多见于排球、篮球、田径（尤其是田赛项目）、体操、举重等常需做跳跃和膝半蹲位扭转发力的项目。故有“篮球膝”“跳高膝”之别称。

（1）髌骨劳损的症状。

①有慢性病史。

与曾经集中安排过多的跑、跳和半蹲位发力的专项练习有关。

②膝关节酸软疼痛。

疼痛部位多在髌骨周缘及髌下极。病变早期，做准备活动常出现膝关节酸痛，但关节活动至发热时酸痛即可消失，能照常参加训练。在训练过程中，做半蹲位发力起跳与落地时，可发生一过性膝痛或“腿打软”，但仍能坚持训练。然而，当训练结束后膝关节酸软疼痛再度出现，上下楼梯和半蹲时疼痛加重。休息一夜后，疼痛缓解甚至消失。如未能重视早期膝痛、膝软症状并调整训练，疼痛会逐渐加重。完成半蹲位发力的动作如起跑、慢跑、踏跳、滑步、急停、上篮等动作有困难，继而出现动作失调，反应迟钝，经休息后膝病没能减轻。少数病例疼痛与天气变化有关。病变严重时，走路及任何膝关节活动都会感到膝痛。

③髌尖、髌骨周缘压痛。

有时候髌尖骨质增生，髌骨下极变长。

④髌骨压迫痛。

髌骨软骨病变时，检查者用手掌垂直方向压迫髌骨或让髌骨侧向移动、错动，病人感到髌骨后疼痛者为阳性。

⑤骸骨软骨摩擦试验。

用手掌按压髌骨，令患者伸屈膝关节或错动髌骨，若有粗糙的摩擦音或摩擦感者为阳性。

⑥伸膝抗阻试验：大多数在膝伸直 110°~150°之间出现疼痛。

⑦单足半蹲痛。

⑧其他：少数患者因长期膝痛不敢用力而肌肉萎缩或有少许关节积液。

（2）处理。

按摩疗法效果好。手法用擦摩、揉捏股四头肌。穴位按摩取血海、梁丘、阿是穴。在髌骨周缘用弹筋、刮、切等手法，脂肪垫区用拇指按压法，手法强度从轻到重，最后搓和推摩股四头肌及其肌腱。按摩方向是前、外侧宜从上而下，内侧宜由下而上。此外，注射强的松龙、针灸疗法、理疗，以及外敷活血养血、活络止痛中药，都有一定疗效。痛点注射强的松龙收效快但不宜连续多次使用。

9. 踝关节韧带损伤

（1）踝关节韧带损伤的症状。

踝外侧副韧带扭伤者有足内翻受伤史。踝外侧疼痛，疼痛轻重与伤势有密切关系。

①踝外侧韧带扭伤。

患足可以持重，跛行。足踝外侧轻度肿胀。踝关节强迫内翻试验（检查者一手握住踝关节上方固定小腿，另一手握住足外缘将踝关节内翻），可使疼痛加重，踝关节稳定，无异常活动。

②踝外侧韧带完全断裂。

患足不能持重，跳跃式跛行。外踝剧痛，肿胀严重而范围大，外踝和足背出现皮下淤斑。踝关节强迫内翻试验时伤处剧痛，同时有踝关节不稳和距骨异常活动。踝关节前抽屉试验（患足稍跖屈。检查者一手握住小腿，一手握住足跟向前推拉，使距骨向前错动）如果活动范围大，说明踝外侧副韧带完全断裂。

（2）处理。

①现场急救。

伤后应当立即用拇指指腹压迫痛点（即韧带损伤处）止血。并趁局部疼痛尚轻，肿胀未明显，还没有出现踝关节两侧肌痉挛时，立即进行踝关节强迫内翻试验和前抽屉试验检查，以了解韧带是否断裂。如疑有韧带断裂，应立即用大块棉花或海绵垫压迫及绷带包扎，绷带缠绕的方向应与受伤暴力作用方向相反，如外侧副韧带损伤应将踝关节包扎于轻度外翻背屈位。如有条件，外面应再用一直角托板加强固定。抬高患肢，及时送医院治疗。

②外侧副韧带轻度扭伤。

用绷带将踝关节包扎于轻度外翻背屈位，制动 4~7 天，亦可同时配合外敷活血散淤消肿止痛中药。4 天以后可保持原固定下地走路，并配合按摩、理疗和踝背伸抬腿练习。按摩方法是采取踝关节外侧用推摩手法，足背和小腿前外侧用揉捏手法。1~2 周可基本痊愈。如是在比赛中受伤需要继续参赛者，可采用粘膏支持带固定后参加比赛，赛后进行治疗，方法同前。

③外侧副韧带较重的扭伤（踝关节强迫内翻试验出现轻微不稳）。

压迫包扎止血，并用托板将足固定于轻度外翻背屈位，抬高患肢休息，宜配合活血止痛中药内服治疗。3 天以后，去除加压包扎材料，继续托板固定，并配合按摩、外敷与内服舒筋活络中药、针灸、理疗等治疗方法。固定时间约 3 周。解除固定以后，可继续治疗，但要积极从事功能锻炼，如走路、踝关节屈伸运动、提踵等，直至完全愈合为止。

④其他。

踝关节强迫内翻试验或踝关节前抽屉试验出现明显松动和“开口”感，或合并踝部骨折者，经现场急救处理后，应及时转送医院诊治。

10. 脑震荡

脑震荡是头部受到较大外力作用后，脑神经组织被震荡而引起大脑暂时的意识机能障碍。脑震荡也是一种较严重的运动损伤。发生脑震荡损伤后应及时到医院去做检查治疗。

症状特点：短时间意识出现障碍，昏迷时全身肌肉松弛无力，面色苍白，脉搏微弱，呼吸表浅同时伴有头痛、头昏、耳鸣、心悸、恶心呕吐、心烦等症状。

临时处理：让伤者平卧，防暑或防寒，不可随意搬动。对出现昏迷者可用指尖用力掐人中促其苏醒，然后送医院，对于较重者要用担架抬送。

11. 关节脱位

在超过承受力的作用下，肢体关节面之间失去正常的连接叫关节脱位。这种损伤有完全脱位和不完全脱位，前者是关节面完全脱离原来位置，后者是关节面部分脱位。关节脱位一般都伴有软组织损伤，严重的还会发生关节囊撕裂、韧带断裂等。

症状特点：局部严重疼痛、肿胀，由于关节失去正常连接所以不能正常活动，关节脱位后肢体轴线发生改变，与另侧不对称。

临时处理：如果伤者有剧烈疼痛感，要先止痛和防止因疼痛引起的休克，将伤者因地制宜地加以固定，防止活动加剧损伤（例如用毛巾、手帕、腰带或木板树枝等进行固定）。

治疗方法：尽快送医院进行治疗，可采取按摩的手法复位，不得已时才采用手术方法复位。手术后对伤处进行规范的固定，休息养伤。

三、运动损伤的急救

人在工作和生活过程当中，各种损伤的发生是难免的，对于常见的一般性损伤我们都碰到过，也知道基本的处理办法。但是如果我们碰到了严重的伤害事故，特别是可能危及生命的损伤，就必须保持头脑冷静，采用正确的方法进行现场急救。

（一）出血

血液从损伤的血管流出称为出血。

1. 根据损伤的部位

根据损伤的部位，出血又可分为外出血和内出血两种。

（1）外出血。身体外表有伤口，血液从伤口流到身体外面。这种出血容易发现，运动损伤中比较常见。

（2）内出血。身体表面没有伤口，血液由破裂的血管流向组织（皮下组织、肌肉组织）、体腔（胸腔、腹腔、关节腔等）和管腔（胃肠道、呼吸道）。这种出血在运动损伤中也有，如闭合性损伤中的皮下淤血、半月板损伤时的膝关节腔内积血、腹部挫伤肝脾破裂时的腹腔内出血等。体腔、管腔等内出血，不易发现，容易发展成为大出血，故危险性很大。

2. 根据出血的性质

根据出血的性质，出血可分为动脉出血、静脉出血、毛细血管出血三种。

（1）动脉出血。血色鲜红，血液像喷泉一样流出不止，时间稍久，就会大量失血而有生命危险。

（2）静脉出血。血色暗红，血液像流水一样不断地流出，危险性小于动脉出血。

（3）毛细血管出血。血色介于动脉血和静脉血之间，血液从伤口慢慢渗出，常会自行凝固止血，一般没有危险性。

通常所见的出血，多为混合性出血。

（二）止血法

血液是体内的重要物质，成人体内的总血量约为 5 000 毫升，若骤然失血达总血量的 1/4 时，就有生命危险。

1. 冷敷法

主要用于急性闭合性软组织损伤而引起的毛细血管出血，最简单的方法是用冷水冲泡或用冷毛巾包冰块敷于伤处，有条件的可用四氯乙烷喷射。

2. 抬高伤肢法

主要用于四肢的小静脉和毛细血管出血。其方法是尽可能将伤肢抬高，利用重力原理，降低伤口血压，减少出血。在动脉和较大静脉出血时，只能作为一种辅助方法。

3. 压迫法

（1）加压包扎法。用于小静脉和毛细血管出血。其方法是，先在伤口处涂以红药水，撒上消炎粉，盖以消毒纱布和棉垫，用绷带包扎，或用洁净织物按压伤处，送医院处理。

（2）加垫屈肢法。用于前臂、手和小腿、足的出血。其方法是，取软垫或织物折成合适厚度放在肘窝或腘窝夹紧（见图 3-5-1 左图）。

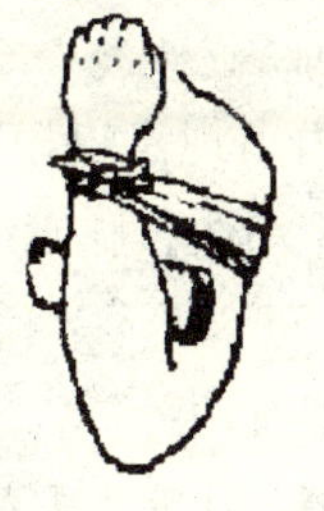
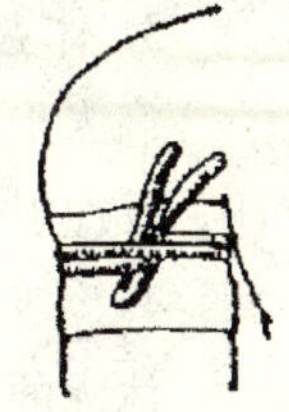

图 3-5-1

（3）止血带法。主要用于四肢。其方法是，用止血带或其替代品在出血点的近心端实行环扎，以阻断血流（见图 3-5-1 右图）。

（4）指压法。用手指压迫身体浅部的动脉，可暂时止住该动脉供血区域的出血。这种方法操作简便，如运用正确，可使动脉出血立即停止（见图 3-5-2）。

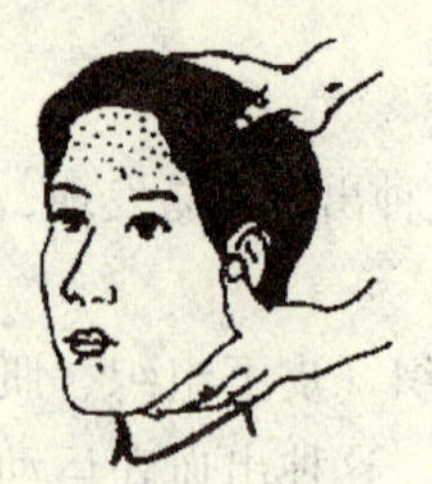
颞浅动脉指压法

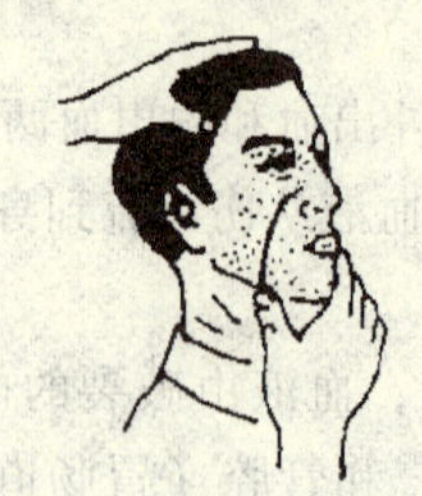
面动脉指压法

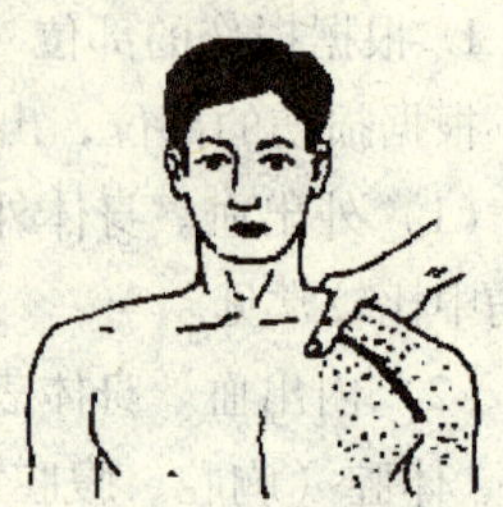
锁骨下动脉指压法

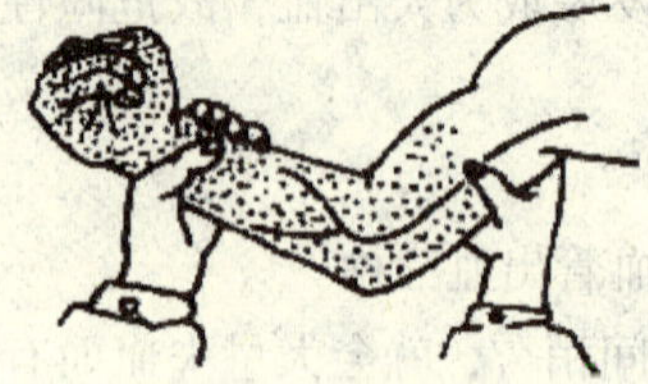
肱动脉指压法

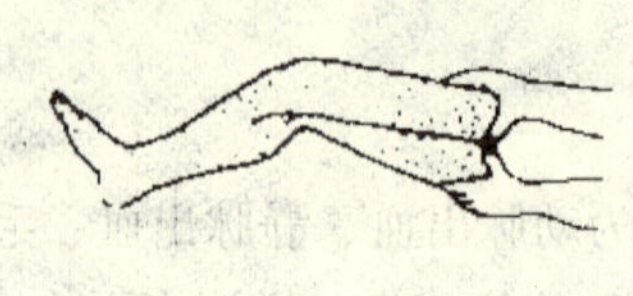
股动脉指压法

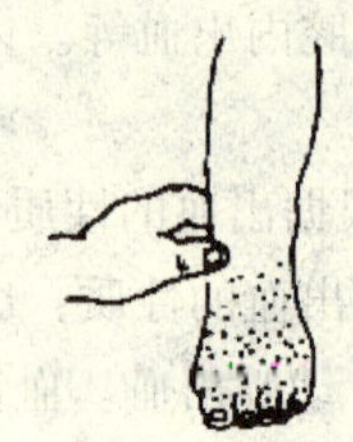
胫前、胫后动脉指压法

图 3-5-2

一个伤口可能同时伴有多种出血形式；一个体表的出血可能会掩盖皮下甚至内脏的出血；内出血要严密注意因动脉或静脉损伤而引起的大出血。因此，我们需要科学认真地进行判断，以便及时准确地加以处理。

（三）休克与抗休克

1. 休克的发生原因

发生休克的原因一般有三种：一是剧烈疼痛，由于神经作用使周围血管扩张，有效血容量相对减少，是运动损伤并发生休克的主要原因；二是大出血，由于大量出血引起血容量突然降低，以至有效血循环量不足，在运动损伤中并不多见；三是其他原因，休克还可能并发在心脏病、严重感染、药物反应等过程中。

2. 休克的发病原理

休克的发病原理是因有效血循环量不足，引起全身组织以及脏器的血流灌注不良导致组织缺血缺氧和脏器功能障碍。

3. 休克的发病征象

病人于短时间内出现意识模糊，全身软弱无力，面色苍白或青紫，四肢发冷，出冷汗，反应迟钝，心率增快，脉搏细微，血压下降，进而出现昏迷甚至死亡。

4. 休克的急救

休克的急救一般有两种：

一是一般性处理：让病人安静平卧，松解衣领，保持病人温暖，给服姜糖水或热茶等饮料，针刺或点掐内关、足三里、合谷、人中等穴，对休克有一定疗效；

二是针对性处理：由于出血引起的休克，应立即选择适宜的止血法；由于剧烈疼痛引起的，应给以镇痛剂止痛，安定伤者情绪，固定受伤肢体。

由于休克是一种严重而危险的病理状态，对于危重病人，在急救的同时，应迅速请医生处理。

（四）心肺复苏

遇到严重的意外损伤如溺水、触电、重度休克等伴有心跳呼吸停止的病例，必须立即进行心肺复苏，同时判断伤情。如果伤者不具备如下全部特征：呼吸停止；心跳停止；瞳孔扩大，对光反射消失；角膜反射消失，并且用手捏眼球时，瞳孔变成椭圆形，即为假性死亡，就有生还的希望，心肺复苏就不能停止。

及时进行心肺复苏可有效地抑制伤情发展，挽救伤者生命，同时施救的早晚以及施救的方法正确与否与伤者的生还率关系极大。

1. 心肺复苏施救程序

（1）呼救，寻求支援。发现伤者后，首先判断伤害情况，同时向周围人员寻求帮助。包括打电话、帮助急救等。

（2）清除口腔异物。对于溺水患者须检查清除伤者口腔中的假牙、矫齿模具、呕吐物以及泥沙等，防止堵塞呼吸道。

（3）排除积水。对于溺水患者还须经过倒水程序，排出呛入肺部以及喝入胃部的积水（见图 3-5-3）。

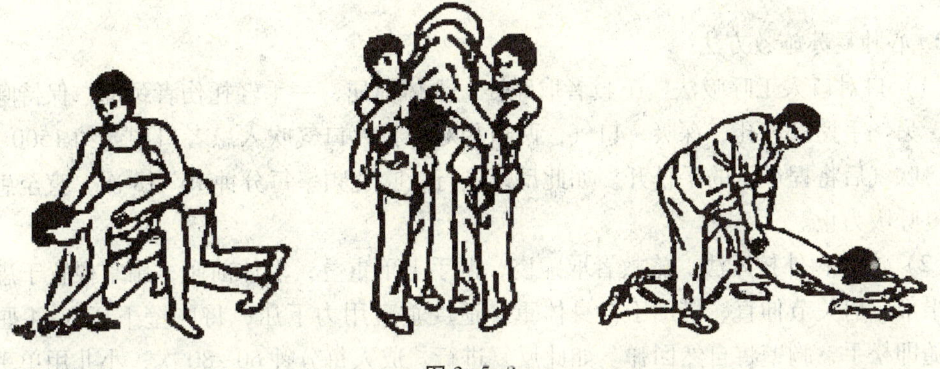

图 3-5-3

（4）摆放体位通畅呼吸道。将伤员就近仰卧平躺，解开衣领、皮带和胸腹部衣服，垫高颈部，使头部后仰，促使咽喉打开，呼吸道畅通。同时注意为伤者保温（见图 3-5-4）。

图 3-5-4

（5）人工呼吸和心脏按压。对伤者实施心肺复苏。心脏按压与人工呼吸交替进行，其动作交替比例为：双人，5∶1；单人，15∶2。只要伤者仍然处于假死状态，人工呼吸和心脏按压就不能停止（见图 3-5-5）。

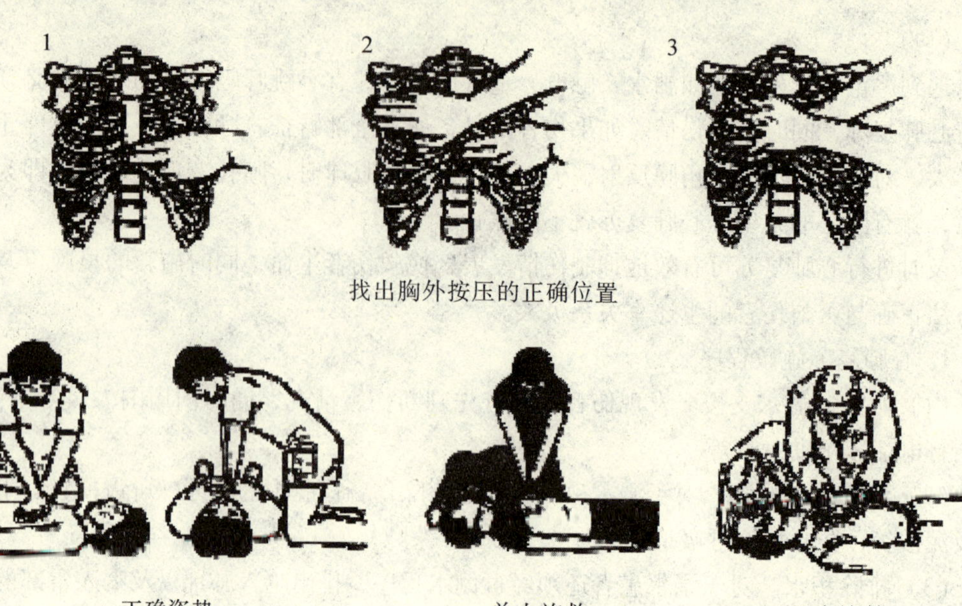

找出胸外按压的正确位置

正确资势　　单人施救　　双人施救

图 3-5-5

2. 心肺复苏施救方法

（1）口对口人工呼吸法。施救者取跪姿，上体前屈，一手轻托伤者颈部，保持呼吸道畅通，另一手捏住鼻孔，深吸一口气，两口相对，将大口气吹入患者口中，约 1500～2000 毫升。吹气后将捏鼻子的手松开。如此反复进行，吹气频率每分钟 16～18 次，直至患者自主恢复呼吸为止。

（2）心脏胸外挤压法。施救者取跪姿，两手上下重叠，上体前倾，用掌根置于患者胸骨下半部，肘关节伸直，借助于自身体重，适度垂直用力下压，将胸壁下压 3～4 厘米为度，随即松手，胸壁将自然回弹。如此反复进行。成人每分钟 60～80 次，小儿用单手挤压即可，每分钟 90～100 次，直至自主恢复心脏跳动为止。

第四章 营养与健康

第一节 运动与营养

一、营养与营养素

人体健康，营养为本。通过均衡膳食达到合理营养，能促进人体健康，增强机体免疫力，减少各种疾病的发生，增强体质，延长寿命，提高生活质量。

营养是人体不断从外界摄取食物，经过消化、吸收、代谢和利用食物中身体需要的物质（养分或养料）来维持生命活动的全过程，它是一种全面的生理过程。

人需要食物，最重要的原因是食物中含有人体必需的营养素。营养素是食物中所含有的能维持人体正常生理功能、生命活动和生长发育的物质。目前已知有40~45种人体必需的营养素存在于各类食品中。一般将营养素分为六大类，即蛋白质、脂肪、碳水化合物、矿物质、维生素和水。

二、营养的补充

（一）蛋白质

蛋白质在人体内的储存量很少，其中部分来自体内蛋白质分解后重新生成，大部分需要从食物中摄取。营养充分时人体可储存少量（2%）蛋白质，人体内的蛋白质每天有3%要更新。每天必须供给一定量的蛋白质，才能满足人体的需要。蛋白质供给的热能，应占每日膳食总热能的10%~14%，成人为10%~12%。

影响人体运动能力的许多因素，如肌肉收缩，氧的运输与贮存，物质代谢与生理机能的调节等，都与蛋白质有密切的联系。此外，氨基酸可为运动时肌肉收缩提供能量。

体育运动使体内蛋白质代谢发生变化。耐力性运动使蛋白质分解加强，合成速度减慢，机体尿氮和汗氮排出量增加；力量性运动在使蛋白质分解加强的同时，活动肌群蛋白质的合成也增加，并大于分解的速度，因而肌肉粗壮。以上反应均使机体对蛋白质的需要量增加，若蛋白质摄入不足，不仅影响运动训练效果，而且会导致运动性贫血。但摄入过多的蛋白质，也会影响机体正常的代谢，增加肝、肾负担，反而对身体有害，尤其在摄入能量不足时，这种危害更大。

（二）脂肪

一般人的食物中脂肪占总热量的17%~25%为宜。从事大量运动的年轻人食物中脂肪量不应超过35%。膳食中脂肪总摄取量与动脉粥样硬化症的发病率、死亡率呈正相关，与乳腺癌的发病也呈正相关，摄取脂肪过多还会引起大量脂肪在肝脏存积而形成脂肪肝。摄入量过多，还可以导致体内热量过剩。过剩的热能转化为脂肪存于体内，使机体肥胖，容易产生心血管疾病。

脂肪是长时间运动的主要能源，但必须在氧充足的情况下，一般是在运动小于最大耗氧量55%时，脂肪酸才能氧化供能。运动水平与氧化脂肪的能力有关。通过训练，可以改善体内脂肪代谢酶的活性，从而提高氧化脂肪的能力。

（三）碳水化合物（糖）

碳水化合物的供给量依赖于饮食习惯、生活水平等因素，目前我国正常人的碳水化合物供给量以占总热能的50%~70%为宜。

碳水化合物在能量代谢中十分重要，是运动中的重要能量物质。运动时肌肉的摄取量为安静时的20倍以上。体内糖原贮藏量与运动能力呈正比关系。运动前和运动中合理补充糖，可减少糖原消耗，提高血糖水平，有利于提高运动能力。运动后补充碳水化合物可促进糖原贮备的恢复。

（四）矿物质

人体组织中几乎含有自然界存在的所有元素。其中，除碳、氢、氧、氮（主要是以有机化合物的形式存在）外，其余元素统称为矿物质，亦称无机盐或灰分。人体需要的无机盐有60多种，主要有磷、钠、钾、钙等，总量约占体重的4%，它们是构成人体组织细胞和维持人的正常生理功能所不可缺少的营养成分。

根据其在体内的含量，可将矿物质分为两大类：含量大于体重的0.01%者称为常量元素，如钙、磷、钾、钠、镁、氯、硫七种；含量小于体重的0.01%者称为微量元素。根据生物学作用将微量元素分为三类：

①人体必需微量元素：共8种，包括铁、锌、碘、硒、铜、钼、铬、钴。

②人体可能必需的微量元素：共5种，包括锰、硅、硼、钒、镍。

③具有潜在的毒性，但在低剂量时可能具有人体必需功能的微量元素：共7种，包括氟、铅、镉、汞、砷、铝、锡。

人体在物质代谢中有定量的无机盐排出体外，必须从食物中得到补充，保持体内的平衡。从事高强度运动，矿物质随尿液和汗液流失增加，如不注意补充，容易造成矿物质缺乏。矿物质缺乏，若不能得到满足，体内的代谢和生理机能就会受到影响，甚至发生疾病。目前，我国居民对钙、铁、锌、硒等矿物质的摄入仍普遍不足。某些矿物质长期摄入不足可引起亚临床缺乏，甚至导致患上某种元素缺乏病，如儿童生长发育迟缓、缺铁性贫血、骨质疏松、克山病等。

（五）维生素

维生素是维护身体健康，促进生长发育和调节生理机能所必需的一类（低分子）有机化合物。人体不能生成维生素，必须从食物中摄取。它对体内生物氧化等代谢过程有重要作用。当机体中维生素缺乏或不足时，就会引起代谢紊乱，并出现相应的病理症状。轻度缺乏维生素，可使人的劳动能力和抵抗力下降，重者出现缺乏症。过量摄入维生素可引起代谢紊乱甚至中毒。摄入过多或不足都将影响机体的健康。迄今已发现人体需要的维生素将近有20种。不同种类的维生素存在于特定的食物中，人体只能合成少数几种维生素，其余的都要靠食物或营养品来补充。

维生素可以分为脂溶性和水溶性两类。脂溶性维生素包括 A、D、E、K，它们是油样物质，难溶于水。水溶性维生素包括硫胺素（B_1）、核黄素（B_2）、烟酸及烟酰胺（合称 PP）、吡哆素（B_6）、泛酸（B_5）、生物素、叶酸、钴胺素（B_{12}）、抗坏血酸（C）。

维生素对于体育运动十分重要，它不仅是保证身体健康所必需的，而且有的维生素直接影响人体的运动能力。大多数维生素，特别是 B 族维生素，能够激活能量生成过程。运动中机体对能量的需求量增大，B 族维生素的作用也就更加重要。维生素 A、C 和 E 是作用很强的抗氧化剂，能防止细胞膜的脂质过氧化，防止红细胞膜受损，维持运动中细胞的正常功能。维生素 D 是钙代谢的调节剂，钙在肌肉的兴奋—收缩耦联中具有重要的中介作用，因而与运动中肌肉收缩做功密切相关。此外，维生素还能协助调节神经系统的功能，保持能量供给系统的适宜状态。

（六）水

水是人体重要的组成部分和不可缺少的营养物质，是除氧以外人体赖以生存的最重要的物质。当体内的水分损失 20%时，人体就无法生存。

一般成人体重的 1/3 是由水组成的。血液、淋巴、脑脊液含水 60%~80%，脂肪组织和骨骼含水 30%以下。肥胖者体内的水分比瘦人少。水具有保证和参与物质代谢、调节体温、体内物质运输和保持腺体正常分泌等功能。

人体水的需求量取决于排出量。每日摄入的水量应与机体经过各种途径排出的水量保持平衡，称为“水的平衡”。1 500ml 是成年人一般情况下每日对水的最低生理需求量。安全计算是每日体重供水 40ml/kg 为宜。高温、运动等因素造成排汗多时，供水量应相应增加。

第二节　运动与膳食平衡

一、合理膳食的基本要求

（一）膳食平衡，满足人体所需的热能与营养素

合理膳食或称膳食平衡，是指膳食由多种食物构成，能提供足够的热能和营养素，并且保持各种营养素之间的平衡，以利于吸收和利用，达到满足人体需要的动态过程中的最佳状态。膳食平衡包括食物的构成与数量的动态平衡，人体对食物的反应与适应，食物被机体利用的后果等的平衡。人体需要多种营养物质，任何一种单一的食物都不能完全满足人体的需要。因而必须有多种食物来源，才能达到膳食平衡。

（二）对人体无毒无害

食物中有害因素很多，包括有毒动植物、微生物病原体、化学毒物、残留农药、食品添加剂、细菌、霉菌、病毒等，它们对人体健康危害很大，甚至危及生命。因此，应重视食品的卫生状况，凡不符合卫生标准，腐败变质、不清洁的食品均不能食用。

（三）易于消化吸收

合理的加工与烹调可提高食物的消化率，有利于人体吸收利用。烹调加工过程中还要

注意减少食物中营养素的损失。

（四）正确的膳食制度

正确的膳食制度可使热能与各种营养素的摄入适应人体的消耗，提高生理功能，同时也能保证进食与食物消化过程的协调一致，使摄入的食物被充分消化吸收利用。膳食制度要根据不同人群的生理和劳动状况制订，主要包括进食时间与食物分配。

二、平衡膳食的组成与调配

平衡膳食要求食物中含有的营养素种类齐全，数量与比例适当。

首先，要注重热能平衡。食物供给的能量要与机体消耗的能量保持平衡，以保持理想体重为宜。其次，要注重蛋白质、脂肪与碳水化合物的比例。一般人群膳食中三大产能营养素供能比为蛋白质10%~15%、脂肪20%~30%、碳水化合物60%~70%，可根据具体情况调整。特殊情况可超过此范围，如减轻体重，膳食中蛋白质供能比可达18%以上，低脂膳食脂肪供能比可在10%以下。第三，要注重氨基酸的比例。8种必需氨基酸种类齐全，氨基酸比值符合氨基酸模式。膳食中除应含必需氨基酸外，还应含有非必需氨基酸。第四，注重钙磷比例。我国成人膳食中钙磷的比例应为1∶1。第五，注重其他营养素的比例。各种营养素在体内代谢过程中，相互促进，相互抑制。例如，维生素B_1促进碳水化合物代谢，蛋白质合成代谢需要维生素B_2，因此当膳食中的碳水化合物与蛋白质摄入量增加时，这两种维生素的摄入量也应相应增加。过量的铜、钙和二价铁离子可抑制锌的吸收，脂肪摄入过多影响钙和铁的吸收，因此要注意各营养素之间的平衡。第六，适量的膳食纤维。缺乏膳食纤维会使某些生理功能失调，导致疾病；膳食纤维过多则影响其他营养素的吸收，故要适量。

三、运动与膳食平衡

体育运动与营养都是维持和促进人体健康的重要因素，营养素是构成机体组织的物质基础，运动可以增强机体的代谢功能，营养与运动的科学配合，可以更有效地促进身体的生长发育和提高健康水平。运动与热能代谢的水平和营养素的需要，取决于运动强度、密度和持续时间以及运动者年龄、体重、运动水平和环境等多种因素。如果只注重营养而缺乏体育运动，就会使人体肌肉松弛、身体发胖、活动能力减弱；只重视单纯的体育运动而缺乏必要的营养保证，使体内消耗的营养物质得不到补偿，会影响身体的健康。

一般来讲，体育运动促进糖、蛋白质、脂肪等营养素的利用和消耗，反过来也促进了人体对糖、脂肪、蛋白质等营养素的需求。这种供需转换关系以及代谢速度要比正常人快很多。体育运动可以增强骨的坚固性，加强肌肉力量，增加关节的稳定性和灵活性，提高运动系统的工作效率；可以提高心肺功能，使机体细胞获取充足的营养物质和氧气，使各器官系统的结构和生理功能更加完善合理；可以改善神经系统的兴奋性和灵活性，从而提高对外界环境的适应能力，当病菌侵入时，能很快地把体内各防御机构动员起来抵御疾病。因此，体育运动与膳食平衡是提高健康水平的基本手段，适宜的体育运动与膳食平衡可以改善机体的各器官系统功能，提高人体的健康水平。

第三节　科学减肥

一、肥胖概述

肥胖是机体脂肪组织的量过多和脂肪组织与其他软组织的比例过高。组织形态学表现为脂肪细胞数目增多和体积增大，临床表现为体重超过相应的正常体重及由此引起的一系列临床症状。一般成年女性体内脂肪组织超过30%，成年男性超过20%~25%即为肥胖。

根据国家体育总局公布的《2014年国民体质监测》结果，2014年我国城乡各年龄段学生肥胖检出率持续上升。成年人和老年人的超重率分别为32.7%和41.6%；成年人和老年人的肥胖率分别为10.5%和13.9%。《2014年6~69岁人群体育健身活动和体质状况抽测调查结果》显示，2014年，我国20~69岁城乡居民的超重率、肥胖率分别为33.6%和11.9%。男性超重率、肥胖率分别为37.7%和13.6%；女性分别为29.4%和10.1%。城镇居民超重率、肥胖率分别为33.8%和12.7%；乡村居民超重率、肥胖率分别为33.4%和10.9%。超重与肥胖问题已经成为影响我国成年人、老年人群体体质的突出问题。

肥胖不仅是一种危害健康的慢性病，而且是2型糖尿病、心脑血管疾病和呼吸系统疾病等多种慢性非传染性疾病以及社会心理障碍的重要危险因素，成为早死、致残、影响生命质量和增加各国政府财政负担的重要问题。

二、肥胖的分类

肥胖分为单纯性肥胖和继发性肥胖两类。单纯性肥胖为各类肥胖症中最常见的一种。肥胖者全身脂肪分布比较均匀，没有内分泌紊乱现象，也无代谢障碍性疾病，往往有肥胖家族史。继发性肥胖主要是指由于下丘脑—垂体—肾上腺轴发生病变、内分泌紊乱或其他疾病、外伤引起的内分泌障碍而导致的肥胖。另外，还有一类属于药物引起的肥胖。一些药物在治疗某种疾病的同时，还有使患者身体肥胖的副作用，如肾上腺皮质激素类药物治疗风湿病，病人往往会发生向心性肥胖。

三、肥胖的诊断

可用体重、标准体重和肥胖度三个指标判断是否肥胖。体重是人体骨骼、关节、肌肉、韧带和脂肪组织等各部分以重量为单位的总和。标准体重是以身高为基准，常用来评价肥胖。我国成年人标准体重参考计算公式如表4-1所示。

表4-1　　我国成年人标准体重参考计算公式

身高（cm）	年龄	性别	标准体重（kg）
低于165	成年人	男	身高（cm）-105
		女	身高（cm）-110

表4-1(续)

身高（cm）	年龄	性别	标准体重（kg）
高于 165	<30 岁 >50 岁	男	身高（cm）-100
		女	身高（cm）-100-2.5
	30~50 岁	男	身高（cm）-105
		女	身高（cm）-105-2.5

（引自全国体育学专业研究生系列通识教材. 运动生理学导论. 北京：北京体育大学出版社，2007.）

以标准体重作参照，可以计算肥胖度，即体重超过标准体重的百分比，肥胖度=（实际体重/身高标准体重-1）×100%，肥胖度在10%~20%，为超重；超过20%（男性）和25%（女性）为肥胖。

四、运动与减肥

一般常用的减肥方法主要有控制饮食、药物减肥、运动减肥等。虽然控制饮食有一定的减肥作用，但是易造成营养不良，体力不佳，代谢紊乱，基础代谢率低等一系列的不良后果，起不到改善身体成分的作用。药物减肥的方法往往对肌体产生较大的副作用，而且药物一旦停止，反弹较严重。因此，应提倡运动减肥或适当控制饮食和有氧运动结合的方法。

运动减肥的机理。运动可以消耗过多的热量来帮助控制体重，否则过多的热量会在体内以脂肪形式储存。体重的增减是经由热量的摄取和消耗来调节的，每一种食物都含有热量，每做一件事都需要消耗热量，当然包括睡觉、呼吸、消化食物等。从事超出一般活动量的运动将有助于消耗过多的热量。平衡每日所消耗和摄取的热量将有助于达到理想体重。

适当控制饮食和有氧运动结合的方法。这种方法是在食不过量的正常饮食条件下，通过肌体积极的运动使消耗高于摄入以达到减肥的目的。这种方法不仅可使减肥的效果保持下去，避免单独限食性减肥造成的不良后果，也能提高患者心肺功能和神经肌肉的灵活性，还可以美化形体，培养良好的心理品质。其主要原因是有氧运动可以促进脂肪的分解，同时刺激肌肉蛋白质的合成，这是单纯借助控制饮食来减肥所达不到的。实践与理论证明，有氧运动与膳食控制相结合的方法是最科学合理的减肥方法。

第五章 运动竞赛

第一节 运动竞赛的种类与方法

运动竞赛是以运动项目为主要内容，在特定的场地范围内，在裁判员的主持下，依据统一的规则，为争取优胜而专门组织与实施的运动员个体或运动队之间的竞技较量比赛。

一、运动竞赛的种类

运动竞赛的种类很多，由于分类的原则不同，分类的方法也不相同。下面对学校类体育运动竞赛和竞技类体育运动竞赛进行介绍。

（一）学校类体育运动竞赛活动

学校体育运动竞赛活动是指在学校范畴内所开展的体育运动竞赛活动。参赛者主要是学生和教师，学校体育运动竞赛以育人为宗旨，突出教育特色。其目的是增强学生的体质，推动体育健身活动的开展，为培养新一代建设人才服务。在竞赛过程中，坚持贯彻健康第一的指导思想，注重培养学生良好的体育运动习惯，促进社会主义精神文明建设，把个人荣誉和经济报酬放在次要地位。学校体育运动竞赛活动应根据学校教学工作计划安排和学校体育设施条件以及传统性项目来组织进行。同时学校体育运动竞赛还应注意到本校学生的特点和开展体育活动情况，有针对性地安排比赛活动。

1. 单项赛

单项赛是指为广泛吸引学生参加某项运动（如篮球、足球、排球、乒乓球等），检查和总结该项运动开展的情况，交流教学、训练经验，促使该项运动水平提高而组织的比赛。一般可按年度、学期来安排比赛活动。

2. 对抗赛

对抗赛是指在两个或两个以上的学校或班级联合组织的比赛。一般是在邻近的学校之间或年级、班级之间进行。其目的是互相学习，共同提高，增进友谊。可以有双边、多边、定期、不定期的形式。

3. 选拔赛

选拔赛是为了发现和挑选运动员，组织或补充代表队，准备参加高一级的比赛而举行的竞赛活动。

4. 友谊赛（又称邀请赛）

友谊赛是指由一个或几个班级、学校，邀请其他班级、学校进行的体育竞赛活动。其目的是增进友谊和团结，互相学习和提高某项目的运动水平，以推动和普及学校体育活动。一般均属非正式的比赛活动。

5. 测验赛（又为达标赛）

测验赛是指为了检查学生是否达到规定的成绩标准，了解其成绩提高的情况而组织的比赛。例如，国家学生体质健康标准、身体素质、基本技术测验比赛等。还包括优秀运动员争取通过大赛参赛标准的达标赛。这种比赛一般不计名次，但必须按比赛规则和测验的要求进行，并记录测验的成绩。

6. 表演赛

表演赛是指为举行庆祝或纪念活动，或宣传某体育运动项目的意义、锻炼价值，或对某运动项目的技术、战术进行演示、介绍而组织的比赛。参加者重在表演运动技巧，而不过分追求胜负，一般不计名次，比赛时间也可适当延长或缩短。表演赛可安排在节假日进行。

7. 通讯赛

通讯赛是指在不同地区的学校、单位之间用通讯的方式进行的比赛，是适用于以时间、距离、重量、环数等客观标准计量成绩的项目。参赛学校或单位按竞赛规程在当地测定运动员的成绩，填报给主办学校或机构，以评定名次。

8. 运动会

运动会是指有若干不同运动类别或项目的规模较大的竞赛大会，如全国大学生运动会等。田径运动的竞赛习惯上也叫运动会，如陕西省大学生田径运动会。在学校或基层单位举行较多的是田径运动会。目前，很多学校把田径运动会通过增加项目、延长时间等方式逐渐改为体育运动会，这种形式实际也是综合性运动会。

（二）竞技类体育运动竞赛

竞技类体育运动竞赛活动是指国际、国内高水平竞技和职业竞技运动竞赛，包括世界、洲际、全国、省（市）的比赛活动。如国际奥委会组织的奥林匹克运动会（简称“奥运会”）、国际各单项运动协会或联合会（国际足联、篮联、田联等）组织的世界杯赛，以及洲际杯赛等。这类竞赛也叫社会性竞赛，主要包括如下十类：

1. 奥林匹克运动会

奥林匹克运动会是在奥林匹克主义指导下，以体育运动和四年一度的奥林匹克运动会庆典为主要活动内容，以促进人的生理、心理和社会适应能力全面发展，增进各国人民之间的相互了解，在全世界普及奥林匹克主义，维护世界和平为主要目的的国际社会运动。有关奥林匹克运动请参阅第一章第三节。

2. 世界杯赛

世界杯赛是由国际各单项运动协会组织的单项运动竞技比赛，如由国际足联组织的四年一度的世界杯足球赛等，世界杯赛是世界上单项运动第一流的运动竞技比赛。

3. 洲际杯赛

洲际杯赛是由洲际各单项运动联合协会（如欧洲足联、亚洲篮联等）组织的单项运动竞技比赛，如洲际足联组织的洲际足球赛等。

4. 冠军赛

冠军赛是指进行一个运动项目的比赛，并以确定个人或团体冠军为竞赛目的的活动，又称“单项锦标赛”。

5. 联赛

联赛是根据运动队的运动等级水平分别举办的比赛，一般以集体性项目为主，如足球、篮球等运动项目的等级联赛（比如美国职业篮球联赛、中超联赛等），通常是一年举行一次。每届联赛比赛结束后，按竞赛规程规定对成绩较好或较差的队实行升降级，即乙级优胜队可晋升甲级队，而甲级队中失败者则下降为乙级队，分别参加下一次所属级别的联赛。

6. 等级赛

等级赛是按不同运动等级水平或年龄分别举办的竞赛活动。如，田径、体操等项目中分别按运动员的技术等级（健将、一级、二级、三级）进行比赛。

7. 锦标赛

锦标赛通常是举行一个运动项目的比赛，故又称“单项锦标赛”。一般由各单项运动协会或主管体育运动的政府机关举办。地方和基层单位也可组织各项运动的锦标赛。

8. 杯赛

杯赛属锦标赛性质，是以某种奖杯命名的单项运动竞赛活动，如“丰田杯”足球赛。获得奖杯的方式、方法在竞赛规程中予以规定。根据不同的竞赛目的，其规定的方法也各有不同，有的在奖杯上刻上优胜者名字，有的保存奖杯至下届比赛归还，再颁发给本届比赛优胜者，有的获得复制品等。

9. 公开赛

公开赛是凡愿意参加比赛的个人或集体均可自由报名参赛的一种群众性竞赛活动。参赛者不限哪一单位或体协，可以自由组合，这种比赛一般在运动项目上群众基础好，开展比较普及，并利用节假日举行，以丰富广大群众的娱乐生活。

10. 综合性运动会

综合性运动会是一系列单项锦标赛的综合形式，即包括若干个运动类别或项目的规模较大的竞赛大会。其任务与运动会相同，综合性运动会的特点是项目多、规模大（参加单位较全面，竞赛时间长）、组织工作复杂，如世界性的奥林匹克运动会、亚洲运动会等。我国举办的最大规模和最高水平的综合性运动会是每四年一届的全运会。全运会有各省、市、自治区和中国人民解放军的代表队参加，竞赛项目多达几十项。

二、运动竞赛的方法

运动竞赛的方法包括循环赛法、淘汰法和混合法三种，通常也被称为“赛”或“制”，如循环赛、循环制、淘汰赛、淘汰制。

（一）循环法

1. 循环法的种类

循环法是指参赛队（或个人，下同）之间，都要互相比赛，最后按照各参赛队在全部比赛中的胜负场数、得分多少排定名次的比赛方法。它在对抗性项目比赛中经常被采用。运动竞赛采用循环法进行比赛，优点是所有参赛队机会均等，进行比赛和互相观摩学习的机会多，能准确地反映出参赛队之间真正的技术水平，客观地排定参赛队的名次，比赛结果的偶然性和机遇性小。

循环法包括单循环、双循环和分组循环三种类型。单循环是所有参赛队（人）相互轮赛一次；双循环是所有参赛队（人）相互轮赛两次；分组循环是参赛队（人）较多时，根据参赛队（人）的基本情况，采用相应的“种子法”，把强队（人）分散在各组，先进行小组单循环赛，再根据小组名次来组织第二阶段的比赛。

2. 循环法的轮数与场数计算

（1）循环法的轮数。

当所有参赛的队都赛完一场（轮空队除外），称为循环赛的一个轮数。正确地计算循环法轮数，是科学、合理地安排整个比赛所需时间或期限，合理安排比赛日程的主要依据。

当 N 为偶数：Y=N-1　即：轮数=参赛队数-1（N=参赛队数，Y=轮数）

例如：8 个队参加单循环赛，比赛总轮数为：8-1=7（轮）

当 N 为奇数：Y=N　即：轮数=参赛队数

例如：7 个队参加单循环赛，比赛总轮数为 7 轮。

（注：双循环比赛的轮数是单循环轮数的加倍）

（2）循环法的场数。

循环法的场数是指参赛队之间互相轮流比赛全部结束的总场数。计算循环法的比赛总场数，目的在于提前安排好人力、物力、比赛日程与场地。

单循环赛场数的计算公式：总场数= N（N-1）/2，N 为参赛队数或人数。

例如：8 支队参加单循环赛，比赛的总场数是：8×（8-1）/2=28

双循环赛场数的计算公式：总场数= N（N-1），N 为参赛队数或人数。

例如：8 支队参加单循环赛，比赛的总场数是：8×（8-1）= 56

（二）淘汰法

1. 淘汰法的种类

淘汰法，即参赛各方按照排定的竞赛次序，两两之间捉对比赛，比赛的负者失去继续比赛资格，胜者进入下一轮比赛。比赛逐轮进行，直至最后一场。最后一场比赛的胜者为整个竞赛的冠军。

淘汰法可分为单淘汰、双淘汰、交叉淘汰三种。淘汰赛一般有两种情况：一种是按一定顺序，让参赛者（队或组）一个接一个地表现其成绩，可以不同时、同地进行，通过及格赛、预赛、复赛、决赛来淘汰差的，比出优胜名次。这在田径、游泳和举重等项目中采用较普遍，因为这些项目均属计量性项目。另一种是对抗性项目，如球类、摔跤、拳击、击剑等比赛，必须一对对地按淘汰表的顺序进行比赛，每次胜者进入下一轮，直到最后一对决定冠军。

淘汰法最为明显的特点有二：其一是比赛的容量大，它能在最短的时间内、较少数量的场地条件下，安排大量的选手进行比赛；其二，比赛具有强烈的对抗性，比赛双方没有妥协的可能性，非胜即败，败一次将失去进入下一轮比赛的资格。一般来说，比赛双方既不受第三者影响，也不会影响其他选手的成绩，能较充分地体现出运动竞赛的竞争特性。

淘汰赛也存在着一系列缺陷。例如，除第一名外，很难合理地排定其他参赛者的名次；强者之间很可能在前几轮就遭遇，一次失败即被淘汰，造成名次排列上的不合理现象；参赛者之间互相交流、学习、比赛机会少。

为弥补上述缺陷，在实际竞赛中，人们已经运用一些对策和措施，使之能部分或基本上克服淘汰赛的不合理现象。

①运用“种子”、分区、抽签和定位等方法，使强者或同一单位参赛者之间避免过早相遇。

②采用补赛法（又称附加赛），以帮助确定第2名以后的名次。（见图5-1-1）

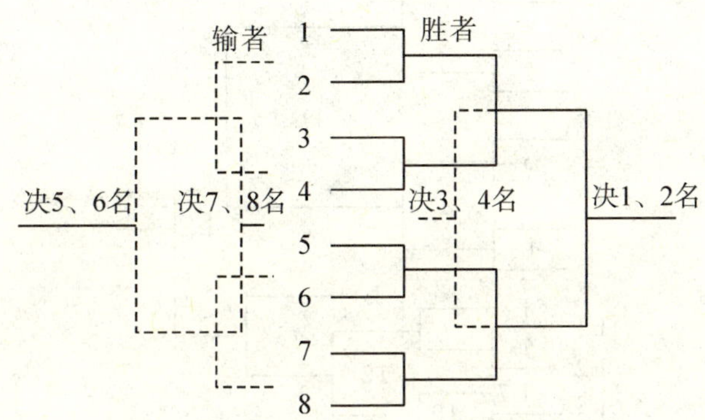

图5-1-1　附加赛示意图（虚线为补赛）

③增设双淘汰赛。失败两场方被淘汰。

2. 淘汰法的轮次、场数计算与号码位置的选择

（1）单淘汰的轮次、场数计算。

所谓单淘汰，就是运动员（队）按排定的秩序由相邻的两名参赛者进行比赛，胜者进入下一轮，负者淘汰，最后唯一一名未被淘汰的参赛者，就成为这次竞赛的冠军。

单淘汰赛轮次和场数计算方法：若参加比赛队数等于2的乘方数，则比赛轮次等于2的指数，若参加比赛队数不是2的乘方数，则比赛轮次为略大于参加队数的2的指数。

单淘汰赛的比赛场数=参赛者（队）数-1

例如：8支队参加比赛，比赛场数为8-1=7。轮次因$8=2^3$，即比赛为3轮（见图5-1-2）。

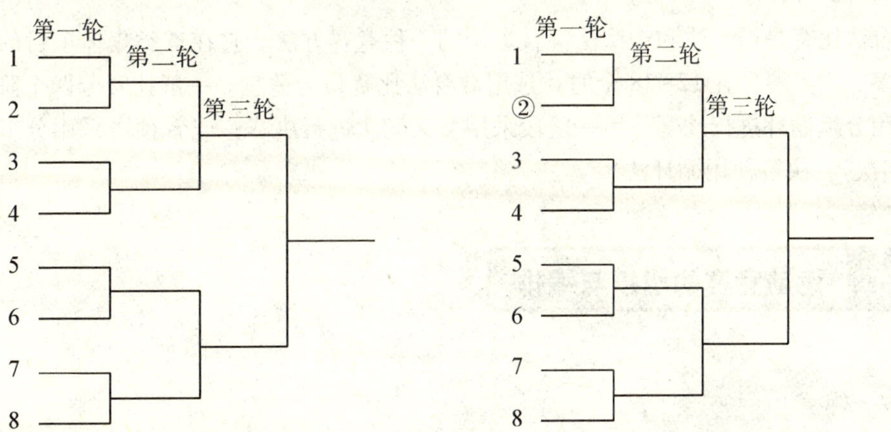

图5-1-2　8支队单淘汰赛顺序示意图　　**图5-1-3　7支队单淘汰赛顺序示意图（②为轮空）**

又如：7支队参加比赛，比赛场数为7-1=6。轮次是略大于7的2的乘方数，即8，而$8=2^3$，所以比赛也为3轮（见图5-1-3）。

（2）双淘汰的轮次、场数计算。

运动员按编排的秩序进行比赛，失败两场即被淘汰，最后失败一场为亚军，不败者为冠军，这种比赛方法称为双淘汰。

胜方轮次与单淘汰赛相同，负方轮次为参赛者数对 2 的乘方数的 2 倍减 2；双淘汰比赛场数为参赛者数的 2 倍减 3。

例如：8 支参赛队进行双淘汰赛，需 7 轮、13 场比赛。其排列如图 5-1-4 所示。

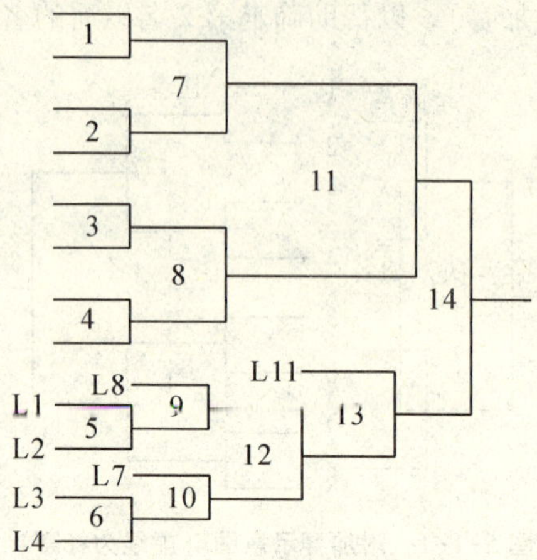

图 5-1-4 双淘汰比赛秩序

（引自体育院校通用教材．运动竞赛学．北京：人民体育出版社，2008.）

（3）淘汰赛号码位置的选择。

在淘汰赛中安排参赛者（队）位置的号码称“号码位置”。由于参赛者的人数不一定恰好是 2 的乘方数，在确定淘汰赛的号码位置时，应根据参赛队数（或人数），选择最接近的、较大或较小的 2 的乘方数作为号码位置数。

例如：123 人参赛，使用较大的 128（2^7）个号码位置，则出现轮空号码。129 人参赛，选样较小的 128 个号码位置，则出现有的号码要抢号。

（三）混合法

混合法比赛是循环法和淘汰法混合运用的一种竞赛方法。它在球类集体项目的竞赛中采用较多。当参赛队在 12~18 个时，选用混合法比赛最为适宜。一般比赛分两个阶段，第一阶段用分组循环进行预赛，后一阶段采用交叉淘汰进行决赛；或者预赛采用分组淘汰赛（排出名次），决赛使用循环法。

第二节 运动竞赛的组织与编排

一、运动竞赛的组织

比赛主办单位应根据竞赛性质和规模的大小，召集各有关部门成立比赛领导机构——组织委员会（或筹备委员会），并将比赛的组织方案、竞赛规程、工作计划、组织机构等主要文件提交领导机构审定。

1. 讨论和确定组织方案

根据上级主管部门的竞赛工作计划和竞赛的性质来确定组织方案。一般包括以下内容：竞赛的名称、目的和任务；竞赛的规模；竞赛的组织机构；竞赛的经费预算。

2. 制定竞赛规程

竞赛规程是为组织和参与运动竞赛者制定的各种政策条文的总称，是所有组织者和参加者必须共同遵守的制度和章程，是组织运动竞赛的依据，具有高度的权威性和指导性。竞赛规程是运动竞赛得以顺利进行的重要保证，是竞赛组织者、裁判员、工作人员和运动员必须共同遵守的准则，是组织运动竞赛的依据。竞赛规程应在竞赛前由主办单位制定，并提前发给有关单位以便做好准备工作。竞赛规程一般包括：①竞赛的名称；②运动会的目的、任务；③竞赛日期、地点；④参加单位及组别；⑤竞赛项目；⑥参加办法（包括参加条件、参加人数、报名和报到日期）；⑦竞赛方法和采用的竞赛规则；⑧计分及奖励办法；⑨参加单位的注意事项。

3. 竞赛期间的工作

竞赛期间的工作包括：不断进行思想教育；竞赛组每天应及时公布成绩；场地组应经常对比赛场地、器材和设备进行检查和管理，以便保证竞赛顺利进行；后勤保卫组应经常注意比赛场地的安全和秩序。大会各部门应经常与各队取得联系，听取意见，改进工作，必要时召开领队、教练员和裁判长联席会议，及时处理和解决比赛中发生的问题。

4. 有关竞赛赛程、表格的制定

二、运动竞赛的编排

（一）循环法比赛的编排

1. 轮次表的安排方法

单循环比赛的轮次、顺序的安排方法具有可变性的特征，不同的竞赛项目应根据其不同的特点和需要进行安排，通常采用具有一定规律的“逆时针”“顺时针”轮转法。特殊情况下还可采用特殊性的编排调整方法。在循环比赛顺序的编排方法中，比赛顺序的变化和调整是多种多样的。

（1）逆时针轮转法。

如果参赛队（或个人）为偶数时，一般都采用此法来安排各轮的比赛轮次表。以 8 支队参加比赛为例，其第一轮比赛表是先将 1、2、3、4 号自上而下依次排列在左侧，再将 5、6、7、8 号自下而上与 4、3、2、1 号对应排列在右侧，而后用横线分别将左右两个对着的号码连起来，即为第一轮的比赛轮次表（见表 5-2-1）。第二轮的编排将第一轮比赛轮次表中的 1 号固定不动，其余号码按逆时针方向依次轮转一个位置，即为第二轮比赛轮次表。以后各轮次以此类推。

表 5-2-1　逆时针轮转法比赛轮次表

第一轮	第二轮	第三轮	第四轮	第五轮	第六轮	第七轮
1——8	1——7	1——6	1——5	1——4	1——3	1——2
2——7	8——6	7——5	6——4	5——3	4——2	3——8
3——6	2——5	8——4	7——3	6——2	5——8	4——7
4——5	3——4	2——3	8——2	7——8	6——7	5——6

如参赛队数（人）是奇数时，编排方法同上。如7支队参赛，比赛轮次表如表5-2-2所示：

表5-2-2 逆时针轮转法比赛轮次表（0为轮空）

第一轮	第二轮	第三轮	第四轮	第五轮	第六轮	第七轮
1——0	1——7	1——6	1——5	1——4	1——3	1——2
2——7	0——6	7——5	6——4	5——3	4——2	3——0
3——6	2——5	0——4	7——3	6——2	5——0	4——7
4——5	3——4	2——3	0——2	7——0	6——7	5——6

从表5-2-2中可以看出此法编排存在问题：当参赛队为较大的奇数时，号码为“n-1”的参赛者或参赛队从第四轮起，每一轮将与上一轮比赛的轮空队进行比赛，直至比赛结束。显然，在对抗激烈、体能要求较高的项目比赛中，从第四轮开始，“n-1”号队的对手均为以逸待劳，对“n-1”号队明显有失公平。

（2）左上角固定“1号位”的顺时针轮转法。

首先确定最后一轮的比赛，再固定1号位，其他位置按“顺时针”轮转一个号位，倒推出各轮的比赛秩序（如表5-2-3所示）。

表5-2-3 顺时针轮转法比赛轮次表

第一轮	第二轮	第三轮	第四轮	第五轮	第六轮	第七轮
1——4	1——6	1——8	1——7	1——5	1——3	1——2
2——6	4——8	6——7	8——5	7——3	5——2	3——4
3——8	2——7	4——5	6——3	8——2	7——4	5——6
5——7	3——5	2——3	4——2	6——4	8——6	7——8

（3）左上角固定“轮空”号位的逆时针轮转法。

在此法中，当参赛队为奇数时，“轮空”号位即“0”号位被固定在左上角，其他号位每轮逆时针方向轮转一个位置，即排出下一轮全部轮次的比赛秩序。表5-2-4为7支队参赛的比赛轮次表。

表5-2-4 左上角固定“轮空”号位的逆时针轮转法比赛轮次表

第一轮	第二轮	第三轮	第四轮	第五轮	第六轮	第七轮
0——7	0——6	0——5	0——4	0——3	0——2	0——1
1——6	7——5	6——4	5——3	4——2	3——1	2——7
2——5	1——4	7——3	6——2	5——1	4——7	3——6
3——4	2——3	1——2	7——1	6——7	5——6	4——5

此方法的缺点是如果1号是强队，可能最精彩的比赛不在最后一轮。

（4）右上角固定“轮空”号位或“最大”号位的逆时针轮转法。

参赛队数是偶数（奇数）时，将最大号（“0”号）固定在右上角，采用逆时针轮转依次排出后面的比赛秩序。表 5-2-5 为 8 支队参赛的比赛轮次表。

表 5-2-5 右上角固定“最大”号的逆时针轮转法比赛轮次表

第一轮	第二轮	第三轮	第四轮	第五轮	第六轮	第七轮
1——8(0)	7——8(0)	6——8(0)	5——8(0)	4——8(0)	3——8(0)	2——8(0)
2——7	1——6	7——5	6——4	5——3	4——2	3——1
3——6	2——5	1——4	7——3	6——2	5——1	4——7
4——5	3——4	2——3	1——2	7——1	6——7	5——6

（5）“贝格尔”编排法。

从 1985 年起，世界性排球比赛多采用“贝格尔”编排法。目前我国正式比赛也多采用此种方法进行编排。其优点是单数队比赛时可避免第二轮的轮空队从第四轮起每场都与前一轮的轮空队比赛的不合理现象。轮转方法有两种：

上提法：最大号（或“0”号）左右摇摆，第二轮将第一轮右下角号数提上来（如表 5-2-6、表 5-2-7 所示）。

间隔法：根据参赛队队数的多少来确定轮转（间隔）位置的数目。首先确定最大号（或“0”号），左右摇摆。其次根据间隔数（见表 5-2-8）逆时针排定 1 号位置（不论多少队，第一轮后将“1”逆时针移到左下角，其间隔数就是该队数编排时的移动间隔数），其他号按逆时针依次排定。表 5-2-9 是 9 支队参赛的贝格尔编排轮次表。

表 5-2-6 贝格尔轮转编排法轮次表 1

第一轮	第二轮	第三轮	第四轮	第五轮	第六轮	第七轮
1——8（0）	5——8（0）	2——8（0）	6——8（0）	3——8（0）	7——8（0）	4——8（0）
2——7	6——4	3——1	7——5	4——2	1——6	5——3
3——6	7——3	4——7	1——4	5——1	2——5	6——2
4——5	1——2	5——6	2——3	6——7	3——4	7——1

表 5-2-7 贝格尔轮转编排法轮次表 2

第一轮	第二轮	第三轮	第四轮	第五轮	第六轮	第七轮
1——8(0)	8(0)——5	2——8(0)	8(0)——6	3——8(0)	8(0)——7	4——8(0)
2——7	6——4	3——1	7——5	4——2	1——6	5——3
3——6	7——3	4——7	1——4	5——1	2——5	6——2
4——5	1——2	5——6	2——3	6——7	3——4	7——1

表 5-2-8 间隔移动数目表

参赛队数	间隔数
4 队以下	0
5~6 队	1
7~8 队	2
9~10 队	3
11~12 队	4

1 号进行间隔移动时，凡遇到“0”或最大号时应越过，不作间隔计数。

表 5-2-9　　9 支队参赛贝格尔轮转编排法轮次表

第一轮	第二轮	第三轮	第四轮	第五轮	第六轮	第七轮	第八轮	第九轮
1——0	0——6	2——0	0——7	3——0	0——8	4——0	0——9	5——0
2——9	7——5	3——1	8——6	4——2	9——7	5——3	1——8	6——4
3——8	8——4	4——9	9——5	5——1	1——6	6——2	2——7	7——3
4——7	9——3	5——8	1——4	6——9	2——5	7——1	3——6	8——2
5——6	1——2	6——7	2——3	7——8	3——4	8——9	4——5	9——1

2. 单循环的抽签及编排竞赛日程

（1）单循环比赛的抽签定位方法。单循环赛根据队数及相应的轮转方法编排好轮次后，应将比赛队具体安排进轮次表里，通常情况下，把比赛队安排进轮次表可以采用以下两种方法：

抽签的方法：对参加比赛队的实力情况全然不知，或竞赛规程规定抽签时必须采用该方法，在抽签时应按参赛队数做好相应的号签，抽到相应号码的队则对号入座，按抽签结果排入轮次表内。

成绩顺序法：如果知道各参加比赛队的实力情况（即各参赛队或个人近期竞赛成绩的排名顺序），一般将各参赛队年度比赛的名次排列作为各队进入名次表的代号。

（2）单循环比赛的比赛日程表。单循环轮次表填好后，把各轮次的比赛编成比赛日程表（比赛的日期、场地等）印发给各队（见表 5-2-10）。

表 5-2-10　　比赛日程表

日期	时间	组别	比赛队	场地

3. 双循环比赛的编排

双循环赛比赛轮次表的排法与单循环相同，只需排出第一循环，第二循环按第一循环重复一次即可。

4. 分组循环比赛的编排

参加比赛的队较多而竞赛时间较短时，为了比较合理地确定名次，可采用分组循环的比赛方法。将参赛的队平均分成若干个小组，在各小组内进行单循环比赛，然后根据需要和实际情况，再使各组的优胜队或同名次队进行单循环比赛，排出最后名次。

（二）淘汰法比赛的编排

1. 轮空的方法

在淘汰赛中，当参赛者（队）人数小于选用的号码位置数时，没有安排参赛者（队）的号码为轮空号码。轮空数的计算方法是：

轮空数=号码位置数-参赛者（队）人数

轮空号码的定位，应查阅并参照“轮空位置表”（见表 5-2-11）。

查表方法：根据参赛者（队）数，选择最接近的，较大的乘方数作为号码位置数，用该号码位置数减去参赛者（队）数，即为轮空数。然后，根据轮空数目，在轮空位置表中逐行横向由左向右依次摘出小于比赛号码位置数的号码，即为轮空号码。

例如：有 123 人参加比赛，应选用 128 个号码位置，128－123＝5（轮空数），从表内由左向右逐行依次摘取小于 128 的 5 个号码数：2，127，66，63，34 即为轮空号码位置。

表 5-2-11 轮空位置表

2	225	130	127	66	191	194	63
34	223	162	95	98	159	226	31
18	239	146	111	82	175	210	47
50	207	178	79	114	143	242	15
10	247	138	119	74	183	202	55
42	215	170	87	106	151	234	23
26	231	154	103	90	167	218	39
58	199	186	71	122	135	250	7
6	251	134	123	70	187	198	59
38	219	166	91	102	155	230	27
22	235	150	107	86	171	214	43
54	203	182	75	118	139	246	11
14	243	142	115	78	179	206	51
46	211	174	83	110	147	238	19
30	227	158	99	94	163	222	35
62	195	190	67	126	131	254	3

2. 抢号的方法

淘汰赛中，当两个参赛者（队）用同一个号码位置时，就出现“抢号”。抢号的运动员（队），实际上就是不轮空的运动员（队）。由于参赛者（队）的人数稍大于 2^n，采用安排轮空的方法，就可能出现太多的轮空位置，会给编排、竞赛等带来很大麻烦。因此，应采用抢号的方法进行编排。抢号的方法是选用最接近的、较小 2^n 作为号码位置数，超过号码位置数的参赛者（队）安排抢号。抢号的号码亦可查“轮空位置表”（见表 5-2-11）。

如：有 34 位运动员参加比赛，选用 32（$32=2^5$）个号码位置，则应有 2 个号码位置进行抢号（34-32=2）。由轮空位置表上查得 2 个轮空号码是 2、31，即为抢号号码。

3. 分区的方法

把全部号码位置分成几个相等的部分，称为“分区”。例如，将全部号码位置分成两半，称为上半区和下半区；将上、下半区的号码位置再各分成两半，称为 1/4 区；将各 1/4 区的号码位置再各分成两半，称为 1/8 区，以此类推。

在淘汰赛中，为使同一单位的参赛者不过早相遇，要把他们合理地分开，安排在不同的区内。例如，同一单位的第 1、2 号运动员分别排在上、下半区；第 3、4 号运动员则应分别排在没有第 1、2 号运动员的另外两个 1/4 区；第 5、6、7、8 号运动员，应分别安排在没有第 1 至 4 号运动员的另外四个 1/8 区内，以此类推。如图 5-2-1 所示。

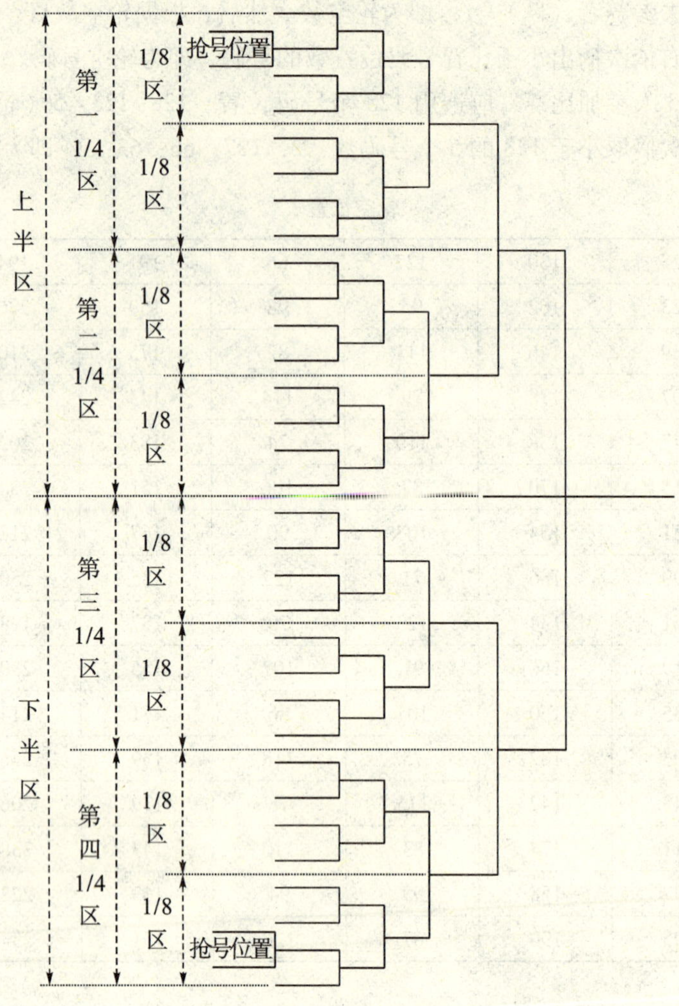

图 5-2-1　单淘汰赛抢号和分区示意图

4. 种子的安排方法

在淘汰赛中，由于参赛者（队）人数较多，为避免强手或强队过早相遇，可以把他们确定为“种子”。“种子”的数目应根据参赛者人数的多少来确定，一般采用 2^n，以 8 到 16 个号码位置设一名种子为宜。种子的号码位置，可查“种子位置表”（见表 5-2-12）。

表 5-2-12　　种子位置表

1	256	129	128	65	192	193	64
33	224	161	96	97	160	225	32
17	240	145	112	81	176	209	48
49	208	177	80	113	144	241	16
9	248	137	120	73	184	201	56
41	216	169	88	105	152	233	24
25	232	153	104	89	168	217	40
57	200	185	72	121	136	249	8

“种子位置表”的查法：按比赛所设的种子数目，从表中依次（逐列由左向右）摘出

小于或等于比赛号码位置数的号码，这些号码就是种子定位的号码。

例如：有 123 名参赛者，就要用 128 个号码位置。假如设 8 名种子，那么从表中依次可摘出小于或等于 128 的 8 个号码位置是 1、128、65、64、33、96、97、32，这些就是种子的定位号码。

种子的位置应合理分开。若同一单位有两个运动员（队）参赛时，既要考虑种子合理分开的原则，又要考虑同单位运动员（队）合理分开的精神。

5. 抽签的方法

抽签是确定参赛者在淘汰赛中号码位置的一种方法。基本要求是将种子和同单位的参赛者合理分开，均匀分布，这是组织编排工作中的重要环节之一。一般比赛的抽签工作通常由主办单位代抽。有时可由裁判长、各参赛单位代表，或该运动项目中德高望重的专家和权威人士参加。

抽签的具体实施方法：

（1）种子的抽签与定位。种子队员的抽签与定位除按种子的号码位置抽签与定位外，也可按种子选手实力水平的排列顺序，直接将全部种子定位。

（2）非种子的抽签与定位。按抽签方案确定的顺序，将各单位运动员先分区，后定位。

（3）各单位的运动员也要分批进行抽签。如先抽该单位 1、2 号运动员，分别进入上、下半区（1/4，2/4 和 3/4，4/4）；再抽该单位的 3、4 号运动员，分别进入没有 1、2 号运动员的另外两个 1/4 区；再将 5~8 号运动员分别抽入没打 1~4 号运动员的另外 4 个 1/8 区，以此类推。

（4）控制平衡与复核检查。为使各单位的运动员都能合理分开，抽签时需要进行必要的控制来保持平衡；检查种子选手是否做到了合理分开。

（三）混合法比赛的编排

混合法比赛过程中既有循环赛又有淘汰赛的竞赛方法，是循环法和淘汰法混合运用的一种竞赛方式。它在球类集体项目的竞赛中采用较多。当参赛队在 12~18 个时，选用混合法比赛最为适宜。一般比赛分两个阶段，第一阶段采用分组循环进行比赛，第二阶段采用交叉淘汰进行比赛。或者第一阶段采用分组淘汰赛（排出名次），第二阶段比赛使用循环法。例如，某运动竞赛项目参赛队有 12 个，采用混合法进行比赛，具体安排如下：

1. 分 A、B 两组单循环赛（第一阶段）

各组的竞赛及编排方法在单循环赛中已作介绍，请参阅本章单循环赛的方法与编排有关内容。

2. 交叉淘汰赛（第二阶段）

在预赛阶段分组比赛结束后，即采用交叉淘汰赛的比赛形式确定最后比赛名次。在交叉淘汰赛阶段，每场比赛都必须决出胜负。

首先将分组比赛 A、B 两组的前两名 4 个队编成一组，争夺 1~4 名；两组的 3、4 名编为一组，争夺 5~8 名；两组的 5、6 名编为一组，确定 9~12 名。

在第一组的比赛中，先由 A 组的第一名对 B 组的第二名、A 组的第二名对 B 组的第一名进行比赛，然后由这两场比赛的胜队决出冠、亚军，负队决出 3、4 名。其他各组对阵方法相同。

第三节 运动竞赛成绩与名次的评定方法

一、单项成绩的评定方法

体育竞赛中的单项，既可指一个运动员，也可指一个参赛队，它是从项目意义上讲的。常见的单项成绩评定方法有三种：

（1）以客观的时间、距离、高度、重量、中靶环数等实际计量来评定参赛者（队）的成绩和名次。例如，田径、游泳、举重、射箭等运动项目，按参赛者（队）成绩的优劣，依次排定名次。

（2）按完成规定动作和自选动作的质量来评定。例如：体操、跳水、武术等项目，由裁判员根据动作质量和编排好坏等内容来评定分数。评分通常以一定分值为满分进行打分，最后以裁判组评定的分值高低来确定名次。

（3）根据比赛总积分多少、战胜对手的情况或其他特定因素来进行评定。如各种球类比赛、摔跤、击剑等项目，在单独评价时，以双方的进球多少、胜负局数和得失分来决定成绩和名次。在总体评定时，根据积分多少排列名次。例如：球类项目，常采取胜一场得2分，负一场失2分，弃权得0分，积分多者名次列前；若两个以上队积分相等，则按他们之间得失分情况排列名次，以失分少、净胜分多者名次列前。

二、团体名次的计算方法

体育竞赛中的团体，是指若干个不同的运动类别和项目的综合，也是指较大规模竞赛活动的总体。通常是将各参赛单位的个人或集体队伍的成绩和名次折合成分数，累计起来评定名次。经常采用的办法有下列四种：

（1）大型综合性运动会，如奥运会、全运会等，有两种团体名次排列方法：一种是按金牌数和奖牌数排名；另一种是按团体总分来排名。在按团体总分排名时，对各项前八名以9、7、6、5、4、3、2、1的分值计算在各单位的总分里。

（2）田径、游泳等比赛分男、女团体，以男、女团体总分来衡量各队的实力，计分方法为：取前六名时，采用7、5、4、3、2、1计分；取前八名时，则按9、7、6、5、4、3、2、1计分。以各单位得分总和多少排出名次，分数高者，团体名次列前。也有的在竞赛规程上事先规定集体接力、破纪录等可加倍计算，鼓励创造优异成绩。若总分相等，则可采取第一名多者或破纪录多的，团体名次列前。

（3）体操、武术、跳水等项目，也有以参赛队（个人）各项得分的总和来决定团体名次的。

（4）拔河、乒乓球、羽毛球、网球等项目，还可根据获胜场数或局数多少来决定团体名次。

第六章 学生体质健康评价

第一节 体质概述

体质是人群及人群中的个体在遗传的基础上，环境的影响下，于其生长、发育和衰老过程中形成的代谢、机能与结构上相对稳定的特殊状态。这种特殊状态往往决定着人体对某种致病因子的易感性及其传变转归中的某种倾向性。近年来的研究表明，体质的形成与年龄、地理环境、劳欲与疾病、饮食等因素均有关系。一般认为，人的体质是受先天遗传和后天获得的影响所形成的，在形态结构、功能活动方面所固有的、相对稳定的个体特征，并与心理性格相关联。

一个国家国民体质的状况和健康水平，不仅是国民自身生命活动和工作能力的物质基础，也是国家经济建设和社会发展的物质基础，是综合国力的重要组成部分，也是社会文明和进步的重要标志。

体质的范畴包括五个方面：身体形态发育水平，即体格、体型、姿势、营养状况及身体组成成分等方面的发育水平；人体生理功能水平，即机体的新陈代谢功能及各系统、器官的工作效能；身体素质和运动能力发展水平，即力量、速度、耐力、灵敏性、柔韧性等素质以及走、跑、跳、投、攀、爬、负重等身体活动能力；心理发育水平，即人体感知能力、个性特征、意志品质等；对内外环境的适应能力，即对不利因素和环境变化影响的应激调节能力和对各种疾病的抵抗能力。这五个方面的不同状况，决定着人们的不同体质水平。

而理想体质是指人体良好的状况，即体质的较高层次和较高水平，具有明显的人群特征，如年龄、性别、种族和职业等。它是在遗传的基础上，经过后天的努力塑造所达到的人体形态结构、生理功能、运动能力、心理素质和对内外环境适应能力的全面良好状态。其主要标志是：身体健康，主要脏器无疾病；身体形态发育良好，体格健壮，体形匀称；呼吸系统、心血管系统和运动系统具有良好的生理机能；有较强的运动能力和劳动工作能力；心理发育健全，情绪乐观，意志坚强，有较强的抗干扰、抗刺激的能力；对自然和社会环境有较强的适应能力。因此，对体质的评价必须是多指标的全面综合评价。

第二节 学生体质健康评价的意义

学生体质健康评价研究的是学生的身体健康变化。它首先通过对学生身体形态、生理机能、身体素质进行检测，然后对各项指标的数据进行统计整理，用于评定体质的状况、特征来比较不同人群、不同个体的体质水平，进而鉴定和完善增强学生体质的各种措施。在我国高校开展体质健康评价，主要是围绕提高教学质量、增强学生的体质进行的。其目的在于防止教师在体育教学和学生在体育锻炼中的盲目性，有的放矢地选用相应的内容和方法，从而切实有效地达到学校体育教学的目的，实现学校体育科学化和合理化。学生体质健康评价的意义表现在三个方面。

（一）有利于实现学校体育科学化和合理化

促进学校体育卫生工作的科学研究，提高教师的业务水平和科研水平。有利于学校有关部门及时了解学生的体质状况，掌握学生体质变化的客观规律，并为学校制定教学大纲、教学计划、选择适当的教材和教法提供科学而有价值的依据。

（二）有利于学生及时了解自身体质

体质健康评价是科学锻炼身体的基础知识，也是学生锻炼身体和调控运动处方的依据。体质健康评价可以激发学生锻炼身体的自觉性和积极性，促进学校体育的普及和提高。

（三）体质健康评价是考查学校体育教育工作效果的重要手段

全国统一执行的《大学生体育合格标准》《国家体育锻炼标准》和《中国成年人体质测定标准》中均提供了体质测定的统一标准和手段，为全国学生和成年人体质研究提供了标准化的信息资料，学校领导可以根据对体质健康评价结果的分析研究，不断改善学校体育教育工作。各级政府也可以据此了解体育政策的实施情况，并发现问题、修订政策。

第三节 国家学生体质健康标准（2014 年修订）

2014 年 7 月 7 日教育部印发了《国家学生体质健康标准（2014 年修订）》（以下简称《标准》），要求各学校每学年开展覆盖本校各年级学生的《标准》测试工作，并根据学生学年总分评定等级。只有达到良好及以上的学生，方可参加评优与评奖。

新修订的《国家学生体质健康标准》适用于全日制普通小学、初中、普通高中、中等职业学校、普通高等学校的学生，将大学一、二年级为一组，三、四年级为一组。身体形态类中的身高、体重，身体机能类中的肺活量，以及身体素质类中的 50 米跑、坐位体前屈为各年级学生共性指标。《标准》的学年总分由标准分与附加分之和构成，满分为 120 分。根据学生学年总分评定等级：90.0 分及以上为优秀，80.0 至 89.9 分为良好，60.0 至 79.9 分为及格，59.9 分及以下为不及格。《标准》规定，学生测试成绩评定达到良好及以上者，方可参加评优与评奖；成绩达到优秀者，方可获体育奖学分。测试成绩评定不及格者，在本学年度准予补测一次，补测仍不及格，则学年成绩评定为不及格。普通高中、中等职业学校和普通高等学校学生毕业时，《标准》测试的成绩达不到 50 分者按结业或肄业处理。

此外，《标准》对学生因病或残疾的情况也做出了明确规定，可向学校提交暂缓或免予执行《标准》的申请，经医疗单位证明，体育教学部门核准，可暂缓或免予执行《标准》。被免予执行《标准》的残疾学生，仍可参加评优与评奖，毕业时《标准》成绩需注明免测。

一、单项指标与权重

表 6-3-1　　大学各年级单项指标与权重表

单项指标	权重（%）
体重指数（BMI）	15
肺活量	15
50 米跑	20
坐位体前屈	10
立定跳远	10
引体向上（男）/分钟　仰卧起坐（女）/分钟	10
1 000 米跑（男）/800 米跑（女）	20

注：体重指数（BMI）= 体重（千克）/身高^2（米^2）。

二、评分表

（一）加分指标评分表

表 6-3-2　　大学男生引体向上、女生一分钟仰卧起坐加分表（单位：次）
大学男生 1 000 米跑、女生 800 米跑加分表（单位：分. 秒）

加分	大一 大二 男生	大三 大四 男生	大一 大二 女生	大三 大四 女生	大一 大二 男生	大三 大四 男生	大一 大二 女生	大三 大四 女生
项目	引体向上		仰卧起坐		1 000 米		800 米	
10	10	10	13	13	−35″	−35″	−50″	−50″
9	9	9	12	12	−32″	−32″	−45″	−45″
8	8	8	11	11	−29″	−29″	−40″	−40″
7	7	7	10	10	−26″	−26″	−35″	−35″
6	6	6	9	9	−23″	−23″	−30″	−30″
5	5	5	8	8	−20″	−20″	−25″	−25″
4	4	4	7	7	−16″	−16″	−20″	−20″
3	3	3	6	6	−12″	−12″	−15″	−15″
2	2	2	4	4	−8″	−8″	−10″	−10″
1	1	1	2	2	−4″	−4″	−5″	−5″

（二）单项指标评分表

表 6-3-3　　**体重指数（BMI）单项评分表（单位：千克/米²）**

等级	单项得分	大学男生	大学女生
正常	100	17.9~23.9	17.2~23.9
低体重	80	≤17.8	≤17.1
超重		24.0~27.9	24.0~27.9
肥胖	60	≥28.0	≥28.0

表 6-3-4　　**大学男、女生单项评分表**

等级	单项得分	大一大二男生	大三大四男生	大一大二女生	大三大四女生	大一大二	大三大四	大一大二	大三大四	大一大二男生	大三大四男生	大一大二女生	大三大四女生	大一大二男生	大三大四男生
项目		肺活量		肺活量		50 米（男）		50 米（女）		坐位体前屈		坐位体前屈		立定跳远	
优秀	100	5 040	5 140	3 400	3 450	6.7	6.6	7.5	7.4	24.9	25.1	25.8	26.3	273	275
	95	4 920	5 020	3 350	3 400	6.8	6.7	7.6	7.5	23.1	23.3	24.0	24.4	268	270
	90	4 800	4 900	3 300	3 350	6.9	6.8	7.7	7.6	21.3	21.5	22.2	22.4	263	265
良好	85	4 550	4 650	3 150	3 200	7.0	6.9	8.0	7.9	19.5	19.9	20.6	21.0	256	258
	80	4 300	4 400	3 000	3 050	7.1	7.0	8.3	8.2	17.7	18.2	19.0	19.5	248	250
及格	78	4 180	4 280	2 900	2 950	7.3	7.2	8.5	8.4	16.3	16.8	17.7	18.2	244	246
	76	4 060	4 160	2 800	2 850	7.5	7.4	8.7	8.6	14.9	15.4	16.4	16.9	240	242
	74	3 940	4 040	2 700	2 750	7.7	7.6	8.9	8.8	13.5	14.0	15.1	15.6	236	238
	72	3 820	3 920	2 600	2 650	7.9	7.8	9.1	9.0	12.1	12.6	13.8	14.3	232	234
	70	3 700	3 800	2 500	2 550	8.1	8.0	9.3	9.2	10.7	11.2	12.5	13.0	228	230
	68	3 580	3 680	2 400	2 450	8.3	8.2	9.5	9.4	9.3	9.8	11.2	11.7	224	226
	66	3 460	3 560	2 300	2 350	8.5	8.4	9.7	9.6	7.9	8.4	9.9	10.4	220	222
	64	3 340	3 440	2 200	2 250	8.7	8.6	9.9	9.8	6.5	7.0	8.6	9.1	216	218
	62	3 220	3 320	2 100	2 150	8.9	8.8	10.1	10.0	5.1	5.6	7.3	7.8	212	214
	60	3 100	3 200	2 000	2 050	9.1	9.0	10.3	10.2	3.7	4.2	6.0	6.5	208	210
不及格	50	2 940	3 030	1 960	2 010	9.3	9.2	10.5	10.4	2.7	3.2	5.2	5.7	203	205
	40	2 780	2 860	1 920	1 970	9.5	9.4	10.7	10.6	1.7	2.2	4.4	4.9	198	200
	30	2 620	2 690	1 880	1 930	9.7	9.6	10.9	10.8	0.7	1.2	3.6	4.1	193	195
	20	2 460	2 520	1 840	1 890	9.9	9.8	11.1	11.0	-0.3	0.2	2.8	3.3	188	190
	10	2 300	2 350	1 800	1 850	10.1	10.0	11.3	11.2	-1.3	-0.8	2.0	2.5	183	185

等级	单项得分	大一大二	大三大四	大一大二	大三大四	大一大二	大三大四	大一大二	大三大四	大一大二	大三大四
项目		引体向上		仰卧起坐		1 000 米		800 米		立定跳远（女生）	
优秀	100	19	20	56	57	3′17″	3′15″	3′18″	3′16″	207	208
	95	18	19	54	55	3′22″	3′20″	3′24″	3′22″	201	202
	90	17	18	52	53	3′27″	3′25″	3′30″	3′28″	195	196
良好	85	16	17	49	50	3′34″	3′32″	3′37″	3′35″	188	189
	80	15	16	46	47	3′42″	3′40″	3′44″	3′42″	181	182

表6-3-4(续)

等级	单项得分	大一大二	大三大四	大一大二	大三大四	大一大二	大三大四	大一大二	大三大四	大一大二	大三大四
项目		引体向上		仰卧起坐		1 000 米		800 米		立定跳远（女生）	
及格	78			44	45	3′47″	3′45″	3′49″	3′47″	178	179
	76	14	15	42	43	3′52″	3′50″	3′54″	3′52″	175	176
	74			40	41	3′57″	3′55″	3′59″	3′57″	172	173
	72	13	14	38	39	4′02″	4′00″	4′04″	4′02″	169	170
	70			36	37	4′07″	4′05″	4′09″	4′07″	166	167
	68	12	13	34	35	4′12″	4′10″	4′14″	4′12″	163	164
	66			32	33	4′17″	4′15″	4′19″	4′17″	160	161
	64	11	12	30	31	4′22″	4′20″	4′24″	4′22″	157	158
	62			28	29	4′27″	4′25″	4′29″	4′27″	154	155
	60	10	11	26	27	4′32″	4′30″	4′34″	4′32″	151	152
不及格	50	9	10	24	25	4′52″	4′50″	4′44″	4′42″	146	147
	40	8	9	22	23	5′12″	5′10″	4′54″	4′52″	141	142
	30	7	8	20	21	5′32″	5′30″	5′04″	5′02″	136	137
	20	6	7	18	19	5′52″	5′50″	5′14″	5′12″	131	132
	10	5	6	16	17	6′12″	6′10″	5′24″	5′22″	126	127

第四节　国家体质健康标准测试方法

《国家学生体质健康标准》设置了符合我国学校实际情况又简便易行的测试项目，在设置的项目当中，身高、标准体重、肺活量体重指数是必测项目，其他项目则是选测项目。在实施《标准》测试的过程中，所有体育教师和测评人员要正确地掌握各项目测试方法，对测试人员的基本操作要求是一致的。高等学校在每年测试前应公布选测项目。下面对《标准》中各个项目的测试方法及其基本操作要求进行介绍。

一、身高

1. 测试目的

测试学生身高，与体重测试相配合，评定学生的身体匀称度，评价学生生长发育的水平及营养状况。

2. 场地器材

身高测量计。应检查立柱是否垂直，连接处是否紧密，有无晃动，零件有无松脱等情况并及时加以纠正。

3. 测试方法

受试者赤足，立正姿势站在身高计的底板上（上肢自然下垂，足跟并拢，足尖分开成60°）。足跟、骶骨部及两肩胛区与立柱相接触，躯干自然挺直，头部正直，耳屏上缘与眼眶下缘呈水平位。测试人员站在受试者右侧，将水平压板轻轻沿立柱下滑，轻压于受试者头顶。测试人员读数时双眼应与压板水平面等高进行读数、记录。

4. 注意事项

（1）身高计应选择平坦靠墙的地方放置，立柱的刻度尺应面向光源。

（2）严格掌握“三点靠立柱”“两点呈水平”的测量姿势要求，测试人员读数时两眼一定与压板等高，两眼高于压板时要下蹲，低于压板时应垫高。

（3）水平压板与头部接触时，松紧要适度，头发蓬松者要压实，头顶的发辫、发结要放开，饰物要取下。

（4）读数完毕，立即将水平压板轻轻推向安全高度，以防碰坏。

（5）测量身高前，受试者应避免进行剧烈体育活动和体力劳动。

二、体重

1. 测试目的

测试学生的体重，与身高测试相配合，评定学生的身体匀称度，评价学生生长发育的水平及营养状况。

2. 场地器材

杠杆秤或电子体重计。使用前需检验其准确度和灵敏度。

3. 测试方法

测试时，杠杆秤应放在平坦地面上，调整0点至刻度尺水平位。受试者赤足，男性受试者身着短裤；女性受试者身着短裤、短袖衫，站在秤台中央。测试人员放置适当砝码并移动游标至刻度尺平衡，然后读数记录。

4. 注意事项

（1）测量体重前受试者不得进行剧烈体育活动或体力劳动。

（2）受试者站在秤台中央，上下杠杆秤动作要轻。

（3）每次使用杠杆秤时均需校正。测试人员每次读数前都应校对砝码标重以避免差错。

三、肺活量

1. 测试目的

测试学生的肺通气功能。

2. 场地器材

电子肺活量计。

3. 测试方法

房间通风良好；使用干燥的一次性口嘴（非一次性口嘴，则每换测试对象需消毒一次，每测一人时将口嘴向下倒出唾液并注意消毒）。肺活量计主机放置平稳桌面上，检查电源线及接口是否牢固，按工作键液晶屏显示“0”即表示机器进入工作状态，预热5分钟后测试为佳。

首先告知受试者不必紧张，并且要尽全力，以中等速度和力度吹气效果最好。令被测试者面对仪器站立、手持吹嘴，面对肺活量计站立试吹 1 至 2 次，首先看仪表有无反应，还要试口嘴或鼻处是否漏气。学会深吸气（避免耸肩提气，应该像闻花式的慢吸气）。受试者进行一两次较平日深一些的呼吸动作后，更深地吸一口气，屏住气向口嘴处慢慢呼气至不能再呼为止，防止此时从口嘴处吸气，测试中不得中途二次吸气。吹气完毕后，液晶屏上最终显示的数字即为肺活量毫升值。每位受试者测两次，每次间隔 15 秒，记录二次数值，选取最大值作为测试结果。以毫升为单位，不保留小数。

4. 注意事项

（1）电子肺活量计的计量部位的通畅和干燥是仪器准确的关键，吹气筒的导管必须在上方，以免口水或杂物堵住气道。

（2）每测试 10 人及测试完毕后用干棉球及时清理和擦干气筒内部。严禁用水、酒精等任何液体冲洗气筒内部。

（3）导气管存放时不能弯折。

（4）定期校对仪器。

四、立定跳远

1. 测试目的

测试学生下肢爆发力及身体协调能力的发展水平。

2. 场地器材

沙坑、丈量尺。沙面应与地面平齐，如无沙坑，可在平地上进行。起跳线至沙坑近端不得少于 30 厘米。起跳地面要平坦，不得有坑凹。

3. 测试方法

受试者两脚自然分开站立，站在起跳线后，脚尖不得踩线（最好用线绳做起跳线）。两脚原地同时起跳，不得有垫步或连跳动作。丈量起跳线后沿至最近着地点后垂直距离。每人试跳两次，记录其中成绩最好的一次。

4. 注意事项

（1）发现犯规时，此次成绩无效。两次试跳均无成绩者，应允许再跳，直至取得成绩为止。

（2）可以赤足，但不得穿钉鞋、皮鞋、塑料凉鞋参加测试。

五、引体向上

1. 测试目的

测试学生的上肢肌肉力量和耐力的发展水平。

2. 场地器材

高单杠或高横杠，杠的直径以一手能握住为准。

3. 测试方法

受试者起跳双手正握杠，双手与肩同宽直臂悬垂。静止后，两肩同时引体，上拉到下巴超过横杆上沿为完成一次。记录引体次数。

六、仰卧起坐

1. 测试目的

测试学生的腹肌耐力。

2. 场地器材

场地器材垫子若干（或代用品），铺放平坦。

3. 测试方法

测试者双手贴于脑后，另一同伴压住其踝关节，以固定其下肢。受试者坐起时两肘触及或超过双膝为完成一次，记录一分钟内完成的次数。

七、50 米跑

1. 测试目的

测试学生速度、灵敏素质及神经系统灵活性的发展水平。

2. 场地器材

50 米直线跑道若干条，地面平坦，地质不限，跑道线要清楚。发令旗一面，口哨一个，秒表若干块（一道一表）。秒表使用前，应用标准秒表校正，每分钟误差不得超过 0.2 秒。标准秒表选定，以北京时间为准，每小时误差不超过 0.3 秒。

3. 测试方法

受试者至少两人一组测试。站立起跑，受试者听到“跑”的口令后开始起跑。发令员在发出口令同时要摆动发令旗。计时员视旗动开表计时，受试者躯干部到达终点线的垂直面停表。以秒为单位记录测试成绩，精确到小数点后一位，小数点后第二位数按非 0 进 1 原则进位，如 10.11 秒读成 10.2 秒记录之。

4. 注意事项

受试者测试最好穿运动鞋或平底布鞋，赤足亦可。但不得穿钉鞋、皮鞋、塑料凉鞋。

发现有抢跑者，要当即召回重跑。

如遇风时一律顺风跑。

八、800 米跑或 1 000 米跑

1. 测试目的

测试学生耐力素质的发展水平，特别是心血管呼吸系统的机能及肌肉耐力。

2. 场地器材

在标准的田径场或者 300 米、200 米田径场。秒表若干，使用前需要校正。

3. 测试方法

受试者至少两人一起进行测试，站立式起跑，以分、秒为单位记录，不计小数。

下篇

运动实践篇

第七章 田径运动

第一节 田径运动概述

田径运动，是田赛、径赛和全能比赛的全称。田是指广阔的空地，在跑道所围绕的中央或临近的场地上举行的跳跃、投掷，统称为田赛，田赛是用米尺丈量所跳的高度、远度和所投器械的远度的项目。径是指跑道，在跑道上举行的竞走和各类形式的赛跑都属于径赛，是以时间计算成绩的竞走和跑的项目。简单来说，田赛用距离来衡量，径赛用时间来衡量。此外，田径运动还包括田径全能运动，它是由若干跑、跳、投项目组合而成的，田径比赛由田赛、径赛、公路路跑、竞走和越野跑组成，此外还包括部分田赛和径赛项目组成的男子“十项全能”、女子“七项全能”。现代田径运动的分类不同，多数将田径运动分为径赛、田赛、全能三大类，或分为竞走、跑、跳跃、投掷、全能五大类。

田径运动具有个体性，具有广泛的群众性。田径运动除接力跑外，都是以个人为单位参加比赛的运动项目，团体成绩和名次大都是由个人成绩和名次及接力跑成绩的名次的计分相加决定的。田径运动是体育运动中最大的一个项目，它包括五大类的很多单项，是任何大型运动会中比赛项目最多、参赛运动员最多的项目，经常参加田径运动的人也最多。田径运动中各单项和全能项目，对人体形态、主要身体素质水平和心理机能等有不同的要求，运动员要从个人实际和特点出发，选择运动项目，掌握具有个人特点的先进、合理的运动技术。

最早的田径比赛，是公元前776年在希腊举行的第一届古代奥运会上进行的。

第二节 跑

一、跑

(一) 短跑基本技术

短跑技术全程包括起跑、起跑后的加速跑、途中跑和终点跑4个部分。

1. 起跑

起跑的任务是获得向前冲力，使身体迅速摆脱静止状态，为起跑后加速跑创造有利条件。

(1) 起跑器的安装。规则规定短跑的起跑必须使用起跑器并采用蹲踞式起跑。安装起跑器的目的是使脚有牢固的支撑，形成良好的用力姿势，便于快速起跑和加速，有利于获得较快的起跑速度。常用的起跑器的安装方法有普通式和拉长式两种（见图 7-2-1）。

“普通式”的前起跑器安装在起跑线一脚半（40~46 厘米）处，后起跑器距离前起跑器一脚半。前后起跑器的支撑面与地面的夹角分别为 40°~45°和 70°~80°。两个起跑器的中间线间隔约 15 厘米。“拉长式”两起跑器的前后距离如图 7-2-1 所示。

两种安装办法各有优缺点，应根据个人特点选用和调整起跑器安装方法。

运动员采用哪种起跑器的安装方法应根据个人的身高、体型、身体素质和技术水平等情况来选择，其目的是使运动员能发挥肌肉最大力量，获得最大初速度，有助于加速跑的完成。

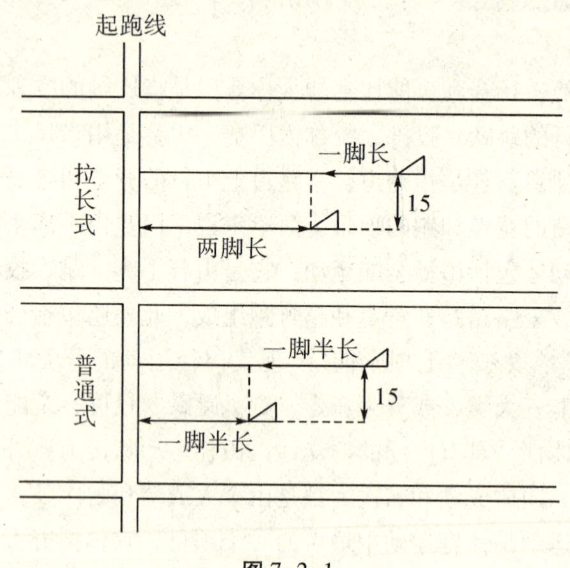

图 7-2-1

（2）起跑技术。起跑的任务是使身体迅速摆脱静止状态，为起跑后加速跑创造条件。田径规则规定，在短跑比赛中运动员必须采用蹲踞式起跑，必须使用起跑器，运动员要按发令员的口令完成起跑动作。

起跑过程包括“各就位”“预备”和“鸣枪”三个阶段。听到“各就位”口令后，运动员稳定一下自己的情绪，走到起跑器前，俯身，两手撑地，两脚依次踏在前后起跑器的抵足扳上，将有力脚放在前面，后腿跪地。然后两手收回到起跑线后，两臂伸直，两手间距离与肩同宽或比肩稍宽，四指并拢或稍分开和拇指成“人”字形。身体重心稍前移，肩约与起跑线齐平，头与躯干保持在一条直线上，颈部自然放松，身体重量均匀地落在两手、前腿和后腿之间，注意听“预备”口令。

听到“预备”口令后，逐渐抬起臀部。臀部要稍高于肩部约 10~20 厘米，同时使身体重心向前上方移动。此时，身体重心落在两臂和前腿上，前腿膝角约 90°~100°，后腿膝角约 110°~130°。两脚贴紧在前后起跳器抵足板上，集中注意力听枪声。

听到枪声后，两手迅速推离地面，屈肘做有力的前后摆，同时两腿快速用力蹬起跑器。后腿快速蹬离起跑器后，便迅速屈膝向前上方摆出。摆出时腿不应离地面过高，这有利于摆动腿迅速着地并过渡到下一步。前腿有力地蹬伸，后路角约为 42°~45°。（见图 7-2-2）

图 7-2-2

2. 起跑后的加速跑

加速跑是起跑与途中跑之间的一段疾跑技术，任务是在较短距离尽快地获得最高速进入途中跑。起地后两臂加快摆速，两腿交替用力蹬伸，步长逐渐加大，步频逐渐加快，并逐渐加大后蹬角度。两脚的着地点逐渐形成一条直线，上体逐渐抬起进入途中跑。加速跑过程如图 7-2-3 所示。

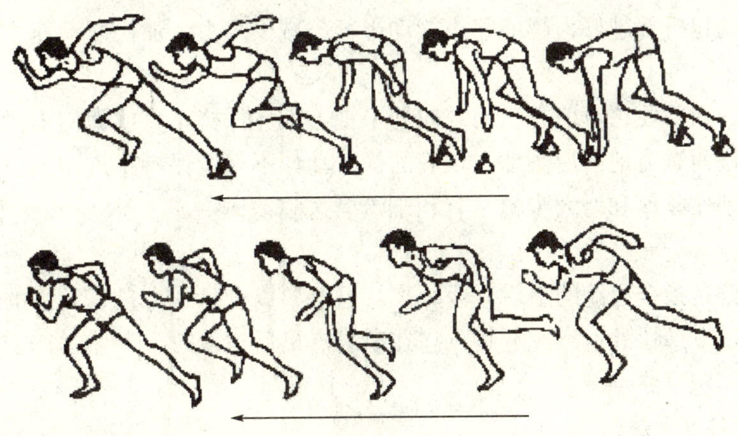

图 7-2-3

3. 途中跑

途中跑是短跑全程中距离最长、速度最快的一段，其任务是继续发挥和保持高速度跑，其动作特点是腿的摆动幅度大，大腿高抬，频率快，趴地动作积极明显。其完整动作如图 7-2-4 所示。

图 7-2-4

跑是周期性运动，在一个跑的周期内，由后蹬和前摆、腾空、着地后缓冲三个阶段构成。

（1）后蹬与前摆阶段。当身体重心移过支撑点垂直面时，一条腿经后蹬后进入前摆，另一条腿由前摆后着地，支撑腿开始后蹬。前摆时以大腿带动小腿并以折叠的姿势用力向前上方摆动，使身体重心向前移动。后蹬时应快速有力地依次伸直髋、膝、踝关节，前摆时以髋为轴向前上方摆动。后蹬角为50°左右，如图7-2-4之④、⑤所示。

（2）腾空阶段。支撑腿蹬离地面后，身体即进入腾空阶段，小腿随惯性迅速向大腿靠拢形成摆动、折叠的动作。同时，以摆动腿的髋关节为轴大腿积极下压，膝关节放松，形成摆动腿着地前的积极下压和"扒地"动作。

（3）着地缓冲阶段。摆动腿的前脚掌着地瞬间即进入着地缓冲阶段。当前脚掌接触地面时，髋、膝、踝关节依次适应弯曲进行缓冲，脚跟不着地面，形成"压紧待发"的姿势，为后蹬创造有利条件。支撑腿脚着地过程中，摆动腿迅速折叠，脚跟接近臀部，形成后摆动作。摆动腿折叠越好，越能缩小摆动半径，减少阻力，加快摆动速度。如图7-2-4之⑨所示。

途中跑时，面部要正对前方，两眼向前平视，上体保持正直或微向前倾。两臂要以肩关节为轴，轻松而有力地前后摆动。正确的摆臂动作不仅能保持跑进中的身体平衡，也有助于加快两腿动作频率和增大步幅，有利于蹬摆送髋动作。

4. 终点跑

终点冲刺跑是指全程跑的最后一段距离。这时要以全身的力量、顽强的毅力加强后蹬和两臂的摆动，以最快的速度跑过终点。在离终点最后一步时，上体迅速前倾，用胸部或肩部做撞线动作跑过终点。

（二）短跑练习方法

1. 速度练习

主要有短距离的加速跑、行进间跑、反复跑、斜坡跑、让距追逐跑、让距接力跑等。

2. 力量练习

各种跳跃练习，如立定跳、立定三级跳、立定十级跳、单足跳、蛙跳、杠铃挺举、抓举、半蹲和深蹲、负重沙袋跑或跳等。

二、接力跑

（一）接力跑基本技术

1. 起跑技术

（1）持棒起跑（以右手持棒为例）。

第一棒运动员采用蹲踞式起跑，用右手的中指、无名指和小指握住棒的末端，大拇指和食指分开撑地，接力棒不能触及起跑线或起跑线前的地面（见图7-2-5）。

（2）接棒人的起跑。

4×100米接力第二、三、四棒队员一般采用半蹲踞式起跑姿势，两脚前后开立，两腿弯曲，上体前倾（第二、四棒队员位于跑道的外侧，第三棒队员位于跑道的内侧），目视持棒队员，待传棒队员跑到标记线时，接棒人应迅速起跑（见图7-2-6）。

图 7-2-5

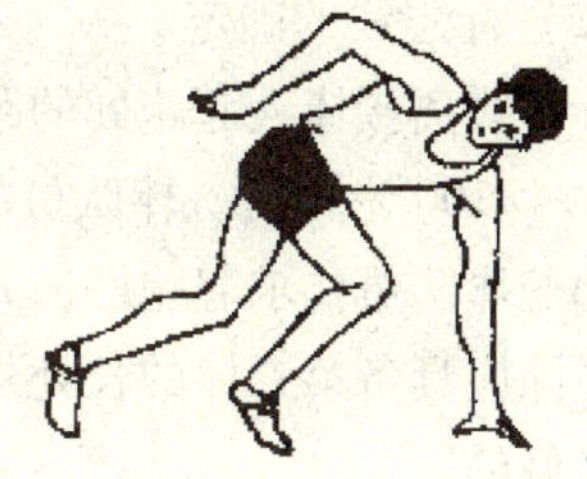

图 7-2-6

2. 传接棒技术

传棒的方法有上挑式、下压式和混合式三种。

(1) 上挑式。

接棒队员的手臂自然向后伸出，掌心向后，四指与拇指分开，虎口朝下，传棒队员将棒由下向前上方送入接棒队员手中（见图 7-2-7)。

(2) 下压式。

接棒队员的手臂自然向后伸出，四指与拇指自然分开，手腕内旋，掌心向上，虎口朝后。传棒队员将棒的前端由上向下传到接棒人手中（见图 7-2-8)。

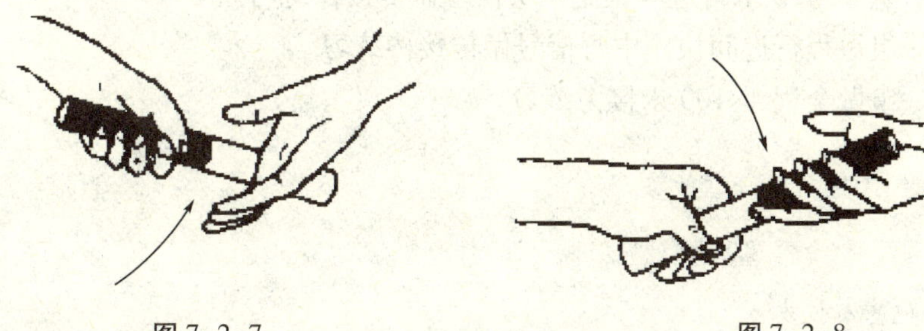

图 7-2-7　　图 7-2-8

(3) 混合式。

这种方法是综合以上两种的优点，在 4×100 米接力中，第一棒队员以右手持棒，用“上挑式”将棒传给第二棒队员的左手，第二棒队员沿跑道外侧跑进，用“下压式”将棒传给第三棒队员的右手，第三棒队员沿跑道内侧跑进，用“上挑式”将棒传给第四棒队员的左手。

3. 传接棒的时机和标志线的确定

(1) 传接棒的时机。

接棒人站在预跑区内或接力区后端，待看到传棒人跑到标志线时迅速起跑，当传棒人跑进接力区离接棒人 1. 50 米左右时，立即向接棒人发出“嘿”或“接”的传接棒信号。接棒人听到信号后迅速向后伸手接棒（见图 7-2-9)。

图 7-2-9

（2）标志线的确定。

标志线离接棒人起跑处的距离是根据传接棒人跑速和传接技术而定的。

4. 4×100 米接力各棒队员的配合

第一棒队员要求起跑好，并善于跑弯道；第二棒队员要求速度好，善于传接棒；第三棒队员除应具备第二棒的长处外还应善于跑弯道；第四捧队员一般是冲刺能力强，在全队成绩最好的。

4×400 米接力，第一棒队员是分道跑，第二棒队员先分道后不分道，通过抢道标志线切入里道，第三、四棒队员按先后次序在距终点线前后 10 米处接力区内接捧，不分道跑完各自的距离。4×400 米接力整个过程，一般是根据队员跑速决定传接棒的方法，也可采用换手传接棒。

（二）接力跑练习方法

（1）各棒次分别练习起跑。

（2）两人一组原地持棒（交替持棒）听信号做出上挑式、下压式和迎面式的传接棒练习。

（3）两人一组 20~30 米行进间慢跑中听信号做传接棒练习。

（4）两人一组 40~50 米行进间快跑中听信号做传接棒练习。

（5）四人一组短程行进间快跑中听信号做传接棒练习。

（6）四人一组做全程 4×100 米接力练习。

三、越野跑

（一）越野跑基本技术

越野跑时，由于跑的地点和环境在变化，所以跑的技术也要因条件的改变而随之变化。下面介绍的仅是在几种常见地形上的越野跑技术：

在道路上时，采用基本上与中、长距离跑相同的技术，并尽量注意在路面平坦的地方奔跑。

在草地上时，用全脚掌着地，同时留心向前下方看，以免陷入坑洼或碰在石头上。

上坡时，上体应前倾，大腿高抬一些，并用前脚掌着地，小步跑上去。遇到较陡的斜坡，可改用走步的方法或用之字形跑法（走法）。必要时可用单手或双手辅助攀登。

下坡时，上体应稍后倾，并以全脚掌或脚跟着地的方法进行，遇到较陡的下坡或坡面很滑的斜坡，可用侧脚掌着地，并用手在体后用牵拉（草、树）、撑（地）方式地行进。到达下坡的末端（一般 8~10 米），便顺坡势疾跑至平地。

从稍高的地方（1.50 米以下）往下跳时，可用跨步跳的动作：踏在高处的腿（支撑腿）必须弯屈，另一腿则向前下方伸出，跳下，两脚着地并以深屈膝来缓和冲击的力量。同时，在落地时，两脚应稍微前后分开，以便继续前跑。从很高的地方往下跳时，应设法降低下跳的高差，根据情况采用坐地双手撑跳下或侧身单手撑跳下的方法。落地时要注意两腿深屈。

在树林中奔跑时，注意不要被树枝、树叶、藤蔓等剐伤，特别要防止被树枝戳伤眼睛。此时一般都用一手或两手随时护住脸部。

遇到小的沟渠、壕坑、矮的灌木丛或倒伏树木时，要加速，大步跨跳而过；在落地的同时，上体稍向前倾，以便保护腰部与继续前跑。在通过较宽的（2.5~4 米）沟渠时，需用 15~25 米的加速助跑，采用大跨步跳和跳远的方法越过。应注意做好落地动作，防止后倒。遇到大的倒伏树木、其他矮障碍物，可以用踏过它们的方法越过。遇到较高的障碍物（不超过 2 米），如矮围栏、土垣等，可用正面助跑蹲跳和一手或双手支撑的方法翻越。

通过独木桥等狭窄悬空的障碍物时，应采取使脚面外转成八字的跑法。如果这类障碍物很长，就不应跑，而应平稳地走过。

（二）越野跑练习方法

越野跑同其他长跑项目一样，要求一方面能够尽可能地减少人体能量的消耗，维持一定的跑速，另一方面又能根据比赛的情况，具有加速度的能力。因此，运动员在训练阶段应努力掌握，在比赛过程中应始终注意下列要求：

1. 姿势

主要采用身体微向前倾或正直的姿势。要尽量使身体的各部分（头、躯干、臂、臀、腿、足）的动作协调配合，并且善于利用跑中产生的支撑反作用力与惯性不断前进，使身体保持平稳，提高跑的效果。

2. 呼吸

最好利用鼻子与半张开的嘴（用舌尖舔住上颚）共同呼吸。除了在跑中出现生理“极点”现象时可以变化呼吸的频率与深度（即用多呼气的方法提高气体的交换率）外，一般情况下应自然、有适当深度并有节奏地呼吸。

3. 体力分配

体力分配或者按选择的路段，或者按比赛的阶段（起点、途中、终点），或者以自身体能状况的不同确定。通过工作阶段（肌肉的紧张）和休息阶段（肌肉的放松）适时交替的方法，达到既跑得快，又跑得省力的目的。

4. 速度

一般来讲速度不宜过快。过快或在途中加速太猛不仅会影响体力的正常发挥，而且会严重地影响判断力。有人曾做过试验：同样难度的数学题，在奔跑中需要用比在静止时多几倍的时间才能算出来；如果再加速，不仅需要的时间会更长，错误也会更多。但对于一名有经验的运动员来说，当地形有利（如参照物多、道路平坦等）时，则应尽可能地快跑。

5. 节奏

根据试验材料表明，人感受的最适宜节奏是每分钟 70~90 次（即每步时值为 0.85~0.67 秒），过快的节奏感受不适，过慢则会起抑制作用。有节奏的动作不仅能节省身体能量的消耗，而且能达到最适宜的动作协调。协调而富有节奏的动作，能给人以轻松自如的感觉和美的享受。

6. 距离感

在越野跑中保持一定的距离感是必要的，它不仅可以帮助提高找点的速度，也有利于体力的计划与分配。

第三节 跳跃

一、立定跳远

（一）立定跳远基本技术

预摆：两脚左右开立，与肩同宽，两臂前后摆动，前摆时，两腿伸直，后摆时，屈膝降低重心，上体稍前倾，手尽量往后摆。要点：上下肢动作协调配合，摆动时一伸二屈降重心，上体稍前倾。

起跳腾空：两脚快速用力蹬地，同时两臂稍曲由后往前上方摆动，向前上方跳起腾空，并充分展体。要点：蹬地快速有力，腿蹬和手摆要协调，空中展体要充分，强调离地前的前脚掌瞬间蹬地动作。

落地缓冲：收腹举腿，小腿往前伸，同时双臂用力往后摆动，并屈膝落地缓冲。要点：小腿前伸的时机把握好，屈腿前伸臂后摆，落地后往前不往后。动作过程如图 7-3-1 所示。

图 7-3-1

（二）立定跳远练习方法

两脚先站成立正姿势，而后以前脚尖为支撑点，两脚跟随向两侧分开到两腿成平行位置。这样，脚尖都向前，与运动方向一致，同时两腿基本处于垂直姿势，既不产生夹角，又利于膝关节和踝关节运动。

摆臂与呼吸合理配合很重要。预摆时臂放松由下向上慢摆到头上，跟着轻松地吸气，而后两臂由上向两侧后方而呼气。当要起跳前两臂则快速地由下向上摆到头上，同时随之快而深地吸一口气随下摆至两侧后方，动作一样快，但此时不是呼气，而是憋气。这样为肌肉起跳前提供最大的能量，增强肌肉起跳时的瞬间爆发力。

身体重心前移，上体前倾，随之两臂弯曲成半蹲姿势，脚跟提起，用前脚掌抓地，控制身体平衡，重心随着前移。尽管重心前移不很大，但却很重要。

不要带着沙袋练，腿容易拉伤，且沙袋是另一个重心，去掉后极难适应。平时可以做半蹲动作，不要完全蹲下去，要让大腿肌肉时刻保持紧张僵持的状态，这样才可以刺激肌肉生长。腹部也非常重要，可以做“两头起”的练习。

二、立定三级跳远

(一) 立定三级跳远基本技术

1. 预备姿势

预备姿势应该合理放松，这对整个跳远过程起着很重要的作用，正确姿势应该是两脚平行站立，脚尖向前与肩同宽或稍宽，双臂上举，重心高起，深吸一口气，然后双臂放松下摆，屈膝半蹲，使大小腿保持适宜角度（125°~140°），上体略前倾，全脚掌着地，双臂摆到后侧最高点，使身体重心投影点落于双脚支撑点之间略前。

2. 第一跳

因立定三级跳远与三级跳远存在很大差别，第一跳由静止开始，没有较高的初速度。因此在整个过程中要保持放松节奏，起跳速度要快，蹬离地面时蹬地角度 50°~60° 较合适，起跳时把力量弱的侧腿作为第一跳起跳腿，起跳后注意双脚同时发力，腾空后起跳腿主动有力做提拉，使身体重心投影点向前，落地时大腿发力积极下压，膝踝关节放松，第一跳主要为二、三跳提供较快的初速度，主要保持良好放松的起跳，过高或过远会加重落地时的支撑负担。

3. 第二跳

这是立定三级跳远关键技术的一跳，第一跳起跳结束着地后，身体重心移到脚面正上方稍前时，积极蹬伸踝、膝、髋三关节，同时双臂主动快速前摆，做有力牵引，力量强侧腿屈膝提拉式前摆至大腿接近水平时，髋关节积极前送，保持腾空步姿势向前滑行，起跳时腿的蹬伸要充分有力，蹬离地面角度稍大，腾空比第一步要高，着地时力量强侧腿落地，这一跳尤其注重快速有力的积极扒地式落地动作。

4. 第三跳

从第一、二跳获得较快的初速度，再有意识地将力量强侧腿放在第三跳中，可以承受较大负荷，获取三跳中最快的速度和较高的腾空。该跳的起跳技术同第二跳技术。在腾空后，空中动作的选择应根据素质能力来选用适宜方式，素质能力一般的学生应该采用“蹲踞式”，这种方法有助于迅速掌握平衡及向前甩腿的动作。对于身体素质较好的学生宜采用“挺身式”腾空方法，无论采用何种方法，都要强调保持腾空的平衡稳定，在完成了保持腾空稳定后，开始准备落地团身动作。在这一过程中强调两臂要同时向后，由后向前绕，脚尖勾起，不要急于落地，尽量延长动作时间。落地时屈膝，髋关节前移，在充分利用腾空抛物线的条件下，做到坐在脚的落点上。动作过程如图 7-3-2 所示。

(二) 立定三级跳远练习方法

强调第一跳要求与立定跳远姿势相同，只是单脚落地。第一跳很多人会以跨的形式出现，那是犯规的，所以需要注意。第二步为跨，需要很好地协调，促使第三跳最大限度发力。

立定三级跳远由三次连续的跳跃技术动作组成，要完成这个复杂的技术过程，就要求运动员具备良好的跳跃技能——速度力量和专项弹跳力。因此，必须重视速度力量和专项弹跳力的发展。具体方法如下：

图 7-3-2

（1）双腿跳栏架。

在平整的跑道纵行排列 10 个栏架，运动员用双腿依次连续跳过每个栏架。栏架的高度和间距因人而异，随着运动员训练水平的提高而不断增加栏高和加长栏间的跳高。

（2）双脚跳皮筋。

在跑道上纵行相对排列若干个栏架，每纵行相对排列的栏架之间用皮筋相连，运动员用双腿依次连续跳过每个皮筋。皮筋的高度和相互间的跳高因人而异。

（3）屈膝跳。

连续双脚跳起屈膝收腹，大腿尽量接近胸部。

（4）单足跳。

双脚起动 30 米计时计步单足跳练习。左右腿交替进行，培养运动员快速向前的跳跃能力。

（5）跳深练习。

立于 60 厘米高的跳箱盖上，双脚起跳落地，再以起跳脚跳上同样高度的跳箱盖上。

（6）负荷练习。

可采用肩负中等负荷的快速深蹲，轻负荷的快速蹲跳起、双手提铃快速跳及沙坑内连续交换腿跳等，来增强运动员的踝部和腿部肌群力量，提高跳跃能力。

（7）十级跨步跳。

双脚起跳记距练习。双脚起跳，单脚落地，连续跨步跳。通过此练习，不断改进技术动作。

立定三级跳远技术特点要求有两次着地再起跳，要保持三跳的连续性就必须加强连续起跳能力的训练。因此在训练中要采用单足积极的扒地动作，要避免着地腿前伸得过远。着地腿积极的扒地动作和双臂及摆动腿相对摆动动作能增加起跳能力，从而使身体重心快速移过下一跳的支撑点，减少水平速度的损失。

三、跳远

（一）跳远基本技术

跳远的技术包括助跑、起跳、空中动作、落地四个连续完成动作的技术。决定跳远成绩的主要因素是助跑速度（即水平速度）和起跳高度（即垂直速度）。

1. 助跑技术

助跑是根据个人的训练水平和特点，采用一定的步数、距离和节奏的加速跑。其目的是在起跳前获得较快的水平速度，并为准确地踏板和起跳创造良好的条件。助跑时采用一定的步数、距离和节奏，一般男子助跑距离是35~45米，助跑步数18~24步；女子助跑距离30~35米，助跑步数16~18步。一般采用站立式、半蹲式或行进间起跑。站立式或半蹲式起动姿势，第一步的幅度和速度变化小，有利于提高助跑的准确性；行进间助跑起动，先走几步，后慢跑或垫步，再加速助跑。

全程跑的技术，开始几步上体适当前倾，两腿的蹬摆和两臂的摆动积极有力，然后上体逐渐抬起接近垂直，上下肢的摆动幅度加大，蹬摆配合协调有力；最后几步身体重心平稳地前移，保持稳定的快速节奏；最后一步由于加快起跳腿的换脚动作，步长比倒数第二步稍短（短20~40厘米），以便快速有力地起跳。总之，助跑动作要轻松、自然、连贯，节奏积极稳定。

全程助跑距离的测量方法：用适合个人特点的加速跑方法，从起跳板开始向助跑方向跑进，反复跑30~45米，从中找出能充分发挥助跑和起跳动作的助跑距离和步数，反复练习，经过调整最后确定全程助跑的实际距离和步数。

2. 起跳技术

起跳动作主要包括起跳脚着板、有关部位关节弯曲和起跳腿蹬伸起跳的动作过程。起跳脚上板着地后，因受助跑惯性力和水平速度等因素影响，起跳腿髋、膝、踝关节被动弯曲缓冲，且迅速过渡到全脚掌支撑，身体迅速前移至起跳腿支撑点上方，然后起跳腿及时蹬伸，充分伸展髋、膝、踝三关节，上体向上方抬起，摆动腿屈膝快速向前上方摆动。起跳腿同侧臂屈肘向前上方摆动，异侧臂屈肘经体侧向侧后方摆动，完成起跳动作。

3. 空中动作

腾空的作用是保持身体的平稳，推迟着地时间，并为落地创造有利条件。

起跳腾空后上体应正直，起跳腿自然向后伸展，摆动腿屈膝前摆，大腿高抬保持水平姿势，臂向前上方、向后摆动至侧后上方，形成腾空阶段。跳远的腾空姿势有蹲踞式、挺身式和走步式三种，以下重点介绍挺身式跳远。

挺身式：起跳腾空后，摆动腿伸展膝关节，小腿向前、向下、向后弧形摆动，并后摆与起跳腿靠拢，挺胸展髋成展体挺身姿势，两臂经前向下、向后摆动，收腹举大腿，然后前伸小腿，两臂向上、向前摆动准备落地。如图7-3-3所示。

4. 落地技术

当脚跟接触沙面后，两腿屈膝缓冲，髋前移，两臂继续积极前摆，使身体重心迅速移过支持点，身体保持向前移动，上体前倾，完成落地动作。

图 7-3-3

（二）跳远练习方法

1. 练习快速助跑与正确起跳相结合的技术

（1）原地模仿起跳动作。以摆动腿支撑，膝微屈，随着身体重心的前移，起跳腿屈膝前摆，然后从上向下做“扒地”动作。同时摆动腿前摆，两臂前后摆动体会蹬与摆、上下肢的协调配合。要求起跳脚快落、摆动腿向前上方摆出，随着加大摆动的速度和幅度，由不离地起跳模仿过渡到起跳蹬离地面跳起。

（2）在 20~30 米距离行走中连续完成起跳技术模仿练习。注意力集中在上、下肢的配合和蹬摆动作的配合上。

（3）短距离助跑的“腾空步”练习。利用俯角斜板完成此练习，有利于完成快速的起跳和体会起跳中的向前用力。

（4）在快跑过程中，听口令立即完成一次起跳。注意起跳前不破坏跑的速度，保持放松的动作和落地的弹性。

（5）在 40~50 米距离内连续三步助跑起跳成腾空步练习。重点提示：

①向前上方起跳，上体保持正直。

②起跳时要加速助跑，快速起跳。

③随着摆动速度、幅度和力量的加大，相应加大腾空步的高度和远度。

2. 学习挺身式空中动作和落地动作

（1）原地的挺身式跳远模仿练习。此练习可分几部分：①模仿起跳结束时的姿势；②放下摆动腿，同时送髋挺胸，两臂向下，向后摆动；③模仿落地前的收腹举腿。

（2）行进间挺身式空中动作模仿练习。

（3）从高处跳下，完成挺身式空中动作。

（4）原地起跳，空中抱膝。

（5）短距离助跑，挺身式完整跳远练习。重点提示：空中动作注意摆动腿的下放，挺胸展髋，下肢放松，防止仰头挺腹。

3. 学习走步式跳远空中动作和落地动作

（1）原地跳起模仿走步式空中“换步”动作。

（2）行进间模仿走步式空中“换步”动作。

（3）从高处跳下，完成走步式的空中“换步”动作。落地时起跳腿在前，摆动腿在后。

（4）短距离助跑，利用弹跳板，做较大幅度的换步动作。

（5）短、中距离助跑的完整走步式跳远练习。重点提示：①起跳腾空后，大腿要积极后摆；②换步时，上体要保持正直，不能前倾；③做换步动作时，注意力集中在摆动腿上。掌握动作后，再考虑上肢动作的配合。

四、跳高

（一）跳高基本技术

跳高是由助跑、起跳和过杆落地三个紧密衔接的运动阶段组成的整体。不同的跳高姿势，各个阶段的动作形式和要求不同。

背越式是通过弧线助跑，起跳后背对横杆腾起，而后依次越过横杆的一种跳高技术。（见图 7-3-4）

图 7-3-4

1. 助跑（以左脚起跳为例）

背越式跳高的助跑，通常采用前段为直线，后段为弧线的助跑形式。助跑的步数一般为 8~12 步（弧线段一般跑 4 步），用远离横杆的腿起跳。助跑的最后一步，约与横杆成 30°。助跑的前几步为直线助跑，重心高而平稳，蹬地充分有力，摆动积极富有弹性，进入弧线段的前一步，身体开始向内倾斜。人体沿弧线跑进时，具体要求与弯道跑技术相似，但向前迈步的大腿不要高抬，适当缩小后蹬角，并把内倾的姿势保持到最后一步。为了充分利用助跑速度，顺利地完成起跳和越过横杆，助跑时需要有一个合理的助跑弧线和准确的步点，其丈量的方法有多种，常采用的是“走步丈量法”。具体方法如下：

（1）确定起跳点的位置。起跳点一般在离近侧跳高架立柱水平距离约 1m，距横杆投影线的垂直距离约 60~100 厘米处。

（2）从起跳点沿横杆的平行方向走 5 自然步，然后右转向前走 6 自然步，并做一转折标记，继续向前走 7 自然步，最后一步落点即为助跑的起跑点，如图 7-3-5 所示。

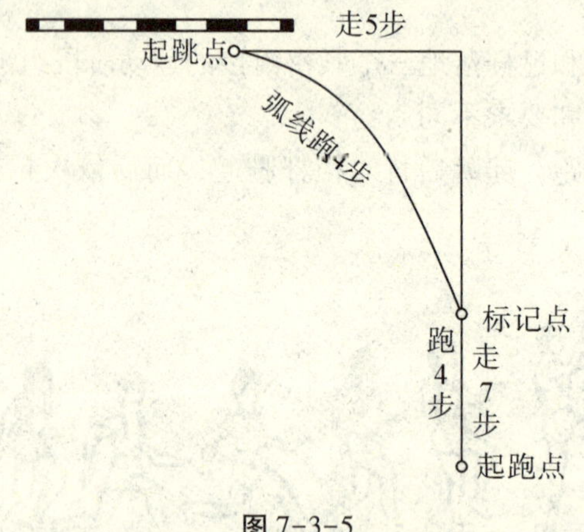

图 7-3-5

（3）由转折标记向起跳点划一弧线，这一弧线即为助跑弧线。

该丈量方法，是直线段与弧线段各跑 4 步的丈量方法。无论采用何种方法丈量的助跑路线，都要反复练习，不断调整与校正，最后确定下来。

助跑技术要求：助跑动作轻松自如，逐渐加速，节奏明显，尽量发挥助跑速度；助跑的直、弧线衔接连贯、平稳、自然、圆滑；弧线助跑要向内倾斜，最后一步不能倒向横杆。

2. 起跳

助跑最后一步摆动腿支撑过垂直部位后，起跳腿积极踏向起跳点，此时要依靠摆动腿的有力蹬伸，保持身体内倾姿势向前送髋和前移躯干，并使起跳的一侧的髋超越摆动腿一侧的髋，以及保持肩轴几乎与横杆垂直的位置，形成肩轴与髋轴的扭紧状态。接着，起跳腿以大腿带动小腿积极下压做向下扒地动作。着地时以起跳脚的外侧跟部接触地面，继而通过脚外侧滚动至全脚掌，脚尖朝向弧线的切线方向，随着身体由内倾转为垂直，迅速地完成缓冲和蹬伸动作。蹬伸结束时，髋、膝、踝三关节充分蹬直。在起跳过程中，摆动腿和两臂应协调配合摆动，用力一致，如图 7-3-6 所示。

起跳技术要求：

（1）起跳腿放脚要快，放脚位置要沿助跑弧线的切线方向，放脚时身体达到最大内倾。

（2）摆动随最后一步要积极蹬伸和快速有力地摆动，同时两臂协调配合摆动，提高起跳效果。

（3）起跳腿缓冲快、蹬伸快，蹬摆协调配合，做到顶头、提肩、拔腰垂直起跳。

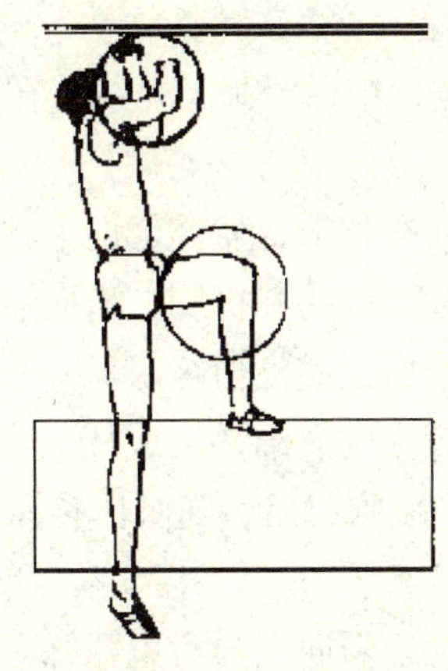

图 7-3-6

3. 过杆与落地

在起跳时，由于摆动腿向异侧肩积极摆起和骨盆的转动，身体获得了绕纵轴旋转的动力，使腾起后身体逐渐转为背对横杆的姿势（见图 7-3-4⑧），这时摆动腿的膝关节放松并自然下垂。当肩背高于横杆时倒肩、抬头、挺胸，身体向水平方向伸展，同时提臀挺髋，两膝弯曲稍向外分开，小腿放松下垂，身体成反弓形（见图 7-3-4⑨、⑬）。头与肩过杆后下沉，两膝升至最高点（见图 7-3-4⑭），臀部过杆后，及时低头收腹，小腿向上甩起，使整个身体越过横杆，身体过杆以后，背部落于海绵垫上（见图 7-3-4⑰）。

过杆与落地技术要求：过杆时动作顺势、连贯、自然（见图 7-3-4）；过杆时倒肩仰头的时机要适宜，过早或过晚都影响过杆；杆上挺胸、小腿下放要主动，身体反弓要明显；要甩腿过杆，背部落地。

（二）跳高练习方法

1. 了解背越式跳高的技术特点

（1）利用录像、技术图片等直观方法，建立暂时的感观印象。

（2）做完整的背越式跳高动作体会练习。

2. 练习背越式跳高技术

（1）练习起跳技术。

①原地起跳模仿练习。起跳腿在前，摆动腿在后，摆动腿积极蹬地，以髋带腿，大小腿折叠，屈腿向上摆动，同时两臂由后向前向上摆起。摆腿结束时，带出同侧髋，提起身体重心；摆臂结束时，提起两肩，使摆动腿一侧肩高于起跳腿一侧肩，躯干伸直，起跳腿充分蹬离，整个身体成起跳结束姿势。

②上一步起跳练习。摆动腿在前，起跳腿向前跳上起跳点时，摆动腿积极蹬离地面起摆，然后完成起跳动作。

③三步助跑起跳练习。

（2）学习助跑与起跳结合技术。

①沿圆圈跑的练习（圆圈直径 15 米左右）。以由直线进入圆圈的练习。

②沿圆圈做 3 步或 5 步的起跳练习。

提示：跑时控制身体向内倾斜，注意后两步加快节奏，做好起跳动作，积极向上跳起。

③3~5 步助跑起跳跳上海绵垫。

提示：在海绵垫前选好起跳点，用白粉画上弧线，在弧线上进行练习。

3. 练习过杆技术

（1）仰卧在垫上或两脚跟放在高物上，做髋部向上顶的动作。

（2）背对垫子站立提踵、挺髋、仰头和挺胸，肩向后倒放在垫上。

（3）背对垫子，做原地起跳倒肩挺髋模仿练习。

（4）3~5 步助跑起跳背卧上较高的海绵垫，成杆上背弓姿势，两小腿在垫子下方。

提示：起跳积极向上跳起，起跳腾起后，随身体转向背对海绵垫，依次完成仰头、倒肩、展体、挺髋成背弓动作。

（5）背对垫子，原地跳起挺髋后做向上向后甩腿练习。

（6）3~5 步助跑，借助于起跳板起跳做过杆练习。

4. 练习背越式跳高完整技术

（1）全程节奏跑练习。

用走步测量法，测量全程助跑点，通过反复全程节奏跑练习跑点的准确性。

（2）全程助跑起跳上高海绵垫练习。

（3）全程助跑过杆练习。

提示：逐渐加快助跑速度和提高练习强度。

第四节 投掷

一、实心球

（一）实心球基本技术

1. 握球和持球

握球的方法：两手十指自然分开把球放在两手掌，两手的食指、中指、无名指和小指放在球的两侧将球夹持（男生两食指接触，女生两食指中间距离为 1~2 厘米），两大拇指紧扣在球的后上方成“八”字，以保持球的稳定。握球后，两手下垂自然置于身体前下方，这样可以节省力量，在预摆时增大摆动幅度，握球和持球时应注意：①球应握稳，两臂肌肉放松；②在动作过程中能控制好球并有利于充分发挥两臂、手指和手腕的力量。

2. 预备姿势

两脚前后开立，前脚掌离起掷线约 20~30 厘米，前后脚距离约一脚掌，左右脚间距离半脚掌，后脚脚跟稍微离地，两手持球自然，身体肌肉放松，重心落在两脚中间偏前，眼睛看前下方。

3. 预摆

预摆为最后用力提高实心球的初速度创造了良好条件。预摆次数因人而定，一般是一至二次，当最后一次预摆时，球依次从前下方经过胸前至头后上方，加快球的摆速，此时上体后仰，身体形成反弓形，同时吸气。

4. 最后用力

最后用力是投掷实心球的主要环节，动作是否正确直接影响球的初速度及抛球角度。最后用力动作是当预摆结束时两手握球用力积极从后上方向前上方前摆，此时的动作特点是蹬腿、送髋、腰腹急震用力，两臂用力前摆并向前拨指和腕，旨在提高手臂的鞭打速度。完整动作如图 7-4-1 所示。

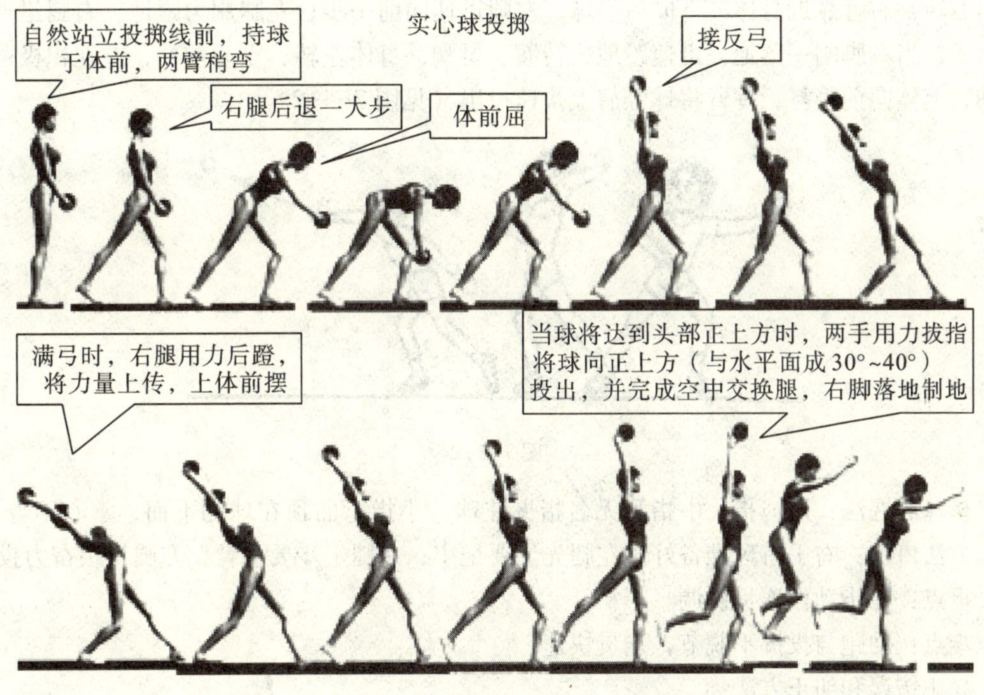

图 7-4-1

（二）实心球练习方法

（1）前抛练习：将学生分成两组迎面站立，距离 15~20 米，学生将 2 千克重实心球双臂举过头顶置于脑后，两脚自然分开平行站立或前后站立，利用腰腹力量及上肢力量用力向前抛出，看谁抛得远。

（2）后抛练习：学生背向抛掷方向，两脚自然分开平行站立，双手持球双臂伸直，身体前屈，挺胸展体，双腿双臂同时用力，将球从头顶向后抛出。

（3）旋转练习：学生两脚自然分开，持球于体前，两臂伸直，以左（右）腿为轴，旋转一周约 360°从体前抛出（如同抛链球方法），或单手持球用抛掷铁饼的方法抛出。

（4）下抛练习：背向抛掷方向，两脚自然分开，比肩稍宽，双手将球举起到头顶，屈体，收腹，用力将球从两腿中间向后抛出。

（5）比赛时，两脚前后开立，相距约 50~80 厘米，两手将实心球高举头后，身体稍后仰，有稍微背弓。投掷时，将实心球由头后经头顶至体前，预摆 1~2 次，当第二次预摆开始时，由肩带动上肢蹬地和前臂，摆速加快，利用下肢蹬地和腰腹的力量，快速将实心球摆到大约上肢与身体成 45°夹角方向时，用力将球抛离双手同时下肢及两脚交换位置。

二、垒球

（一）垒球基本技术

动作方法：面对投掷方向，右手持球于头的右前上方；助跑几步，迈右腿的同时，身体向右转，右臂靠近身体经下向后引球，左腿迅速向前一步；左腿用力蹬地，右腿迅速向前交叉，当右脚刚一落地，迅速蹬地、转髋、挺胸，身体左转，重心前移，左腿积极落地蹬伸，上体向前鞭打，挥臂将球经肩上快速投出（见图 7-4-2）。

图 7-4-2

垒球的握法：用拇指、中指和无名指握住球，小指弯曲顶在球的下面，掌心不着球。

方法口诀：右手持球准备好，左腿先上要记牢；右腿上步要引臂，左腿快跟奋力投。

重点：上步动作连贯协调。

难点：助跑与投掷不脱节，连贯快速。

易犯错误和纠正方法：

（1）投掷时肘关节低，转肩不够，做不出鞭打挥臂动作。纠正方法：做各种转肩练习，培养肩关节的灵活性，做甩腕或掷纸飞机等动作，体会鞭打挥臂动作。

（2）投掷时用不上腿和躯干力量。纠正方法：双手从头后向前掷实心球，体会用腿和躯干发力的感觉和用力顺序；多做增强腿部力量的练习和增强协调性的练习。

（3）投掷步减速。纠正方法：做连续交叉步的练习，要求蹬摆配合迅速、有力，徒手或持球做完整动作练习，要求控制助跑速度与交叉步和最后用力紧密衔接。

（二）垒球练习方法

（1）发展上肢力量的练习。如：各种方式的抛接轻物、投掷轻物、可以做一些推抛实心球、地滚球、推小车、俯卧撑前移等。

（2）教师采用讲解、示范、组织练习、指导纠正等方法进行教学，这里包括集体、小组合作、个人练习、展示动作等。

（3）教学中可以采用一些投掷游戏进行教学。如：投沙包比远、投中间人、冲过火力网、打靶归来、投掷反弹球等，以提高学生的学习积极性。

（4）对墙投掷小皮球。面对墙，作一手托投掷臂的肘下部，投掷臂向后引伸，对墙挥臂掷小皮球练习。要求持球手尽量向后引伸，重心向后移动，肘关节不外展。如图 7-4-3 所示。

图 7-4-3

（5）对 2~3 米高的目标投准。同“掷远”动作，只是投掷时要眼看标靶和目标，根据人与目标的距离决定用力大小和用力方向，准确地将投掷物投中目标。如图 7-4-4 所示。

图 7-4-4

（6）投过 2 ~ 3 米高的横绳。同“掷远”动作，投过前面 2 ~ 3 米高的横绳。如图 7-4-5 所示。

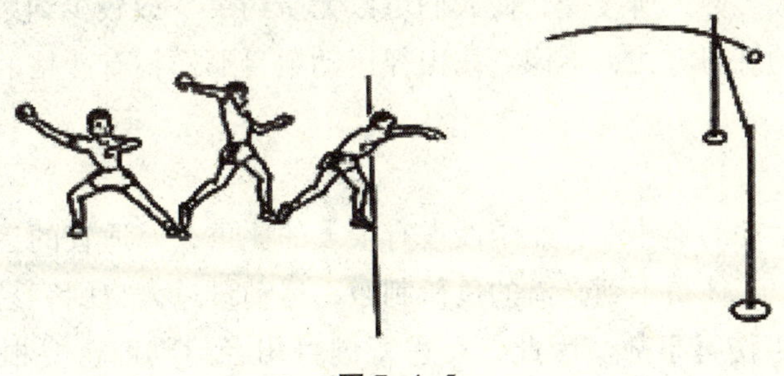

图 7-4-5

（7）练习中根据年级不同可在前面画几条有明显数字的白线，看谁投得远，同时也让学生了解自己在学习中的进步和成绩。

（8）可以采用复习原地投掷动作，然后学习上一步投掷动作，再学习上三步投掷垒球或沙包动作，先徒手分解，再徒手完整技术，最后进行持球上三步完整技术练习。

（9）在投掷教学中，特别要加强组织纪律和安全教育，并采取切实有效的安全措施。

第五节 田径运动与健身

一、健身田径运动的特点

健身田径运动除具有与其他体育项目都具有的促进身体运动能力发展、提高健康水平的共同特征外，还具有其自身的特点。

（一）个人参加

健身田径运动是以个人练习为主要方式进行的走、跑、跳跃、投掷等练习。人们在进行锻炼时，既可以以个人为单位进行锻炼，也可以是多人参与的集体锻炼，但运动的主体是个人的活动。例如，晨练长跑，可以是个人练习，也可以是多人合练，参加者无人数限制，或多或少，灵活方便。

（二）内容丰富

健身田径运动内容极为丰富，广义地说，凡是人以自身能力，如走、跑、跳跃、投掷等自然动作为基础进行的各种练习，都可以成为健身田径运动的内容。这些健身练习内容的集合构成了健身田径运动。

田径健身的练习方法很多，如散步、跑步，各种跳跃练习，跨越障碍，掷垒球等。其中仅跑步一项就有几十种练习方法，如慢跑、快跑、加速跑、变速跑、行进间跑、追逐跑、越野跑、接力跑、蛇形跑和后退跑等。田径健身锻炼项目多，选择余地大，不同年龄的人都可选择适合自己的项目进行锻炼，因而能吸引众多的人参加。

（三）方式简便

健身田径运动规则简单，有些练习本身就是人类自身的基本运动方式，不受规则限制，因此，能够为大多数人所接受，使人们可以无所约束（或较少约束）地进行锻炼。

健身田径运动的练习方式，不像竞技田径运动项目那样，有严格的规则限定，而是因人而异，简便易行。

（四）适宜负荷

虽然健身田径运动的趣味性、娱乐性占有很大的比重，但适宜的运动负荷也是必不可少的。运动量过小，人体得不到必需的负荷刺激；运动量过大，则容易造成锻炼者身体的过度疲劳，容易发生伤害事故。因此，在进行健身田径运动时，要根据个人的年龄、性别、身体健康情况以及自身的体能状况选择合适的运动项目和适宜的运动负荷，在取得很好的健身效果的同时，可以不断培养参与健身田径运动的兴趣，为更好地从事终身锻炼打下基础。

（五）渐进性

根据运动生理学“人体运动过程中生理机能变化规律”的原理，人们在参与健身田径运动时有必要遵循渐进性原则。在进行健身田径运动之初，要依据个人的身体健康状况和身体素质，选择适宜的运动量和运动强度，随着锻炼时间的延续，逐渐增加运动量和运动强度。对于健身田径运动的运动量和强度的控制，应首先增加运动量，随着锻炼时间的延长，当身体能够适应较大的运动量时，再增加锻炼的强度。

（六）安全性

人们在参与健身田径运动时，首先要充分估计自身的客观条件，选择适合于自己参与的健身锻炼项目，进而保证在锻炼过程中减少运动损伤的发生。

健身田径运动主要在户外进行，练习时应选择合适的练习环境，如平坦的道路（不妨碍交通），宽阔的场地，注意周边的建筑和行人，以保证练习者自身的安全和周围人群的安全。

此外，练习者在着装、装备等方面也要注意安全。例如，穿合脚的软底鞋、合适的服装，佩戴遮阳帽、护膝、护腕等。身上不应有妨碍运动的坚硬、尖锐物品，如胸针、耳坠、钥匙链、纪念章等。

在进行集体锻炼项目，如越野跑、登山时，要注意参与者之间的保护与帮助，确保锻炼者的安全。

二、健身走锻炼的设计

从健身与健康的角度设计走的健身练习，包括人们日常生活中的普通走，学校体育教学与军事教育训练中的队列队形走，改变走的方向和姿势的各种特殊形式的走，发展有氧代谢能力的长距离疾走，如登山、郊游等。通过走的锻炼，可以加深练习者对走的健身价值的理解，养成爱走的良好习惯，提高走的能力。

（一）普通走

行走是人的基本技能之一，人的走姿、速度与力度体现出一个人的健康状态、机能水平和走的能力。现代运输工具的广泛运用，改变了人们的出行方式，走的能力正在日益退化。从这个意义上说，加强健身性行走，对于保持人的行走技能、提高行走能力，是非常必要的。

（二）队列行走

队列行走又称为集体走，通过队列行走的方向、队形及步伐的变化，体现出成员之间的协作精神，展示出一种整体美和集体的力量。队列行走具有培养正确走姿、强化行走技能的实用价值和培养集体主义观念、振奋精神的教育意义。在学校体育教学中，常常作为对学生进行的行走技能训练、体育课规范教育和集体主义教育的手段。

（三）特殊形式的走

特殊形式的健身走，可以有针对性地增强下肢各部位关节、韧带、肌群的力量和柔韧性以及控制身体的平衡能力。同时，特殊形式的走具有趣味性，可以激发学生的练习情趣，提高练习的积极性。体育课、健身性锻炼和身体素质训练中常用的特殊形式的走主要有“仿生走”“侧向走”“低姿势走”“足尖走”“弓箭步走”“后退走”“竞走”等。

（四）长距离疾走

长距离疾走即所谓的“健身走”，指在各种路径上，以每分钟 120 步的步速，持续行走 30 分钟以上的健身性快走，是发展有氧代谢机能和提高走的能力的有效手段，目前在国际上较为普及和流行。

长距离疾走通常以集体参与的方式“结伴而行”，可以在公路、林间、田野、草地等多种环境下进行练习。

（五）拓展性走的练习

登山、长途“拉练”（不少于 10 千米的长距离走）等活动，对于发展走的能力具有很好的效果。通常以集体活动（班级活动、协会活动等）的形式组织与开展。

三、健身走锻炼的指导

（一）培养正确走姿，坚持日常行走锻炼

通过各种走的练习，使学生正确理解走的作用和意义，了解竞走与走，走与跑的区别，养成正确的走的姿势与习惯，提高较长距离走和在不同自然条件下走的能力，并能将走作为日常生活、上学、健身活动的重要内容。

（二）健身走锻炼时的注意事项

（1）走的锻炼可放在体育课的准备活动中进行，也可作为强度较大的运动后的调整练习。

（2）在健身走时注意正确的身体姿势，但不追求技术细节，以培养走的能力为目的。

（3）注重培养学生（锻炼者）养成“经常走”的习惯。

（4）加强步行运动的宣传，并按学校的要求积极组织好步行的春游、秋游、参观、社会实践等活动。

（5）为了达到步行健身的效果，长距离走必须有一定的速度（步频每分钟 120 步）、强度（脉搏每分钟 120 次），并达到一定的时间（持续 30 分钟以上），使人体处在有氧运动状态之中，才能取得显著效果。

（6）注意路况，确保行走健身锻炼的安全。山地行走时，避免湿滑、碎石、荆棘路段，选择安全路线。

第八章 球类运动

第一节 篮球

一、篮球运动发展简况

（一）篮球运动的起源

篮球运动是由美国马萨诸塞州斯普林菲尔德市基督教青年会干部训练学校的体育教师、在加拿大出生的詹姆斯·奈史密斯于1891年发明的（见图8-1-1）。

由于美国马萨诸塞州冬季较为寒冷，难以在室外开展体育活动，于是奈史密斯便将这一最初在室外试行的篮球游戏移至室内，并将摆置在地面上的筐悬挂于室内两侧离地面约10英尺处（约3.05米）的墙壁上，选用足球向篮内投掷，投入篮内得1分，以得分多少决定胜负。

（二）篮球运动在中国的传播

篮球运动于1895年（清朝末期）由美国国际基督教青年会协会派往中国天津基督教青年会就职的第一任总干事来会理（Daivd Willard Lyon，见图8-1-2）介绍传入我国天津市。因此，天津市是我国篮球运动的起源地。1896年在天津基督教青年会举行了第一次篮球游戏比赛。篮球运动传入中国至今已有一百多年的历史，在我国已成为人们喜闻乐见的社会文化形态，在教育科学领域已成为一门教育学科，在竞技体育范畴内它也是一项重点发展的竞技运动。

图8-1-1

图8-1-2

二、篮球技术

篮球技术是篮球运动的基础，它是篮球教学的重点。在这里主要对移动、传接球、运球、投篮、持球突破、个人防守、抢球、断球、抢篮板球等各项基本技术的动作要领进行介绍。

（一）移动

移动，是队员为了改变位置、方向、速度和争取高度、空间所采用的各种脚步动作方法的总称。

1. 移动的基本技术

（1）基本站立姿势。

两脚前后或左右开立，两脚与肩同宽或稍宽，两膝微屈，重心保持在两脚之间，上体略向前倾，两臂自然屈肘下垂，置于体侧，抬头、收腹、含胸，两眼注视场上情况。

（2）起动。

起动是队员在球场上由静止状态变为运动状态的一种动作，是获得位移初速度的方法。

动作要领：向前起动是用后脚的前脚掌短促有力地蹬地，重心前移，上体前倾，迅速向前迈步。起动后的前两三步要短促而迅速。向侧起动是用异侧脚的前脚掌用力蹬地，同时上体迅速向起动方向侧转并前倾，重心随之移动，迅速向跑动方面迈步。步法同向前起动。

（3）变向跑。

变向跑是队员在跑动中突然改变方向的一种脚步动作。

动作要领：以右向左变向跑为例，队员跑动中最后一步用右脚前脚掌制动。同时脚内侧蹬地、屈膝、脚尖稍向内扣、腰部随之左转、重心左移，上体稍前倾，同时左脚向左前方跨出一小步，右脚再迅速向左腿的侧前方跨出一大步。

（4）侧身跑。

跑动时为了观察场上情况并随时准备接侧后方传来的球而经常采用的跑动方法。

动作要领：脚尖和膝盖对着跑动方向，头和腰部向球的方向扭转，侧肩、上体和两臂放松，随时观察场上情况。

（5）急停。

急停是队员在跑动中突然制动速度的一种动作方法，是衔接其他技术动作和摆脱对手的有效方法。急停包括跨步急停和跳步急停。

①跨步急停的动作要领：急停时的第一步跨出稍大，脚跟先着地滚动到前脚掌撑地，脚尖由向前方转为向侧前方，同时重心下降，并先落在后脚上，身体稍向后坐，以减缓向前的冲力。第二步着地时，前脚掌内侧用力蹬地，脚尖稍向内转，两膝弯曲并内收，上体稍前倾，重心落在两脚之间。两臂屈肘张开，帮助控制身体平衡。

②跳步急停的动作要领：队员在跑动时用单脚起跳，两脚同时落地（略比肩宽），前脚掌用力蹬地，两膝迅速弯曲，重心下降。两臂屈肘张开，保持身体平衡。

（6）转身。

转身是利用一只脚做中枢脚，另一只脚蹬地向不同方向跨移，改变原来身体方向的一种方法。

①前转身：转身时移动脚向自已身前（中枢脚前的方向）跨出的同时，中枢脚碾地旋转使身体改变方向。动作要点：屈膝提踵，重心平稳。

②后转身：移动脚蹬地向自己身后（中枢脚后的方向）跨出的同时，中枢脚碾地旋转使身体改变方向。动作要点：两脚用力蹬碾地，重心平稳不起伏。

（7）滑步。

滑步是队员防守时移动的主要步法。滑步一般分为侧滑步和前、后滑步。

①侧滑步：两脚左右开立，两臂张开。向左侧滑步时，右脚前脚掌内侧用力蹬地的同时，左脚向左跨出一步，右脚在左脚落地的同时紧随滑动，重心保持在两脚之间。向右侧滑步时动作相反。动作要点：蹬、跨、滑。

②前、后滑步：前、后滑步的动作方法和要点与侧滑步相仿，只是方向不同。

2. 移动技术的练习方法

（1）听信号或看信号向不同方向起动。

（2）原地运球，听、看信号做运球起动。

（3）按球场上规定路线练习变速跑、变向跑、侧身跑、各种滑步等。

（4）两人行进间传接球中练习侧身跑。

（5）徒手或运球跑动中听、看信号做急停。

（6）原地练习转身或结合其他技术做练习。

（二）传接球

进攻队员在原地或移动中，用手将球相互传递，称为“传接球”。

1. 双手胸前传球

动作要领：两手五指自然张开，两大拇指成八字形，用指根以上部位持球，掌心空出。两肘自然弯曲于体侧，置球于胸腹部位，身体成基本姿势站立，脚分前后。传球时，目视传球方向，两臂前伸，手腕由下向上转动，再由内向外翻，急促抖腕，同时拇指用力下压，食、中指用力弹拨，将球传出。出球后手心和拇指向下，其余四指向前。远距离传球，则需加大蹬地和腰腹的协调用力。

2. 单手肩上传球

动作要领：以右手为例，双手胸前握球，两脚前后站立，左脚在前，左肩对传球方向，将球引至右肩，右手执球，肘关节外展，右手腕后仰，指根以上托球，掌心空出，重心落在右脚上。传球时，右脚蹬地，转体，前臂迅速向前挥摆，手腕前屈，通过拇指、食指、中指拨球，将球传出。球出手后身体重心随之移到左脚上。

3. 单手胸前传球

动作要领：持球手法与单手肩上传球相同，以右手传球为例，将球由胸前引到体前右侧，传球时振动前臂，手腕急速前扣，并向内翻，同时食指、中指、无名指用力拨球，将球传出。

4. 双手头上传球

动作要领：双手持球举于头上，两肘稍屈，持球手法与双手胸前传球相同，传球时小臂前挥，手腕前扣外翻的同时，拇指、食指、中指用力拨球。传球距离较远时，加脚蹬地，腰腹用力，全身协调发力，将球传出。

5. 接球

接球分双手接球和单手接球两种。不论哪一种接球，眼睛都要注视球，肩臂放松，手臂要半屈迎向球，手指自然分开、放松。当手指触球时手臂立即随球后引缓冲来球力量，将球握于胸前，保持身体平衡，并做好投篮、传球、突破的准备。

6. 传接球技术的练习方法

（1）二人一组，相对站立，做各种传接球练习。

（2）三人一组成等边三角形站立，相距3~5米，采用各种方法传球。

（3）二人一组，一人原地向另一人前、后、左、右方向传球，另一人移动接球。

（4）全场二人行进间传接球练习。

（5）两人传球，一人防守进行练习。

（三）投篮

投篮是进攻队员为了将球投入球篮而采用的各种专门动作方法的总称，是篮球运动的主要进攻技术，是得分的唯一手段。

1. 原地双手胸前投篮

双手握球在胸部以上（高度在肩部附近），握球手法与双手胸前传球相同，肘关节自然下垂，上体稍前倾，两脚前后或左右站立，两膝微屈，重心落在两脚之间，目视投篮目标。投篮时，两脚前脚掌蹬地，腰腹伸展，同时两臂向前上方伸出，两臂即将伸直时两手腕同时外翻，拇指向前压送，指端拨球，以拇指、食指、中指的力量将球投出，最后腿、腰、臂自然伸直。（见图8-1-3）

图8-1-3

2. 原地单手肩上投篮

以右手为例，右手五指自然分开（手心空出），指根以上部位触球，向后屈腕、屈肘持球于肩上耳部左右，肘内收，前臂与地面接近垂直，左手扶球的左侧，右脚稍前，左脚稍后，重心放在两脚之间，两膝微屈，目视投篮目标。投篮时，两脚前脚掌用力蹬地，伸展腰腹，抬肘，手臂上伸，即将伸直时，手腕用力前屈，手指拨球，球最后以中指和食指的指端投出。球出手后，腿、腰、臂自然伸直。（见图8-1-4）

图8-1-4

3. 行进间投篮

（1）行进间单手高手投篮。

动作要领：以右手为例，右脚跨出一大步，在落地前接球，右脚落地后左脚向前跨一小步（缓冲向前的水平冲力），并用力蹬地向上起跳，同时举球于肩上（或头部以上）。当身体至最高点时，前臂向前上方伸展，右臂即将伸直时手腕前屈，食、中指用力拨球，通过指端将球拨出，出手要柔和。

（2）行进间单手低手投篮。

动作要领：以右手投篮为例，右脚跨出一大步，在落地前按球，左脚紧接跨出，步幅稍小，不要减速，有力蹬地向前上方起跳，同时双手持球移至体右侧上举，左手离球，右手掌心向上托球，向球篮方向伸出，接着向上屈腕，食指、中指、无名指向上拨球投出。(见图 8-1-5)

图 8-1-5

4. 原地跳起单手肩上投篮

原地跳起单手肩上投篮简称跳投。指跳起在空中完成投篮动作，具有突然性强、出手快、出手点高、不易防守的特点。

以右手为例，两手持球于胸前，两脚前后或左右自然站立，两腿微屈，重心在两脚之间。起跳时两腿迅速屈膝，前脚掌用力蹬地向上起跳，同时迅速举球于头侧上方（起跳和举球动作要协调一致），用右手托球，手腕后屈，左手扶球。当身体接近最高点时，左手离球，右臂伸向前上方，前臂即将伸直时，手腕用力前屈，食、中指拨球，通过指端将球投出，手臂向出球方向自然伸直。落地时屈膝缓冲，保持身体重心稳定。

5. 运球急停或接球急停跳起投篮

运球急停或接球急停跳起投篮时，可采用跳步或跨步急停的动作方法，停步同时双手随起跳持球上举，当身体至最高点时，手臂向前上方伸直，一只手持球，另一只手手腕前屈，食、中指用力拨球将球投出。动作要点：急停突然重心稳，起跳举球紧相随，最高点出手要记准。(见图 8-1-6)

图 8-1-6

6. 投篮技术的练习方法

（1）徒手做各种投篮动作的模仿练习。

（2）二人相互对投，练习原地单手肩上投篮。

（3）原地单手肩上投篮，距离由近到远。

（4）半场运球行进间单手肩上投篮和低手投篮。

（5）行进间接传球单手肩上投篮和低手投篮。

（6）原地跳起单手肩上投篮，距离由近到远。

（四）运球

持球队员在原地或移动中，用单手连续按拍借助地面反弹起来的球的技术，称为“运球”。

1. 运球的基本技术

（1）高运球。

多用于快速运球，提高运球高度加大反弹距离，与快速奔跑相结合。

动作要领：膝微屈，上体稍前倾，目视前方，手按球的后半部，球落点在人的侧前方（根据速度快慢、决定运球距离远近），球的反弹高度在腰胸之间，手脚要协调配合，这种运球身体重心较高，便于观察场上情况。

（2）低运球。

如果运球接近防守队员或防守队员来抢球时，运球队员应改用低运球突破对手，用身体保护球，并善于运用假动作摆脱防守。

动作要领：两脚前后开立，两膝弯曲，上体稍前倾，抬头看前方，重心落在前脚掌上，手腕放松，手掌与地面平行，五指自然分开。用手指和指根按、拍球。手心空出，以肘关节为轴，前臂做上下伸压动作，结合手指、手腕缓冲球向上反弹力量，以控制球的高度和落点，一般运球落点应为运球手同侧脚的外侧稍前。运球高度在膝关节以下，为了保护球，运球者应该使球、自己和防守者三者保持一条线，不运球的手臂要抬起。行进间低运球，向前时要拍球的后半部；向左变向时拍球的右半部；向右侧则反之。

（3）运球急停急起。

当对方防守盯得很紧，不能用快速运球超越对手时，运用运球速度上的突然变化，急停、急起，摆脱对手。或原地静止状态运球，突然急起来超越对手。关键是动作突然，人球一致。

动作要领：运球急停要领与不持球急停相同。运球急停时，手拍按球的上方稍靠前，使球与地面成垂直反弹，用异侧臂和身体保护球。起动时，后脚下前脚掌偏内侧用力蹬地，上体前倾，重心前移，同时拍按球的后上方，利用起动速度，超越对手。

（4）体前变向运球。

以从对手右侧突破为例，当快速直线运球即将接近对手时，先向对方左侧运球，使对手误认为向其左手突破，当对手堵截左方或重心稍有移位，运球队员立即向左侧变向，右手按球的右后上方，将球由自己的右侧运至左侧前方，同时右脚迅速向左前方跨出，脚下落点在对手右脚侧面，脚尖向前，右脚跨步的同时上体向左转，用肩背挡住对手，然后换左手按球后上方，同时左脚用力蹬地、加速，超越对手（见图 8-1-7）。

图 8-1-7

(5) 运球后转身。

以右手运球为例，当对手逼近自己的右侧时，左脚上步置于对手两腿之间，左脚为轴脚，左脚脚内侧蹬地，同时，后转身将球拉引向自己身体左侧，用身体背部挡住对手，左脚迅速上步加速。依据场上情况左手与右手均可运球以从对手右侧突破（见图 8-1-8）。

动作要点：上步快，转体稳，转引变向球近身。

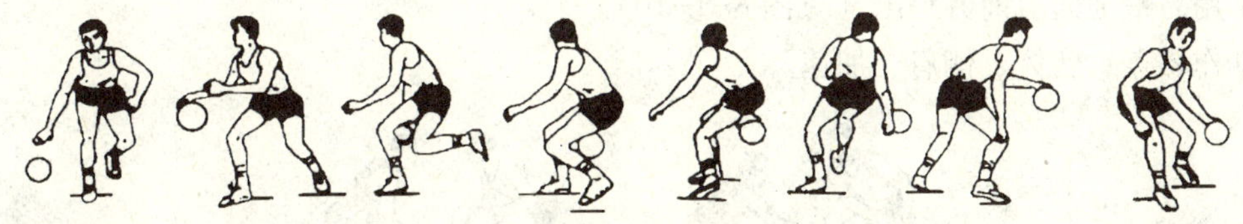

图 8-1-8

2. 运球技术的练习方法

(1) 一人一球，原地做高、低运球，侧身做体前换手变向运球、运球转身等练习。

(2) 一人一球，沿球场边线、端线做运球急停、急起，侧身体前换手变向运球、运球转身等练习。

(3) 一人一球，做侧身体前换手变向运球、运球转身突破障碍物等练习。

(4) 圆圈运球。

(5) 后转身运球或背后换手变向运球。

(6) 结合传球、投篮、突破的运球。

(五) 持球突破

持球突破是持球队员运用脚步动作与运球技术相结合，快速突破对手防守的一种进攻技术。

1. 持球突破技术

(1) 交叉步持球突破。

以右脚做中枢脚为例，两脚左右开立，两膝弯曲，两手持球于胸腹间。突破时，左脚前脚掌内侧用力蹬地，上体向右转移，左肩向前下压，左脚向右侧前方跨出，在右脚离地前，运球在左脚的右侧前方，右脚迅速蹬地跨步突破对手的防守（见图 8-1-9）。

动作要点：转体、侧肩、加速。

图 8-1-9

（2）顺步持球突破。

也称同侧步持球突破。以左脚做中枢脚为例。两脚左右开立，两膝弯曲，两手持球于胸腹间。突破时右脚向右前方跨出一步，同时向右转体侧肩，重心前移，右手运球，左脚前脚掌用力蹬地向右前方跨出（见图 8-1-10）。

动作要点：转体、侧肩、加速。

图 8-1-10

2. 持球突破技术的练习方法

（1）一人一球，原地模仿练习。

（2）二人一球，一攻一守做持球突破练习。

（3）接正面或侧面的传球做急停接持球突破。

（4）原地持球突破练习，掌握交叉步突破和同侧步突破的动作方法。

（5）向前、侧方抛球，然后做跳步接球突破练习。

（6）突破与加速运球投篮结合练习。

（六）防守对手

防守对手，是指队员在防守时，为了阻挠和破坏对手的进攻，达到夺球反攻的目的所采取各种专门动作方法的总称。

1. 防守无球队员

在篮球比赛中，防守队员大部分时间是防守无球队员，防守无球队员的主要任务是不让或少让对手在有效攻击区内接到球。尽可能抢、断传自己对手或穿越自己防守区域的球。

（1）防守无球队员的基本要求：

①防守队员必须随时占据“人球兼顾”的位置。

②及时堵卡对手的传球移动路线。随时做好抢、断传给对手球的准备。

（2）防守无球队员基本位置选择。

防守队员要根据对手、球篮、球的位置和距离，以及对手的身高、速度、进攻特点、战术需要和自己的防守能力来确定防守位置和距离。防守外围无球队员时，应站在对手与球篮之间偏向有球一侧的位置上。防守篮下高大中锋时，应根据实际情况和战术需要采用贴近对手一侧或绕前、绕后的防守。

（3）防守无球队员的姿势选择。

防守离球较近的对手，经常采用面向对手侧向球的站立姿势，近球侧的脚在前，堵截对手摆脱移动的接球路线。并伸出前脚一侧的手臂，封锁接球路线。防守离球远的对手时，经常采用面向球侧向对手平行站立姿势。防守篮下高大中锋时，采用绕前防守。经常采用高举双臂的姿势，以阻断中锋的接球路线。

（4）防守无球队员的移动。

比赛中，无球队员不断向各个方向移动，静止站立是极短暂的。因此，对无球队员的防守大部分时间是在移动中进行的。在移动防守过程中，经常采取的移动步法有各种滑步、撤步、上步、转身、侧身跑等，并且都是在随时变化中运用，其目的为积极抢占有利位置，不让对手在有威胁的位置上接到球。

2. 防守有球队员

进攻队员一旦接到球，防守者要及时调整与对手的位置和距离。根据对手不同的进攻位置和特点，采用有所侧重的防守方法。

（1）防投篮。

一只手轻贴对手身体，一只手抬起，扰乱对手的投球注意力，必要时跳起盖帽，但不要轻易起跳，容易被对方假动作欺骗。

（2）防突破。

身体保持好重心，稍微与对手拉开距离，一手向前平伸，全力注意对手的移动，及时封住对手的突破路线。

（3）防运球。

与防守突破一样，防守时应多前后移动，做抢球的动作，给对手压力。

3. 防守对手的练习方法

（1）半场四攻四守。

（2）半场一对一攻防练习。

（3）一攻一守，练习防投篮、防突破技术。

（4）全场一攻一守，练习防运球技术。

（5）半场二攻二、三攻三。

（七）抢球、打球、断球

抢球、打球、断球是攻击性很强的防守技术，是积极防守战术的基础。

1. 抢球、打球、断球的基本技术

（1）抢球。

抢球是带有攻击性防守的重要技术之一，在对方动作迟缓，精神不集中或球保护不好的情况下，防守者都可以大胆地抢球。

动作要领：抢球时要突然上步，靠近对手，同时伸出右臂右手迅速按在球上方（对方的两手之间），左手立即握住球的下方，右手下按球并将球向对方怀内旋转，左手用力协助转动。当球在对方手中转动时，右手加向回拉球动作，球即脱开对方双手，将球抢到手。

（2）打球。

当队员持球、运球、投篮时，防守队员都可以出其不意地突然打球，也可以在集体防守的配合过程中，通过堵截、夹击、关门等方法打掉持球队员手中球。

①自上而下打球：首先观察和判断好持球队员的情况。打胸前持球队员的球时（以右手打为例），右脚稍上步同时右手迅速伸前臂，接近球时手腕全力向下挥动，带动手指、手掌外侧的短速弹击力量将球击落，动作要小，出击突然。

②自下而上打球：当对方注意力不集中或接高球正要下落时，用这种打球方法。用左手打为例，左脚稍向前移，同时左手前臂向前伸，掌心向上，接近球时，手腕向上振动，带动手指、指根用短促振动力量将球打掉，手指打球时要有向回带的动作，以便打球后脱开对方持球部位打到自己面前。

（3）断球。

①横断球。

动作要领：要准确判断对方传球意图和球的飞行路线，要与对手有一定距离，使其同伴感到可以传球。准备断球时要降低重心，要与传球人、接球人保持一定角度，位置要靠近传球一侧。注意观察持球队员的动作，当持球者传球出手时，迅速向来球方向起跳。充分伸展腰腹和手臂，当截获来球，立即收腹双脚落地保持平衡及时与运球、传球相接。

②纵断球。

动作要领：以从对手右侧断球为例。纵断球时，右脚应向右前方（从对手侧后绕出断球时）或右侧前方（从对手身后绕出断球时）跨出，左腿从侧面绕过对手，同时右脚用力蹬地（或两脚蹬地），侧身向来球方向迅速跃出，两臂伸直将球断获。其他动作要领同横断球。

2. 抢球、打球、断球技术的练习方法

（1）两人一组，相距1.5米，面对站立，一人双手持球于腹前，另一人按抢球要求，突然上步将球抢夺回来，攻守交换。

（2）三人一组，二人相距1米，中间一人持球向两侧摆动，两侧队员根据球的部位，伺机抢球，持球队员做转身跨步和摆脱护球动作，攻守轮换练习。

（3）二人一组，相距1.5米，面对站立。持球人把球传给另一队员后，上步打球，二人轮流练习。

（4）两人传球，两人做前面或侧面断球练习。

（5）半场一攻一、二攻二、三攻三，提高防守队员的抢、打、断球能力。

（八）抢篮板球

比赛中双方队员争抢投篮未中的球所采用的技术统称为“抢篮板球技术”。

1. 抢篮板球的基本技术

（1）抢进攻篮板球。

当同队队员投篮出手后，及时判断球反弹的方向和落点，快速起动抢占有利位置，或利用假动作绕到对手的面前，用单脚或双脚起跳，在最高点时进行补篮或抢球。落地时缓冲并保护球。

（2）抢防守篮板球。

在抢防守篮板球时，保持正确的站立姿势，两膝弯曲，上体稍前倾，重心放在两脚之间，两肘外展以占据较大的空间，正确判断球的反弹方向，并注意对手的动向。一般运用上步、撤步、转身、侧跨步等步法抢占有利的位置，把进攻队员挡在身后。起跳时用力蹬地，摆臂提腰，跳至最高点时用双手或单手抢球。如难以抢到球，可用点拨球的方法在空中将球点传给同伴。落地时，侧对进攻方向，及时传球发动快攻。

2. 抢篮板球的练习方法

（1）采用自抛自抢，体会抢球动作、抢球时机和得球后落地的动作。

（2）两人一组，一人向篮板或篮圈抛球，另一队员开始面向持球人，然后转身跨步（上步）起跳用单或双手抢球，数次后交换练习。

（3）攻守双方按罚球时的位置站好，罚球队员投篮后，双方抢位争抢篮板球。

（4）两人一组，站在距离球篮3米处，一人进攻一人防守。一人在罚球线投篮，防守人练习转身挡人抢篮板球。

（5）在半场二攻二守、三攻三守的比赛中，进行争抢篮板球练习。

三、篮球战术基础配合

篮球战术是指在篮球比赛中两人之间有目的、有组织、协调行动的简单攻守配合方法。篮球战术基础配合包括进攻战术基础配合和防守战术基础配合两个部分。

（一）进攻战术基础配合

进攻基础配合包括传切配合、突分配合、策应配合和掩护配合。

（1）传切配合：是进攻队员之间利用传球和切入技术所组成的简单配合（见图8-1-11）。

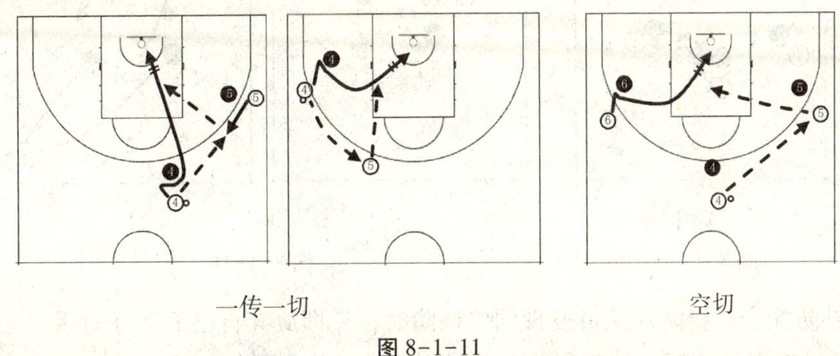

一传一切　　空切

图 8-1-11

（2）突分配合：是进攻队员持球突破后，主动地或应变地利用传球与同伴配合的方法（见图8-1-12）。

（3）策应配合：是进攻队员背对篮或侧对篮接球，由他作枢纽，与同伴空切配合的方法（见图 8-1-13）。

图 8-1-12　　　　图 8-1-13

（4）掩护配合：是采用合理的行动，用自己的身体挡住同伴的防守者的移动路线，使同伴借以摆脱防守，或利用同伴的身体和位置使自己摆脱防守的一种配合方法(见图 8-1-14)。

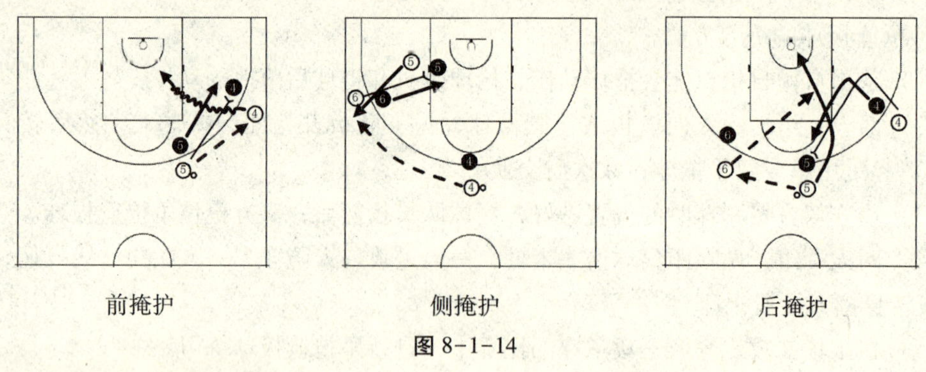

前掩护　　侧掩护　　后掩护

图 8-1-14

（二）防守战术基础配合

防守战术基础配合包括“关门”配合、夹击配合、补防配合、挤过配合、穿过配合、绕过配合、交换防守配合。

（1）“关门”配合：两名防守队员靠拢，协同防守进攻队员突破的配合方法（见图 8-1-15）。

（2）夹击配合：两名防守队员积极防守一名进攻队员的配合方法（见图 8-1-16）。

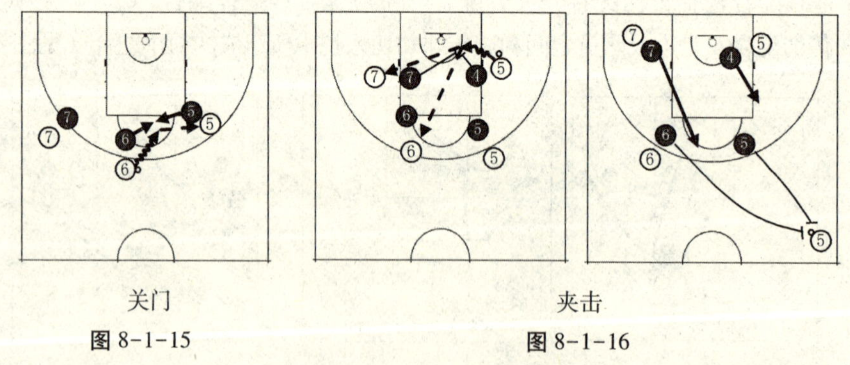

关门　　夹击

图 8-1-15　　图 8-1-16

（3）补防配合：指防守队员发现同伴调防时，立即放弃自己的防守对手，去补防那个威胁最大的进攻者，而漏人的防守队员及时换防的一种协同防守的方法（见图 8-1-17）。

（4）挤过配合：破坏对方掩护配合及时防守自己对手的一种配合。防守者在掩护队员临近自己时，要积极地向前跨出一步，贴近自己的防守对手，从掩护者前面挤过去，继续防住自己的对手（见图 8-1-18）。

（5）穿过配合：是破坏对方掩护配合及时防守自己对手的一种配合。当进攻队员进行掩护时，防止做掩护的队员要及时提醒同伴并主动后撤一步，让同伴及时从自己和掩护队员之间穿过，以便继续防住各自的对手（见图 8-1-19）。

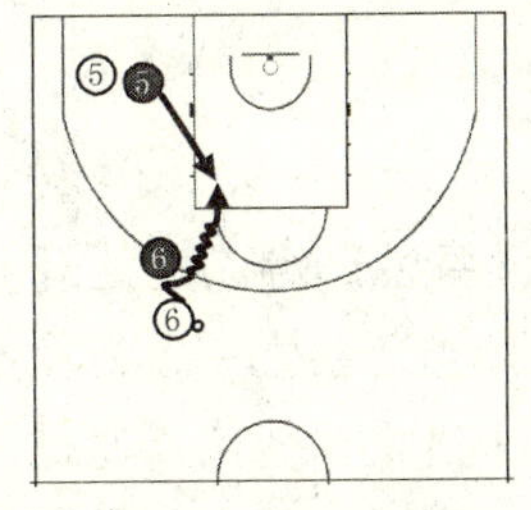

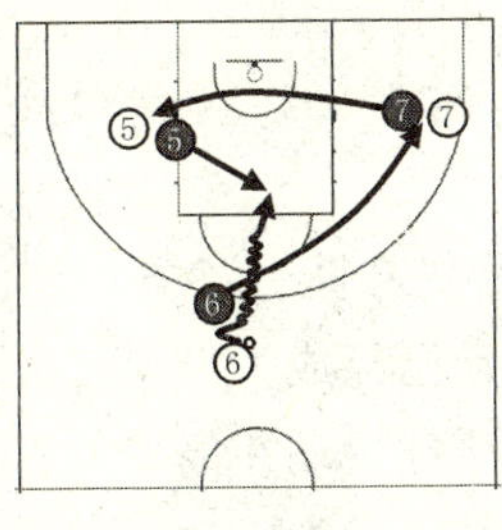

图 8-1-17

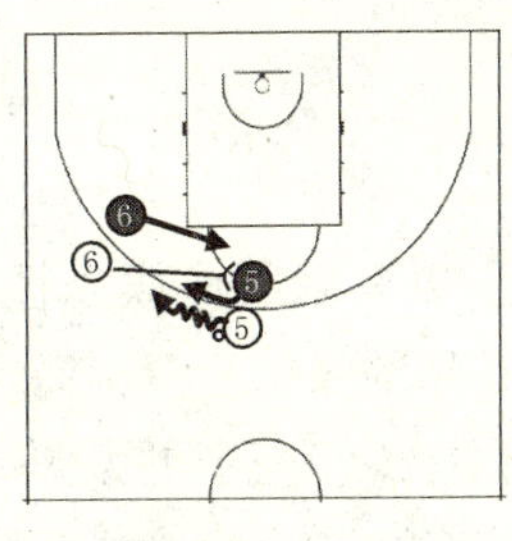

图 8-1-18

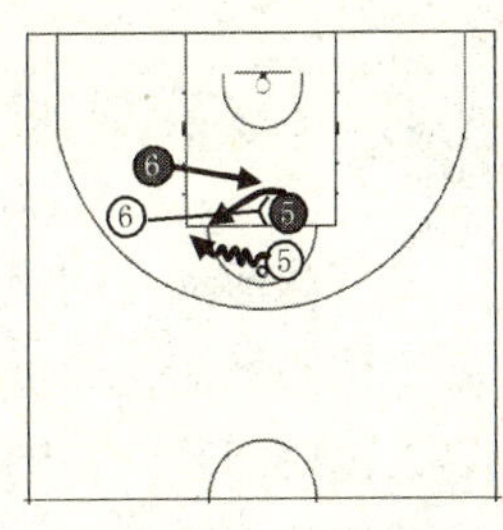

图 8-1-19

（6）绕过配合：是破坏对方掩护配合及时防守自己对手的一种配合。当进攻队员进行掩护时，防止做掩护的队员主动贴近对手，让同伴从自己的身旁绕道，继续防住各自的对手（见图 8-1-20）。

（7）交换防守配合：为了破坏进攻队员的掩护配合，防守队员之间彼此及时地交换自己所防守的对手的一种配合方法（见图 8-1-21）。

图 8-1-20

图 8-1-21

（三）快攻与防守快攻

1. 快攻战术

（1）概念：由防守转入进攻时，全队以最快的速度、最短的时间，趁对方防守立足未稳，力争造成人数上或位置上的优势，创造或以多打少或无人防守或人数相等的有利攻击时机，果断而合理地进行快速攻击的一种进攻战术。

（2）组织形式：快攻在组织形式上分为长传快攻、短传结合运球快攻、运球突破快攻三种。

（3）结构：若组织形式是长传快攻，则由发动和结束两个阶段组成。其他两种形式的快攻分别由发动与接应、推进和结束三个阶段组成。

2. 防守快攻战术

（1）全队首先要积极防守，保持攻守平衡，进攻投篮后既要有人积极拼抢篮板球，又要有人迅速退守。

（2）积极封截和破坏对方的一传接应，抢占对方习惯的接应点并堵截接应队员，堵截、干扰、延误对方的推进速度。

（3）要具有积极拼抢的意识，当对方形成快攻时，应快速退守，在以少防多的情况下，大胆出击，赢得时间和力量上的均衡。

（4）要随机变换防守战术，在失去球后，立即采取前场紧逼防守，退回后场，采用半场人盯人防守，使对方不适应，破坏其快攻。

四、篮球运动与健身

篮球运动自问世起，以其独特的娱乐性、可观赏性、竞争性、健身性，得以广泛开展，传播迅速，经过了百年的风雨沧桑，篮球运动已经成为世界三大球类运动之一，为世界人民所喜爱，特别是在青少年当中更为普及。篮球运动在高校体育中占重要地位，通过篮球运动可以促进大学生身心的全面发展，培养其运动能力和良好的社会适应能力，增进学生的身心健康。

（一）篮球运动对身体健康发展的促进作用

篮球运动持续时间可长可短，但需要参与者快速奔跑、突然与连续起跳、敏捷反应与力量抗衡。经常参加篮球运动，可使身体各部分肌肉坚实、发展匀称、体格健壮。篮球运动可以促进力量、速度、耐力、弹跳、灵敏等运动素质的发展。篮球运动也是一项高强度的对抗性运动。要求机体的代谢能力旺盛，体内能源物质的转换快速。因而能使心脏、血管、呼吸、消化等器官的功能增强，促进机体内各系统的工作能力提高。篮球技术、比赛过程的综合复杂性，要求参与者具有良好的分配与集中注意力能力，以及对空间、时间和定向能力，要有高度精细的立体感觉能力。经常参加篮球运动，在篮球运动过程中经常变换技术动作，对提高神经中枢的灵活性、提高神经中枢协调支配各器官的能力具有很好的作用。

（二）篮球运动对心理健康发展的促进作用

篮球运动不仅是技术与身体的对抗，也是意志与智慧的较量。篮球比赛也是一场心理交锋。运动员的智慧、胆略、意志、活力与创造力，决定着比赛的成败和运动水平。篮球运动是一项把变换、结合、转移、持续融为一体的集体攻守对抗项目。要求运动员反应快速、判断正确、随机应变、有勇有谋、机智善断，从而能够促进大脑功能与智力的发展。在篮球运动中，通过多种感、知觉的参与可以增强学生的运动记忆，经过长期的学习可形成运动技能的动力定型和高度的自动化。这有利于学生在快速、复杂的情况下做出迅速、正确的判断。而且通过篮球比赛，学生的个性、自信心、情绪控制、意志力、进取心、自我约束能力都有很好的发展。

（三）篮球运动对社会适应能力的培养作用

大学是一个浓缩的社会，其中拥有与真实社会相似的人际关系、学习和工作压力。篮球运动对培养大学生集体主义精神有积极作用。学生之间团结合作、相互协同、默契配合，一切为集体，一切为大局，才能保证比赛的胜利。学生通过和同伴的相互合作，共同完成篮球的技、战术学习过程，共同体验胜利的喜悦和失败的痛苦，有助于拉近学生与学生之间的关系，建立良好的群体关系。良好的人际关系有助于学生建立良好的学习、生活和工作环境，减少学习和工作上的压力。

五、篮球主要规则

（一）场地与设备

（1）标准篮球球场是一块长 28 米、宽 15 米的长方形场地。

（2）设备篮板尺寸：横宽 1.80 米，竖立 1.05 米，篮板下沿距地面 2.90 米。

（二）比赛、暂停、替换

（1）每场篮球比赛由两个队参加，每队出场 5 名队员。

（2）暂停。

①球成死球并停止比赛时钟时。

②对方投篮得分，也可给予一次暂停，但必须在投篮队员球离手前提出。

（3）替换。

①球成死球并停止比赛时钟时。

②违例后，只有掷界外球的非违例队员可要求替换。

（三）违例及罚则

（1）侵人犯规罚则：登记犯规队员一次侵人犯规。

（2）故意犯规罚则：登记犯规队员一次侵人犯规。

（3）队员技术犯规罚则：宣判技术犯规后，每次均应登记并由对方队长指定罚球队员一次罚球后，无论罚球成功与否，均由罚球队的任一队员在记录台对面边线的中点处掷界外球。

（4）双方犯规罚则：登记每个犯规队员一次侵人犯规。

（5）队员 5 次犯规。

（6）全队 4 次犯规。

第二节　排球

一、排球运动概述

排球比赛是两队各 6 人，每球得分制，25 分为一局，正式比赛采用 5 局 3 胜制，一般基层比赛采用 3 局 2 胜制。排球运动于 1895 年起源于美国，由美国人威廉·廖根首创。排球运动在美国问世后，通过在宗教、文化、军队中的基督教青年会的作用，逐渐向世界传播。由于在世界许多国家中都有美国基督教青年会的干事，这些干事在自己娱乐的同时，吸引了所在国国民的好奇，随之他们也都模仿起来，随着时间的推移，到 20 世纪 30 年代，排球运动就传遍了世界各地。

20 世纪 50 年代，苏联男排身高体壮，弹跳力好，摸高在 3.30 米，成为各队学习的榜样。在 1956 年的世界锦标赛上，前捷克斯洛伐克男排以细腻技术动作和变化扣球，打破了苏联男排一统天下的格局。20 世纪 60 年代，日本女排创造了“勾手飘球”“前臂垫球”和“测滚防守”技术，为女子排球技术、战术的发展做出了贡献。20 世纪 70 年代，男排发展和运用了“位置差”“空间差”等打法，中国男排又创造了“夹塞”战术。波兰男排以攻守全面、战术多变的特点连获两次世界冠军，中国女排创造了“串平”战术。古巴女排以惊人的弹跳力多次获得世界冠军，被称为“黑色橡胶”。20 世纪 80 年代，中国女排以技术全面、攻守兼备、高快结合、快速多变的战术称雄世界，荣获“五连冠”，开创了女子排球运动的新纪元。20 世纪 90 年代，具有“黑色橡胶”之称的古巴女排，以得天独厚的体型，超人的弹跳，凶猛的网上攻势，又一次刮起了加勒比海黑旋风。而意大利、荷兰、美国、巴西的男排也平分秋色，轮流登上世界冠军的宝座。目前，世界排球正朝着全面、高度、快速、多变、创新的方向发展。

二、排球基本技术

基本技术分为六大项：准备姿势和移动、发球、垫球、传球、扣球、拦网。

（一）准备姿势和移动

1. 准备姿势

两脚开立，略比肩宽，脚尖适当内扣，脚后跟抬起，膝关节弯曲，上体前倾，重心在两脚掌之间，两臂自然弯曲置于胸腹之间，两眼注视来球。有稍蹲姿势、半蹲姿势和深蹲姿势三种（见图 8-2-1）。

图 8-2-1

2. 移动

移动是队员根据来球的方向、速度、力量等所采用的各种脚步动作的通称。

（1）并步和滑步。

并步是近球一侧的脚向来球方向跨出一步，另一侧脚迅速有力地蹬地，并迅速并上做好接球的准备姿势；连续的并步为滑步。当来球距离身体一步左右时可采用并步移动。当来球与身体的距离较远，用并步无法接近来球时，可采用滑步（见图 8-2-2）。

图 8-2-2

（2）跨步和跨跳步。

跨步动作用于来球较低的情况，向移动方向跨出一大步，深屈膝，上体前倾（见图8-2-3）。跨步可向前、向侧或向侧前方。跨步过程中有跳跃腾空即为跨跳步。

图 8-2-3

（3）交叉步。

向右侧交叉步移动时，上体稍向右转，左脚从右脚前向右交叉迈出一步，然后右脚再向右侧方向跨出一大步，同时重心移至右脚，身体转向来球方向，保持击球前的姿势（见图8-2-4）。主要用于体侧2~3m左右的来球，或二传手和拦网者在网前移动及防守两侧来球时运用。

图 8-2-4

（4）跑步。

跑步时一脚蹬地起动，另一脚迅速向前跟上，二脚交替进行，两臂配合摆动，不要过早做击球动作的准备，以免影响跑步速度。球在侧方或后方时，应边转身观察球边跑。跑步移动经常与交叉步、跨步等结合起来用（见图8-2-5）。

练习方法：根据手势徒手进行左右滑步移动、前后跨步跳步、远距离的跑步练习。

图 8-2-5

练习方法：徒手滑步左右移，跨步跳步观前后。

（二）发球

发球是排球技术中唯一不受别人制约的技术。准确而有攻击性的发球，不仅可以直接得分，还可以破坏或削弱对方的战术进攻。排球分为正面下手发球、侧面下手发球、正面上手发球、正面上手飘球、勾手发球、勾手飘球和跳发球等。

1. 下手发球

正面下手发球：面对球网站立，左脚在前（以右手发球为例），两膝稍弯曲，上体前倾，左手持球于腹前下方将球平稳抛起在腹前右侧，离手高度约 30 厘米。在抛球同时，右臂由后向前加速挥臂，用全掌或掌根击球的后下方（见图 8-2-6）。

侧面下手发球：队员左肩对着球网（以右手击球为例），两脚左右开立，约与肩同宽，两膝微屈，上体稍前倾，重心落在两脚之间。左手将球平稳抛送至胸前，距身体约一臂距离，离手高度约 30 厘米。在抛球的同时，右臂引向侧后方，利用右脚蹬地、转体的力量，带动手臂向前摆动，重心随之移向左腿，在腹前用掌根击球的后下方，击球后随即入场。同样，挥臂速度应快一些，以增加击球的力量（见图 8-2-6）。

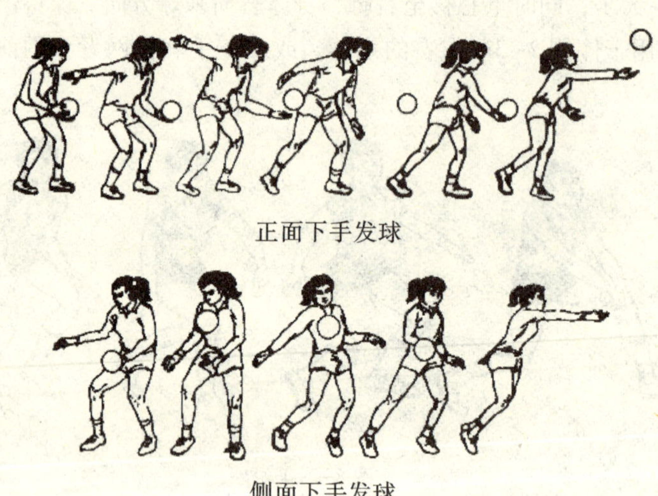

图 8-2-6

2. 正面上手发球

发球时（以右手发球为例），左手将球抛至右肩前上方，高度适中。在抛球的同时，右臂屈肘抬起并后引，肘关节与肩部齐平，手掌自然张开，呈勺形，上体稍向右侧转动，抬头，挺胸，展腹，身体重心移至左脚。击球时，五指自然分开，利用蹬地、转体、收腹，带动手臂加速挥动，击球点在右肩前上方，以全手掌击球的后中下部。手臂要充分伸直，手掌和手腕要迅速明显做推压动作，使球向前呈上旋飞行（见图 8-2-7）。

图 8-2-7

3. 跳发球

跳发球就是在端线附近助跑起跳的大力上手发球，它是发球技术和远网扣球技术的结合。它是现今世界排球发球技术发展的主流（见图 8-2-8）。

准备姿势：自然站立，单手或双手持球于腹前，注意观察场上情况。

抛球：助跑迈出第一步的同时将球高抛在右肩前上方（以右手击球为例），落点在助跑线上，高度和距离要符合个人特点，抛球离手瞬间可加手指手腕动作，使球在空中产生旋转。紧接着，迈出第二步，两臂自然摆动，眼睛注视球，最后右脚跨出一大步，两臂在体侧划弧摆动，并使左脚迅速跟上，屈膝蹬地跳起，使身体腾空。

击球：腾空后，身体成反弓状。右臂屈肘上举，手掌自然张开。当身体在最高点时，以猛烈收腹和提肩带动手臂向前方挥动，在手臂伸直的最高点，用全掌击中球的后中下部，触球瞬间手掌包满球，并主动屈腕前推，使球快速向前旋转。击球后，身体可随球飞行落入场内，落地时要注意平衡，防止受伤。

图 8-2-8

（三）垫球

垫球是比赛中运用最多的击球动作。可分为正面垫球、侧面垫球、低姿垫球、倒地垫球、背垫和挡球六种基本技术。

正面双手垫球是各种垫球技术的基础，适合接速度快、弧度平、力量大、落点低的各种来球。目前常用的垫球手型有两种。一种是叠指法，两手手指上下重叠，掌根紧靠，合掌互握，两拇指朝前相对平行靠压在上面一手的中指第二指节上，两臂伸直夹紧，注意手掌部分不能相叠；另一种是抱拳法，两手抱拳互握，两拇指平行朝前，两掌根和两前臂外旋紧靠，手腕下压，使前臂形成一个垫击平面（见图 8-2-9）。正面双手垫球的击球点一般应尽量保持在腰腹前的一臂距离，由两小臂腕关节以上 10 厘米左右桡骨内侧平面击球为宜（见图 8-2-10）。

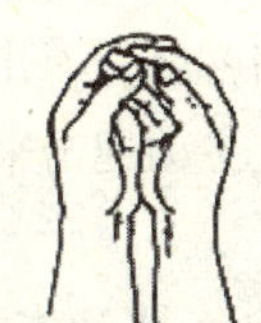

图 8-2-9

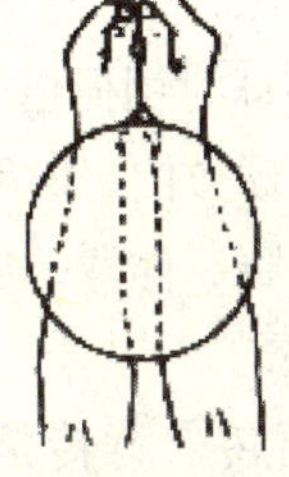

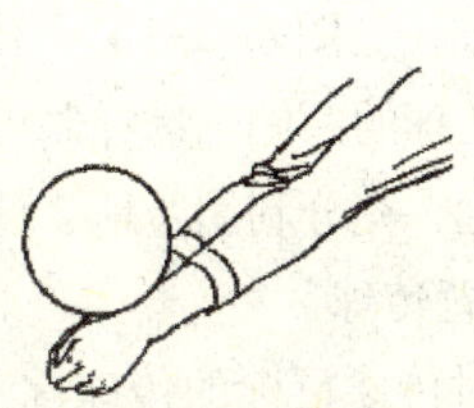

图 8-2-10

正面双手垫球是在准备姿势的基础上，判断来球的路线与落点，迅速移动体位，把来球保持在腹部的正前方，两臂插入球下并对准来球。垫球时，利用蹬腿，腰腹发力和提肩抬臂的协调动作，以两前臂所组成的平面击球的后下方，同时身体重心伴随击球动作前移，将球向前上方垫出（见图 8-2-11）。

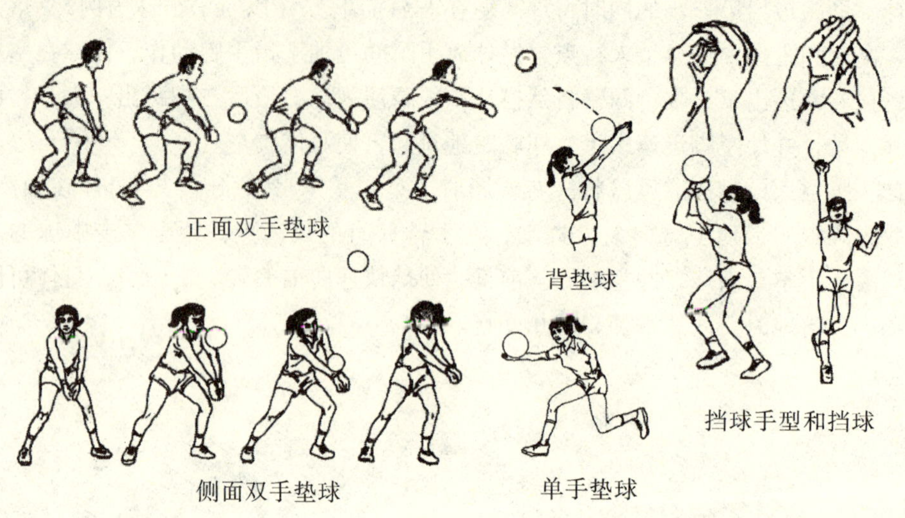

图 8-2-11

侧面垫球：在接发球或防守时，身体来不及移动正对来球，则用双手在身体两侧垫击球的技术动作，为体侧垫球。

以左侧为例，当球向左侧飞来，左脚跨出一步，重心左移，两臂夹紧组成垫球手臂形，向左伸出，右臂向下倾斜，用向右转腰和提左肩的动作配合两臂自左后下方向前截住球飞行路线，垫击球的后下部。但注意不要随球摆臂以免球从侧面飞出，在能正对来球情况下尽可能通过移动正对来球（见图 8-2-11）。

练习方法：

（1）徒手模仿练习、自垫球；对挡墙进行连续传、垫球。

（2）两人一组，一抛一垫或对垫练习；三人一组，两人抛球，另一人移动垫球练习。

（3）利用球网进行发球练习。

（四）传球

传球是排球运动的基础技术之一，主要用于衔接防守和进攻。传球主要有正面传球、背传球、侧传球等。

1. 正面上手传球

采用稍蹲准备姿势，抬头目视来球，双肘弯曲自然抬起，双手置于脸前。触球时，两手自然张开成半球形，使手指与球吻合，手腕稍后仰，拇指相对成一字型，击球部位一般在球的后下方（见图 8-2-12）。传球时用拇指内侧、食指全部、中指的二、三指节触球，无名指和小指在球的两侧辅助控制出球方向，两肘适当分开，自然下垂。击球点应保持在额前上方约一球远，充分利用蹬地、伸膝、伸臂，从脸前向前上方主动迎击来球（见图 8-2-13）。

2. 背传球

背对传球目标的传球称背传。背传是传球技术中的一种基本方法，在比赛中运用较多。传球时，上体后仰，将上臂抬起，手腕后仰，掌心向上，双手自然抬起置于脸前，迎球时击球点在头上方，比正面传球略偏后，击球的下部，利用蹬腿、展体、抬臂、伸肘和指腕的弹力，把球向后上方传出（见图 8-2-14）。

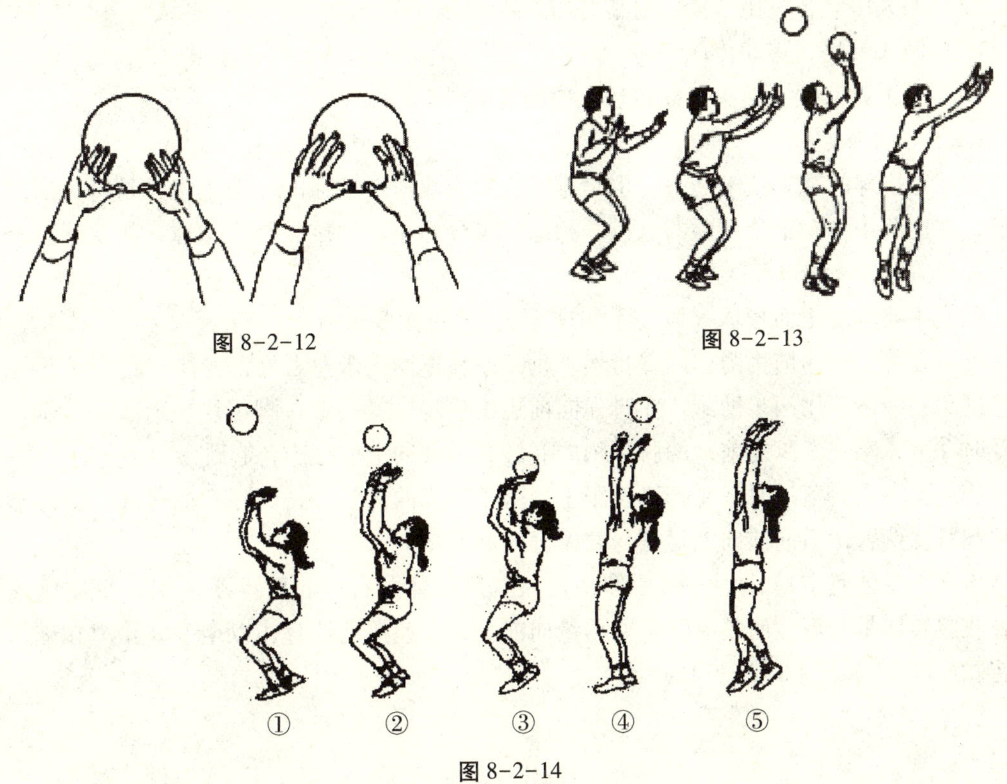

图 8-2-12

图 8-2-13

图 8-2-14

3. 侧传球

身体侧对传球目标，在不转动身体的情况下，靠双臂向侧方传球的动作称为侧传。侧传击球点应偏向传出方向一侧。迎球时，通过下肢蹬地使身体重心向上伸展，上体和双臂向传球方向一侧伸展，异侧手臂动作的幅度要大些，伸展的速度也应快些，以双臂和上体侧屈的协调动作将球传出（见图 8-2-15）。

图 8-2-15

练习方法：

（1）徒手模仿传球动作，自传练习。

（2）两人一组，一抛一传，对传练习。

（3）两人一组，移动传球练习。

（4）三人站直线，两头正面传球，中间者背传。

（五）扣球

扣球是排球的基本技术之一，也是排球技术中攻击性最强的一项技术，是得分的主要手段，在比赛中占有十分重要的地位。扣球技术分为正面扣球、勾手扣球、扣快球和个人战术扣球等。

我们主要学习正面扣球（以右手扣球为例）（见图 8-2-16）。

准备姿势：助跑前稍蹲，两臂自然下垂，站在离网 3 米左右处，身体转向来球方向。

助跑：一般采用两步助跑，左脚先向前迈出一步，紧接着右脚再快速跨出一大步，左脚及时并上，踏在右脚之前，两脚尖稍向右转，两臂向上引摆准备起跳。

起跳：在右脚落地时，左脚迅速跟上，落于该脚的侧前方，两腿弯曲缓冲，随即迅速蹬地起跳。两臂由后向前向上猛摆，并做好扣球准备。

击球：身体腾空后，上体稍后仰，并向右侧转体，右臂屈肘上举后引，身体成反弓形，收腹转体带动肩、肘关节，手臂尽量向前上方快速挥动伸直，以全手掌猛力扣球，手腕有扣压动作（见图 8-2-17）。

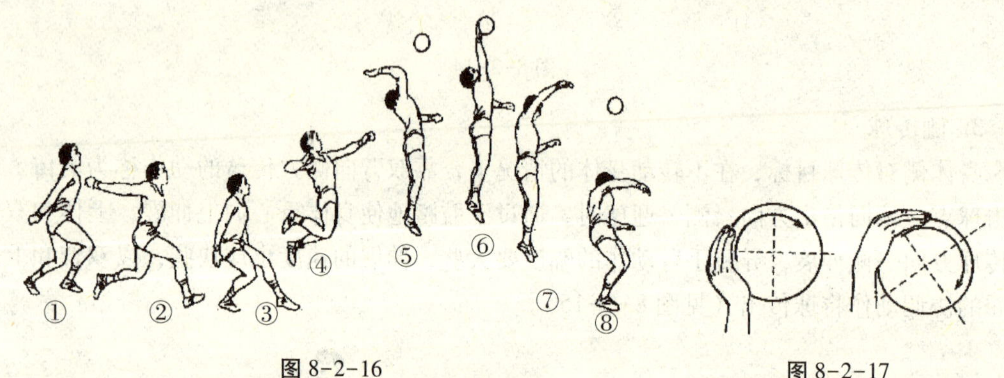

图 8-2-16　　图 8-2-17

落地：双脚前脚掌先着地，然后过渡到全脚掌，屈膝、收腹，缓冲下落力量，顺势收臂以免触网。

练习方法：

（1）对墙做击打反弹扣球练习。

（2）打防练习、上网扣一般高球或各种快球等，其中又以 4 号位扣球练习为主。

（六）拦网

拦网是排球运动基本技术之一。指队员在球网上空拦阻对方击来的球。是防守反击的第一道防线，有单人拦网和集体拦网两种。

1. 单人拦网

队员面对球网，两脚左右开立约与肩宽，距网 30~40 厘米，两膝微屈，两臂在胸前自然屈肘。移动时可采用并步、交叉步、跑步，向前或斜前移动。原地起跳后要用力蹬地，使身体垂直起跳。如果是移动后起跳，制动时，双脚尖要转向网，同时利用手臂摆动帮助起跳。拦网时两手从额前平行球网向网上沿前上方伸出，两臂平行，两肩尽量上提，两臂尽力过网伸向对方上空，两手接近球，自然张开，手触球时两手要突然紧张，用力屈腕，主动盖帽捂住球（见图 8-2-18）。

2. 集体拦网

集体拦网是指排球比赛中，由两名或三名队员彼此靠近实施拦网，当其中一名队员触到球时即完成集体拦网。集体拦网分双人拦网和三人拦网。

双人拦网指两名队员在球网上空拦阻对方击来的球。常有 2、3 号位或 3、4 号位队员组成双人拦网。

三人拦网是在对方主要扣球手进攻实力很强、不善吊球的情况下采用的 3 人后排接球的防守阵形。

练习方法：

（1）沿网移动做拦网练习。

（2）两人隔网站立，原地起跳和移动起跳做网上击掌练习。

（3）两人一组和三人一组分别在 2、3、4 号位做拦网练习。

图 8-2-18

三、排球基本战术

排球基本战术是指队员在比赛中，根据排球的规则要求和排球运动规律，以及双方当时的情况，合理运用技术，所采用的有意识、有目的、有组织的个人和集体配合行动。包括阵容配备、进攻阵型与进攻战术、拦网战术和接发球战术。

（一）阵容配备

在排球比赛中常用的有“四二”配备和“五一”配备。

1.“四二”配备

“四二”配备，即 4 个进攻队员和 2 个二传队员。4 个进攻队员中有 2 个是主攻队员，2 个是副攻队员。他们都站在对角位置上。这种配备方法主要在初学和一般水平队中采用较多（见图 8-2-19）。

优点：前排每一轮总能保持一名二传和两名攻手，便于组织“中一二”“边一二”进攻，战术配合稳定。

缺点：前排进攻点相对较少，隐蔽性差。

2.“五一”配备

“五一”配备，即5个进攻队员和一个二传队员。其目的是加强进攻的拦网的力量。为了弥补在主要二传队员来不及传球时所出现的被动局面，可以在二传队员的位置上，配备一名有进攻能力的接应二传队员。这种配备方法目前在水平较高的队中被普遍采用（见图8-2-20）。

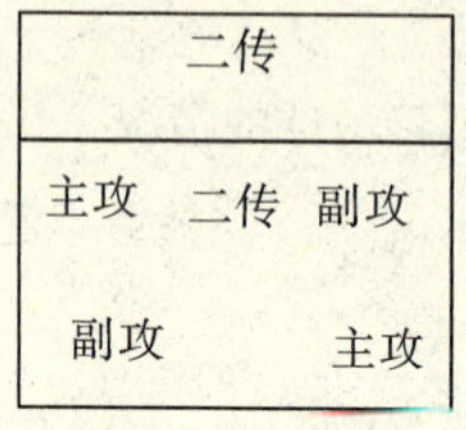

图8-2-19　四二配备

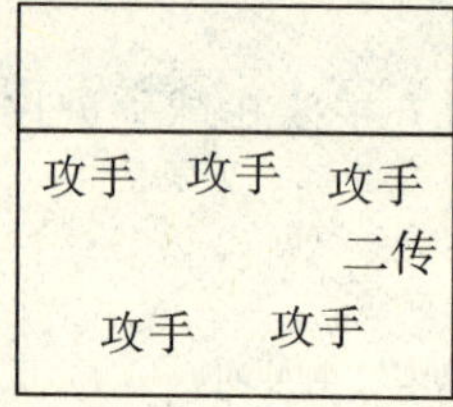

图8-2-20　五一配备

优点：加强了拦网和前排的进攻力量，使全队只需要适应一个二传，有利于配合，统一指挥，使战术富于变化。

缺点：当二传轮到前排，有三轮次前排只有两个进攻队员，进攻点过于暴露，影响前排进攻威力。

（二）进攻阵型与进攻战术

主要有“中1-2”和“边1-2”、后排插上、两次球及其转移（简称“两次转移”）三种形式。

1.“中1-2”和“边1-2”

所谓“中1-2”和“边1-2”战术，即前排中间一名队员（3号位）或者是前排旁边一名队员（2号位或4号位）作二传，由他把球传给前排另两名队员扣球的一种进攻形式。简单地说，即作为二传手的人的位置是在前排的中间，或是在前排的一边。在中间的叫“中1-2”（见图8-2-21），在旁边的叫“边1-2”（见图8-2-22）。

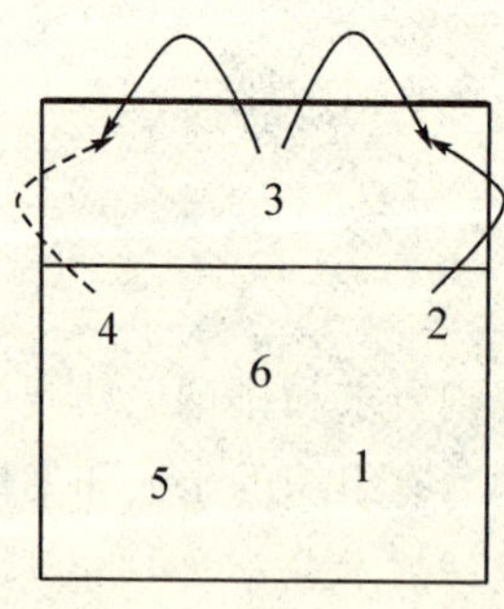

图8-2-21　中1-2

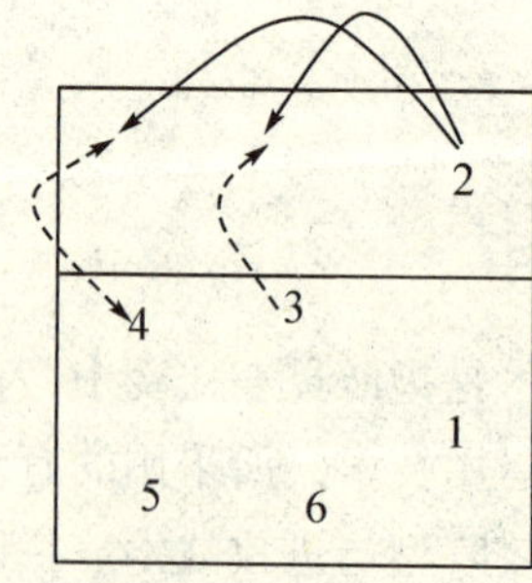

图8-2-22　边1-2

“中1-2”和“边1-2”的进攻形式是进攻战术中最基本、最简单的形式，其特点是分工明确，容易组织，但一般只能保持两点进攻，战术意识容易被对方识破，战术变化、攻击性和突然性较小。为了增加这种战术的攻击效能，可灵活运用跑动换位、快球掩护、拉开、集中、围绕、交叉，并配合远网进攻与两次转移等战术变化。

2. 后排插上

“后排插上”是指由后排队员插到前排2、3号位之间担任二传，将球传给前排3名队员或后排队员进攻的组织形式，由1、5、6号位插上。这是现代排球战术的主要形式，为一般强队所普遍采用。这一战术的优点是保持前排三人进攻，能充分利用球网的全长，有利于突破对方防线，同时，采用这种形式战术变化多，进攻突然性大（见图8-2-23）。

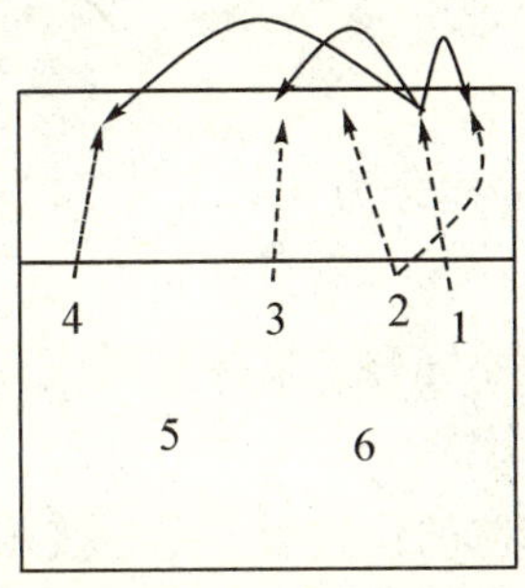

图8-2-23 后排插上

四、排球竞赛规则简介

（一）比赛用球

球用皮革制造，圆周为65~67厘米，重260~280克。

（二）比赛球网

球网设置于中线上空，长为10米，宽为1米。正式比赛，男子网高2.43米，女子网高2.24米。

（三）比赛区域

比赛的区域包括比赛场区和无障碍区。比赛场区为长18米、宽9米的长方形地面；比赛场区四周的没有障碍物的区域为无障碍区。

（四）比赛空间

在比赛空间中，最重要的是过网区和非过网区两个概念。过网区的范围是上至天花板，下至球网上沿，左右两侧至两根标志杆以及它们向上延长至天花板的延长线以内的一个空间。非过网区是指过网区之外的空间。

（五）比赛组织

每场比赛开始前以及每场比赛的决胜局开始前，由负责本场比赛裁判工作的第一裁判员主持比赛双方队长进行抽签，胜方首先选择发球、接发球、场区。比赛开始后，由第一裁判员、第二裁判员、司线员、记录员负责比赛的裁判工作。

（六）比赛状态

1. 上场阵容

每队必须有6名队员上场比赛。不足6人的情况为阵容不完整，阵容不完整可以进行正常替换补足，不能正常替换补足的，给予阵容不完整的判罚。

2. 比赛结果的认定

（1）胜一球。

发球方得一分，继续发球；接发球方得一分，同时获得发球权。

（2）胜一局。

非决胜局，先得25分，并且同时超出对方2分者获胜；24∶24时，继续比赛，直到某队领先2分时，该队获胜；决胜局，先得15分者获胜；14∶14时，直到某队超出2分时，该队获胜。

（3）胜一场。

比赛采用5局3胜制。

（4）弃权的处理。

弃权方以比分为0∶3负，每局比分为0∶25。

（5）阵容不完整的处理。

已经结束的比局、比分有效。不完整方输掉该局或者该场比赛，对方为满分。

3. 发球

发球应该依据抽签的情况和球队的位置表安排，按照一定的顺序进行。发球必须由位于后排右侧位置的队员在发球区内用一只手或者手臂进行。

4. 击球

击球指发球和拦网之外的击球。击球时，球可以接触身体的任何部位。全队不超过3次击球，个人不超过2次击球（拦网除外）。

5. 拦网

拦网犯规的情形有：

（1）对方击球前过网拦网（实质为过网击球）。（2）对发球进行拦网。（3）后排队员完成拦网（个人或者参加集体拦网）。（4）自由人试图拦网或者完成拦网（个人或者参加集体拦网）。（5）从标志杆以外伸入对方空间进行拦网。（6）拦网出界。

6. 比赛中的暂停、换人、交换场地、局间休息

（1）每队每局比赛最多可以请求2次暂停，每次暂停时间为1分钟。

（2）每队每局比赛最多可以请求6人次的换人。

（3）每局比赛（决胜局除外）之后，双方要交换场地进行下一局比赛；决胜局某队获得8分时，双方要交换场地，不进行休息，并且按照交换场地前双方队员已有的位置继续进行比赛。

（4）每次局间休息为3分钟。

7. 不良行为及其处理

（1）轻微不良行为。

对轻微不良行为，裁判应进行指正，不给予判罚，不记录在记分表上。

（2）给予判罚的不良行为。

这类不良行为有粗鲁行为、冒犯行为、侵犯行为三种。一旦发生前述三种行为，要视情况给予失一球、判罚出场、取消比赛资格的不同等级的判罚，并将判罚记录在记分表上。

五、排球运动与健身

（一）排球的健身功能

排球运动中的发、垫、传、扣和拦网可以让参与者的身体得到充分的锻炼，特别是让手臂、手腕、腰部、腿部的肌肉得到均匀的发展，力量逐渐增强，身体更加机动灵活，同

时增强了心肺功能；比赛时，场上情况千变万化，注意力要高度集中，反应要快，对神经系统的锻炼也很显著。

（二）排球运动损伤的预防

排球运动中常见的损伤与排球运动的特点相关联，肩部以肩袖损伤和肱二头肌腱鞘炎为多见，主要是扣、发球挥臂引起的；膝关节是排球运动负荷最重的关节，损伤主要是跳跃引起的；腰部损伤主要是由扣球、发球和救球等腰部急速发力引起的。因此，运动员在思想上要足够重视，将预防做到实处。

（1）提高身体素质，掌握正确的技术动作，这是预防损伤最主要、最积极的手段。

（2）加强训练的科学性，注意循序渐进，合理安排运动量和运动强度，并在运动后注意机体的恢复。

（3）加强医务监督，对各种损伤要早期诊断，及时进行治疗，并在训练过程中严格把握，防止损伤加重。

（4）改善场地条件，场地要平，不能太硬、太滑。

（5）认真做好准备活动，将肩、腰、膝、指及腕关节等部位充分活动开。

第三节 足球

一、足球运动概述

足球运动是以脚支配球为主，两个队互相进行攻守对抗的一项体育运动项目，被誉为“世界第一运动”。足球比赛是以脚为主、除手和臂以外的身体其他部位支配球（守门员在本方罚球区内和队员掷界外球时除外），在长方形的、平坦的、两端各有一个球门的场地上两队相互攻守、激烈对抗，以射门进球多少决定胜负的球类运动项目。

（一）足球运动的起源

古代足球起源于中国，虽然起源时间推断不一，但古代足球起源于中国是世界公认的。就目前史料记载，早在战国时代（公元前475—前221年），《墩焦戈齐策》上记载着苏秦到齐国游说时对齐宣王说：“临淄甚富而实，其民无不吹竽、鼓瑟、弹琴、击筑、斗鸡、走犬、六博、踏鞠者。”“踏”是用脚踢的意思，“鞠”则指球。

现代足球运动起源于英国。据史料记载，1848年，足球运动的第一个文字形式的规则《剑桥规则》诞生。1857年，英国成立了世界上第一个足球俱乐部。现代足球运动兴起后，通过英国的海员、士兵、商人、工程师、牧师等传播到欧洲大陆和世界各地。

（二）足球运动的主要特点

1. 足球运动是一项富有战斗性的、激烈对抗的项目

在比赛中双方为了把球踢进对方球门，又不让球进入自己的球门，展开了短兵相接的斗争，尤其是在两个罚球区附近争夺得更为激烈。一场高水平的比赛，双方因争夺或冲撞倒地近百次，激烈程度可见一斑。

2. 技、战术复杂，掌握动作难度大

足球是一项非周期性运动项目，它的技、战术受对手直接的干扰、限制和抵抗。技、

战术是依临赛情况灵活机动地运用和发挥。足球比赛参加人数多，行动不易协调和统一，故攻、守战术的配合相对地说要比篮、排球困难些。比较而言，足球运动是用人体较笨拙的部位——脚去支配和控制球，因此，技术动作比较难掌握。

3. 比赛时间长、场地大，体能消耗大

正式足球比赛时间为 90 分钟，有的比赛还要加时 30 分钟甚至还要以罚球点球决定胜负。一场激烈的比赛，一名优秀运动员的跑动距离在 10 000 米以上，少则也有 6 000~7 000 米，而且还要做上百个有球和无球动作，身体能量消耗是很大的。据不完全统计，一场激烈的比赛，运动员能量消耗 2 000 卡左右，体重下降 3~5 千克。

二、足球基本技术

足球技术是指运动员在规则规范下所采取的合理动作方法的总称，是足球运动的基础。主要有踢球、接停球、运控球、头顶球、抢截球、掷界外球和守门员技术等。

（一）足球技术

1. 踢球

踢球是指运动员有目的地用脚的某一部位把球击向预定目标的动作方法。踢球主要用于传球和射门。

（1）踢球方法。

①脚内侧踢球：脚接触球的面积大，出球平稳准确，适用于短传、踢地滚球或射门。

动作方法：踢球时，直线助跑，支撑脚踏在球的侧方 15 厘米左右，膝关节微屈，踢球腿以髋关节为轴屈膝后摆，前摆时膝外展，脚尖微翘，脚掌与地面平行，以脚内侧正对出球方向，击球的中后部，击球后、脚随球前摆（如图 8-3-1、图 8-3-2 所示）。

图 8-3-1　　图 8-3-2

②脚背正面踢球：踢球腿的摆幅大、摆速快，击球强劲有力，适用于中、远距离的传球和射门。

动作方法：直线助跑，最后一步较大，支撑脚踏在球的侧方约 15 厘米，脚尖正对出球方向并微屈膝；踢球脚在支撑脚前跨的同时屈膝后摆，在支撑脚落地的同时，踢球腿以髋关节为轴，大腿带动小腿前摆，当膝关节摆到接近球的正上方时，小腿爆发式前摆、脚跟提起，脚背绷直，脚趾扣紧，以脚背正面击球的后中部，踢球腿随球继续提膝前摆。该脚法主要踢定位球、反弹球、空中球及倒勾球等（如图 8-3-3 所示）。

图 8-3-3

③脚背内侧踢球：助跑与支撑脚选位灵活，摆幅大、摆速快、出球平稳且富于变化。常用于中、长、短距离传球和射门。

动作方法：斜线助跑，助跑方向与出球方向一般呈 45°角。支撑脚踏在球的侧后方约 25 厘米处，脚尖指向出球方向，身体稍向支撑脚一侧倾斜。在支撑脚着地的同时，踢球腿以髋关节为轴屈膝前摆。当身体转向出球方向、膝关节摆到球的内侧正上方的瞬间，小腿加速前摆，脚尖稍外转，脚面绷直，脚趾扣紧，脚尖斜下指，以脚背内侧踢球的后中部。击球后踢球腿随势前摆（如图 8-3-4 所示）。

图 8-3-4

④脚背外侧踢球：具有突然性和隐蔽性，富于变化。常用于踢定位球、弧线球或弹拨球进行传球或射门。

动作方法：基本上与脚背正面踢球相同。只是触球时，脚尖内斜下指，以脚背外侧踢球的后中部（如图 8-3-5 所示）。

图 8-3-5

⑤脚尖踢球：它是用脚尖部位接触球的踢球方法。常用于搓球和捅球。

⑥脚后跟踢球：它是用脚跟部位将球踢到身后面的踢球方法。一是踢支撑脚内侧的球，二是踢支撑脚外侧的球。

（2）踢球的练习方法。

①根据动作方法徒手模仿各种踢球动作，注意助跑、放脚支撑和摆踢动作要协调，形

成正确的踢球姿势和脚型。

②踢固定球，一人踩球，另一人助跑上前踢球（不踢出），练习支撑脚落地选位、踢球腿的摆动与触球部位。练习各种脚法的完整踢球动作。

③踢墙练习，用不同脚法对墙进行踢墙练习。距墙由近到远，力量逐渐加大。

④两人之间踢定位球练习。

⑤三人三角形踢球练习。提高踢活动球和不同方位球的踢准能力。

⑥用各种脚法进行射门练习。

2. 接停球

接停球是指运动员有目的地用身体的合理部位，把运行中的球停挡在所需要的控制范围内的动作方法。它是为传球、运球、过人和射门服务的。

（1）常用的停球方法。

①脚内侧接球：接球动作自然，触球面积大，易停稳，便于改变方向和结合下一个动作。常用来接地滚球、反弹球、空中球。

动作要领：接球时，判断好来球的速度、方向与落点，支撑脚正对来球，膝微屈；停球腿屈膝外转并前迎，脚尖微翘。当脚与球接触前的瞬间开始做相应的引撤缓冲或推、切压变向动作，将球控制在衔接下一个动作所需要的位置上（如图 8-3-6、图 8-3-7、图 8-3-8 所示）。

图 8-3-6

图 8-3-7

图 8-3-8

②脚底停球：触球面积大，易将球停稳。常用于接地滚球和反弹球

动作方法：支撑脚站位于球的侧后方，屈膝，脚尖正对来球；停球脚提起，脚尖勾翘略高于球，脚后跟低于前脚掌，踝关节自然放松，用脚前掌触压球的中上部（如图 8-3-9、图 8-3-10 所示）。

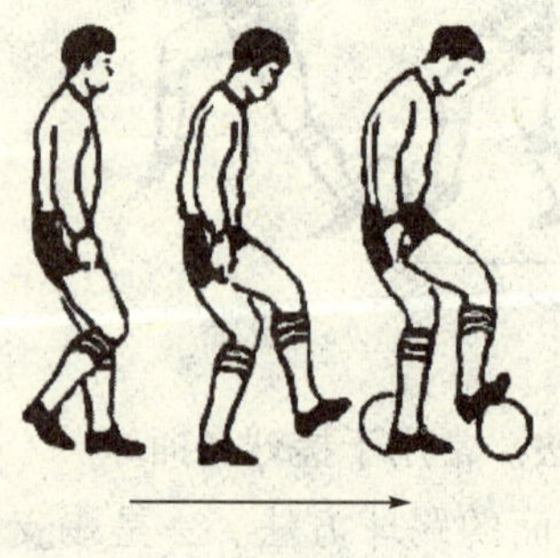

图 8-3-9

图 8-3-10

③脚背正面接球：简便易学，掌握动作快，常用于接空中下落的球。

动作方法：接球前判断好球的落点，正对来球，停球脚提起迎球，以脚背正面触球的底部。当脚背触球的瞬间，下撤缓冲，使球落在体前需要的位置上（如图 8-3-11 所示）。

图 8-3-11

④大腿停球：接球动作简便，接球面大，控球平稳，适于接大腿高度的平直球或弧度高的来球。

动作方法：接球时要面对来球，接球腿屈膝上抬，以大腿中部对准迎球，触球刹那，大腿迅速引撤缓冲，将球控制在所需要的位置上。

⑤胸部停球：胸部面积大，有弹性，位置高，常用于接齐胸球和高球。胸部停球有收胸停球与挺胸停球两种。

动作方法：齐胸的平直球多用于收胸接球，即面对来球，两脚前后开立，两臂自然张开挺胸迎球，当胸部触球的刹那，迅速收胸收腹缓冲来球力量。高于胸部的弧线来球多用挺胸接法，其准备姿势同收胸法，只是重心稍偏后，上体略有后抑，当胸部触球的瞬间，展腹挺胸、蹬地上挺，使球上弹落在所需要的位置上（如图 8-3-12、图 8-3-13 所示）。

图 8-3-12　　图 8-3-13

（2）接停球的练习方法。

①徒手模仿练习。有意识地设想出不同的来球，并做出相应的停球动作。

②自抛自接练习。用不同的部位接空中球或反弹球。

③两人抛接停练习。

④对墙踢球，而后迅速接反弹回来的球。

⑤接球转身控球练习。三人一字排开相距 8 米，中间一人接两端的来球并转身控球。

⑥接多球练习。将学生围成半径 10 米的圆，中间站一位同学，接不同方向、不同高度的踢球或抛球。

⑦两人一组相距 15~20 米对传球并接停各种来球的练习。

3. 运控球

运控球是运动员在跑动中用脚连续推拨球，使球始终处于自己控制范围之内的触球动作。

（1）常用的运球方法。

①脚背正面运球：多用于前方纵深距离较长、快速直线运球时。

动作方法：跑动自然放松，上体稍前倾，步幅不易大。运球脚提起时，膝关节弯曲、脚跟提起，脚尖下指，在迈步前伸着地前，用脚背正面推拨球的后中部。推球后自然落步。

②脚背外侧运球：运球变化灵活，常用于直线快速运球和向外变向时。

动作方法：与脚背正面运球相近，只是运球脚提起时，脚尖稍内转，用脚背外侧推拨球前进（如图 8-3-14 所示）。

图 8-3-14

③脚内侧运球：脚内侧运球，多在改变方向并需要用身体掩护球时使用。

动作方法：运球时，支撑脚踏在球的侧前方，上体稍前倾并向有球一侧转身，运球脚提起脚尖外转，用脚内侧推球前进（如图 8-3-15 所示）。

图 8-3-15

运球和控球时常用的动作有：拨球、拉球，扣球、挑球和捅球等。在熟练掌握运球方法的基础上，配以控球动作便可进行运球过人。

（2）运控球的练习方法。

①球性练习：a. 推挡球，即用两脚内侧部位在胯下连续地推触球。可原地做，也可行进间做。b. 左右脚后拖球，即以脚前掌触球顶部，右脚前脚掌触球，左支撑脚站在球的侧后方约 30 厘米处，左支撑脚向后跳跃时，右脚将球向后拖。两脚交替做。c. 脚背颠球，即颠球脚的膝、踝关节适当放松，脚尖微翘，以脚背搓踢球的底部。可单脚做，也可双脚交替做。d. 拉球，即用前脚掌踩在球的顶部，将球由前向后、由左向右拉球。e. 扣球，即利用身体的突然转动和脚跟的急转扣压动作使球变向。可用脚背内、外侧交替做。

②运球练习：a. 慢跑中用各种脚法运球。熟练掌握各种运球脚法的触球部位。b. 两人一组，一人任意改变方向走动，另一人用不同的脚法运球并跟随变向。c. 绕圈或“∞”字运球。d. 运球躲闪练习。学生在 10 米半径的圆内，一组随意走动，另一组做运球躲

闪。交换练习。e. 运球过杆练习。将杆等距或不等距地插成一排，学生依次做绕杆运球练习。

4. 头顶球

头顶球是指运动员用头的合理部位，有目的地顶击空中球的动作方法。常用的顶球方法有原地顶球、跳起顶球、鱼跃顶球。顶球时头的部位一般在前额正面和前额侧面。

(1) 原地前额正面顶球。

动作方法：身体正对来球，两腿前后开立，微屈膝，上体稍后仰，重心落在后脚上，两臂自然张开，收紧下颌，注视来球。当球运行到身体垂直部位前的瞬间，蹬地、前摆上体，收腹、甩头，用前额正面顶球的后中部。顶球后身体应随球前移（如图 8-3-16 所示）。

图 8-3-16

(2) 跳起前额正面顶球。

动作方法：起跳前判断准来球的落点，用双脚或单脚奋力向上跳起，跳起后身体后抑成背弓形。当球与身体垂直时，迅速收腹折体，前屈甩头，在最高点将球顶出。顶球后应屈膝降重心缓冲落地（如图 8-3-17、图 8-3-18 所示）。

图 8-3-17

图 8-3-18

三、足球基本战术

（一）个人进攻战术

个人进攻战术是局部进攻战术和全队进攻战术的基础。个人进攻战术水平的高低直接影响着局部和全队进攻战术的质量，同时，个人进攻战术必须服从于局部和全队进攻战术。

（二）局部进攻战术

局部进攻战术是指在进攻中两名或几名队员之间的配合行动，其目的是把各种传球、运球和跑动组合在一起，再局部突破对方的防线。局部配合的基本形成有传切配合、交叉掩护配合、二过一战术配合和三过二战术配合。

（三）整体进攻战术

整体进攻战术是指为完成进攻任务所采用的全局性的进攻配合方法。一次完整的整体进攻由发动（开始）阶段、发展阶段和结束阶段构成。发动阶段（开始阶段）：当一支球队获得控球权即进入了发动阶段，一般指在本方半场开始的进攻。开始进攻的方式有两种：一种是快速攻击，另一种是逐步推进。当获得控球时，对方未能及时进行攻守转换，防守队员未能完全回到防守位置时，应采用快速攻击的进攻配合。在现代足球中，快速攻击的配合是得分的重要手段。当获得控球权时，如果对方退守较快或后防较稳固时，则应采取逐步推进的配合方式，放慢进攻节奏，寻找对方的弱点进行攻击。

（四）整体防守战术

整体防守战术是指全队所采取的防守战术。整体防守战术方法有区域盯人防守、人盯人防守和混合盯人防守。

（1）区域盯人防守是由攻转守时，根据场上队员位置的分工和职责，每名防守队员负责防守一定的区域。一旦进攻队员进入该区域，就进行积极的防守，限制对方的进攻活动；当该队员离开，就不再进行盯防。区域盯人防守较节省体能。但是，进攻队员可以随意交叉换位，容易造成局部地区以多攻少的局面，不利于防守。并且采用这种防守战术时，在不同区域的结合部容易出现盯人混乱，形成漏洞。目前，在比赛中较少球队采用这种防守战术。

（2）人盯人防守是指每名防守队员都有明确的防守对象，当由攻转守时，就盯住该队员，无论对手在场上的任何位置，无论对手是否控制球。人盯人防守的优点是分工明确、责任具体、盯防效果较好。其缺点是体能消耗大和防守队形容易被打乱。一旦对手突破，很难形成有效的保护和补位。因此，目前足球比赛中较少球队单纯地采用人盯人防守战术。

（3）混合盯人防守是区域防守和人盯人防守相结合的防守方法。混合盯人防守是目前足球比赛中最常采用的防守战术。它集中了人盯人防守和区域盯人防守的优点。混合防守是对控球队员及控球队员所在局部区域进行紧逼盯人，而对距球远的其他进攻队员进行区域防守，同时，针对对手的情况，对特别有威胁的进攻队员使用专人进行盯防。目前，球队在足球比赛中普遍采用混合盯人防守战术。

四、足球运动与健身

足球是对抗性很强的集体竞赛项目，在这个既需要激烈竞争，又需要团结协作的环境中，参与者的意志品质和竞争意识会得到磨炼，有利于培养积极向上、勇于拼搏、不怕困难、吃苦耐劳的精神。

足球运动是全面锻炼和健全体魄的良好手段，是全民健身活动中一项行之有效的体育运动项目。经常从事足球运动，可以提高人们的力量、速度、灵敏、耐力、柔韧等身体素质，并能使人的高级神经活动得到改善，尤其能增强人体的心血管系统、呼吸系统等内脏器官的功能，从而促进人体的健康。长期进行足球活动，心脏功能可大大提高，机能明显得到增强，心肌肥厚，心动徐缓、血压降低。正常人安静时每分钟心率约 72 次，每次输出 50~60 毫升血液，优秀的足球运动员安静时每分钟心率只有 60 次左右，每搏输出量可达 80~100 毫升。安静时心率减慢，比正常人低 15~22 次/分，说明心脏肌肉强壮有力，收缩一次血液排出量大大超过一般人，这是心脏功能良好的表现。据测定，一名优秀足球运动员的肺活量比正常人要多 2 000~3 500 毫升。长期进行足球活动，可以改善中枢神经系统对心血管系统的调节功能，增强迷走神经的紧张性，动脉血压降低。心血管系统机能提高，则使心脏的休息时间增多，因而工作可以更加持久。

五、足球竞赛规则简介

(一) 比赛场地

(1) 球场：球场必须是长方形，在长 90~120 米，宽 45~90 米范围内均可。国际比赛的长度范围为长 100~110 米，宽 64~75 米。基层比赛场地可因地制宜，但边线必须长于球门线。场内务区域尺寸不变。

(2) 边线：当球的整体从地面或空中全部越过边线为界外球。比赛中，除裁判员和助理裁判员外，任何人未经允许不得擅自出入此线。

(3) 球门线：球出球门线后，是以角球或是球门球恢复比赛。球门线两门柱间的球门线长 7. 32 米，从地面到球门横木下沿是 2. 44 米。

(4) 中线：开球时，双方队员的限制线；队员在本方半场内无越位犯规。

(5) 角球弧：踢角球时，球必须放定在角球弧内。

(6) 罚球点：罚点球时，球必须放定在该点上并向前踢出。

(7) 中点：开球时，球必须放在该点上并向前踢出。

(8) 中圈：开球时，守方队员须站在中圈以外的本方半场内。

(9) 罚球弧：罚点球时，除主罚队员和守门员外，其他队员应退到此弧以外。

(10) 球门：门框直径不超过 12 厘米，两立柱内沿相距 7. 32 米，横梁下沿垂直地面距离为 2. 44 米，立柱与横梁直径应相等。

(二) 球

足球用皮革或其他适当的材料制成。周长为 68~70 厘米，比赛开始时不少于 410 克或多于 450 克，压力为 0. 6~1. 1 个大气压（世界杯一般采用 0. 9 个大气压）。比赛用球由裁判员审定，正式的比赛应有备用球，目前多采用 10 个备用球。比赛中球发生破裂或损坏，裁判员应停止比赛，更换球后在球所在停止比赛时的地点坠球恢复比赛，如已成死球则发球恢复比赛。

（三）队员人数

（1）每队7~11人均可，其中一人必须为守门员。

（2）正式比赛提名替补队员为7人，但最多可以替换3人，位置不限。被换下场的队员不可以在本场比赛中重新上场。

（3）场上队员与守门员互换位置前要通知裁判员，在死球时互换，并且服装颜色必须符合规定，场下替补队员替换时，也应通知裁判员，在死球时从中线处先下后上进行替换。

（4）开赛前被罚令出场的队员可以由替补队员替补，并不算一次换人，但不得再增加替补队员名额。比赛开始后（包括死球或中场休息时）被罚令出场的队员不得被替补。凡被提名的替补队员无论何时被罚令出场，均不得替换。

（5）踢点球决胜负时，守门员受伤可以由未用完换人名额的替补队员替补，除此之外，一律不得替换。

（四）比赛时间

正式的比赛时间为90分钟，上、下半场各45分钟，除经裁判员同意外中场休息不得超过15分钟，如规程规定有加时赛，则再进行30分钟的决胜期比赛，每半场15分钟，中间立即交换场地不再休息。如果采用“金球制胜”法，则在30分钟内，先进球队为胜，比赛立即结束。若决胜期双方仍平局，则以踢点球方式决胜负（现正式比赛已取消“金球制胜”法）。

（五）比赛开始和重新开始

（1）通过掷币，猜中队选择场区，另一队开球。

（2）将球放在中点上开球时，当球被踢并向前移动时比赛即为开始。球未向前移动或球动之前队员越过中线或防守队员进入中圈，则重新开球。

（3）开球队员不得连踢。

（4）开球可以直接射入对方球门得分。

（5）比赛中因规则中没有提到的原因而停止比赛后，应用坠球恢复比赛。如果坠球时，遇球未着地前，队员触球、犯规、球破裂、球漏气或着地后未能触及任何人而出界，均应重新坠球。

（六）计胜方法

（1）当球的整体从球门柱间及横木下越过球门线，而此前未违反竞赛规则，即为进球得分。

（2）判断球是否进门应根据球的位置，而不是以守门员接球或队员触球时所站的位置来决定。

（3）如有观众进场，企图阻球入门，但未触及球而球进门，应算进一球。如触及或妨碍比赛，裁判员应停止比赛，坠球恢复比赛。

（4）罚点球时，在球到球门线前，受外来因素干扰，应重罚。如已触及守门员、门框弹回场内，又被外来因素触及，则坠球恢复比赛。

（5）其决胜方法和计分方法应在规程中规定。

（七）越位

1. 处于越位位置的条件

（1）该队员在对方半场内；（2）该队员较球更接近于对方球门线；（3）在该队员与对方球门线之间，对方队员不足两人。

上述三个条件中，若缺少任何一条，队员均不处于越位位置。

2. 不是越位犯规

处于越位位置的队员，直接接到同队队员的球门球、界外球和角球时，则不是越位犯规。

3. 关于越位与否的判罚

（1）一队员因处于越位位置而暂时跑出球场，向裁判员表明他不参与比赛，这是不犯规的。但是，如裁判员认为该队员出于战术目的，或出场后又随即参与比赛，应判为越位。

（2）守方一队员故意退出场外造成攻防一队员越位，在这种情况下，该攻防队员接得球并射入门内，应判进球有效。而后，裁判员应警告该守方队员。

（3）攻方某队员处于与球平行的位置上，不属于处于越位位置。

（4）攻方某队员处在与对方倒数第二名队员平行的位置上，不属于处于越位位置。

（5）攻方某队员有一只脚跨过了中线，该队员即处于越位位置。如果队员一只脚或两只脚踩在中线上，则该队员不处于越位位置。

（6）处于越位位置的队员接到守方队员有意回传球，不应判罚越位犯规。

（7）攻方队员带球射门进球或发直接任意球，直接射中的同时，同队队员处于越位位置，只要该队员不干扰守门员接球或防守，应判进球有效。如果射出的球从门框或守门员身上弹回到越位队员的脚下而触球，应判越位犯规。

裁判员如果判罚越位犯规以后，由对方在犯规发生地点踢间接任意球恢复比赛。

六、犯规与不正当行为

足球比赛对抗性强，又允许身体接触与碰撞，裁判员要准确掌握规则精神，善于识别和区分合理动作犯规、勇猛顽强与动作粗野、良好风格与不正当行为。坚持严格执法，把判罚重点放在对人不对球、不正当行为及报复行为上。

1. 直接任意球和点球判罚

裁判员认为，如果队员违反下列 10 种的任意一种，将判给对方踢直接任意球。

（1）踢或企图踢对方球员。

（2）绊摔或企图绊摔对方球员。

（3）跳向对方球员。

（4）冲撞对方球员。

（5）打或企图打对方球员。

（6）推对方球员。

（7）为了得到对球的控制而抢截对方队员时，于触球前触及对方球员。

（8）拉扯对方球员。

（9）向对方球员吐唾沫。

（10）故意手球（不包括守门员在本方罚球区）。

2. 间接任意球的判罚

如果守门员在本方罚球区内违反下列4种犯规中的任何一种，都将判给对方踢间接任意球。

（1）守门员用手控制球后，在发出球之前持球超过6秒。

（2）在发出球之后未经其他队员触及，再次用手触球。

（3）用手或臂部触及同队队员故意用脚传给他的球。

（4）用手触及同队队员直接掷入的界外球。

以及裁判员认为，队员有下列情况任何一种的：

（1）动作具有危险性。

（2）阻挡对方队员。

（3）阻挡对方守门员从其手中发球。

（4）违反前文未提及的任何其他犯规，而停止比赛被警告或罚令出场。

另外，如果队员在比赛中被判有开球、球门球、角球、界外球、任意球、球点球连踢、越位犯规，也将在犯规地点以间接任意球恢复比赛。

3. 纪律制裁

裁判员对队员进行纪律制裁的方式包括警告和罚令出场。

（1）可警告的犯规（黄牌）。

①犯有非体育道德行为；②以言语或行动表示异议；③持续违反规则；④延误比赛重新开始；⑤当以角球或任意球重新开始比赛时，不退出规定距离9.15米；⑥未得到裁判员许可进入或重新进入比赛场地；⑦未得到裁判员许可故意离开比赛场地。

（2）罚令出场的犯规（红牌）。

①严重犯规；②暴力行为；③向对方或其他任何人吐唾沫；④用故意手球破坏对方的进球或明显的进球得分机会；⑤用可判为任意球或球点球的犯规破坏对方向本方移动着的明显进球得分机会；⑥使用无礼的、侮辱的或辱骂性语言及行动；⑦在同一场比赛中得到第二次警告。

此外，比赛中如果守门员在本方罚球区内用球掷击或企图掷击对方队员，将被判罚球点球。

七、任意球

1. 任意球的种类

（1）直接任意球：可以直接射入对方球门得分（直接射入本方球门，不算进球，应由对方踢角球）。

（2）间接任意球：不能直接射门得分，必须经场上其他队员触及后进入球门内才算进球有效（直接射入对方球门，由对方踢球门球）。

2. 判罚任意球必须具备的四个条件

（1）犯规队员是场上队员。

（2）队员违反有关规定。

（3）犯规地点是在比赛场地内。

（4）犯规时间是在比赛进行中。

3. 踢任意球时应注意

（1）在犯规地点罚球。

（2）踢球时必须将球放稳。

（3）罚任意球时对方球员距球至少 9. 15 米。

第四节　乒乓球

一、乒乓球运动概述

（一）乒乓球起源

乒乓球起源于英国。1926 年 12 月，在英国伦敦举行了第 1 届世界乒乓球锦标赛。同时成立了国际乒乓球联合会。中国是世界公认的乒乓球大国，其水平一直稳居世界前列，被国人视为“国球”。

中国大学生乒乓球运动发展很快，1988 年第三届全国大学生运动会乒乓球比赛在江苏东南大学举行期间就开始酝酿成立全国大学生乒乓球协会，1990 年中国大学生乒乓球协会在上海成立。是我国最早成立的大学生体育组织之一。大乒协每年组织全国性的大学生比赛活动，从 20 世纪 90 年代开始至今已举办了二十余届比赛，比赛的水平是越来越高，参赛院校也越来越多，从而推进了高校乒乓球运动的发展。

（二）场地器材

1. 球台

乒乓球台的上层表面叫作比赛台面，应为与水平面平行的长方形，长 2. 74 米，宽 1. 525 米，离地面高 0. 76 米。

2. 球网装置

乒乓球比赛所用的球网装置包括球网、悬网绳、网柱及将它们固定在球台上的夹钳部分。整个球网的顶端距离比赛台面 15. 25 厘米（球网高：15. 25 厘米）。

3. 场地

赛区空间应不少于 14 米长、7 米宽、5 米高；挡板应为 75 厘米高，且为同一深色。目前国际重大乒乓球比赛场地是长 17. 8 米，宽 8. 4 米。

（三）球拍

球拍的大小、形状和重量不限，但底板应平整、坚硬。用来击球的拍面应用一层颗粒向外的普通颗粒胶覆盖，连同黏合剂，厚度不超过 2 毫米，或用颗粒向外或向内的海绵胶覆盖，连同黏合剂，厚度不超过 4 毫米。比赛开始时及比赛过程中运动员需要更换球拍时，必须向对方和裁判员展示他将要使用的球拍，并允许他们检查。

（四）球

球应为圆球体，直径为 40 毫米。球重 2. 7 克。球呈白色、橙色，且无光泽。

二、乒乓球基本技术

（一）握拍方法

乒乓球拍的握拍一般认为有两种，一种是直拍握法（小刀）；另一种是横拍握法（大刀），这种握法，很像欧洲人在用刀叉。乒乓球拍的握拍法，基本上分直握法和横握法两种。

1. 直拍握拍法

（1）拍前：以食指第二指节和拇指第一指节扣拍。拇指与食指之间的距离要适中。

（2）拍后：其他三指自然弯屈，中指第一指节贴于拍的背面（见图 8-4-1）。

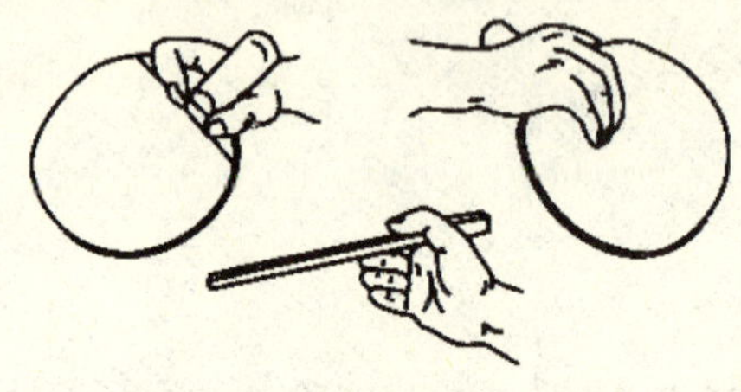

图 8-4-1

2. 横拍握法

（1）中指、无名指和小指自然地握住拍柄。

（2）拇指在球拍的正面轻贴在中指旁边，食指自然伸直，斜放于球拍的背面。

（3）浅握时，虎口轻微贴拍，深握时，虎口紧贴球拍（见图 8-4-2）。

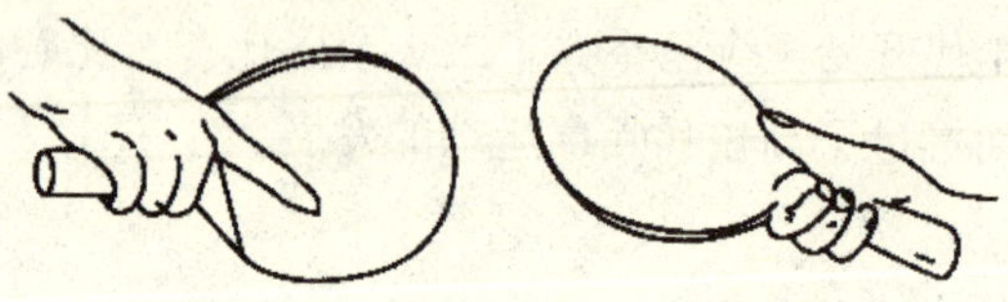

图 8-4-2

（二）发球技术

1. 反手平击发球

站位左半台离台 30 厘米，右脚稍前身体略向左转，左手掌心托球，右手持拍于身体左侧。持球手轻轻向上抛球，同时持拍手向后引拍，上臂自然靠近身体右侧，待球下落低于球网时，持拍手以肘关节发力，由左后向右前挥拍击球中部，拍面稍前倾，第一落点在本台中区（见图 8-4-3）。

图 8-4-3

2. 正手平击发球

站位中近台偏右左脚稍前，身体稍右转，球向上抛起，持拍手由右后向前挥动。其余同反手平击发球（见图 8-4-4）。

图 8-4-4

（三）推挡球技术

1. 挡球

（1）特点与应用。

挡球的特点是球速慢，力量轻，动作较简单，初学者容易掌握。它可以帮助初学者熟悉球性，认识乒乓球的击球规律，提高控制球的能力。

（2）要点。

①挡球是推挡球技术的基础，初学者应形成正确的动作手法；②引拍时，上臂应靠近身体；③前臂前伸近球，手腕手指调节拍形，食指用力，拇指放松（见图 8-4-5）。

图 8-4-5

2. 快推

（1）特点与运用。

快推的特点是站位近，动作小，借力还击，速度快，线路变化多。适用于回击一般的拉球、推挡球和中等力量的攻球；在相持中能发挥回球速度快的优势，推压两大角或袭击对方空当，为自己的进攻创造条件。它是推挡球最常用的一项技术。

（2）要点。

①击球前靠近身体，前臂适当后撤引起；②在前臂向前推送的过程中，完成外旋动作；③转腕动作不宜过大，关键是时机要恰当。

3. 加力推

（1）特点与运用。

加力推回球力量重，速度快，击球点较高，充分发挥手臂的推压力量。比赛中运用加力推可迫使对方离台，陷于被动局面（如侧身正手攻前一板，加力推底线或大角度），与减力挡搭配使用，能有效地调动对方，获得主动。它适用于对付速度较慢、旋转较弱的上旋球或力量较轻、着台后弹起比网稍高的来球。

（2）要点。

①球拍后撤上引是为了增大用力距离；②击球点适当离身体远一点；③击球时间不宜过早或过迟；④要有效地把身体各部分的力集中在击球的一瞬间。

4. 减力挡

（1）特点与运用。

减力挡的特点是回球弧线低、落点低、力量轻。回接对方的大力扣杀或加力推挡时能减弱回球的力量，如与加力推结合运用，可以前后调动对方，是对付中台两面拉或两面攻打法的有效战术，它还常用于接加转弧圈球。

（2）要点。

①击球前身体重心略升高，稍屈前臂，球拍保持合适的前倾角度；②触球瞬间，有意识地做手臂和手腕后收的动作；③削弱来球反弹力的同时，借来球的力量将球挡过去，回球速度快。

（四）攻球技术

1. 正手快攻

（1）特点作用。

正手快攻站位近、动作小、出手快，借来球的反弹力还击，与落点变化相结合，可调动对方为扣杀创造条件，是近台快攻打法的一项主要技术。

（2）动作要领。

手臂自然弯曲并作内旋使拍面稍前倾，前臂横摆引至身体右侧后方。右脚稍用力蹬地，髋关节略向前转动，腰向左转，上臂带动前臂快速向左前方挥动迎球。当来球跳至上升期（或高点期），拍面稍前倾击球中上部，触球瞬间前臂迅速收缩，向前打为主、略带摩擦，手腕辅助发力。并可借助手腕调节拍面角度、改变击球部位来变化回球的落点（见图 8-4-6）。

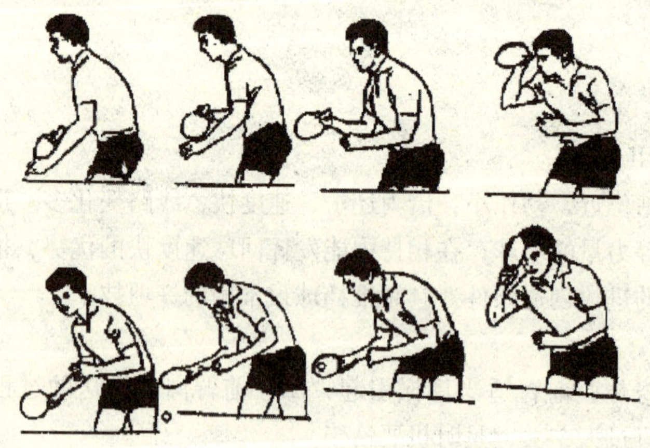

图 8-4-6

2. 正手快点

(1) 特点作用。

正手快点动作小、出手快、线路活，回球带有突击性。用于进攻台内球，以打破对方的小球控制，在前三板中争取更多的主动。

（2）动作要领。

站位靠近球台，右方大角度来球时上右脚，中间或偏左方向来球时上左脚。手臂自然弯曲迎前，前臂伸向台内，根据来球旋转程度手臂相应地作内旋或外旋调整拍面角度。当来球跳至高点期时触球：来球下旋强时，拍面稍后仰，击球中下部，前臂、手腕向前上方发力；下旋弱时，拍面垂直，击球中部，前臂、手腕向前为主，适当向上用力；来球上旋时，拍面稍前倾，击球中上部，直接向前用力（见图 8-4-7）。

3. 反手快拨

（1）特点作用。

反手快拨动作小、出手快、线路活，借来球反弹力量还击。具有一定的速度和力量，但突然性和攻击性不足，多为横拍选手用以对付强烈的上旋来球、直拍推挡或反手进攻。

图 8-4-7

（2）动作要领。

两脚平行开立，站位较近。手臂自然弯曲并作外旋使拍面前倾，手腕内收和屈，将球拍引至腹前偏左的位置。当来球跳至上升期，前臂加速挥动并外旋，手腕作伸和外展，拍面稍前倾击球中上部，借来球反弹力量向右前方拨回来球（见图 8-4-8）。

图 8-4-8

4. 正手扣杀

（1）特点作用。

正手扣杀动作较大、出手较快、力量重、攻击性强，是还击正手位半高球的有效方法，也是得分的重要手段之一。

（2）动作要领。

右脚稍前，站位离台稍远。腰、髋向左转动，整个手臂尽可能向左后方引拍，以便拉开球拍与来球间的距离，引拍应稍高。当来球跳至高点时，腰、髋向右转动，肘关节内收，上臂带动前臂在身前横摆，向前向下加速挥动，拍面稍前倾击球中上部，触球瞬间用力要集中，手腕控制拍面角度以提高命中率（见图 8-4-9）。

图 8-4-9

5. 正手弧圈球

两脚开立，左脚在前，右脚稍后，收腹、含胸、屈膝，身体稍前倾，重心落在两脚之间。腰、髋略向右转动，重心置于右脚掌略靠前外侧，右肩略下沉，左肩自然转向来球方向，右腿屈膝程度加大，腰腹部收住，保持一定的紧张状态。用腰控制上臂，前臂自然下垂，球拍经腹前向右斜后下方移动，通常引至身体右侧腰部下方稍后处，转腰的速度快于拉手（见图 8-4-10）。

图 8-4-10

（五）搓球技术

1. 慢搓

（1）特点、作用。

慢搓动作较大、速度较慢，主动发力回击，因此有利于增强回球的下旋强度，是学习其他搓球技术的基础。

（2）动作要领。

①正手慢搓：手臂外旋使拍面后仰，前臂向右后上方引拍，当来球跳至下降前期，前臂带动手腕加速向前下方用力摩擦球，触球中下部。

②反手慢搓：与正手相同，但方向相反（见图 8-4-11）。

图 8-4-11

2. 快搓

（1）特点、作用。

快搓动作较小、速度较快，且有一定的旋转，与其他搓球技术结合，能主动改变击球节奏，为力争主动创造条件。

（2）动作要领。

①正手快搓：肘部自然弯曲，手臂外旋使拍面角度稍后仰，后引动作较小。当来球跳至上升期，利用上臂前送的力量，前臂与手腕配合，借力结合发力，触球中下部并向前下方用力摩擦。

②反手快搓：与正手基本相同，但方向相反（见图 8-4-12）。

图 8-4-12

（六）削球技术

1. 远削

（1）特点、作用。

远削动作较大、球速较慢、弧线长、击球点低，以旋转变化为主，配合落点变化。主要用于在远台回接旋转强烈的弧圈球，是削球运动员最基本的入门技术。

（2）动作要领。

①正手远削：两脚分开，右脚稍后，身体略向右转，手臂向右后上方移动，前臂提起，球拍上举。当来球跳至下降后期，随着身体的向左转动，上臂带动前臂同时向左前下方用力，拍面后仰，触球中下部，手腕有一摩擦球的动作（见图 8-4-13）。

图 8-4-13

②反手远削：基本同正手削球，但方向相反。反手削球因受身体的限制，引拍动作要有节奏（见图 8-4-14）。

图 8-4-14

2. 近削

（1）特点、作用。

近削站位较近、动作较小、击球点高、回球速度快、配合落点变化可调动对方，伺机反攻或直接得分。主要在对手拉球旋转不强或攻球力量不大时使用。

（2）动作要领。

①正手近削：与远削相同处不再复述。与远削动作不同之处有，向上引拍为主，拍形近似垂直或稍稍后仰，整个动作以向下为主，略带向前向左，在来球的上升后期或高点期触球的中下部（比远削偏中部），动作速度比远削要快（见图 8-4-15）。

图 8-4-15

②反手近削：与正手近削相同，但方向相反。引拍动作应适当加快，否则有来不及的感觉（见图 8-4-16）。

图 8-4-16

三、乒乓球基本战术

(一) 推攻战术

1. 特点

主要运用正手攻球和反手推挡的速度和力量，并结合落点变化和节奏变化来压制和调动对方，以争取主动或得分。推攻战术是左推右攻打法对付攻击型打法的主要战术，有反手推挡能力的两面攻运动员、攻削结合运动员等也常使用推攻战术。

2. 方法

(1) 左推右攻。

(2) 推挡侧身攻。

(3) 推挡、侧身攻后扑正手。

(4) 左推结合反手攻。

(5) 左推、反手攻、侧身攻后扑正手。

3. 注意事项

(1) 推、攻都要有线路变化、落点变化和节奏变化，这是推攻战术争取主动和创造扣杀机会的主要方法。

(2) 推挡一般以压对方反手为主，然后突然变正手，以创造进攻机会。如果对方正手较差，才可以推对方正手为主。

(3) 在推挡中突然加力推对方中路，使对方难于用力回击，然后用正手或侧身扣杀。

(4) 遇到机会球时要果断扣杀，这是推攻战术得分的主要手段。

(5) 推攻战术要坚持近台，又不能死守近台，要学会近台和中台的位置转换，掌握对手节奏。

(6) 推攻战术对付弧圈类打法应坚持近台为主，用快推和加、减力推挡控制落点，伺机采用近台反拉或中等力量扣杀弧圈球，然后进入正手连续进攻。

(二) 两面攻战术

1. 特点

主要利用正、反手攻球技术的速度和力量压制对方，争取主动和创造扣杀机会。两面攻技术是两面攻打法对付攻击型打法的主要战术。

2. 方法

(1) 攻左扣右。

(2) 攻打两角，猛扣中路。

3. 注意事项

（1）正、反手攻球都要有线路变化和落点变化，以便创造扣杀机会。

（2）要以压对方反手为主，然后攻击对方正手或中路，以创造扣杀机会。

（3）遇到机会球时要大胆扣杀。

（4）两面攻战术在主动进攻情况下要坚持近台，被动情况下可适当后退，在中近台或中台进行反攻。

（5）两面攻战术对付弧圈球打法应坚持近台，用快带顶住对方的弧圈球，伺机采用近台反拉或中等力量扣杀弧圈球，然后转入连续进攻。

（三）拉攻战术

1. 特点

连续运用正手快拉创造进攻机会，然后采用突击和扣杀来作为得分手段。拉攻战术是快攻打法对付削球类打法的主要战术。

2. 方法

（1）正手拉后扣杀。

（2）反手拉后扣杀。

3. 主要事项

（1）拉、扣的力量要悬殊，以使对方措手不及。

（2）拉球要有线路和落点变化以调动对方，争取主动和创造进攻机会。

（3）遇到机会球时要大胆扣杀或突击。

（4）采用拉攻战术要有耐心，不要急于求成，对没有把握的机会球要谨慎处理。

（四）拉、扣、吊结合战术

1. 特点

由拉攻与放短球相结合而成，是快攻型打法对付削球打法的常用战术。

2. 方法

（1）在拉攻战术的扣杀或突击后放短球。

（2）在拉攻战术中放短球后，结合扣杀或突击。

3. 主要事项

（1）拉攻中放短球，要在对方站位较远并且来球比较近网时进行，这样，放短球的落点容易靠近球网，可增加对方向前移动的距离和难度。

（2）放短球后扣杀时，如果对方靠台极近，可对准对方身体方向扣杀，这样，往往能使对方难于让位还击。

（五）战术

1. 特点

主要运用“转、低、快、变”的搓球控制对方，以寻找战机，然后采用低突、快点或拉攻等技术展开攻势并进入连续进攻；在搓球中遇到机会球时进行扣杀，常常带有突然性，往往可以直接得分。搓攻战术是乒乓球各种打法都不可缺少的辅助战术。

2. 方法

（1）正、反手搓球结合正手快拉、快点、突击或扣杀。

（2）正、反手搓球结合反手快拉、快点、突击或扣杀。

3. 注意事项

（1）搓攻战术既要尽可能早起板，以争取主动，但又不能有急躁情绪，否则，起板容易失误。

（2）在搓球中遇到机会球时要大胆扣杀，这是搓攻战术的主要得分手段。

（3）在搓短中摆短，可使对方不易抢先进攻，故有利于创造进攻机会，以便伺机用正、反手或侧身进攻。

（六）削中反攻战术

1. 特点

由削球和攻球结合而成，常以逼角加转削球为主，伺机反攻；或以转、低、稳、变的削球，迫使对手在走动中拉攻，以从中寻找机会，予以反攻。这种战术有“逼、变、凶、攻”的特点，是攻、削结合打法的主要技术。

2. 方法

（1）正、反手削球逼角，结合正手攻或侧身攻对方右侧空当。

（2）正、反手削两大角长球，结合正、反手反攻。

3. 注意事项

（1）正、反手削球都要注意旋转强度的变化。在削加转后用削加转球相似的手法削不转球，是使对方拉出高球，以进行反攻的有效方法。

（2）削球时要尽可能压低弧线，以避免对方扣杀或突击。

（3）削球逼角时要适当配合削另一角，以使对方在走动中击球。

（七）发球抢攻战术

1. 特点

发球抢攻战术是以旋转、线路、落点以及速度不同的发球来增加对方回击的难度，使其出现机会球，或降低回球质量，然后抢先进攻，以争取主动或直接得分，这是乒乓球所有打法特别是进攻型打法的主要战术和得分手段。

2. 方法

（1）发下旋转与“不转”抢攻。

（2）发正、反手奔球抢攻。

（3）发正、反手侧上、下旋球抢攻。

3. 注意事项

（1）发球要有线路和落点变化，以使对方在前、后、左、右走动中接发球。

（2）发球后要有抢攻准备，以不失抢攻的机会。

（3）自己发什么球，对方可能以什么技术回击，要做到发球前心中有数。这样，才能较好地做好抢攻的准备。

（4）抢攻要尽可能凶，又不能过凶，否则，会影响命中率。

（八）接发球抢攻战术

1. 特点

由某一单项攻球技术所形成，进攻性强，可变接发球的不利地位为主动地位，也可直接得分，是乒乓球运动各种打法特别是进攻型打法的主要战术。

2. 方法

用快点、快攻或中等力量突击进行接发球抢攻。

3. 注意事项

（1）由于接发球抢攻是在对方主动发球，自己处于被动的接发球地位时所采取的进攻性打法，所以难度较大。接发球抢攻一般不可过凶，要看准来球的旋转方向、旋转强度和高度，采用适当的方法进攻。例如对方发加转下旋球，接发球抢攻时要采用提拉手法，以免下网。同时，攻球的力量不可过大。

（2）接发球抢攻动作结束后，要立即做好对攻或连续攻的准备，以便继续处于主动地位。

（3）接发球抢攻、抢冲的力量越小，越应注意球的路线或落点，一般应多打在对方反手；若对方反手强而正手弱，则可多打在对方正手。

四、乒乓球练习方法

（一）乒乓球速度素质训练方法

1. 提高练习者的反应速度

（1）动作反应练习：练习前教练员告诉练习者有多种徒手动作，如正、反手攻、拉、扣等动作。教练员任意喊其中一个动作，要求运动员做出应答反应，也可连续喊一连串动作。可原地进行，也可在行进间练习。

（2）多球变换练习：有规律变换成无规律，如：正手接右半台近网小球后结合推、侧、扑右的练习，秒后变换成无规律的全台推、攻、拉等动作练习。

2. 提高练习者的动作速度

（1）持乒乓球拍快速徒手动作练习：计 30 秒正手攻、拉、扣等动作练习。一般采取以慢—快—最快—慢的动作速度节奏进行练习。

（2）原地 30 秒提踵动作练习：两脚站立与肩同宽。要求练习者按教练员口令去完成快速提踵练习，慢还原。20~25 次为一组。一般为 5 组。每组 30 秒，看谁做得快。

3. 提高练习者的移动速度

（1）步法移动练习：以球台边线距离为准，要求练习者在 30 秒内尽最快速度完成滑步、跨步、交叉步组练习。每次 3~4 组。

（2）快速移动挥臂击球练习：把 2 个乒乓球悬吊在距离 1 米处，高度因人而异。脚步移动，连续挥臂用球拍击碰撞反弹回来的球。击球移动速度越快越好。练习 3~4 组，每组 30~35 次。

（二）乒乓球力量素质训练方法

（1）持轻重量（1~2 千克）快速屈伸前臂，练习 2~3 组，每组 15~20 次。

（2）蛙跳练习：身穿沙背心，带沙绑腿，全蹲。两脚蹬地，腿蹬直向前上方跳起，腾空后挺胸收腹，快速屈腿前摆，双脚掌落地后不停顿地连续做，6~10 次为一组。

（三）乒乓球耐力素质训练方法

（1）1 分钟多球练习：要求练习者按照教练员所安排的教学内容进行反复练习，直至疲劳为止。

（2）1分钟立卧撑练习：由直立姿势开始，下蹲两手撑地，伸直腿成俯撑，然后收腿成蹲撑，再还原成直立。每次做1分钟，4~6组，间歇6分钟，强度为中等强度。

（3）快速移动捡球练习：将20个乒乓球放置不同方位的筐内，距离为1.5米，要求练习者将球从有球的筐捡向没有球的筐，反复进行一个来回，每次20个球，做4~6组，间歇6分钟1次。

（四）乒乓球灵敏素质训练方法

（1）教练员以多球形式变换旋转练习：连续供3~5个上旋球，突然供1个下旋球或1个不转球。

（2）连续供不同旋转性质与不同旋转强度的练习：以多球形式为主，要求练习者命中35球为一组，每次练习2~5组。

（3）以非常规姿势完成的练习：各种侧向或倒退方向的练习，如侧向或倒退跳远、跳深等。

（五）乒乓球柔韧素质训练方法

（1）压肩练习：身体面向球台或肋木，双手手扶球台或肋木做双手压肩或单手压肩练习。

（2）双人背向拉肩练习：双人背向两手头上拉住，同时做弓箭步前拉。

（3）双人压肩练习：两人面对面站立，距离适中，手扶对方肩，做体前屈压肩练习。

（4）侧向肋木压肩练习：侧向肋木，一手上握一手下握肋木侧拉。

（5）正、侧压腿练习：前后左右劈腿练习；可独立前后振压，也可以将腿部垫高，由同伴帮助下压。

五、乒乓球运动与健身

乒乓球是一种世界流行的球类体育项目。乒乓球运动具有球小、速度快、变化多、娱乐性较强的运动特点。加之器材设备比较简单，室内室外均可以锻炼，且不受年龄、性别等限制，参加者可根据自身的身体状况、打法爱好等情况，人手一拍，单打或双打。长久以来，吸引着世界范围内甚多的爱好者参与。乒乓球是一项集健身性、竞技性和娱乐性为一体的运动。

首先，它具有较高的锻炼价值。作为一项全身运动，乒乓球所特有的速度快、变化多的特点决定了参与者在以下方面均可受益：

（1）参与者全身的肌肉和关节组织得到活动，从而提高了动作的速度和上下肢活动的能力。

（2）极有效地发展参与者反应、灵敏、协调和操作思维能力。其次由于该项运动极为明显的竞技性特点和娱乐功能，又使其成为一项培养勇敢顽强、机智果断等品质和保持青春活力，调节神经的有效运动。

乒乓球运动越来越多地被作为增强智力、提高工作效率以及保健、医疗和康复的极佳手段而引起各方面的重视。一位美国科学家这样说道："如果时间允许，又有一位合适的对手作陪练，那么打乒乓球是提高手、眼配合的最好途径。该运动可使你获益匪浅，它需要敏捷、复杂的行动与当机立断的反应；它还有许多微妙之处，技术、整体配合、节奏感、计谋，对头脑及体能均有很高的要求。在期待和压力并存时，竞赛将充分反映出你非凡的自我完善及自律精神，打乒乓球是开动脑筋的好办法。”

经常参加乒乓球运动，不仅可以提高神经系统的灵敏性和灵活性，还可以提高动作的速度和上肢与下肢的协调能力，培养人们沉着冷静、机智勇敢、克服困难、争取胜利的优良品质，并能改善心脏血管系统的功能，加速血液循环，促进身心全面发展等，因而具有很高的锻炼价值。

六、乒乓球竞赛规则简介

（一）乒乓球发球

（1）选择发球、接发球和场地的权力应通过选择硬币的正反面来决定。选对者可以选择先发球或先接发球，或选择先在某一方。

（2）当一方运动员选择了先发球或先接发球或选择了场地后，另一方运动员应有另一个选择的权力。

（3）在每获得2分之后接发球方即成为发球方，依此类推，直到该局比赛结束，或者直至双方比分都达到10分实行轮换发球法，这时发球和接发球次序仍然不变，而且每人只轮发一分球。

（4）一局中在某一方位比赛的一方，在该场的下一局应换到另一方位。单打决胜局中当有一方满5分时应交换方位。

（二）发球、接发球次序和方位的错误处理

（1）裁判员一旦发现发球、接发球次序错误应立即暂停比赛，并按该场比赛开始时确立的次序，根据场上的比分由应该发球或接发球的运动员发球或接发球；在双打中，则按发现错误时那一局中首先有发球权的一方所确立的次序继续进行比赛。

（2）裁判员一旦发现运动员应交换方位而未交换时，应立即暂停比赛，并按该场比赛开始时确立的次序，根据场上比分纠正运动员所站的方位后再继续比赛。在任何情况下，发现错误之前的所有得分均有效。

（3）当发球者发出的球触碰到网，叫“擦网”。裁判应令发球者重新发球，若连续擦网两次则是犯规，计分者给予扣分。

（三）合法还击

对方发球或还击后，本方运动员必须击球，使球直接越过或绕过球网装置。或触及球网装置后，再触及对方台区。上述情况，均为合法还击。

（四）重发球

不予判分的回合出现下列情况，应判重发球：

（1）如果发球员发出的球，在越过或绕过球网装置时触及球网装置，此后成为合法发球或被接发球员或其同伴阻挡。

（2）如果发球员或同伴未准备好时球已发出，而且接发球员或其同伴均没有企图击球。

（3）由于发生了运动员无法控制的干扰，如灯光熄灭等原因，而使运动员未能合法发球、合法还击或未能遵守规则。（运动员与同伴相撞或者被挡板绊倒而未能合法回击，则

不能判重发球。)

(4) 裁判员或副裁判员宣布的暂停比赛。例如:①由于要纠正发球、接发球次序或方位错误;②由于要实行轮换发球法;③由于警告或处罚运动员;④由于比赛环境受到干扰以致该回合结果有可能受到影响(例如外界球进入赛场或者是足以使运动员大吃一惊的突然喧闹)。

(五) 判一分

回合中出现重发球以外的下列情况,应判失一分:

(1) 未能合法发球。

(2) 未能合法还击。

(3) 阻挡。

(4) 连续两次击球(如执拍手的拇指和球拍连续击球)。

(5) 除发球外,球触及本方台区后再次触及本方比赛台面。

(6) 用不符合规定的拍面击球。

(7) 双打中,除发球或接发球外运动员未能按正确的次序击球。

(8) 裁判员判罚分。

(9) 其他已列举的违例现象。

(六) 一局比赛

在一局比赛中,先得 11 分的一方为胜方;比分出现 10 平后,先多得 2 分的一方为胜方。

(七) 一场比赛

(1) 一场比赛应采用三局两胜制或五局三胜制。

(2) 一场比赛应连续进行,但在局与局之间,任何一名运动员都有权要求不超过两分钟的休息时间。

第五节 羽毛球

一、羽毛球运动概述

羽毛球运动诞生于英国。羽毛球是一项隔着球网,使用长柄网状球拍击打平口端扎有一圈羽毛的半球状软木的室内运动。1870 年,出现了用羽毛、软木做的球和穿弦的球拍。1873 年,英国公爵鲍弗特在格拉斯哥郡伯明顿镇的庄园里进行了一次羽毛球游戏表演。从此,羽毛球运动便逐渐开展起来,“伯明顿”即成了羽毛球的名字,英文的写法是“badminton”。1893 年,世界上最早的羽毛球协会——英国羽毛球协会成立,并于 1899 年举办了全英羽毛球锦标赛。此后羽毛球运动就传到了世界各地。

羽毛球运动是深受广大群众喜爱的小型球类运动。它运动器材简便,不受场地限制,两把拍子一个球,只要有一小块空地,就能进行活动和锻炼。羽毛球运动一方面是一项技巧性很强的竞技性比赛项目,另一方面,它是一项普及型很强、老少皆宜的活动,既能强身健体,又充满乐趣。无论是从事竞技性运动,还是从事一般性的大众健身活动都需要在场上不停地移动跳跃、转体、挥拍击球。因此，青少年经常进行羽毛球锻炼，能促进生长发育，提高身体各方面的机能，培养不怕困难，不甘落后，顽强的拼搏精神，从而提高身体素质促进身心健康。羽毛球在中国有着良好的群众运动基础。

依据参与的人数，羽毛球可以分为单打与双打。羽毛球运动对选手的体格要求并不很高，却比较讲究协调力，极适合东方人发展。自 1992 年起，羽毛球成为奥运会的正式比赛项目。随着体育运动蓬勃的发展，羽毛球运动也逐渐为群众所喜爱，并成为我国重点开展的项目之一。现在我国涌现出了一批世界羽坛顶尖高手，从而进一步奠定了我国羽毛球技术水平在世界的领先地位。我国羽毛球运动员在一系列世界大赛中为祖国夺得了众多的金牌，创造了中国羽毛球历史上的辉煌。

目前，由国际羽联主办的世界重大羽毛球赛有：

（1）汤姆斯杯赛：汤姆斯杯羽毛球赛是世界上最高水平的男子羽毛球团体赛，就是世界男子羽毛球团体锦标赛，由原国际羽联创办于 1948 年。每两年举办一次。

（2）尤伯杯赛：尤伯杯即世界女子团体羽毛球锦标赛。因由尤伯夫人捐赠而得名。又称为“世界女子羽毛球团体锦标赛”。自 1984 年开始，改为每两年举行一次，采用五场三胜制。

（3）苏迪曼杯赛：又称世界羽毛球混合团体锦标赛，采用五场三胜制，由男子单打、女子单打、男子双打、女子双打和混合双打五个项目组成，是代表羽毛球整体水平的最重要的世界大赛。

（4）世界羽毛球锦标赛：这是世界羽毛球单项锦标赛。共设有男、女单打、双打和混合双打五个比赛项目。比赛从 1977 年起每三年举行一届，1983 年起改为每两年举行一届，在奇数年举行。

（5）国际系列大奖赛：这是国际羽联参照世界网球大奖赛的办法组织的，始于 1983 年，它把全年的比赛分成若干赛区，由许多比赛组成系列，根据运动员在各次比赛中的成绩积分，选出前 16 名运动员进行决赛。

（6）全英羽毛球锦标赛：由英格兰羽毛球协会于 1899 年创办。它是世界历史上最悠久的羽毛球赛事。最初由英国和英联邦国家选手参加，现在已成为全球性的羽坛大会战。

（7）世界杯羽毛球赛：属于邀请性比赛。由国际羽联邀请当年成绩最优异的选手参加，创办于 1981 年，第一、二届设男、女单打比赛。自 1983 年起增设了男子双打、女子双打和混合双打三个项目。从 1998 年起，改为主办有世界顶尖选手参加的明星赛，并准备尝试奖金丰厚的羽毛球大满贯赛事。

二、羽毛球基本技术

羽毛球运动的基本技术分为两大类：一是基本手法，二是基本步法。基本手法又分为握拍、发球、接发球和击球四个部分。

（一）基本手法

1. 握拍技术

羽毛球的握拍技术分为正手握拍和反手握拍，但握拍方法不是一成不变的，可视具体情况而调整握拍。

（1）正手握拍法。

虎口对着拍柄窄面的小棱边，拇指和食指贴在拍柄的两个宽面上，食指和中指稍分开，中指、无名指和小指并拢握住拍柄，掌心不要紧贴，拍柄端与近腕部的小鱼际肌平，拍面基本与地面垂直（见图 8-5-1）。正手发球、右场区各种击球及左场区头顶击球等，一般都采用这种握法（以右手握拍者为例）。

（2）反手握拍法。

在正手握拍的基础上，拇指和食指将拍柄稍向外转，拇指顶点在拍柄内侧的宽面上或内侧棱上，中指、无名指和小指并拢握住拍柄，柄端靠近小指根部，使掌心留有空隙。球拍斜侧向身体左侧，拍面稍后仰（见图 8-5-2）。一般说来，击身体左侧的来球，大都先转体（背对网），然后用反手握拍法击球。

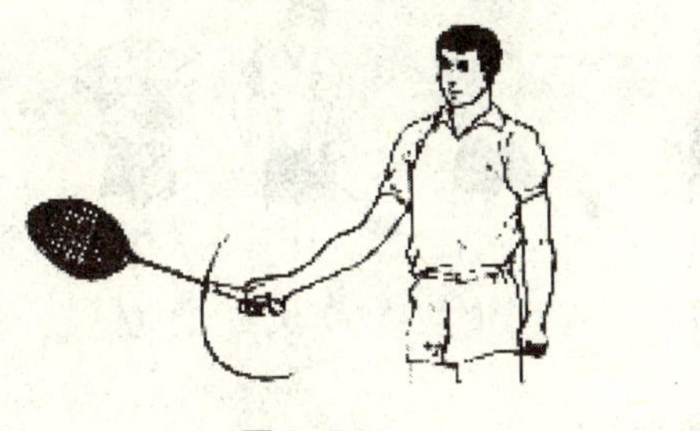

图 8-5-1

图 8-5-2

2. 发球技术

发球大致可分为正手部分和反手部分。一般来说，发高远球、发平球、发网前球的技术，均可以用正手发球和反手发球的技术来进行，而发高远球，则普遍采用正手发球法。基本的发球技术有：发高远球、发平球和发网前球。

（1）发高远球：所谓高远球是把球发得又高又远，使球向对方后场上方飞去，球的飞行路线与地面形成角度，使球在对方场区底线附近垂直下落（见图 8-5-3）。

图 8-5-3

（2）发平高球时，动作过程大致与发高远球相同，只是在击球的一刹那，前臂加速带动手腕向前上方挥动，拍面要向前上方倾斜，以向前用力为主。注意发出球的弧线以对方伸拍击不着球的高度为宜，并应落到对方场区底线（见图 8-5-4）。

（3）正手发高平球：姿势、动作和发正手高远球一样，只是发力方向和击球点不同。发高平球时球运行的抛物线不大，使球迅速地越过对方场区空中而落到底线附近（见图 8-5-5）。

图 8-5-4

图 8-5-5

（4）正手发网前球：发网前球就是把球发到对方发球区内的前发球线附近，球拍触球时，拍面从右向左斜切击球，使球刚好越网而过，落在对方前发球线附近（见图 8-5-6）。

图 8-5-6

（5）反手发网前球：反手发网前球就是运用反手发球技术把球发至对方发球区内前发球线附近。击球时球拍由后向前推送击球，使球运行的弧线最高点略高于网顶，球拍触球时，拍面呈切削式击球，使球落到对方场区的前发球线附近（见图 8-5-7）。

（6）反手发平球：反手发平球与发正手球的球路、角度、落点一样。发球时，球拍的挥动方向也与反手发网前球一样，只是在击球的一刹那，手腕有弹性地击球，拍面与地面的角度接近垂直，将球击到双打后发球线以内的区域。

3. 接发球技术

接发球是一项被动技术，受发球方的牵制，因此只有做好了充分准备才能接好来球，如果判断准确、启动快、还击及时，就能在对方发球质量稍差时，杀、扑得手或取得主动，从而达到后发制人的目的。

接发球站位有单打和双打。两者站位有所不同。

单打站位一般是在离发球线 1.5 米处。在右发球区应站在靠近中线的位置；在左发球区则站在中间的位置。这样站主要是防备对方直接进攻反手部位。一般左脚在前，右脚在后，双脚微屈，收腹含胸，身体重心放在前脚上，后脚脚跟稍抬起。身体半侧向球网，球拍举在身前，双眼注视对方（见图 8-5-8）。

图 8-5-7

图 8-5-8

由于双打发球区比单打发球区短 0.76 米，接发球时要站在靠近前发球线的地方。双打接发球准备姿势和单打姿势基本相同。只是身体前倾较大，身体重心可前可后，球拍举得高些，在球飞行到网上最高点时击球，争取主动。

4. 击球技术

羽毛球击球技术方法，包括击高球、吊球、杀球、放网、搓球、挑球、推球、扑球、勾球、拨球、抽球、挡网及封网等，每一种技术又可分为正手或反手击球法。依据战术球路的需要，又可击出直线和斜线球来。

（二）基本步法

羽毛球步法是一项很重要的基本技术，它和手法相辅相成，取长补短，不可分割。没有正确的步法，必然会影响各种击球技术的完成。而在比赛中如没有快速、准确到位的步法，其手法就会失去其攻击性与威胁性，所以学习和掌握熟练的、快速而准确的步法是打好羽毛球、提高运动水平的重要环节。

基本步法根据场上移动的方向和场区的位置，通常将羽毛球步法划分为：一是上网步法；二是后场步法；三是中场步法。根据动作的结构，羽毛球步法在实践中由以下一些基本步法组成：跨步、垫步、蹬步、并步、交叉步、蹬跳步。

（1）跨步：指向击球点迈出较大步幅的移动方法。通常在上网步法的最后一步时使用。

（2）垫步：在移动到最后一步，与击球点尚有较短的一段距离时，用另一脚再加一小步的移动方法。这一种步法比较轻捷、灵巧，不但能使移动的步数比较经济，还能保持移动中身体重心的稳定和有利于协助击球动作的完成。

（3）蹬步：以一脚为轴，另一脚作向后或向前蹬转步。

（4）并步：离击球点方向远侧的一个脚，向前一个脚垫一小步，同时前脚在其尚未落地时，又马上向前跨出的一种移动方法。这种步法较多地运用在上网、接杀球和正手后退突击扣杀时。

（5）交叉步：侧对击球点方向，两脚采用前、后交叉的移动方法。这种步法的步幅较大，移动中身体重心比较稳定。

（6）蹬跳步：在移动到最后一步时，采用单脚或双脚起跳击球的一种移动方法。

三、羽毛球基本战术

羽毛球战术是指运动员在比赛中为表现出高超的竞技水平和战胜对手而采取的计谋和行动。在羽毛球比赛中，双方都想要控制对手，力争主动。以己之长，克彼之短，抑彼之长，避己之短，控制与反控制的竞争是十分激烈的。能够根据不同对手的特点，采取相应变化的技术手段战而胜之，这便是战术的意义。

（一）单打战术

1. 发球抢攻战术

发球不受对方干扰，发球者可以根据规则，随心所欲地以任何方式将球发到对方接球区的任意一点。善于利用多变的发球术，能先发制人，取得主动。以发平快球和网前球配合，争取创造第三拍的主动进攻机会，组成了发球抢攻战术。

2. 攻后场战术

攻后场战术要求把球发到对方场地的端线或两低脚处，给对方后退进攻击球制造难度，然后寻找机会进攻。此战术用来对付初学者，或后场还击能力差，或后退步法较慢以及急于上网的对手是很有效的。

3. 攻前场战术

攻前场战术要求先发制人，以快速、凶狠、凌厉的特点进攻，从速度、力量上压制对方，速战速决。这种战术对付个头高、步法移动慢、网前出手慢、接下手球吃力的选手较为有效。

4. 拉、吊结合杀球战术

拉、吊结合杀球战术是把球准确地打到对方场区的四个角上，使对方每次击球都要在场上来回奔跑。先在后场以轻杀、点杀、劈杀配合吊球把球下压，落点要选择在场地两边，使对方被动回球。对方还击网前球时，迅速上网以贴网的搓球，或勾对角，或快速平推创造半场扣杀机会。使用这种战术时，对不同特点的对手要采用不同的拉、吊方法。对后退步法慢的可以多打前、后场；对盲目跑动满场飞的可使用重复球和假动作；对灵活性差的应多打对角线，尽量使对方多转身；对后场反手差的仍通过拉开后攻反手；对体力不好的对手可用多拍拉、吊来消耗其体力，然后战胜对方。

5. 防守反攻战术

防守反攻战术是对付那种盲目进攻而体力又差的对手。比赛开始，先以高球诱使对方进攻，在对方只顾进攻而疏于了自己的防守时，即可突击进攻。或者在对方体力下降、速度减慢时再发动进攻。

6. 打四点球突击战术

以快速的平高球、吊球准确地打到对方场区的四个角落，迫使对方前后左右奔跑，当对方来不及回中心位置或失去重心时，抓住空当和弱点进行突击。

（二）双打战术

双打从发球开始就形成短兵相接的局面。由于进攻和防守都加强了，这就更加要求运动员技术全面，能攻善守，反应灵敏。特别是对发球、接发球、平抽、挡、封网、扑、连续扣杀、接杀挑高球及防守反击等诸多技术，要求更高。两名队员配合默契，相互信任，打法上攻守衔接及站位轮转协调一致，是打好双打的关键。

1. 攻人战术

攻人战术是双打中常用的一种战术，是以人为攻击目标。对付两名技术水平高低不一的对手时，一般都采用这种战术。对付两名实力相当的队员也可采用这一战术。用几种攻势对付对方较弱的一名队员，常能起到“集中优势兵力打歼灭战”的作用；如另一队员过来协助时，又会暴露出空当，可在其仓促接应、立足不稳时偷袭他。

2. 攻中路战术

攻中路战术是把球打在防守方两人的中间。这种战术可以造成守方两人抢接一球或同时让球，彼此难于协调；限制对手在接杀球时挑大角度高球调动攻方；有利于攻方的封网，由于打对方中路，对方回球的角度也小，网前队员封网的难度就小了。

3. 攻直线战术

即杀球路线和落点均为直线，没有固定的目标和对象，只依靠杀球的力量和落点来取得得分。当对方的来球靠边线时，攻球的落点在边线上；当对方的来球在中间区时，就朝中路进攻。这个战术在使用上较易记住和贯彻。杀进线球虽然难度高一些，但效果不错，便于网前同伴的封网。

4. 攻后场战术

攻后场战术常用来对付后场扣杀能力较差的对手，把对方弱者调动到后场后也可以使用。此战术多采用平高球、平推球、挑底线把对方一人紧逼在底线，使其在底线两角移动击球，在其还击出半场高球或网前高球时即可大力扣杀，取得该球的胜利或主动。

5. 后攻前封战术

后攻前封战术要求后场队员积极大力扣杀创造机会，在对方接杀放网、挑高球或企图反击抽球时，前场队员以扑、搓、勾、推控制网前，或拦截吊、点封住前半场，使整个进攻连贯而又有节奏变化，使对方防不胜防。

6. 守中反攻战术

防守时，对方攻直线球，我方挑对角平高球；对方攻对角球，我方挑直线平高球，以达到调动对方移动的目的。然后可采用挡或勾网前逼近对攻的战术，这在对付网前扑、推、左右转体不灵的对手时，可以很快获得由守转攻的主动权。

（三）羽毛球的打法类型

打法是对比赛中运用某种相对固定和重复出现的技、战术组合方式的描述。每个或每对运动员都根据自己的技术特长、身体素质特点和意志品质等条件，培养形成自己的特定打法。在多种打法中运用不同的技术手段，而又有基本相同的战术目的，把这些技、战术组合方式归纳为一个类别，称之为某种打法类型。

1. 单打打法的分类及技、战术特点

（1）快速高吊结合突击的打法类型。

这种打法要求积极主动，技术全面、熟练准确，有突击能力，控制与反控制能力强，战术变化活，手法一致性和突变性强，步法快、灵活、速度耐力好。

技、战术特点：运用快速准确的高球和吊球的配合，控制其落点，进行多拍调动，当对方回球质量不高时，抓准机会突击扣杀。

（2）变速突击的打法类型。

这种打法是在高吊结合突击打法基础上的发展，强调变速进攻。要求手法的一致性和突变性强，尤其后场突击扣杀的动作小而爆发力强，步法能突然后场抢点起跳和前场的蹬跳，在意识上强调判断起动，抢点击球，落点刁难。

技、战术特点：通过自身动作速度的加快，争得突击进攻的机会。通常是高、吊配合，高、杀配合结合判断抢点突击，或推、搓以后的后退加速起跳突击。

（3）下压控网进攻的打法类型。

这种打法是先发制人，攻势凌厉，速战速决。要求进攻速度快而准，出手快，击球点高，扣杀力重，步法移动快，弹跳能力强，善于用小步加蹬跨步、蹬跳步。它包括杀、吊上网打法。发球抢攻打法、下压组攻打法等几种打法。

技、战术特点：以发球抢攻为主，特别是发网前低球结合发平球，迫使对方回球向上，然后通过大力扣杀或吊、轻杀、劈杀的配合，紧接着上网控制网前，运用搓、推、扑、勾技术，再创造中后场的进攻，尽量使球下压。当然该打法还必须配合平高球的运用。

（4）守中反攻的打法类型。

这种打法是以守为主，后发制人。要求步法更要快、活、灵，反应要快，心理稳定性强，球的稳定性好，具有很强的防守能力。这类打法还包括多拍高、吊的打法。

技、战术特点：通过高，吊球的配合，调动控制对方底线，并用防守的球路变化，消耗对方体力，利用对方急躁心理造成失误，当对方陷于被动或进攻质量稍差时，及时抓住有利战机进行反击。由于反击得及时、快速、凶狠，往往给对方以致命打击。

2. 双打的打法分类及技、战术特点

（1）前半场组攻的打法类型。

这种打法非常强调前半场的作用，它通过控制前半场来组织进攻。要求判断反应快，抢位跟进快，前半场出手快、击球点高，紧封挡压，落点刁难，力争在前半场解决战斗。

技、战术特点：通过发球、接发球和前半场的快打、高打、软打的控制组织进攻，强调前场出球质量和落点要求。

（2）推压底线组攻的打法类型。

这种打法具有硬、压的特点，控制对方的中后场，并组织进攻。要求中前场的击球点高，击球动作小而有力，强调推、抽、压技术的运用。

技、战术特点：通过硬打、快速平推或抽压两边底线，使之形成平抽快攻的局面或创造后攻前封的进攻机会。

（3）攻守实力的打法类型。

这种打法是守中反攻打法的发展，要求技术全面、熟练，能攻善守，攻中有防，防中转攻，抓准机会一攻到底，所以除了掌握较好的防守技术外，还强调要有较强的防守反击能力和较有威胁的后场多点配合的连续进攻能力。

技、战术特点：通过拉开后场两底线，以及防守反击，组织进攻，后场进攻有一定威胁，通常是杀、吊球的配合，并注意扣杀的轻重和落点的变化。

3. 我国羽毛球战术指导思想

“以我为主”“以快为主”“以攻为主”是我国羽毛球战术的指导思想。

“以我为主”：不要脱离自己的技术、身体条件、身体素质、心理素质和打法特点等去选择战术。

“以快为主”：在战术的变化和转换上，要体现“快”的特点。如发现对方技战术的优、缺点后，改变战术要快、要及时；由攻转守。由守转攻或由过渡转为进攻，由进攻转为过渡的速度要快，要抓住有利时机迅速转换。

“以攻为主”：在制定战术时，要强调进攻的主导思想。在防守时也要强调积极防守。

四、羽毛球竞赛规则简介

（一）羽毛球比赛用球

（1）应由 16 根羽毛固定在球托上。

（2）每根羽毛从球托面至羽毛尖的长度，统一为 62~70 毫米。

（3）羽毛顶端围成圆形，直径为 58~68 毫米。

（4）羽毛应用线或其他适宜材料扎牢。

（5）球托底部为球形，直径为25~28毫米。

（6）球重4.74~5.50克。

（二）羽毛球场地标准尺寸

（1）羽毛球场地应是一个长方形，用宽40毫米的线画出。

（2）场地线的颜色最好是白色、黄色或其他容易辨别的颜色。

（3）所有的线都是它所界定区域的组成部分。

（4）从球场地面起，网柱高1.55米。

（5）网柱必须稳固地同地面垂直，并使球网保持紧拉状态。

（6）网柱应放置在双打的边线上。

（7）羽毛球球网应由深色优质的细绳编织成，网孔为均匀分布的方形，边长15~20毫米。

（8）羽毛球球网上下宽760毫米。

（9）绳索或钢丝须有足够的长度和强度，能牢固地拉紧并与网柱顶部取平。

（10）场地中央网高1.524米，双打边线处网高1.55米。

（11）球网的两端必须与网柱系紧，它们之间不应有空隙。

（12）长13.40米，双打宽6.10米，单打宽5.18米。

羽毛球场地示意图（如图8-5-9所示）。

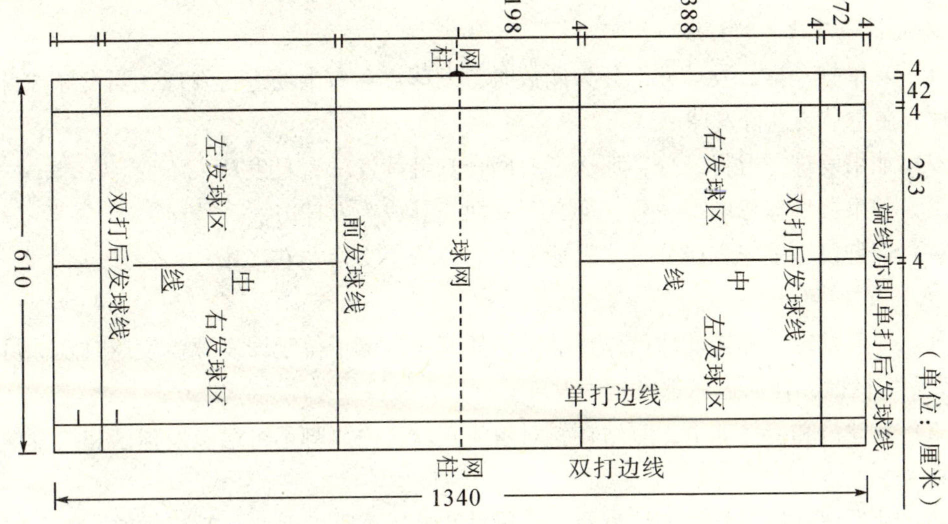

图8-5-9 羽毛球场地示意图

（三）羽毛球比赛规则定义

（1）运动员：参加羽毛球比赛的人。

（2）一场比赛：双方各一名或两名运动员是决定胜负的最基本的单位。

（3）单打：双方各一名运动员进行的一场比赛。

（4）双打：双方各两名运动员进行的一场比赛。

（5）发球方：有发球权的一方。

（6）接发球方：发球的对方。

（四）羽毛球比赛规则计分

（1）21 分制，3 局 2 胜为佳。

（2）每球得分制。

（3）每回合中，取胜的一方加 1 分。

（4）当双方均为 20 分时，领先对方 2 分的一方赢得该局比赛。

（5）当双方均为 29 分时，先取得 30 分的一方赢得该局比赛。

（6）一局比赛的获胜方在下一局率先发球。

（五）羽毛球团体赛规则

按照苏迪曼杯的规则是男单、女单、男双、女双、混双。顺序可依双方协议定，但是选手不能兼项，就是不能一人参加两项。每项都是三局两胜，每局 21 分。五场三胜制。

（六）赛间休息与换边规则

（1）在一局比赛中，当领先的一方达到 11 分时，双方有 60 秒休息时间。

（2）在两局比赛间，双方有 2 分钟的休息时间。

（3）在决胜局中，当领先的一方达到 11 分时，双方交换场地。

（七）羽毛球比赛单打规则

（1）在一局比赛开始时（比分 0∶0）或发球方得分为偶数时，发球方在右半场进行发球，当发球方得分为奇数时，在左半场进行发球。

（2）如果发球方取得一分，那么下一回合其继续发球。

（3）如果接发球方取得一分，那么下一回合其成为发球方。

（八）羽毛球比赛双打规则

（1）与单打一样，发球方得分为偶数时，发球方在右半场进行发球，当发球方得分为奇数时，在左半场进行发球。

（2）如果发球方取得一分，那么下一回合其继续发球，且发球人不变。

（3）如果接发球方取得一分，那么下一回合其成为发球方。

（4）当且仅当发球方得分时，发球方的两位选手交换左右半场。

（九）发球

（1）一旦发球员和接发球员作好准备，任何一方都不得延误发球。发球时发球员球拍的拍头做完后摆，任何迟滞都是延误发球。

（2）发球员和接发球员，应站在斜对角的发球区内，脚不得触及发球区和接发球区的界线。

（3）从发球开始，至发球结束前，发球员和接发球员的两脚，都必须有一部分与场地的地面接触，不得移动。

（4）发球员的球拍，应首先击中球托。

（5）发球员的球拍击中球的瞬间，整个球应低于发球员的腰部。

（6）发球员的球拍击中球的瞬间，球拍杆应指向下方。

（7）发球开始后，发球员必须连续向前挥拍，直至将球发出。

（8）发出的球向上飞行过网，如果未被拦截，球应落在规定的接发球区内（即落在线上或界内）。

（9）发球员发球时，应击中球。

（十）违例

1. 发球违例

（1）未将球发在相应的区域内；

（2）球挂在网上或停在网顶；

（3）球过网后挂在网上；

（4）双打时，接发球员的同伴接到球或被球触及。

2. 比赛进行中违例

（1）球落在场地界线外；

（2）球从网孔或网下穿过；

（3）球未从网上方越过；

（4）球触及天花板或四周墙壁；

（5）球触及运动员的身体或衣服；

（6）球触及场地外其他物体或人；

（7）球被击时停滞在球拍上，紧接着被拖带抛出；

（8）球在一个回合中被同一方队员多次击中；

（9）运动员的球拍、身体或衣服，触及球网或球网的支撑物；

（10）过网击球（击球时，球拍与球的最初接触点在击球者网这一方，而后球拍随球过网的情况除外）。

（十一）重发球

由裁判员宣判“重发球”，用于中断比赛。

1. 遇不能预见或意外的情况；

2. 除发球外，球过网后挂在网上或停在网顶；

3. 发球时，发球员和接发球员同时违例；

4. 发球员在接发球员未做好准备时发球；

5. 比赛进行中，球托与球的其他部分完全分离；

6. 司线员未看清，裁判员也不能做出决定时；

7.“重发球”时，最后一次发球无效，原发球员重新发球，发球区错误除外。

五、羽毛球运动与健身

（一）羽毛球运动的特点

羽毛球运动是一项深受人们喜爱的体育运动。它是全面锻炼人们身体、增强身体机能的良好手段，也是培养良好的道德风尚、陶冶情操的有效方法，通过锻炼和比赛，还能培养顽强的拼搏精神和优良的意志品质，从而提高身体素质和心理素质。羽毛球运动作为一项体育运动和娱乐活动，受到了广泛的欢迎和发展，因为它具有以下特点：

1. 它是全身运动项目

进行有规则的羽毛球比赛或是作为一般性的健身活动，都要在场地上不停地进行脚步移动、跳跃、转体、挥拍，合理地运用各种击球技术和步法将球在场上往返对击，从而增大了上肢、下肢和腰部肌肉的力量，加快了锻炼者全身血液循环，增强了心血管系统和呼吸系统的功能。长期进行羽毛球锻炼，可使心跳强而有力。肺活量加大，耐久力提高。此外，羽毛球运动要求练习者在短时间对瞬息万变的球路作出判断，果断地进行反击，因此，它能提高人体神经系统的灵敏性和协调性。

2. 可调节运动量

羽毛球运动适合于不同年龄阶段的人群，运动量可根据各人年龄、体质、运动水平和场地环境的特点而定。青少年可将羽毛球运动作为促进生长发育、提高身体机能的有效手段进行锻炼，运动量宜为中强度，适量的羽毛球运动能促进青少年增长身高，能培养青少年自信、勇敢、果断等优良的心理素质；老年人和体弱者可作为保健康复的方法进行锻炼，运动量宜较小，从而增强心血管和神经系统的功能，预防和治疗老年心血管和神经系统方面的疾病；儿童可作为活动性游戏方法来进行锻炼，培养他们不畏困难、不怕吃苦、不甘落后的品质，为今后成长打下良好的身体基础。

3. 不受场地限制

羽毛球运动受到人们普遍欢迎的原因之一是它不受任何场地限制，平时进行羽毛球活动只要有平整的空地就可以了。脑力工作者和职业劳动者，利用工间操、双休日、上下班前后的时间在空地上开展羽毛球活动，能够减轻疲劳，提高工作效率。人们还可把打羽毛球作为娱乐活动，休闲养性，活动身体，从而达到全面提高身体机能的目的。

4. 集体、个人皆宜

羽毛球运动既可单兵作战（一对一人练），又可集体会战（二对二人练）。单人对练时可以随心所欲地打出任何弧线、任何远度、任何力量、任何速度；集体会战则可以养成协调配合的习惯，培养集体主义精神，通过双打，培养好的沟通能力，有助于培养团队意识。

5. 不受年龄、性别的限制

羽毛球运动游戏性较强，运动量可大可小。身强力壮的年轻人可以将球打得又快又重，拼尽全力扑救任何来球，尽情散发自己的青春气息；年老体弱的练习者可以把球轻轻地击来打去，根据自己的要求来变换击球节奏，从而达到锻炼身体、延年益寿的功效。不同年龄、不同性别以及不同体质的人都能在羽毛球运动中找到乐趣。

6. 羽毛球运动的健身价值

羽毛球是一项以在室内进行运动为主的项目，但是作为一项娱乐活动，它也可以在室外进行。正是羽毛球运动的老少皆宜，并且在各种水平上都可以进行比赛的娱乐性和健身性，使之成为世界上最为流行的体育运动项目之一。在 1992 年的巴塞罗那奥运会上，羽毛球首次被列入奥运会比赛项目。

（二）长期进行羽毛球运动的健身价值

1. 娱乐性

羽毛球作为一种娱乐活动，参与者在球的对击过程中，通过不停的奔跑和身体的移动变化，努力地去把球击到对方的场地。每当击球者在击出一个好球或赢得一个球时都能使自己兴奋并感到一种成功的喜悦。同时，球的飞翔有快慢、轻重、高低、远近、狠巧、飘转等变化，使这种运动本身充满了丰富的乐趣。

2. 健身性

羽毛球运动可以全面增强人的体质。前场、后场快速移动击球，中后场的大力扣杀球，被动时的扑救球，双打的换位击球等都需要练习者有较好的力量、速度、耐力、灵敏、柔韧性等以及快速的反应能力。如扣杀需要力量；在双方对拉回合的过程中，为了取得主动需要有较快的速度、耐力和速度耐力；在扑救球时又需要有很好的灵敏和柔韧；双打中又需要极快的反应与判断能力。因此，经常从事该项体育活动可以发展人体的灵活性、协调性，可以提高人们上下肢及躯干的活动能力，改善呼吸系统和心血管系统的功能，提高有氧供能和无氧供能的能力，调节神经系统并提高其抗乳酸的能力，而且能起到增进健康、抗病防衰、调节精神的作用。

3. 培养意志力

羽毛球运动具有竞争性、对抗性、大强度等诸多因素的要求，使意志品质在该项运动中占有重要的地位。羽毛球比赛在大强度对抗下遇到这类情况，即运动员出现了“极点”，感觉自己再也坚持不下去了。这种现象不是一方出现，在势均力敌的情况下往往是双方先后都会出现，甚至几乎同时出现，这时就看谁能再坚持一下，胜利往往存在于“再坚持一下”之中。靠什么去坚持？那就是顽强的意志品质和坚定的信念。

4. 培养兴趣爱好，陶冶情操

羽毛球活动包括对对方战术意图的揣摩，对各种战机的把握，对自己运用战术的选择等智力因素，因此经常从事该项运动可以使人思维敏捷。同时，由于比赛的紧张、竞争的激烈，练习者的心理素质得到了很好的锻炼，在竞争中，强化进取精神，使人的智、勇、技在竞争与对抗中得到升华。经此磨炼，练习者增长了智慧又陶冶了情操，不仅能在羽毛球活动中应付自如，而且能以良好的心态、正确的人生观去面对学业、事业、工作、家庭等。

第九章 操舞类运动

第一节 健美操

一、健美操概述

（一）健美操概念

健美操是在音乐伴奏下，以身体练习为基本手段，以有氧运动为基础，以健、力、美为特征，融体操、音乐、舞蹈为一体，达到增进健康、塑造形体和娱乐目的的一项体育运动。

健美操起源于传统的有氧健身运动，是有氧运动的一种。它通常采用徒手或轻器械进行练习，是在有氧供应充足的情况下，通过人体有氧系统提供能量的一种运动形式，也是持续一定时间的、中低强度的全身性运动，主要锻炼练习者的心肺功能，这是有氧耐力素质的基础。

健美操的特征是音乐伴奏、有氧运动、操化动作和节奏鲜明。

（二）健美操分类

1. 健身性健美操

健身性健美操按练习形式分可分为徒手健美操、器械健美操和特殊场地健美操三大类。

健身性健美操练习的主要目的是锻炼身体、增强体质、保持健康。具体是可以提高心肺功能，改善身体有氧代谢能力，塑造美好身材，培养良好气质形象，保持肌肉外形，防止肌肉退化，等等。

健身性健美操是集健身、娱乐、防病于一体的群众性、普及性健身运动。健身性健美操动作简单，音乐速度也比较慢，动作多有重复，常以对称的形式出现。健身性健美操严格遵循“健康、安全”的原则，防止运动损伤的出现。

2. 竞技性健美操

竞技性健美操是在健身性健美操的基础上发展起来的，其主要目的是“竞技比赛”，属于高水平竞技范畴，目前世界上较为公认的竞技性健美操的定义是“在音乐伴奏下，完成连续复杂的和高强度动作的能力”。竞技性健美操以成套动作作为形式，在成套动作中必须展示连续的动作组合、柔韧性、力量与七种基本步伐的综合使用。动作设计上严格避免重复动作和对称性动作。

竞技性健美操的主要目的是竞赛，其比赛项目有男单、女单、混双、三人和六人。竞技性健美操在参赛人数、比赛场地和成套动作的时间等方面都必须严格按照规则进行。规则对成套的编排、动作的完成、难度动作的数量等都有严格的规定。

3. 表演性健美操

表演性健美操的主要练习目的是“表演”，是事先编排好的、专为表演而设计的成套健美操，时间一般为2~5分钟。表演性健美操的动作比健身性健美操的动作更复杂，音乐速度可快可慢，动作较少重复，也不一定是对称性的，参与人数不限，并可在成套中加入队形变化和集体配合的动作。表演者可以利用轻器械，还可以采用一些风格化的舞蹈动作，以达到烘托气氛、感染观众、增加表演效果的目的。

（三）健美操运动的功能

1. 对内脏器官的功能

长期坚持锻炼，可以使心肌增厚，心脏容量增大，血管弹性增强，进而提高心脏的功能，使心搏有力，心输出量增加，改善自身循环，从而提高全身供氧能力。

经常从事健美操锻炼，能使呼吸有力——吸气时胸廓充分扩展，使更多的肺泡张开而吸入更多氧气；呼气时胸廓尽量压缩，排出更多的二氧化碳。

经常从事健美操锻炼，还可提高消化系统的机能。因为肌肉活动可消耗大量能量，加之胸腹部以及髋部全方位活动较多，刺激了肠胃蠕动，可增强消化机能，有助于营养物质的吸收和利用；还能改善肾脏的血液供应，提高肾脏排出代谢废物的能力，从而提高人体对疾病的防御能力及抵抗能力。

2. 对肌肉、骨骼系统的功能

经常从事健美操锻炼，还可提高关节灵活性，增强肌肉和结缔组织的弹性。人体有五百多块肌肉，肌肉中布满神经感觉器官、血管和各种腺体。肌肉由纤维组成，具有收缩功能，经常进行健美操锻炼可使肌纤维变粗而且坚韧有力，其中所含蛋白质及糖原等的储量增加，血管变丰富，血液循环及新陈代谢改善，从而使动作的耐力、速度、灵活性、准确性都增强。肌肉附着于骨骼，经常进行健美操锻炼，也会改善骨骼的血液循环及代谢，使骨外层的密质增厚，骨质更加坚固，从而提高抗折断、弯曲、压拉、扭转的能力。

3. 对塑形健美的功能

健美操的独到之处，是它可以对身体比例的均衡产生积极的影响，特别是能增加胸背肌肉的体积，消除腰腹部沉积的多余脂肪，使锻炼者的体态丰满、线条优美。此外，经常性正确的形体训练，能矫正锻炼者不正确的身体姿势，使锻炼者的形体和举止风度都发生良好的变化。

总之，坚持健美操锻炼，可以使人们的身体匀称、和谐、健美地发展，可以使人动作优美、体态端庄，从而塑造健美的形体。

4. 对心理状态的调节功能

科学研究表明：体育运动可缓解精神压力，预防各种疾病的产生。健美操作为一项体育运动，动作优美、协调，可以全面锻炼身体，同时有节奏强烈的音乐伴奏，是缓解精神压力的一剂良药。在轻松优美的健美操锻炼中，锻炼者的注意力从烦恼的事情上转移开，忘掉失意与压抑，尽情享受健美操运动带来的欢乐，获得愉快的情绪。

5. 对神经系统的功能

健美操是在中枢神经系统的支配调节下进行的，反过来，健美操锻炼也能提高中枢神经系统的机能水平。它能够提高神经过程的强度、集中能力、均衡能力和灵活性，使人的视野开阔，感觉敏锐，分析综合能力增强，生命力旺盛。

二、健美操基本动作

（一）基本手型

健美操基本手型是从芭蕾舞、现代舞、迪斯科、爵士舞中吸收和发展而来的，常用的手型有：并掌、开掌、立掌、花掌、拳和指。

（二）基本步法

基本步法是健美操动作中最小的单元，是健美操练习的一个重要部分。基本步法的练习能培养练习者的协调性、韵律感。

健美操基本步法根据人体运动时对地面的冲击力大小分为低冲击力步法、高冲击力步法和无冲击力步法三大类。

1. 低冲击力步法

第一类：踏步类

动作描述：此类动作两脚一次抬起，在下落时膝、踝关节有弹性地缓冲。

动作变化：踏步、走步、一字步、V 字步、曼步。

第二类：点地类

动作描述：此类动作两腿有弹性地伸屈，点地时，主力腿稍屈，另一腿伸直（脚尖或脚跟点地）。

动作变化：脚尖前点地、脚尖后点地、脚尖侧点地、脚跟前点地。

第三类：迈步类

动作描述：此类动作是指一脚先迈出一步，同时移动身体重心，另一脚点地、并步或抬起的动作。

动作变化：并步、迈步点地、迈步屈腿、迈步吸腿、侧交叉步、迈步弹踢。

第四类：单脚抬起类

动作描述：此类动作支撑腿有控制地稍屈膝弹动，另一腿以各种形式抬起，同时收腹、立腰。

动作变化：吸腿、踢腿、弹踢、后屈腿。

2. 高冲击力步法

第一类：迈步跳起类

动作描述：此类动作是指一脚迈出，重心移动，跳起，单脚或双脚落地。

动作变化：并步跳、迈步吸腿跳、迈步后屈腿跳。

第二类：双脚起跳类

动作描述：此类动作是指双脚起跳、双脚落地的动作。

动作变化：并腿纵跳、分腿半蹲跳、开合跳、并腿滑雪跳、弓步跳。

第三类：单腿起跳类

动作描述：此类动作是指先抬起一腿、另一腿跳起的动作。

动作变化：吸腿跳、后屈腿跳、弹踢腿跳、摆腿跳。

第四类：后踢腿跑类

动作描述：此类动作是指两腿依次蹬地离开地面，轻快跑跳。

动作变化：后踢腿跑、侧并小跳（小马跳）。

3. 无冲击力步法

动作描述：此类动作是指两腿始终接触地面的动作。

动作变化：弹动、半蹲、弓步、提踵。

（三）手臂动作

健美操手臂动作是由举、屈伸、摆、绕、绕环等动作组成的。正确、规范的手臂姿势对整个身体姿态的完善及动作的艺术风格的形成起着重要的作用。健美操手臂动作主要包括：前举、前上举、前下举、侧举、侧上举、侧下举、上举、下举、后下举、胸前屈、胸前平屈、肩上屈、肩下屈、头后屈、单臂绕和双臂绕。

三、健美操套路练习

健美操大众锻炼标准（成人一级动作）

一级动作组合一

1×8		 1 2 3 4 5 6 7 8	
节拍		下肢步伐	上肢动作
预备姿势		站立	
一	1~8	右脚一字步 2 次	1~2 双臂胸前屈，3~4 后摆，5 胸前屈，6 上举，7 胸前屈，8 放于体侧
1×8		 1 2 3 4	
节拍		下肢步伐	上肢动作
二	1~8	右脚一字步 2 次	吸腿时击掌，5~8 同 1~4
1×8		（图略）	
节拍		下肢步伐	上肢动作
三	1~8	侧并步 4 次，单单双	1 右臂肩侧屈，2 还原，3 左臂肩侧屈，4 还原，5 双臂胸前平屈，6 还原，7~8 同 5~6

一级动作组合一(续)

1×8		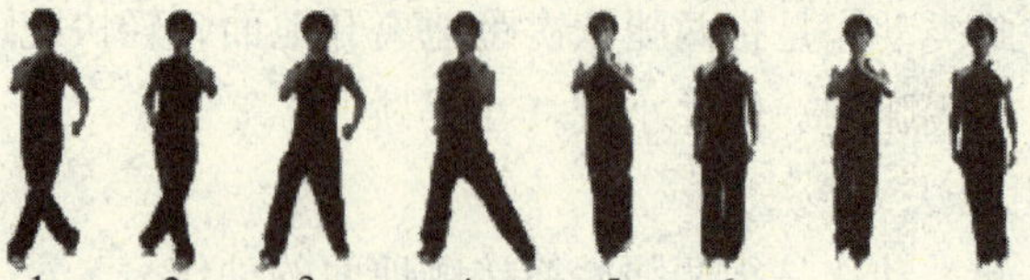 1 2 3 4 5 6 7 8	
节拍		下肢步伐	上肢动作
四	1~4	左脚十字步	自然摆动
	5~8	踏步 4 次	5 击掌，6 还原，7~8 同 5~6
第五至第八个八拍，动作相同，但方向相反			

一级动作组合二

1×8		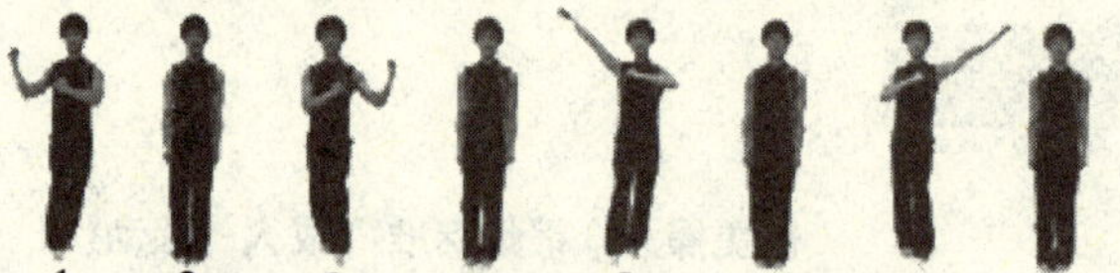 1 2 3 4 5 6 7 8	
节拍		下肢步伐	上肢动作
一	1~8	右脚开始前点地 4 次	1 双臂屈臂右摆，2 还原，3 左摆，4 还原，5 右摆成右臂侧斜上举，左臂胸前平屈，6 还原，7~8 同 5~6，但方向相反
1×8		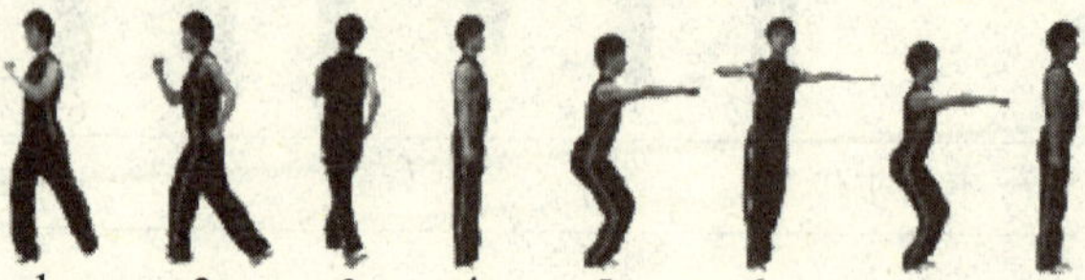 1 2 3 4 5 6 7 8	
节拍		下肢步伐	上肢动作
二	1~4	向右弧行走 270°	自然摆动
	5~8	并腿半蹲 2 次	5 双臂前举，6 右臂胸前平屈（上体右转），7 双臂前举，8 放于体侧
1×8		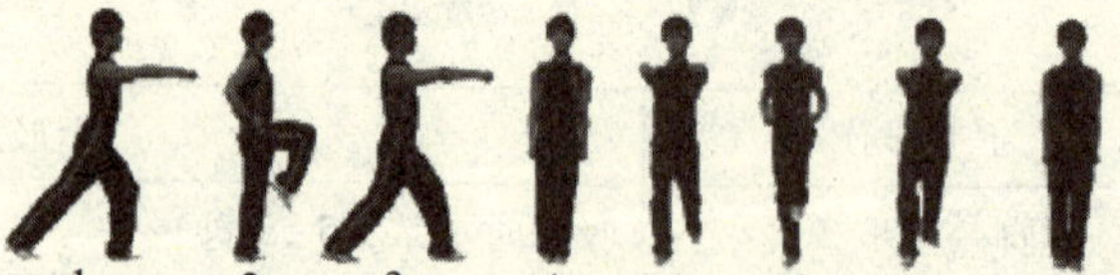 1 2 3 4 5 6 7 8	
节拍		下肢步伐	上肢动作
三	1~8	左脚开始两次上步吸腿转体 90°	1 双臂前举，2 屈臂后拉，3 前举，4 还原，5~8 同 1~4
1×8		（图略）	
节拍		下肢步伐	上肢动作
四	1~8	上步后屈腿 4 次	自然摆动，向前胸前交叉
第五至第八个八拍，动作相同，但方向相反			

一级动作组合三

<table>
<tr><td colspan="2">1×8</td><td colspan="2"> 1 2 3 4 5~6 7~8</td></tr>
<tr><td colspan="2">节拍</td><td>下肢步伐</td><td>上肢动作</td></tr>
<tr><td rowspan="2">一</td><td>1~4</td><td>向右交叉步</td><td>1~3 双臂经侧上举，4 胸前平屈</td></tr>
<tr><td>5~8</td><td>右腿半蹲</td><td>5~6 双臂前举，7~8 放于体侧</td></tr>
<tr><td colspan="2">1×8</td><td colspan="2"> 1 2 3 4 5 6 7 8</td></tr>
<tr><td colspan="2">节拍</td><td>下肢步伐</td><td>上肢动作</td></tr>
<tr><td>二</td><td>1~8</td><td>侧点地 4 次（单单双）</td><td>1 右臂左前举，左臂屈肘于腰际，2 双臂屈肘于腰间，3~4 同 1~2，但方向相反，5~8 同 1~2 重复 2 次</td></tr>
<tr><td colspan="2">1×8</td><td colspan="2"> 1 2 3 4 5 6 7 8</td></tr>
<tr><td colspan="2">节拍</td><td>下肢步伐</td><td>上肢动作</td></tr>
<tr><td>三</td><td>1~8</td><td>左脚开始向前走 3 步+吸腿 3 次</td><td>1 双臂肩侧屈，2 胸前交叉，3 同 1，4 击掌，5 肩侧屈，6 腿下击掌，7~8 同 1~2</td></tr>
<tr><td>四</td><td>1~8</td><td>右腿开始向后走 3 步+吸腿 3 次</td><td>同上</td></tr>
<tr><td colspan="4">第五至第八个八拍，动作相同，但方向相反</td></tr>
</table>

一级动作组合四

<table>
<tr><td colspan="2">1×8</td><td colspan="2"> 1 2 3 4 5 6 7 8</td></tr>
<tr><td colspan="2">节拍</td><td>下肢步伐</td><td>上肢动作</td></tr>
<tr><td>一</td><td>1~8</td><td>右腿开始 V 字步+A 字步</td><td>1 右臂侧斜上举，2 双臂侧斜上举，3~4 击掌 2 次，
5 右臂侧斜下举，6 双臂侧斜下举，7~8 击掌 2 次</td></tr>
</table>

一级动作组合四(续)

1×8		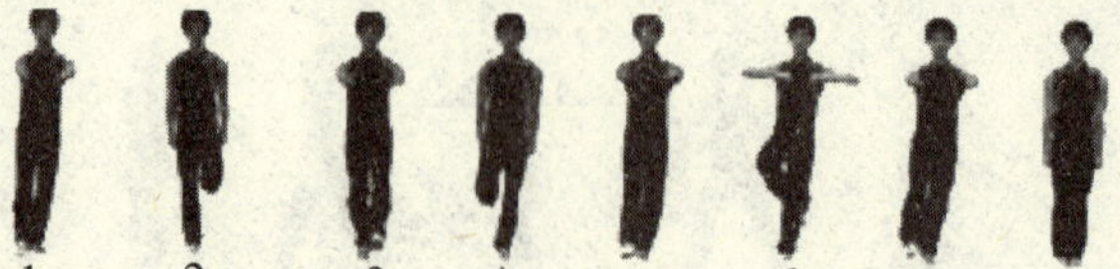 1 2 3 4 5 6 7 8	
节拍		下肢步伐	上肢动作
二	1~8	弹踢腿跳 4 次（单单双）	1 双臂前举，2 下摆，3~4 同 1~2，5 前举，6 胸前平屈，7~8 同 1~2
1×8		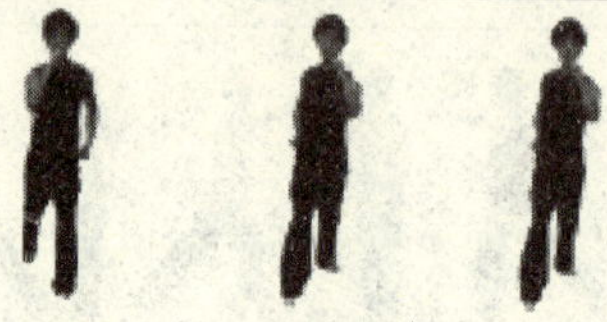 1~2 3~4 5~8	
节拍		下肢步伐	上肢动作
三	1~8	左腿曼步 2 次	自然摆动
1×8		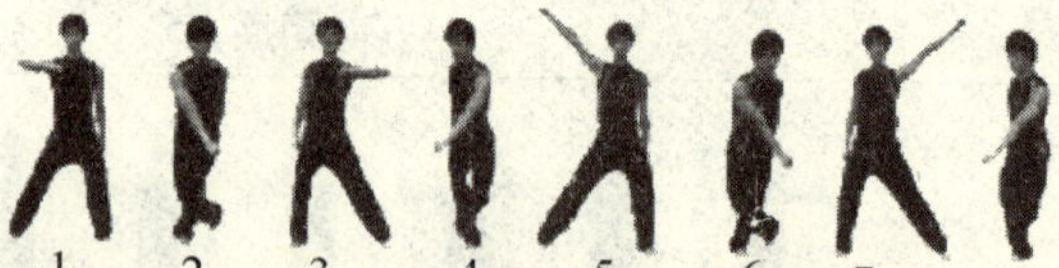 1 2 3 4 5 6 7 8	
节拍		下肢步伐	上肢动作
四	1~8	迈步后点地 4 次	1 右臂胸前平屈，2 右臂左下举，3~4 同 1~2 但方向相反，5 右臂侧斜上举，6 右臂左下举，7~8 同 5~6 但方向相反
第五至第八个八拍，动作相同，但方向相反			

健美操大众锻炼标准（成人二级动作）

二级动作组合一

1×8		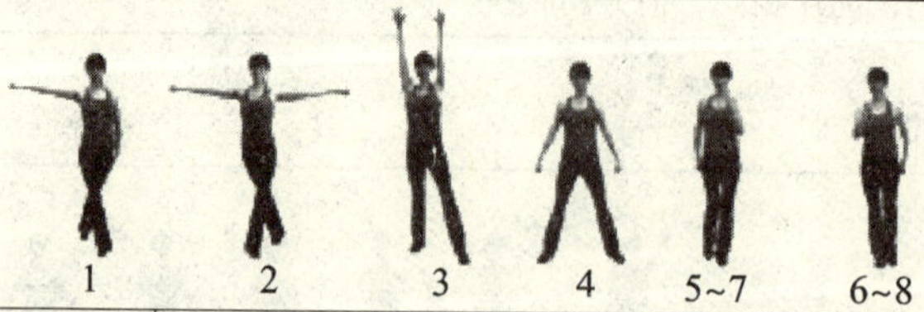 1 2 3 4 5~7 6~8	
节拍		下肢步伐	上肢动作
一	1~4	右脚十字步	1 右臂侧举，2 左臂侧举，3 双臂上举，4 下举
	5~8	向后走 4 步	屈臂自然摆动，7~8 同 5~6
二	1~8	动作同第一个八拍，但向前走 4 步	
1×8		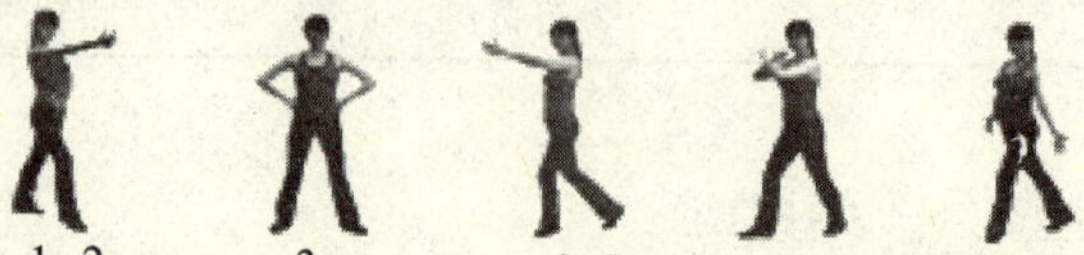 1~2 3 4~5 6 7~8	

二级动作组合一(续)

节拍		下肢步伐	上肢动作
三	1~6	6 拍曼步	1~2 右手前举，3 双手叉腰，4~5 左手前举，6 双手胸前交叉
	7~8	1/2 后曼步	双臂侧后下举
1×8		 1~2 3~4 5~6 7~8	
节拍		下肢步伐	上肢动作
四	1~2	右脚向前并步跳	屈左臂，自然摆动
	3~8	左脚向右前方做 6 拍前侧后曼步	3~4 前平举弹动 2 次，5~6 侧平举，7~8 后斜下举
第五至第八个八拍，动作相同，但方向相反			

二级动作组合二

节拍		下肢步伐	上肢动作
1×8		 1~2 3~4 5 6 7 8	
节拍		下肢步伐	上肢动作
一	1~2	右脚向右侧滑步	右臂侧上举，左臂侧平举
	3~4	1/2 后曼步	双臂屈臂后摆
	5~8	左脚开始向左前方做侧并步 2 次	5~6 击掌 3 次，7~8 双手叉腰
1×8		 1 2 3 4 5~6 7~8	
节拍		下肢步伐	上肢动作
二	1~4	左脚向左后方做侧并步	1~2 击掌 3 次，3~4 双手叉腰
	5~6	左脚向左侧滑步	左臂侧上举，右臂侧平举
	7~8	1/2 后曼步	双臂屈臂后摆
1×8		 1 2 3 4 5 6 7 8	

二级动作组合二(续)

节拍		下肢步伐	上肢动作
三	1~4	右转 90°，上步吸腿 2 次	双臂向前冲拳，向后下冲拳 2 次
	5~8	V 字步左转 90°	双臂由右向左水平摆动
1×8		 1 2 3 4 5 6 7 8	
节拍		下肢步伐	上肢动作
四	1~4	左腿吸腿（侧点地）2 次	1 双臂胸前平屈，2 左臂上举，3 同 1，4 还原
	5~8	5~8 同 1~4，但方向相反	
	第五至第八个八拍，动作相同，但方向相反		

二级动作组合三

节拍		下肢步伐	上肢动作
1×8		 1 2 3 4 5 6 7 8	
节拍		下肢步伐	上肢动作
一	1~4	右脚侧并步跳	双臂上举
	5~8	右转 90°侧交叉步	双臂屈臂自然摆动，第八拍，双臂侧下举，上体向左扭转 90°，朝正前方
1×8		图 1~4 同（一）1~4 拍动作，但方向相反  5 6 7 8	
节拍		下肢步伐	上肢动作
二	1~4	向右侧并步跳	双臂上举
	5~8	左转 90°，左脚开始侧并步 2 次	5~6 右臂前下举，7~8 左臂前下举
1×8		 1 2 3 4 5~6 7~8	
节拍		下肢步伐	上肢动作
三	1~4	左脚向前一字步	1 双臂肩侧屈，2 双臂下举，3~4 双臂胸前屈
	5~8	依次分并腿	5~6 双臂上举掌心朝前，7~8 双手放膝上

二级动作组合三(续)

1×8		 1　2　3　4　5　6　7　8	
节拍		下肢步伐	上肢动作
四	1~4	向后一字步	1~2 手侧下举，3~4 胸前交叉
	5~8	依次分并腿 2 次	双臂经胸前交叉 1 次侧上举，1 次侧下举
第五至第八个八拍，动作相同，但方向相反			

二级动作组合四

1×8		1　2　3~4	
节拍		下肢步伐	上肢动作
一	1~8	右脚开始小马跳 4 次，向侧向前成梯形	单臂体侧向内绕环，5~8 同 1~4
1×8		 2　3　4　5~6　7　8	
节拍		下肢步伐	上肢动作
二	1~4	向右后弧形跑 4 次，右转 270°	屈臂自然摆动
	5~8	开合跳 1 次	5~6 双手放腿上，7 击掌，8 放于体侧
1×8		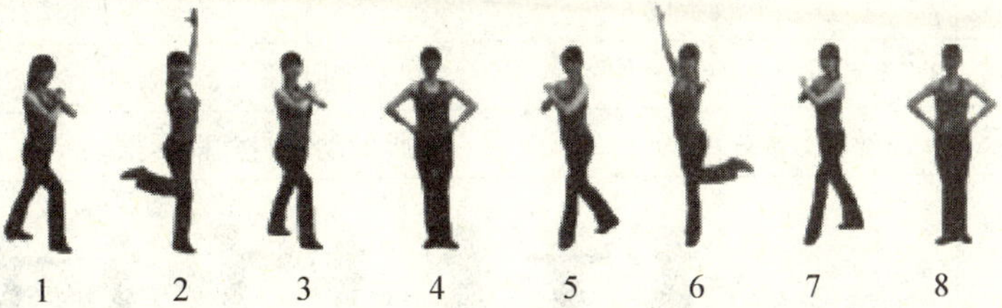 1　2　3　4　5　6　7　8	
节拍		下肢步伐	上肢动作
三	1~4	右脚向右前上步后屈腿	1 双臂胸前交叉，2 右臂侧举、左臂上举，3 同 1，4 双手叉腰
	5~8	右转 90°，左脚向前上步后屈腿	动作同 1~4，但方向相反

二级动作组合四(续)

<table>
<tr><td colspan="2">1×8</td><td colspan="2"> 1 2 3 4 5 6 7 8</td></tr>
<tr><td colspan="2">节拍</td><td>下肢步伐</td><td>上肢动作</td></tr>
<tr><td rowspan="2">四</td><td>1~4</td><td>右、左侧点地各一次</td><td>1 右手左前下举，2 双手叉腰，3~4 动作相同，但方向相反</td></tr>
<tr><td>5~8</td><td>右脚上步转髋，还原</td><td>5 双臂胸前平屈，6 前推，7 同 5，8 放于体侧</td></tr>
<tr><td colspan="4">第五至第八个八拍，动作相同，但方向相反</td></tr>
</table>

健美操大众锻炼标准（成人三级动作）

三级动作组合一

<table>
<tr><td colspan="2">1×8</td><td colspan="2"> 1 2 3 4 5 6 7 8</td></tr>
<tr><td colspan="2">节拍</td><td>下肢步伐</td><td>上肢动作</td></tr>
<tr><td colspan="2">预备姿势</td><td>站立</td><td></td></tr>
<tr><td rowspan="2">一</td><td>1~4</td><td>右脚开始向侧迈步后屈腿 2 次，2 时右转 90°</td><td>1~2 右臂摆至侧上举，左臂摆至胸前平屈，3~4 同 1~2，但方向相反</td></tr>
<tr><td>5~8</td><td>向右迈步后屈腿 2 次，6 时右转 180°</td><td>双手叉腰</td></tr>
<tr><td colspan="2">1×8</td><td colspan="2"> 1 2 3~4 5 6~7 8</td></tr>
<tr><td colspan="2">节拍</td><td>下肢步伐</td><td>上肢动作</td></tr>
<tr><td rowspan="2">二</td><td>1~2</td><td>1/2V 字步</td><td>1 右臂侧上举，2 左臂侧上举</td></tr>
<tr><td>3~8</td><td>6 拍曼步，8 右转 90°</td><td>随脚的动作自然前后摆动</td></tr>
<tr><td colspan="2">1×8</td><td colspan="2"> 1 2 3 4 5 6 7 8</td></tr>
<tr><td colspan="2">节拍</td><td>下肢步伐</td><td>上肢动作</td></tr>
<tr><td>三</td><td>1~8</td><td>右脚开始交叉步 2 次，左转 90°呈 L 型</td><td>1 双臂前举，2 胸前平屈，3 同 1，4 击掌，5~8 同 1~4</td></tr>
</table>

三级动作组合一（续）

1×8	 1~2 3~4 5~6 7~8		
节拍		下肢步伐	上肢动作
四	1~4	右脚侧并步跳，1/2 后曼步	1~2 双臂侧上举，3~4 右臂摆至体后，左臂摆至体前
	5~8	左转 90°，左脚开始小马跳 2 次	5~6 右臂上举，7~8 左臂上举
第五至第八个八拍，动作相同，但方向相反			

三级动作组合二

动作	 1 2 3 4 5~6 7 8		
节拍		下肢步伐	上肢动作
一	1~4	右脚向右前上步吸腿 2 次	双臂自然摆动
	5~6	左脚向后换步	双臂随下肢动作自然摆动
	7~8	右脚上步吸腿	双臂自然摆动
动作	 1 2 3 4 5~6 7~8		
节拍		下肢步伐	上肢动作
二	1~4	左脚开始向右侧交叉步	双臂随步伐向反方向臂屈伸
	5~8	右转 45°，左脚做曼步	5~6 双臂肩侧屈外展，7~8 经前交叉摆至下举
动作	 1 2 3 4 5~6 7~8		
节拍		下肢步伐	上肢动作
三	1~4	左脚开始十字步	双臂自然摆动
	5~8	左脚开始向侧并步跳 2 次	双臂自然摆动

三级动作组合二(续)

动作		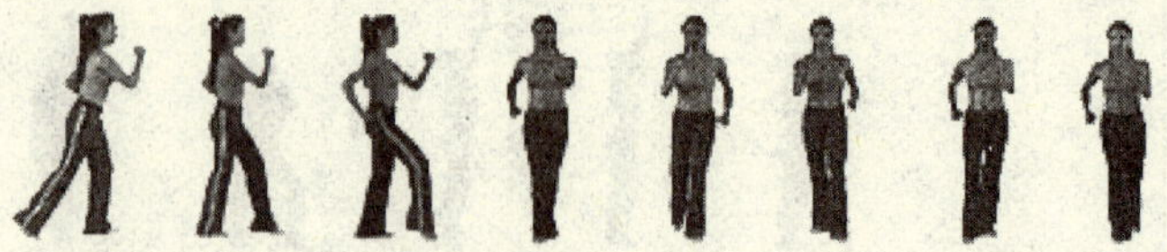 1 2 3 4 5 6 7 8	
节拍		下肢步伐	上肢动作
四	1~8	左脚曼步 2 次，右转 90°	双臂自然摆动
第五至第八个八拍，动作相同，但方向相反			

三级动作组合三

动作		 1–2 3 4 5 6 7 8	
节拍		下肢步伐	上肢动作
一	1~6	右脚开始做侧点地 3 次	1~2 右臂向下臂屈伸，3~4 左臂向下臂屈伸，5~6 同 1~2
	7~8	左脚开始向前走 2 步	击掌 2 次
动作		 1 2 3 4 5 6 7 8	
节拍		下肢步伐	上肢动作
二	1~4	左脚开始吸腿跳 2 次	1 侧上举，2 双臂胸前平屈，3 同 1，4 叉腰
	5~8	吸右腿跳，向后落地，转体 180°，吸右腿	双手叉腰
动作		 1 2 3 4 5 6 7 8	
节拍		下肢步伐	上肢动作
三	1~4	左脚开始向前走 3 步吸腿跳，同时左转体 180°	1~3 叉腰，4 击掌
	5~8	右脚开始向前走 3 步吸腿	5~6 手臂同时经前向下摆，7~8 经肩侧屈外展至体前击掌

三级动作组合三(续)

动作		 1　2　3　4　5　6　7　8	
节拍		下肢步伐	上肢动作
四	1~8	左脚开始侧并步4次，呈L型	双臂做屈臂提拉4次
第五至第八个八拍，动作相同，但方向相反			

三级动作组合四

动作		 1　2　3　4　5　6　7　8	
节拍		下肢步伐	上肢动作
一	1~4	右腿上步吸腿	上臂做向前冲拳，后拉2次
	5~8	左脚向前走3步吸腿	手臂同时经前向下摆，8击掌
动作		 1　2~3　4　5~6　7~8	
节拍		下肢步伐	上肢动作
二	1~4	1右脚向侧迈步，2~3向右前1/2前曼步，4左脚向侧迈步	1侧上举，2~3随脚的动作自然摆动，4同1动作
	5~8	右脚向左前方做曼步	双臂自然摆动
动作		 1　2　3　4　5　6　7　8	
节拍		下肢步伐	上肢动作
三	1~6	右脚开始上步吸腿3次	1肩侧屈外展，2击掌，3~6同1~2动作
	7~8	左脚前1/2曼步	双臂自然摆动

三级动作组合四(续)

动作		1 2 3 4 5 6 7 8	
节拍		下肢步伐	上肢动作
四	1~8	左转 90°，向左做侧交叉步，转体 180°接交叉步	1~4 双臂做外展、内收、外展、击掌，5~8 同 1~4 动作
第五至第八个八拍，动作相同，但方向相反			

四、健美操与健身

(一) 姿态练习

所谓姿态，是指一个人在静止或活动过程中所表现的姿势体态，突出反映了一个人的气质和风度。基本姿态训练有以下内容：

1. 站立姿态训练

站立姿态是健美操最简单也是最基本的动作姿态，它是所有专项动作的基础。健美操站立姿态的要求是：躯干挺拔、抬头挺胸、沉肩、控制躯干的稳定性、臀部内收上提、下肢并拢且肌肉收紧，表现出气宇轩昂、富有朝气的良好气质和形态。

站立姿态训练包括以下一些练习方式：

(1) 颈部练习。颈部自然挺直，下颌微收，眼睛平视前方，头部保持正直。

(2) 肩部练习。将两肩垂直向上耸起,直到两肩有酸痛感后再把两肩用力下垂,反复练习。

(3) 臀部练习。两脚并拢站立，躯干保持直立。脚掌用力下压，臀部和大腿肌肉用力收紧，并略微向上提髋。

(4) 腹部练习。在收紧臀部的同时，使腹部尽量用力向内收紧，并用力向上提气，促使身体向上挺拔，坚持片刻，然后放松。

(5) 背靠墙站立练习。两脚并拢，同时头、肩胛骨和臀部贴紧墙壁，足跟离墙 3 厘米左右。注意用胸式呼吸，在提气中做此动作。做此练习时，双腿夹紧，收腹挺胸，立腰立背，紧臀，肩胛骨下旋，同时双肩下沉，下颌略回收，头向上顶，背部呈一平面。

2. 上肢姿态训练

手臂的表现力通过手臂的线条、力度的变化以及由静到动的节奏形式体现。在训练中应强调上肢动作力度、幅度和控制能力，让锻炼者体会正确的上臂肌肉感觉、动作发力方法和发力顺序。手臂基本位置包括前、后、上、下侧等。

上肢姿态训练包括以下一些练习方式：

(1) 两臂前举练习。两臂由下举向前绕至前举，两臂间距与肩同宽，五指并拢或分开，掌心相对或向上、向下、握拳等。

(2) 两臂上举练习。两臂经前绕至上举，双臂间距与肩同宽。

(3) 两臂侧举练习。两臂经侧绕至侧举，与地面平行，掌心向上或向下。

（4）两臂后举练习。两臂经前向后绕至后下举，手臂尽量向后，臂距与肩同宽。

（5）两臂前下举练习。两臂经前绕至与前举夹角为45°的位置。

（6）两臂胸前平屈练习。两臂屈肘至胸前，大小臂都与地面平行，前臂平行于额状轴，且距胸10厘米左右。

（二）动作力度练习

动作力度，是运动员在完成动作的过程中，肌肉快速用力以及动作变化的速度和动作熟练程度的外在表现，它是运动员长期从事健美操运动而形成的一种特殊的专门化的运动知觉。力度感是保证运动技术质量的关键内容之一。健美操要求动作刚劲有力，积极快速，力度感强。无论上肢、下肢动作，都要求有明显的“制动”表现，以充分表现动作力度。

运动员需要通过反复多次且有效的练习和亲身体验，尽可能早地把注意力集中在运动感觉，而不是视觉、听觉上，这样才能建立起准确的力度感。具体的训练方法有：

语言刺激法：在做动作的过程中，教师通过“用力”“控制”“制动”等语言的强化给练习者以刺激，使神经系统和肌肉运动系统协调一致。

对抗练习法：一人练习，另一位练习者使其两臂受阻或动作减慢，使练习者感受肌肉对抗的感觉。

负重练习法：练习者持适宜重量的哑铃在规定的时间内完成一定次数的屈、伸、举、绕环等动作，并依此类推到其他动作中，进而提高肌肉运动感觉。

第二节　体育舞蹈

体育舞蹈，又称“国际标准舞”（“国标”），由社交舞转化而来，是体育与艺术高度结合的一项体育项目，是融体育、音乐、艺术为一体，以身体运动的舞蹈化为基本内容，以双人配合为主要运动形式的娱乐型体育运动项目。在高校开设体育舞蹈健身课程，对于大学生提高文化品位和交际能力、丰富文化生活、增进身心健康、培养高雅气质、陶冶情操等方面都具有较高的价值和较大的意义。

一、体育舞蹈概述

（一）体育舞蹈的发展过程

体育舞蹈源于欧美传统的宫廷舞、交际舞和各种民间土风舞，后经不断的发展演变及体育舞蹈权威人士的统一整理而日益成熟完善，逐渐形成现在的体育舞蹈。体育舞蹈融艺术、体育、音乐和舞蹈为一体，被人们誉为“健”与“美”相结合的典范。它作为一种艺术形式的体育运动，不仅具有独特的竞技观赏性，同时还具有强烈的艺术感染力。

14~15世纪，交谊舞在意大利出现，16世纪末传入法国。最初的交谊舞源于人民群众的实践，从内容、形式到动作、姿态，都可以在生产和生活中找到它的原型。1768年，法国巴黎出现了世界第一家交谊舞厅，由此开始，交谊舞流行至欧美各国，成为人们一种普遍的社交方式。后来经过不断的提炼、加工，并汲取各种舞蹈的成果和精华，甚至借鉴体操技巧和花样滑冰的一些动作，逐渐发展，形成了当今流行的交谊舞。

经历一百多年的发展，“社交舞”从“社交”发展为“竞技”，单一的舞种发展为摩登舞和拉丁舞两大体系中的十个舞种，并在1940年成立了“英国皇家舞蹈教师协会”。英国皇家舞蹈教师协会对原“舞种”“舞步”“舞姿”等进行规范整理，制定了有关舞蹈理论、技巧、音乐、服饰等竞技的标准，公布为“国际标准交谊舞舞厅舞”（简称“国标舞”），为世界各国所遵循。英国的黑池甚至成了“国标舞”的比赛圣地。

1959年，国际交谊舞理事会制定了规则。1960年，拉丁舞正式成为世界锦标赛比赛项目。1964年，国际标准舞又增加了新的表演和项目——团体舞。从此，国际标准舞发展为三种形式的舞蹈，即标准舞、拉丁舞、团体舞。目前，世界各国将国际标准舞易名为“体育舞蹈”。

体育舞蹈在1986年传入我国。1989年，中国舞蹈家协会正式成立了“中国国际标准舞总会”，后改名为“中国国际标准舞学会”。从1987年开始，全国每年至少举办一次全国性的体育舞蹈锦标赛，迄今已举办过十多届，至于各种邀请赛及地区赛则数不胜数。

（二）体育舞蹈的特点

体育舞蹈是由属于文艺范畴的舞蹈演变而来的体育项目。它兼有文艺和体育的特点，是介于文艺和体育之间的边缘项目，是以竞赛为目的的、具有自娱性和表演观赏性的竞技舞蹈。体育舞蹈具有以下三个特点：

（1）严格的规范性。规范性首先表现在体育舞蹈是一个完整的舞蹈系统，与西方芭蕾舞一样，它是经过数百年历史的锤炼和几代人的加工而成的；其次表现在技术的规范性上，舞步动作严格到多一分嫌过，少一点欠火。

（2）表演观赏性。体育舞蹈融舞蹈、音乐、服装、体态美于一体，既有观赏的价值又有健身参与的可能，被认为是一种“真正的艺术”。

（3）体育性。体育性一方面体现在竞技性上，即重视比赛成绩，为国争光；另一方面表现在锻炼价值上，从20世纪60年代至今，许多科研人员对体育舞蹈者的生理和心理做过研究，通过对人体能量代谢、能量消耗和心率变化的测定，研究人员发现，华尔兹和探戈的能量代谢为7.57，高于网球的7.30，与羽毛球的8.0相近；体育舞蹈的最高心率为女子197次/分，男子210次/分。可见，体育舞蹈引起人的生理变化是明显的，它是陶冶情操、锻炼体魄的一种极好的形式。

（三）体育舞蹈的分类

体育舞蹈按其对社会的作用分为两大类：大众体育舞蹈和竞技体育舞蹈。

1. 大众体育舞蹈

大众体育舞蹈又称为交谊舞，或称舞厅舞，包括时下流行的时尚舞种。

2. 竞技体育舞蹈

竞技体育舞蹈分为标准舞、拉丁舞和集体舞三类。

（1）标准舞（摩登舞）。

①华尔兹。

华尔兹又称圆舞，是标准舞种历史最悠久、生命力最强的舞蹈形式。它起源于德国，音乐节奏为3/4拍，音乐速度每分钟30~32小节，音乐的基本节奏为蓬（强）嚓（弱）嚓（弱）。该舞种特点为舞姿雍容华贵、高雅大方，舞步委婉流畅、周旋轻飘、起伏跌宕。华尔兹的基本技术主要有升降、摆荡、倾斜、反身等。

②探戈。

探戈起源于阿根廷，有“舞中之王”之称。音乐节奏为2/4拍，音乐速度每分钟30~34小节，音乐的基本节奏为慢、慢、快快、慢。该舞种特点为舞姿刚劲顿挫、潇洒奔放，舞步节奏爽快流畅，动静交织，无升降、摆荡。该舞站位要求细腻严谨，其脚法有全脚掌、脚内侧、前脚掌内侧、脚跟、脚尖等。头部要求快速左右闪动，目光左右闪视，同时配合上身的转动是该舞种的另一独特的特点。

③狐步舞。

狐步舞起源于美国黑人舞蹈，音乐节奏为4/4拍，音乐速度每分钟28~30小节，音乐的基本节奏为慢、快快、慢。该舞种特点为舞姿平稳大方、温柔从容，舞步悠闲轻松，富有流动感，给人一种轻松愉悦的感觉，犹如狐狸跑步般不慌不忙。其脚法几乎与华尔兹相同，上身随着升降而沿S形路线左右转动，下降过程中身体不做转动，上升过程中开始转动，以此来保持身体的平衡。

④快步舞。

快步舞起源于美国，音乐节奏为4/4拍，音乐速度每分钟50~52小节，音乐的基本节奏为慢、慢、快快、慢。该舞种特点为舞姿轻松欢快，舞步跳跃转动、灵活动人，是一种欢快娱乐的舞蹈。快步舞脚上及身体上的技术融入了华尔兹、探戈和狐步的舞蹈精华，使其成为在节奏上最具魅力的舞蹈。

⑤维也纳华尔兹。

维也纳华尔兹起源于奥地利，音乐节奏为3/4拍，音乐速度每分钟50~60小节，音乐的基本节奏为蓬（强）嚓（弱）嚓（弱）。该舞种特点为舞姿华丽优雅，舞步不多，以不停旋转为主，动作舒展大方，连绵起伏、节奏鲜明、潇洒流畅，深受人们喜爱。

（2）拉丁舞。

①伦巴。

伦巴起源于古巴，音乐节奏为4/4拍，音乐速度每分钟27~31小节，音乐的基本节奏为蓬、嚓嚓、蓬嚓、蓬嚓。该舞种特点为舞姿柔媚动人、甜美含蓄，舞步涓涓柔美。伦巴是表现爱情的舞蹈，被誉为“拉丁舞之魂”。

②恰恰恰。

恰恰恰起源于墨西哥，音乐节奏为4/4拍，音乐速度每分钟32~34小节，音乐的基本节奏为嚓、蓬蓬嚓、嚓嚓蓬蓬嚓。该舞种特点为舞姿花哨利落，舞步欢快爽朗。

③桑巴。

桑巴起源于巴西，由巴西的摇摆桑巴舞演变而来。音乐节奏4/2拍，音乐速度每分钟48~56小节，音乐的基本节奏为慢快慢、慢、快、慢。该舞种特点为舞姿活泼动人、甜美生动，舞步随风摇曳。

④牛仔舞。

牛仔舞起源于美国，音乐节奏为4/4拍，音乐速度每分钟44小节，音乐的基本节奏为每一拍一步。该舞种特点为舞姿豪放、开朗，舞步自由多变、节奏快捷。

⑤斗牛舞。

斗牛舞起源于西班牙，音乐节奏为4/2拍，音乐速度每分钟60~62小节，音乐的基本节奏为每一拍一步。该舞种特点为舞姿威猛激昂、刚劲有力，舞步坚定。

(3) 集体舞

集体舞结合了标准舞和拉丁舞。

二、体育舞蹈术语

(一) 体育舞蹈基本名词

1. 舞场

舞场即整个舞蹈表演的所在区域。国际标准舞的比赛在室内平整光滑的场地进行，长度为 23 米，宽度为 15 米。舞者在长方形的场地沿逆时针方向前进，跳完 23 米长的 A 线，再转入 15 米的 B 线，再依次转入 A 线和 B 线一周（如图 9-2-1 所示）。

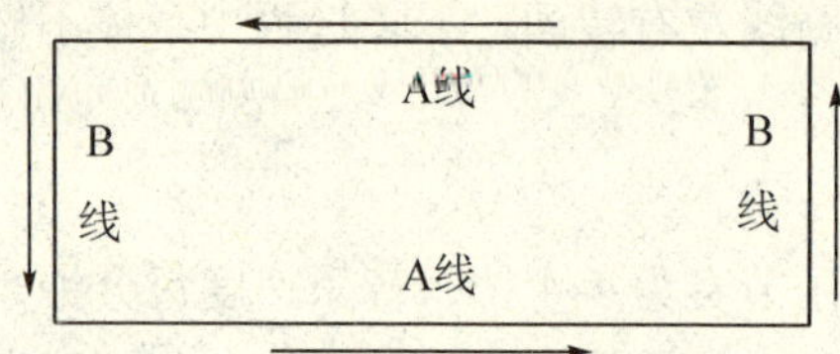

图 9-2-1　体育舞蹈比赛场地图示

2. 舞程线

舞程线指选手在跳舞时，为了更好地展现各种舞步、防止彼此碰撞而按照逆时针方向前进、行步的一种路线。

3. 方位

方位指在一个舞步刚开始或结束时，双脚在舞池中所指的方向，并非身体所面对的方向。

在体育舞蹈路线中，规定了 8 条线，指向 8 个方位，8 条线则指示着舞蹈者每个舞步的行进方向（如图 9-2-2 所示）。

图 9-2-2 中，1 为面对舞程线；2 为面对斜墙壁；3 为面对墙壁；4 为面对斜中央；5 为背对舞程线；6 为背对斜墙壁；7 为面对中央；8 为面对斜中央。

4. 转度

转度指身体向左向右的旋转，旋转一周为 360°，1/8 周为 45°，1/4 周为 90°，3/8 周为 135°，1/2 周为 180°，5/8 周为 225°，3/4 周为 270°，7/8 周为 315°（如图 9-2-3 所示）。

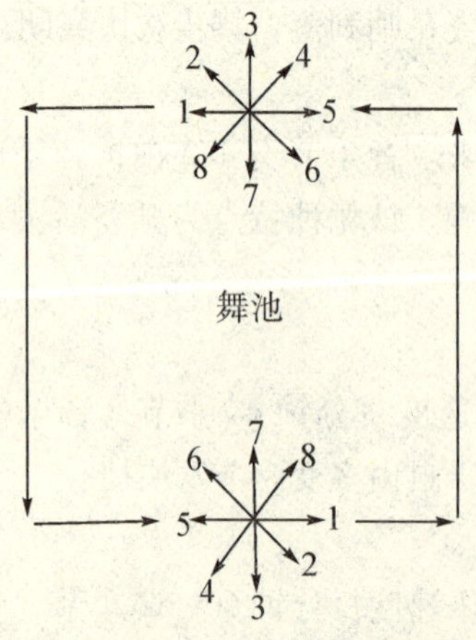

图 9-2-2　体育舞蹈方位图

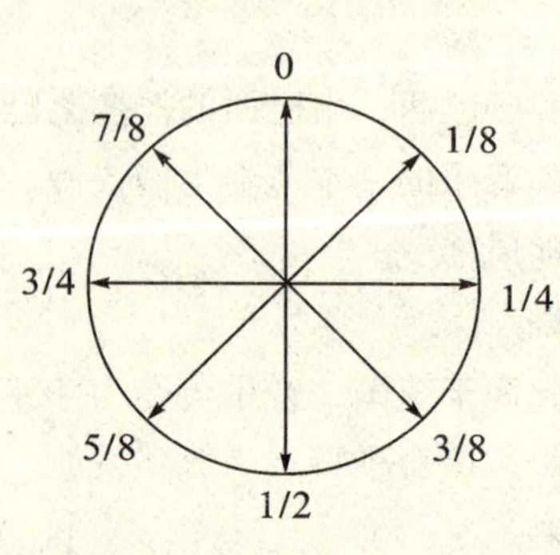

图 9-2-3　体育舞蹈转度图

5. 节奏

节奏通常以一定规律的节拍反复出现，赋予音乐独有的特色。

6. 速度

这里的速度指音乐的速度，即每一分钟内所演奏的小节总数。

7. 组合

两个或两个以上的步伐连接形成组合。

8. 套路

套路指由若干个组合串编成一套的完整的舞蹈。

（二）体育舞蹈舞姿

（1）基本舞姿：是指舞蹈者的姿态，是跳体育舞蹈时身体各部位规定的姿势。

（2）闭式舞姿：男女舞伴面对面，男士左手握住女士右手，男士右手放于女士左肩胛骨下方；女士左手将虎口放于男士右上臂三角肌中央，女士身体向男士右侧微偏，上体稍后倾。

（3）并进舞姿：又称“侧行舞姿”或“P. P. 位舞姿”，两人的身体面向同一个方向，男士右侧与女士的左侧紧贴。

（4）外侧舞姿：又称反身位舞姿，男士走在女士身旁跳舞的姿态。多用于探戈舞中。

并肩位：男女舞伴，男士左肩与女士右肩相并，或男士右肩与女士左肩相并成为并肩位。

影子位：男女舞伴，同时面对一个方向，重叠站立。女士通常在前。

（5）反身动作：一侧前进或后退时，异侧肩和胯位向后或前送，使身体与舞步形成反向配合的身体动作。

反身动作位置：在身体不转动的情况下，一脚在身前或身后形成交叉，以保证两人身体维持胯部贴位姿态的身体动作位置叫反身动作位置。常用于外侧舞伴姿态，侧行位置姿态的舞步中。

（6）摆荡动作：像钟摆一样的身体摆动动作。

（7）升降动作：是指身体重心的上下起伏。由足踝部上顶，足踵离地，膝盖上升，屈膝下降，保持优美姿态。基本规律是降—升—升。

（8）倾斜动作：是指身体的倾斜，身体向一侧拉长，但始终保持挺拔向上。

（三）体育舞蹈舞步

（1）基本舞步：构成一种特定舞蹈的基调舞步型。

（2）常步：也称为走步，可分为前进步和后退步。做左前进步时，首先脚跟着地，过渡到前脚掌，后过渡到脚趾，身体重心过渡至前进腿上。后退步时，首先脚尖着地，过渡到前脚掌，后过渡到脚跟，重心过渡至后退腿上。例如：华尔兹。

（3）横步：分为左、右横步两种。左横步，左脚向左侧迈步，右脚用前脚掌向左脚内侧靠拢，重心也由迈出的左脚移至靠拢的右腿上。右侧横步，与左侧横步方向相反。例如：伦巴。

（4）并步：分为前、后、侧三种。以前并步为例：左脚向前迈步，右脚前脚掌在左脚内侧点地，重心仍在左腿上。例如：快四。

（5）滑步：指在第二步双脚并拢的三步组成的舞步。

(6) 踌躇步：前进暂时受阻的舞步，重心停留于一脚超过一拍。

(7) 脚跟转：向后迈出的脚的脚跟转。在动作过程中并上的脚必须与主力脚平行，旋转结束时身体重心移动至并上的脚。

(8) 脚跟轴转：不变重心的单脚跟旋转。

(9) 锁步：两脚前后交叉的舞步。

(10) 轴转：一脚脚掌的旋转，另一脚处于前或后的反身动作位置。

(11) 开式转：第三步不并靠而是超越第二步的旋转。

(12) 逗留步：身体运动或旋转受阻时的部分舞步，双脚几乎静止不动。

(13) 准线：双脚的位置或双脚所指的方向与房间的关系。

(14) 平衡：舞蹈中身体重心的平均分配。

三、体育舞蹈舞种及跳法

(一) 体育舞蹈基本舞步

1. 华尔兹基本舞步

准备姿势：闭式舞姿

(1) 左足并换步（动作与足迹图见图 9-2-4）。

男士：左脚前进一步；右脚经左脚内侧横步（右脚落点稍前）；左脚并于右脚，重心在左脚上。

女士：右脚后退一步；左脚经右脚内侧横步（稍后）；右脚并于左脚，重心在右脚。

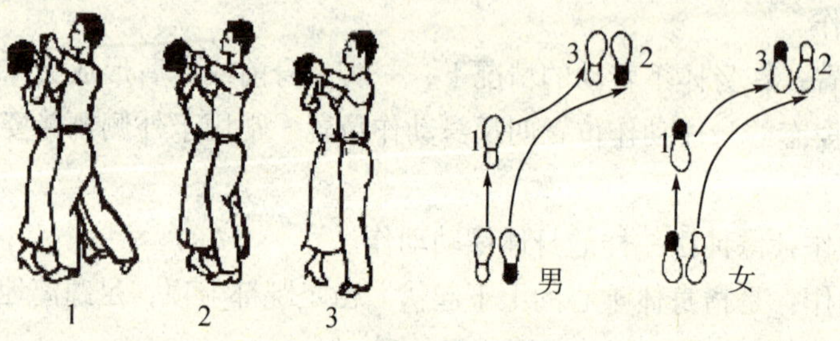

图 9-2-4

(2) 右转体（动作与足迹图见图 9-2-5）。

男士：右脚前进一步；左脚经右脚内侧横步，并向右转体 90°；右脚并于左脚，继续向右转体 45°，重心落于右脚；左脚后退一步；右脚经左脚内侧横步，身体右转 135°；左脚并于右脚，重心落于左脚。

女士：左脚后退一步；右脚经左脚内侧横步，并向右侧转体 135°；左脚并于右脚，重心至左脚；右脚前进一步；左脚经右脚内侧横步，身体右转 90°；右脚并于左脚，继续右转 45°，重心落于右脚。

图 9-2-5

（3）右足并换步：动作同左足并换步，方向不同，男士右脚前进，女士左脚后退（动作与足迹图见图 9-2-6）。

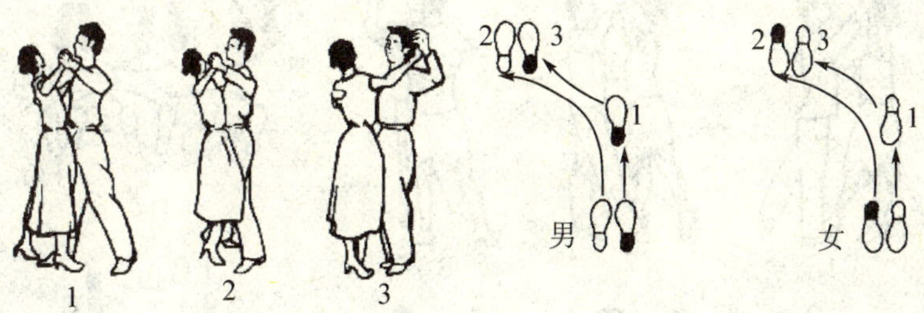

图 9-2-6

（4）左转体：动作与右转体相同，方向不同，男士左脚前进并向左转体，女士右脚后退并向左转体（动作与足迹图见图 9-2-7）。

图 9-2-7

2. 伦巴基本舞步

基本舞姿一为闭式舞姿，二为单手相握的开始舞姿（动作与足迹图见图 9-2-8）。

（1）左右基本步（即为腿部在左右移动位置上髋部的摆动）。

男士：左脚前进一步，重心前移，髋部向左侧前摆；重心后移，髋部向右侧后摆；左脚收于右脚内侧并向左侧一步；右脚向后退一步，重心后移，髋部向右侧后摆；重心前移；右脚收于左脚内侧并向右侧一步。

女士：右脚向后退一步，重心后移，髋部向右侧后摆；重心前移；右脚收于左脚内侧并向右侧一步；左脚前进一步，重心前移，髋部向左侧前摆；重心后移，髋部向右侧后摆；左脚收于右脚内侧并向左侧一步。

（2）前后基本步（即为腿部在前后移动位置上髋部的摆动）。

男士：左脚前进一步，重心前移，髋部向左前摆；重心后移，髋部向右侧后摆；左脚经右脚内侧后退一步，重心在左脚；右脚后退一步，重心后移，髋部向右后摆；重心前移，髋部向左前摆；右脚经左脚内侧向前迈一步，重心在右脚。

女士：右脚向后一步，重心后移，髋部向右后摆动；重心前移，髋部向左前摆动；右脚经左脚内侧向前迈一步，重心在右脚；左脚向前一步；重心前移，髋部向左前摆动；重心后移，髋部向右后摆动；左脚经右脚内侧向后迈步，重心在左脚。

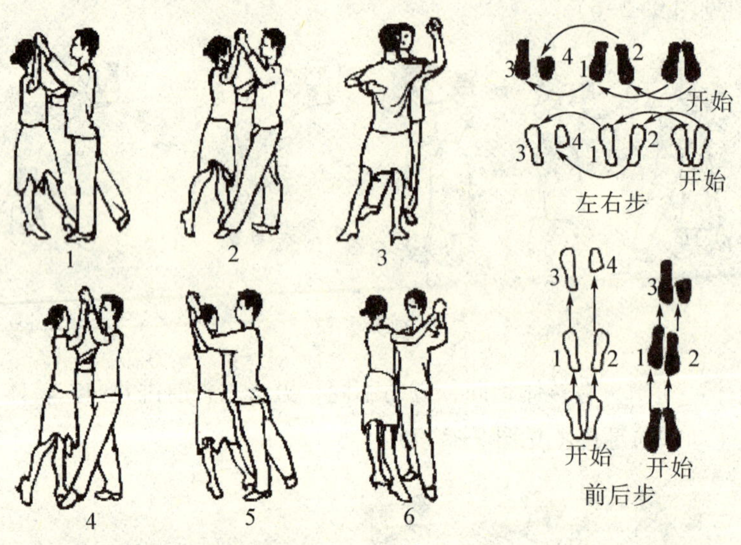

图 9-2-8

（二）大众体育舞蹈套路练习

1. 慢三套路

直行至开式位——侧行左转接外侧左转——闭式左转经盘旋直接退成影子位——左外侧行进——右外侧行进——女右旋转散式经探海接左旋转成闭式位——右旋转至开式位——迂回步接切克造型——右外侧旋转至开式位——双人套花结束。

（1）直行至开式位。

男士：左脚前进；右脚前进并左转 45°；左脚前进。

女士：右脚后退；左脚后退并右转 45°；右脚前进。

（2）侧行左转。

男士：右脚前进；左脚前进；右脚前进。

女士：左脚前进；右脚后退并向左后转 90°；左脚后退。

（3）外侧左转。

男士：左脚前进；右脚后退并向左转 45°；左脚后退右转 45°。

女士：右脚后退；左脚前进并向右转 45°；右脚前进左转 45°。

（4）左外侧行进。

男士：左脚前进右转 45°；右脚前进左转 90°；左脚并于右脚。

女士：左脚前进右转 45°；右脚前进左转 90°；左脚并于右脚。

（5）右外侧行进。

男士：右脚前进左转 45°；左脚前进右转 90°；右脚并于左脚。

女士：右脚前进左转 45°；左脚前进右转 90°；右脚并于左脚。

（6）探海。

男士：左脚在前，右脚在后的弓步造型。

女士：右脚在前，左脚在后的弓步造型。

（7）迂回步。

男士：右脚前进；左脚前进左转 45°；右脚横步；左脚沿右脚后退，左转 45°；右脚横步左转 180°；左脚横步成 P．P 位舞姿。

女士：左脚前进；右脚前进左转 135°；左脚横步；右脚外侧前进左转 45°；左脚横步左转 90°；右脚经左脚横步成 P．P 位舞姿。

（8）切克造型。

男士：右脚前进；左脚前进；右脚从外侧迈至左脚后侧，两腿膝盖叠加，左膝盖在前。

女士：左脚前进；右脚前进；左脚从外侧迈至右脚后侧并左转 45°，两腿膝盖叠加，右膝盖在前。

（9）双人套花。

①男士转圈

男士：右脚前进；左脚前进并左前转 90°；右脚并左脚。

女士：左脚前进；右脚前进；左脚并右脚。

②女士转圈

男士：左脚前进；右脚前进；左脚并右脚。

女士：右脚前进；左脚前进并左前转 90°；右脚并左脚。

2. 快四套路

直进步——前进换向步接右左外侧前进转步——右外侧后退步成开式位接外侧右转成闭式位——右旋转步——左旋转步（连续）至分式位——水兵步接双手拉握分式位换位——臂下右（左）转换位。

（1）直进步。

男士：左脚前进；右脚前进；左脚前进；右脚向左脚并步。

女士：右脚后退；左脚后退；右脚后退；左脚向右脚并步。

（2）前进换向步。

男士：左脚向左前 45°前进；右脚前进；左脚前进并向左转 90°；右脚并于左脚。

女士：右脚向右后 45°后退；左脚后退；右脚后退并向右转 90°；左脚并于右脚。

（3）右左外侧后退转步。

男士：左脚向左后 45°后退；右脚后退；左脚后退并向左转 90°；右脚并于左脚。

女士：右脚向右前45°前进；左脚前进；右脚前进并向右转90°；左脚并于右脚。

（4）右旋转步。

男士：左脚后退；右脚后退并向右后转90°；左脚前进并向左前转90°；右脚并于左脚。

女士：右脚前进；左脚前进并向左前转90°；右脚后退并向右后转90°；左脚并于右脚。

（5）左旋转步与右动作相同，男士进，女士退。

男士：左脚前进；右脚前进并向右前转90°；左脚后退并向左后转90°；右脚并于左脚。

女士：右脚后退；左脚后退并向左后转90°；右脚前进并向右前转90°；左脚并于右脚。

（6）水兵步。

男士：左脚前进；右脚前进；左脚前进；右脚并于左脚。

女士：右脚前进；左脚前进；右脚前进；左脚并于右脚。

（7）双手拉握分式位换位。

男士：左脚前进并左转45°；右脚前进并左转45°；左脚后退并向左后转45°；右脚并于左脚。

女士：右脚前进并右转45°；左脚前进并右转45°；右脚后退并向右前转45°；左脚并于右脚。

（8）臂下右（左）转换位。

男士：左脚前进；右脚前进并向左前转45°；左脚后退并转45°；右脚并于左脚。

女士：右脚前进；左脚后退并向右后转45°；右脚前进45°；左脚并于右脚。

四、体育舞蹈与健身

体育舞蹈运动是一项新兴的体育项目，是体育和舞蹈的结合，是大众健身和体育竞技的结合，具有运动与艺术的双重性。体育舞蹈极富群众娱乐健身性质。

（一）体育舞蹈的健身功能

（1）体育舞蹈对心肺功能的促进作用：进行体育舞蹈练习时，人体处于运动状态，一般可令心跳由每分钟80次升到120次以上，它的功效等同于任何体力训练或有氧运动，能使心肌收缩力加强，心输出量增加，血流加快，呼吸加深加快，对心肺系统是一种很好的锻炼。

（2）体育舞蹈对肌肉力量的促进作用：肌肉中有着丰富的毛细血管。在进行体育舞蹈锻炼时，由于肌纤维的主动收缩与放松，肌肉内毛细血管大量开放，这可使肌肉获得更多血液供应，得到更多氧气和养料，使肌肉内代谢过程大大加强，结果使肌纤维内的蛋白质增加，肌纤维逐渐粗壮，肌肉内功能物质含量增加，肌肉的结缔组织弹性改善，使肌腱弹性、韧性加强。

（3）体育舞蹈对柔韧性的促进作用：体育舞蹈中大量的动作，如基本姿态、倾斜、反身及造型，都以身体不同部位的线条延伸来展示人的形体美。这些主动延伸的动作给关节周围组织的肌肉、肌腱、韧带施加有节奏的牵拉，这种牵拉极大地提高人体的柔韧性。另外体育舞蹈动作使肌肉温度升高，新陈代谢加强，供血增多，肌肉的黏滞性减少，肌肉的弹性和伸展性提高，柔韧性也得以增强。

（4）体育舞蹈对脊柱方面的作用：无论是拉丁舞还是摩登舞都要求身体垂直、挺拔，因此经常练习体育舞蹈，弯曲的脊椎可以归正，椎间盘突出可以得到预防和治疗。

（5）体育舞蹈对关节的好处：据医学报道，避免早期关节炎与治疗关节不适的最好方法是适度地使用关节，跳体育舞蹈可使全身各关节如颈、肩、肘、髋、膝、踝等都能得到有效的锻炼。

（二）体育舞蹈与心理健康

（1）体育舞蹈使锻炼者在有音乐和舞蹈的运动过程中产生良好的情绪与情感体验。

（2）体育舞蹈能增强锻炼者的审美能力。

（三）体育舞蹈与社会适应

（1）体育舞蹈竞赛能提高锻炼者对遭遇挫折和失败的适应性。

（2）体育舞蹈可以改善锻炼者的自我意识水平和社交能力。

第三节　第九套广播体操

一、第九套广播体操基本动作

预备节：原地踏步（8 拍×2）。第一节：伸展运动（8 拍×4）。第二节：扩胸运动（8 拍×4）。第三节：踢腿运动（8 拍×4）。第四节：体侧运动（8 拍×4）。第五节：体转运动（8 拍×4）。第六节：全身运动（8 拍×4）。第七节：跳跃运动（8 拍×4）。第八节：整理运动（8 拍×2）；深呼吸（8 拍×1）。

二、第九套广播体操全套动作

预备节　原地踏步（2×8）

预备姿势，两脚立正，手臂垂直于体侧，抬头挺胸，眼看前方。

口令至原地踏步时，半握拳。

第一拍，左脚向下踏步，右脚抬起，膝盖向前，脚尖离地 10~15 厘米，同时，左臂前摆至身体中线，右臂后摆，第二拍与第一拍动作相同，方向相反（如图 9-3-1 所示）。

图 9-3-1

第一节　伸展运动（4×8）

第一拍，左脚向侧一步，与肩同宽，同时两臂侧平举，掌心向下，头向左转 90°。

第二拍，右脚并于左脚，两腿微屈成半蹲，同时含胸，两臂屈肘竖于胸前，两手握拳，拳心相对，低头 45°。

第三拍，两腿伸直，同时两臂侧上举，拳心相对，抬头 45°。

第四拍，两臂经体侧（掌心向下）向下还原成站立姿势。

5~8 拍同 1~4 拍，动作相同，方向相反（出右脚，头向右转）。第二至四个八拍动作同第一个八拍（如图 9-3-2 所示）。

图 9-3-2

作用：加入头部的左右转，对长期伏案工作学习的锻炼者有较好的缓解作用，可以有效地改善头部血液循环，减轻颈椎疾病的症状。

第二节　扩胸运动（4×8）

第一拍，左脚向前一步成前弓步，同时两手握拳，两臂经前举至侧举向后扩胸一次，拳眼向上。

第二拍，两脚以前脚掌为轴向右转体 90°成分腿直立，同时两臂经交叉前举（左臂在上，拳心向下）屈臂向后扩胸一次。

第三拍，两脚以前脚掌为轴向左转体 90°成前弓步，同时两臂经交叉前举（左臂在上，拳眼向上）至侧举向后扩胸一次。

第四拍，收左脚还原成站立姿势。

5~8 拍同 1~4 拍，动作相同，方向相反。第二至四个八拍同第一个八拍（如图 9-3-3 所示）。

图 9-3-3

作用：双臂向后扩胸、挺胸动作，锻炼背部肌肉，加强背部的力量。

第三节　踢腿运动（4×8）

第一拍，左腿侧踢 45°，同时两臂侧平举，掌心向下。

第二拍，左腿并于右腿，屈膝半蹲，同时两臂至体侧，掌心向内。

第三拍，左腿向后踢，脚尖离地 10~20 厘米，同时两臂经前摆至侧平举，掌心相对，抬头 45°。

第四拍，两臂经前至体侧，还原成站立姿势。

5~8 拍同 1~4 拍，动作相同，方向相反。第二至四个八拍同第一个八拍（如图 9-3-4 所示）。

图 9-3-4

作用：采用了侧踢和后踢，利于腰部、臀部及腿后部肌群的锻炼，预防臀部下垂。

第四节　体侧运动（4×8）

第一拍，左脚向侧一步，比肩稍宽，同时左臂侧平举，右臂胸前平屈，掌心向下。

第二拍，上体向左侧屈 45°，同时左手叉腰，右臂由下经侧摆至上举，掌心向内。

第三拍，左脚并于右脚，屈膝半蹲，同时左臂伸直经侧摆至上举，掌心向内，右臂经侧还原至体侧。

第四拍，两腿伸直，同时左臂经侧向下还原至站立姿势。

5~8 拍同 1~4 拍，动作相同，方向相反。第二至四个八拍同第一个八拍（如图 9-3-5 所示）。

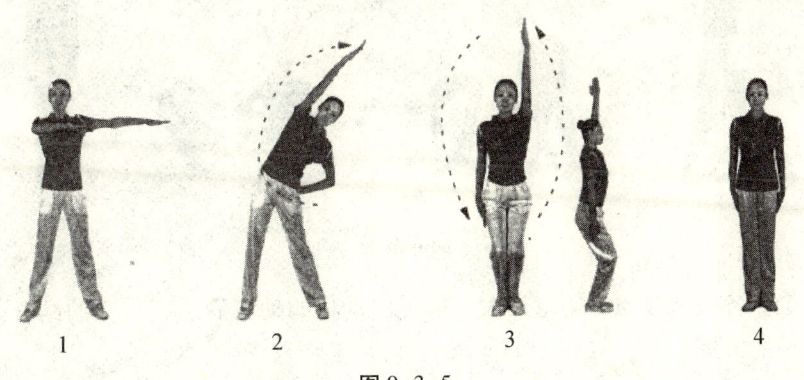

图 9-3-5

作用：锻炼身体两侧不常用到的腰肌。

第五节　体转运动（4×8）

第一拍，左脚向侧一步，比肩稍宽，同时两臂侧平举，掌心向下。

第二拍，下体保持第一拍姿势，上体向左转 45°，同时两手胸前击掌两次。

第三拍，上体向右转 180°，同时两臂伸至侧上举，掌心向内。

第四拍，上体向左转 90°，左脚还原成立正姿势，同时，两臂经侧还原至体侧。

5~8 拍同 1~4 拍，动作相同，方向相反。第二至四个八拍同第一个八拍（如图 9-3-6 所示）。

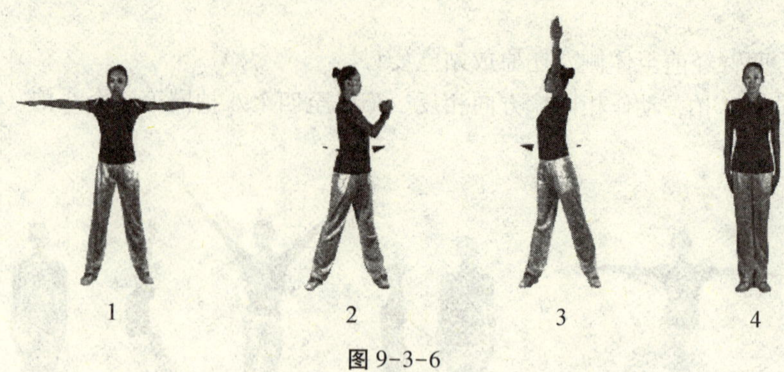

图 9-3-6

作用：增加了一个击掌动作，增强了广播体操的活力，激发了锻炼者的兴趣。

第六节　全身运动（4×8）

第一拍，左脚向侧一步，比肩稍宽，同时两臂经侧摆至上举交叉，掌心向前，抬头，眼看手。

第二拍，上体前屈，同时两臂经侧摆至体前交叉，掌心向内，眼看手。

第三拍，左脚并于右脚成全蹲，同时两手扶膝（两肘向外，虎口向内，手指相对），低头 45°。

第四拍，还原成站立姿势。

5~8 拍同 1~4 拍，动作相同，方向相反（出右脚做）。第二至四个八拍同第一个八拍（如图 9-3-7 所示）。

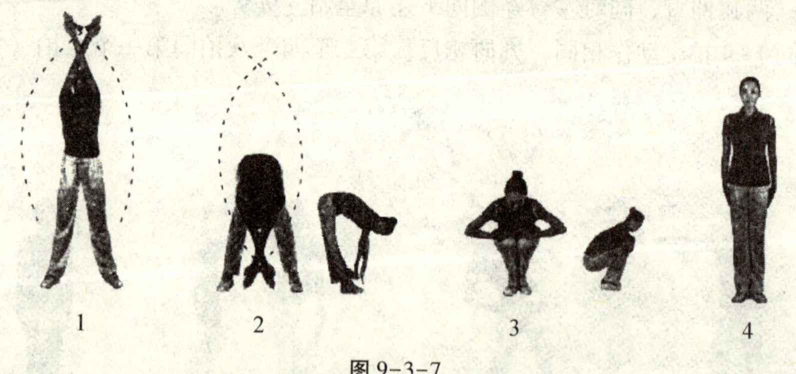

图 9-3-7

作用：全身各关节参与，幅度最大，体现出动作的动与静、高与低的结合，使全身得到充分、全面的锻炼。

第七节　跳跃运动（4×8）

第一拍，跳成左脚成前弓步（前腿全脚着地、后腿前脚掌着地），同时两手叉腰，虎口向上。

第二拍，跳成并腿站立（稍屈膝）。

第三拍，跳成右脚在前的前弓步。

第四拍，跳成并腿站立（稍屈膝）。

第五拍，跳成分腿站立（稍屈膝），脚尖微微向外，膝盖向脚尖方向缓冲，同时两臂侧平举，掌心向下。

第六拍，跳成并腿站立（稍屈膝），同时两臂至体侧。

第七、八拍同第五、六拍，动作相同。第二至四个八拍同第一个八拍（如图 9-3-8 所示）。

图 9-3-8

作用：两次弓步跳、两次开合跳，强度增加，增强心肺功能。

第八节 整理运动（4×8）

第一至四拍，左脚开始做原地踏步，两臂前后摆动，第四拍成站立姿势。

第五、六拍，左脚向侧一步，与肩同宽，同时两臂经侧至侧平举，掌心相对，抬头 45°。

八拍，收左脚，同时手臂经体侧还原成站立姿势。

第二至四个八拍同第一个八拍，但方向相反（换右脚开始做）（如图 9-3-9 所示）。

图 9-3-9

三、广播体操与健身

广播体操是采用徒手的形式进行的身体活动，不受场地器材的影响，其动作可以刚劲有力，也可以柔和优美，是适合多种人群练习的体育健身项目。从第九套广播体操练习部位看，延续了以往广播体操全面锻炼身体的原则，预备节、伸展运动、扩胸运动、踢腿运动、体侧运动、体转运动、全身运动、跳跃运动、整理运动，包含了头颈、上肢、躯干、下肢以及全身的运动；动作方向有左、右、前、后；动作有力量、速度、柔韧、协调、灵活等变化因素。经常坚持广播体操练习，可使头颈、躯干和四肢灵活，动作变得有力、协调，练就良好身体姿态，对增强神经系统、促进血液循环、加速新陈代谢、消除工作疲劳、振奋精神等有积极的作用。

尽管广播体操不能与专项运动相比，但其参与运动的部位全面，富含多种变化因素。健身的安全性和广泛的群众性，是其他专项运动不能相提并论的。

第四节 瑜伽

一、瑜伽概述

（一）瑜伽的起源

瑜伽，YOGA，梵文 YUG，原意指把牛马套在车辕上，瑜伽在梵文中译为内在真我的统一，其含义是结合、联系、连接，即把精神、智慧和肉体完美结合起来。瑜伽起源于5 000 年前的印度，继而流行于世界，是东方最古老的健身术之一。古代的印度教信徒发展了瑜伽体系，因为他们深信通过运动身体和调控呼吸，完全可以控制心智和情感，保持身体长久的健康。瑜伽是一种身体、呼吸与心灵相联动的运动。公元前 3000 年左右，在印度河谷发现刻有石心印章的瑜伽体式。大约在公元前 1400 年出现了《博伽梵歌》，它是影响印度文化和哲学的一本书，上面阐述了什么是瑜伽。大约在公元前 500 年出现《瑜伽经》，作者帕坦伽利被称为“瑜伽之父”，他不加偏见地整理了经典时期和后经典时期的著作，指出瑜伽更多地不是在理论上而是存在于实践之上。而今的瑜伽，已经是印度人民几千年来从实践中总结出的人体科学的练习法。

（二）瑜伽的主要流派

（1）哈他瑜伽。哈他瑜伽也叫阴阳瑜伽，是当今世界最盛行的以调息体式为中心的体育活动，利用瑜伽中的体位呼吸法来强化身体，增强气能，使身心相互影响。欲强心，先强身，其注重身体的清洁呼吸和各种身体的体式。

（2）流瑜伽。流瑜伽是哈他瑜伽和阿斯汤加瑜伽的混合体，结合更多瑜伽中的不同元素自成一派，姿势优美，强调运动与呼吸的协调性运用。流畅的动作使一系列的瑜伽姿势交织在一起，使整个过程充满活力和情趣，适应人群为有一定基础的练习者。

（3）阴瑜伽。阴瑜伽的出现是因阿斯汤加瑜伽过于阳刚，需要阴柔的元素平衡，认为在较剧烈的体式后需要舒缓的动作拉长肌肉与筋腱。动作一般在 5 分钟，初学者在 3 分钟左右，动作基本是伸展、扭转等让人平静的静态动作。

（4）阿斯汤加瑜伽。该瑜伽可快速提高体力和专注能力，注重动作与呼吸的同步性。这种锻炼可清洁身体各个部位，使它远离病痛，使练习者强壮轻盈的体魄。

（5）高温瑜伽。高温瑜伽也称“热瑜伽”或“热力瑜伽”，就是在 38℃～40℃的高温环境中做瑜伽。它由 26 种伸展动作组成，属于柔韧性运动，能改善脊椎柔软度。同时，它借助一些扭转、弯曲、伸展的静态动作，直接刺激神经和肌肉系统，可以减轻体重。

二、瑜伽动作

（一）瑜伽的呼吸

1. 腹式呼吸

仰望、静坐、站立时均可练习腹式呼吸，可将右手轻放于肚脐上，吸气时把空气从鼻吸入，经肺部送到腹部，当吸气正确时手随腹部抬起，吸气越深腹部升起越高，随着腹部扩张，横膈膜向下降；呼气时腹部向内朝脊柱方向收拢，凭着尽量收缩腹部的动作，把所有废气从肺部完全呼出，横膈膜自然向上升。

2. 胸式呼吸

仰望、静坐、站立时均可练习胸式呼吸，可将双手轻放于肋骨两侧，慢慢吸气时，把气体吸入胸部区域，胸骨、肋骨向外扩张，腹部应保持平坦。当你吸气量加深时，腹部应向内收紧。呼气时，缓慢地把肺部浊气排出体外，肋骨和胸骨恢复原位。

3. 完全式呼吸

完全式呼吸就是把腹式呼吸和胸式呼吸结合在一起完成的正确、自然的呼吸。每次吸气，先用腹式呼吸的方式让气息充满肺部下叶，然后衔接胸式呼吸，使肺叶的中上部也打开，也就是吸气时先使腹部扩张，然后使胸部肋骨扩张，呼气时先使胸部肋骨回落，然后再使腹部收缩回落。

4. 喉呼吸

喉呼吸是指在呼吸时喉部在放松的情况下刺激声带，伴随吸气发出“sa”的声音，而呼气时发出“ha”的声音。

5. 呼吸法与体位法结合的基本原则

（1）灵活运用呼吸和体式的相互渗透最为关键，只有深刻理解和掌握才能活用。

（2）动作是顺地心引力方向呼气，反之吸气。

（3）要使胸腔扩大时吸气，反之呼气。

（4）需要增强力量时吸气，反之呼气。

（5）身体扭转前吸气。

（6）不知该吸还是该呼时采用相同程度和频度的呼吸。

（7）不当的屏息和呼吸会造成身体伤害。

（8）动作必须结合呼吸，动作的期间小于呼吸的期间。

（二）热身体式

1. 拜日式姿势简介

拜日式的 12 个动作，左边代表 12 个小时，右边代表 12 个小时，整个拜日式做下来给你一天 24 小时的精力。

（1）祈祷式。动作：双脚自然并拢，身体直立，双肩放松，目视前方，双手合十胸前，自然呼吸。功效：集中和宁静思绪。

（2）展臂式。动作：保持双腿伸直不弯曲，伸长双臂缓慢吸气，将双手上举过头顶，伸直手肘呼气，脊椎向后缓慢弯曲到极限位置。功效：伸展腹部脏器，促进消化，消除多余脂肪，加强脊神经，开阔肺叶，使手臂和肩膀得到充分锻炼。

（3）前屈式。动作：慢慢呼气，双臂带动身体向前弯伸，保持双腿伸直不要弯曲，双手掌尽量按在地面上，上身尽量靠近双腿。功效：预防胃病，促进消化，缓解便秘，柔软脊柱，加强脊神经。

（4）起跑式。动作：双手控制力量，抬头微曲双膝，将右脚向后一大步，脚尖点地，呼气放松膝盖、脚背，随着吸气，髋部下压。功效：按摩腹部器官，改善其活动功能，打开髋部，加强两腿肌肉，增强平衡力。

（5）斜板式。动作：呼气时上身向前，落下双手十指张开贴于地面，吸气时右脚趾触地，左脚向后一大步与右脚并拢，双臂伸直支撑身体，不要塌腰翘臀。功效：强化四肢神经和肌肉，加强手臂的力量，具有良好的塑形效果。

（6）大拜式（月亮式）。动作：保持身体状态，呼气放松，双膝、脚背贴于垫面，慢慢弯曲手肘，身体向后推送，臀部落于脚跟之上，额头贴于垫面。功效：内脏倒置，促进内脏自我按摩和自愈，加强肠道蠕动。

（7）眼镜蛇式。动作：再次吸气，头部带动身体向前向上，伸直手肘，大腿耻骨尽量贴于地面，颈部向上仰起带动脊椎后卷。功效：这个姿势对胃病包括消化不良和便秘，非常有用。并且可以锻炼脊椎让脊神经焕发活力。

（8）顶峰式。动作：呼气，双脚踩向垫面，伸直双腿，重心后移于脚跟，踩向地面，臀部抬至最高点。功效：与前一姿势反方向弯曲脊柱，有助于脊柱柔软和脊神经供血。

（9）起跑式重复。动作：同4。吸气，右脚向前一大步，放松左膝、脚背，眼睛平视前方。功效：同4。

（10）前屈式重复。动作：同3。保持双手放在双脚两侧，吸气，收回左脚与右脚并拢，伸直双膝，上身靠向双腿。功效：同3。

（11）展臂式重复。动作：同2。吸气，腰部带动身体慢慢向上伸展手臂，脊柱拉伸。功效：同2。

（12）祈祷式。动作：同1。呼气，收回手臂，双手合十放回胸前，正常呼吸，仔细体会身体的变化。功效：同1。

2. 拜日式图片教学步骤

（1）祈祷式。

站直，脊椎伸展，腿部伸直，双脚并拢。双手做完祈祷的姿势。手肘向外，手掌合拢，放在肋骨的位置。你的体重均匀地分布在双腿上（如图9-4-1所示）。

（2）展臂式。

吸气，把两只手臂举过头顶，手臂伸直，身体稍微向后弯，手臂也跟着向后。分开你的双手，掌心相对，两只手臂平行，靠近耳朵。头朝上，随着身体移动的方向移动；不要让你的脖子弯曲（如图9-4-2所示）。

（3）前屈式。

呼气，手臂和手掌向前向下伸出，手臂要靠近耳朵，尽量伸直。在你弯腰向前时，头部、脖子和脊椎骨要保持一条直线。当你在脊椎骨不弯的情况下，上半身无法再向下移动时，把你的手放在地上双脚旁，膝盖可以适当弯曲。把头部向内收，这样你的额头应该对着膝盖或胫骨（如图9-4-3①②所示）。

图9-4-1

图9-4-2

图9-4-3①

图9-4-3②

（4）起跑式。

吸气，右腿向后伸展，把右脚背和右膝盖放在地上，脚趾指向身后的方向。左腿弯曲，脚后跟正好在膝盖的下方，形成一个直角。臀部右侧向下压，让自己感觉到臀部右侧前端拉紧的肌肉。抬头向上看，伸展你的脖子的前面部分，抬起下巴（如图 9-4-4①②所示）。

（5）斜板式。

屏住呼吸，让你的左腿摆出与右腿相同的姿势，这样你的体重就全部分散到四个点上，膝盖在臀部稍微后面一点的位置。脖子和头部与脊椎形成一条直线，眼睛看向地面双手之间的位置。手臂伸直，注意不要让肩膀向上升，避免拉伤你的肩膀和脖子（如图 9-4-5所示）。

（6）大拜式。

呼气，胸部和额头贴地（这是毛虫式）。手臂保持弯曲，手肘收放在身体两侧（如图9-4-6 所示）。

图 9-4-4① 图 9-4-4② 图 9-4-5 图 9-4-6

（7）眼镜蛇式。

吸气，伸直双腿，上半身沿地面向前滑动，直到你的胯部接触到地面为止。头部向前和向上伸展，让上半身抬离地面，腰向后弯。用手掌支撑地面来帮助保持这个姿势，让手肘稍微弯曲，并且尽量向身体两侧靠拢。收紧臀部肌肉，以保护你的后背，肩膀下压，伸长你的脖子，不要让上半身承受任何压力（如图 9-4-7①②所示）。

（8）顶峰式。

呼气，一边放低你的胸部，一边让脚板踩地。用手臂支撑并向上推，抬起臀部，直到身体成为一个倒置的“V”字形。体重均匀地分布在手和脚上，尽量让脚后跟挨地。膝盖应该伸直或稍微弯曲，头部在两臂之间（手臂靠近耳朵）。拱起你的背部（特别是后背），将尾骨尽量抬高（如图 9-4-8 所示）。

图 9-4-7① 图 9-4-7② 图 9-4-8

（9）起跑式重复。

吸气，弯曲你的右腿，收回右腿，放在两手之间，并把左膝放到地面上。脚背贴地，与步骤 4 的姿势一样，不过放在前面的是右腿。右脚后跟正好在膝盖下面，形成一个直角（如图 9-4-9①②所示）。

（10）前屈式重复。

呼气，收左腿，放回右腿旁，回到步骤 3（如图 9-4-10 所示）。

图 9-4-9① 图 9-4-9② 图 9-4-10

（11）展臂式重复。

吸气，将两条手臂举起，紧贴耳朵。反向执行步骤 2 的动作，回到站直的姿势。手臂保持在耳朵旁，你的脖子和头部与脊椎形成一条直线，后背挺直。一旦站直以后，将膝盖伸直，再使身体向后弯，同步骤 2（如图 9-4-11 所示）。

（12）祈祷式。

呼气，手放回祈祷的姿势（如图 9-4-12 所示）。

（三）初级体式

1. 风吹树式

山立功，双臂高举过头，十指相交，翻转掌心向上，踮起脚尖，呼气时上身躯干从腹部向左侧弯伸，保持几秒，吸气还原，呼气向左侧弯伸，吸气回复正中位置，呼气落回脚跟，双手回落身体两侧，注意身体保持在一个平行面上。脊柱有不适、肠炎、近期手术者不宜练习。功效：有利于舒张胸部，放松肩关节，伸展下背部、腰部、髋部、内脏器官，减少腰部脂肪，使腿部修长，使形态优美，增强灵活性及提高平衡感（如图 9-4-13 所示）。

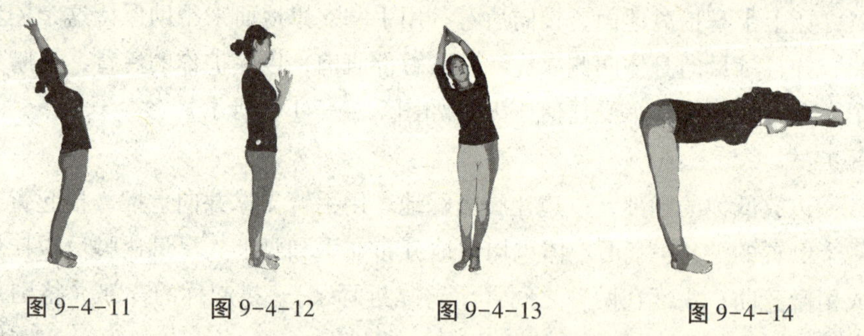

图 9-4-11 图 9-4-12 图 9-4-13 图 9-4-14

2. 直角式

山立功，吸气，双臂举至头顶，双手相交，掌心翻转向上，眼睛注视双手。呼气，以腰为支点向前弯伸，直到背部与腿部成直角，与地面平行，两眼始终注视双手，正常呼吸，保持 3~7 个呼吸。注意，意识要放在整个身体后侧的伸展上，柔韧性差者或初学者可将双腿分开，手臂与身体始终在一个平面，平行于地面，腰部不适的人练习时要小心缓慢，不要着急。功效：对体态不良的人是个极佳练习，经常练习会自动形成挺胸、抬头、收腹、双肩打开、骨盆中立、双腿笔直的良好状态，矫正驼背、脊柱弯曲和双肩下垂的不良体态，是消除紧张的好姿势，还能放松两腿肌肉，治疗肥胖症（如图 9-4-14 所示）。

3. 腰转动式

山立功，双腿分开略与肩宽，吸气，两臂举过头顶，十指相交掌心向上，呼气以腰为轴点，上身向下弯曲直到双腿与手臂成 90°，两眼注视双手。呼气将上身尽量向右侧转动，吸气回正。呼气上身尽量转向左侧，吸气身体回正，挺直上身。呼气双手分开还原体侧，双脚并拢。注意转动时双脚不要移动，保持平面的运动，双脚脚趾与膝盖保持一致方向，腰部不适、高血压、心脏病的人不宜练习。功效：补养和加强双臂、腰部、背部、髋关节的力量，腹部器官得到按摩，腰围线上的脂肪减少，肺部功能增强（如图 9–4–15①②所示）。

4. 站立祈祷式

山立功，双手合十于腹部。吸气，翻转指尖向上，缓缓移至胸前，手肘持平与肩同高，双手掌用力互推。呼气，双手由手肘带动往左侧推动，手肘与肩同高，做延伸同时转动颈部向右转呼气，回正呼气换侧。功效：刺激胃部消化，促进横膈膜震动，使交感神经与副交感神经运作正常，温暖脊柱，保持胸腺功能，放松肩部，增强肩颈的柔韧性，保持头脑清醒（如图 9–4–16 所示）。

图 9–4–15①　图 9–4–15②　图 9–4–16　图 9–4–17

5. 摩天式

（1）山立功，双臂放于体侧，手心相对，上举上臂靠近双耳，吸气时抬起两脚跟，全力向上，呼气时恢复原位。（2）山立功，双手相交上举，手心向上，吸气时抬起脚跟，视线看向双手，呼气时恢复原位。（3）山立功，双手臂高举过头屈肘，双手头顶环抱手肘，吸气时上身从腰部向前弯伸直到身体与双腿成 90°，背部保持水平，吸气时抬起脚跟，同时向上伸展，呼气时两臂放回体侧。注意事项：做到位后重心上移，不要前倾后仰，脚跟有伤不宜做，怀孕 6 个月后不能做。功效：有益肠胃，伸展腹部肌肉群，防止便秘，促进脊柱生长，改变脊柱神经充血的状况，对怀孕前 6 个月者有益（如图 9–4–17 所示）。

6. 竖式

（1）山立功，重心移至左脚上，吸气，屈右膝，将右脚跟放于左大腿根部，脚掌放于左大腿内侧，脚趾朝下双手合掌于胸前，吸气时伸展手臂举过头顶，保持几次深长的呼吸，呼气时双手回落身体两侧，伸直右腿回山立功换侧。（2）将右脚翻转掌心向外放于左大腿根部，其余同（1）。（3）变体做到（1）时上半身向右侧倾斜，视线注意前方或下方，膝盖向外打开和另一条腿在同一平面上，若完成困难的可放于膝盖内侧，怀孕超过 6 个月者不能练习。功效：加强腿部、胸部、背部的肌肉力量，使髋、膝、踝关节得到放松，锻炼平衡感，培养专注力，消除身心疲惫，消减臀部、腿部赘肉（如图 9–4–18 所示）。

7. 幻椅式

山立功，吸气时双臂侧平举至头顶合掌，呼气时屈双膝直到双腿与地面基本平行或到自己最大极限，保持这一姿势顺畅呼吸，吸气时恢复站立，放松双手于体侧。注意事项：

心脏病、膝关节有伤者不能做，膝盖不能超过脚尖。功效：增强两腿的力量，扩展胸部，强壮腹部器官，矫正不良姿势，消除肩臂的酸痛僵硬，给予心脏柔和的按摩（如图 9-4-19 所示）。

8. 战士第一式

山立功，双手胸前合掌，吸气，双臂自体前向上推举过头，上臂放在耳后，同时双脚分开，略比肩宽。呼气时，左脚向左转 90°，右脚稍向左转。屈左膝，上身同地面保持垂直，坐下去，可以向后推送右腿，直至左小腿垂直于地面，左大腿平行于地面。注意右膝伸直。关注弯曲的左膝，左膝盖不要超过脚趾，并同前三个脚趾保持在同一直线上。身体的重心放于两腿之间。右膝收紧，右腿肌肉伸展。吸气时保持背部的直立，伸展脊柱，抬头，看手掌根部。正常呼吸。保持姿势，停留 20 秒左右。吸气，头回正中，吸气时，伸直双膝，身体转回正中，呼气，双手自体前放落，回山立功。深呼吸。变换体位练习（如图 9-4-20 所示）。

图 9-4-18　图 9-4-19　图 9-4-20　图 9-4-21

9. 战士第二式

山立功，双脚分开，略比肩宽，双臂侧平举，掌心向上，基本三角站立。呼气时，左脚向左转 90°，右脚稍向左转。屈左膝，保持身体垂直于地面，坐下去，可以将右腿稍向右推送，保持住左大腿平行于地面，小腿同地面垂直，伸直右膝，感觉双臂向左右两个方向伸展。关注弯曲的左膝，左膝盖不要超过脚趾，并同前三个脚趾保持在同一直线上，感觉双臂被人用相等的力向两侧拉伸，身体像拔河绳中央的重锤一样在两个相等力作用下安稳地垂直于地面。换句话说，背与臀要在一条直线上，身体的重心放于两腿之间。右膝收紧，右腿肌肉伸展。转动头看向左手的指尖，尽量使下巴平行于肩膀。正常呼吸，保持姿势 20 秒左右。慢慢抬起膝盖，呼气，扭转身体，放落双臂，回山立功（如图 9-4-21 所示）。

（四）盘坐体式

1. 直角坐姿（手杖式）

功法：双腿向前伸直，脚尖回勾，挺直脊背，放松双肩，眼睛平视前方，身体呈直角。功效：增强两腿肌力，矫正驼背，改善身体坐姿（如图 9-4-22 所示）。

2. 平常坐姿（随意坐）

功法：直角坐姿弯曲双膝，将左脚放于右大腿下，把右脚放于左大腿或者膝盖之下，双手掌心轻放于双膝之上，保持头颈躯干在一条直线上。功效：补养加强神经系统，减轻消除风湿关节炎，同时平衡身体气息，促进睡眠和健康（如图 9-4-23 所示）。

3. 简易坐姿（安逸坐）

功法：直角坐姿屈左膝，左脚脚跟抵住会阴（男右脚抵，女左脚抵），屈右膝将右脚跟放于左脚跟跟前，双脚脚跟与肚脐在同一直线。功效：对还未准备好坐至善坐的练习者是很好的练习，但功效逊于至善坐（如图 9-4-24 所示）。

4. 至善坐姿（高僧坐）

功法：直角坐姿屈左膝，左脚跟抵住会阴，屈右膝，将右脚掌插入左大小腿之间，右脚跟与左脚跟在同一直线上，视线向内仿佛注视自己的鼻尖。注意事项：患有骶骨感染，以及坐骨神经痛的人不宜做这个姿势。功效：这一姿势使趾骨区域保持健康，有助于身体机能充分平衡，有助于维持身体和精神的稳定性。神经系统得到安定，盆骨区域得到充分的血液供给，可缓解膝关节僵硬。预防风湿，有助生命之气向上，易于用来呼吸、冥想和控制练习，对坚持禁欲的修行有很好的帮助（如图 9-4-25 所示）。

图 9-4-22　图 9-4-23　图 9-4-24　图 9-4-25

（五）放松体式

1. 跪式放松

功法：跪坐吸气，将身体向前，自然将额头轻放在地上，手臂放于小腿两侧，掌心向上放松，保持自然呼吸（婴儿式）。月亮式是手臂向前伸展。功效：这一体式可使整个身体受损的脏腑器官和每个细胞得以修复，通常在后弯加入这一体式调整休息，滋养脊柱神经，放松腰背部，灵活肩关节，减少腰腹部多余脂肪（如图 9-4-26 所示）。

2. 坐式放松

长坐放松。功法：直角坐姿，双手放于双膝之上，完全放松头部、颈部、腰背、双肩、手臂、双腿，下颚微收，闭上双眼，调整呼吸。功效：使身体快速恢复宁静，放松，消除疲劳、镇定身心（如图 9-4-27 所示）。

3. 抱腿放松

功法：直角坐姿，吸气屈双膝，双脚掌踩地，双脚尽量靠近臀部，双手臂交叉环抱小腿胫骨，下巴放于双膝之间，放松身体，微闭双眼调整呼吸。功效：使身体快速地得到放松，尤其是腰背部，按摩内脏，使其放松从而缓解疲劳（如图 9-4-28 所示）。

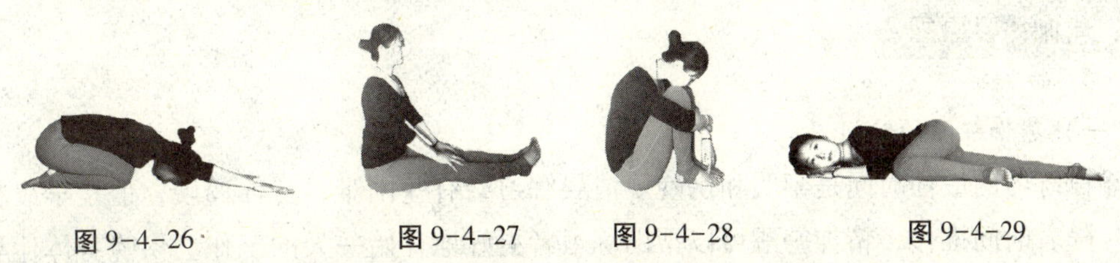

图 9-4-26　图 9-4-27　图 9-4-28　图 9-4-29

4. 美人鱼式

功法：左侧卧，屈左手肘手掌支撑头部，右手放于胸腔前支撑，调整身体，尽量在一条直线上，吸气，屈右膝，尽量将右腿拉至胸前，闭上双眼调整呼吸。功效：能使身体在清醒的状态上得到快速的放松，增强女性魅力（如图 9-4-29 所示）。

5. 挺尸式

功法：仰卧垫面，双脚与肩同宽，两臂放于体侧，掌心向上，脚趾向外放松，背部平放于垫面，闭上双眼放松全身，让自己的呼吸越来越慢。功效：放松全身肌肉、骨骼、韧带，治疗失眠、糖尿病、消化不良、哮喘，消除神经紧张，缓解压力，治疗神经衰弱，让身体恢复能量，产生一种和平、宁静的感觉。

（六）冥想

冥想是瑜伽中最珍贵的一项技法，对整个机体有着意义深远的作用。

常见的冥想方法有走动式冥想、烛光冥想和语音冥想。

1. 走动式冥想

动作分解：带着知觉感受当下迈出的脚步，当意识完全专注时，身心达到联结，喜悦、宁静由内而生。观想一：在大自然中，身心很容易得到平静，一花一草都可以成为我们观和想的对象。停止所有思考，静静地观察花、草、树木、蓝天、白云……感觉自己与观想的对象完全融为一体，享受大自然的能量。观想二：在家中也可以随时进入观想，只要找一个观想对象就可以了，譬如：水晶石、鱼缸、盆栽、图画等，任何你喜欢的对象都可以。这些物体能帮助我们集中注意力，渐渐排除外在的干扰，慢慢转向内心世界，体会宁静和安详！

2. 烛光冥想

功效：舒缓眼睛疲劳，促进眼睛周围血液循环，排除毒素，增强视力，使眼睛有神。提升专注能力，充分吸收烛光的能量，使内心光明自信，消除内心的恐惧，使心灵更加平静。动作分解：①选择自己舒适的坐姿坐在瑜伽垫上，挺直脊柱。先闭上眼睛，调整呼吸；放松全身，慢慢睁开双眼，视线由大腿慢慢向上。②开始凝视烛光，专注地观察它的内焰、外焰、颜色、大小、形状。尽量不要眨眼睛，让眼泪自然流下。③慢慢闭上眼睛，观想烛光落在眉心处，直到对烛光的印象变得模糊时再次睁开眼睛凝视烛光，重复5~8次，保持专注和放松的状态。最后，让自己平躺下来，全身放松。

3. 语音冥想

在所有的瑜伽冥想体系中，没有哪一种比得上瑜伽语音冥想的功效。它直接、久经时间考验且广为人们使用。如前所述，瑜伽语音冥想可以和提升生命之气的功法一起配合着练习，也可以单项练习。

三、瑜伽练习原则

（一）瑜伽练习的时间

瑜伽练习的最佳时间是黎明和傍晚。清晨练习会有些困难，身体僵硬，但是早晨精神振作。随着时间推移，精神警醒可以帮助练习者更好地开始一天的工作。傍晚身体比早晨灵活，练习体式更容易、轻松，可以消除一天的疲劳和紧张，使练习者更平静平和。

（二）瑜伽练习的环境

练习环境应安静，温度应适宜。如果是在室内练习，应先通风换气，保证空气清新，以便静心和集中注意力。

（三）瑜伽练习的服装要求

宽松、柔软、舒展的服装，严禁穿紧身内衣练习。在允许的环境中，赤脚练习最好。但是如果太冷可以穿袜子直到身体暖和过来。不佩戴任何饰品。

（四）瑜伽练习前的心理提示

将瑜伽当作令人快乐的事，放松心情，愉快地练习。不要一味追求高难度的动作，不要强迫自己在短时间内达到演示者的水平。

（五）瑜伽练习的注意事项

（1）练习中要集中注意力，用心体会身体伸展时所产生的感觉，将意识放在自己动作的感觉上。（2）一定要在极限的边缘温和地伸展身体，不要用力牵扯。（3）如果练习时和练习完之后发生抽筋或肌肉痉挛或某处感觉特别绷紧要加以按摩。（4）练习中出现体力不支或身体颤抖应立即收功还原，不要过于坚持。（5）用鼻子呼吸，另行规定除外，这样有助于气脉运行。（6）在每个练习中应动作缓慢，步骤分明，不要匆忙做完，不要使身体出现失控状态。（7）年龄较大或者颈、背有严重损伤的人，应先征询医生的意见才决定是否做瑜伽练习。（8）光脚（防滑，促进血液循环）练习，穿宽松有弹性的衣服，去除一切束缚。（9）饭后如吃太饱在饭后 3~4 小时后，一般饭后 1~2 小时，流食半小时后方可练习瑜伽。（10）练习后 45 分钟后洗澡（把能量带走了），1 小时后吃饭（不绝对，半小时或 45 分钟均可）。（11）清膀胱和胃。（12）练习瑜伽不能代替医疗治疗。（13）女性生理周期应根据自己体能做适当练习，但应避免倒立、伸展和挤压腹部的动作。（14）练习时不要攀比，依自己的情况而定。（15）产妇顺产的百天后根据自己的情况练习瑜伽，剖腹产半年后根据自己的情况练习瑜伽。哺乳期妇女不可以练习瑜伽。

四、瑜伽与健身

呼吸法、体位法、冥想和放松术等瑜伽练习，有舒展筋骨、放松身心、健美形体、通畅经络的独特效果。瑜伽练习可以让做完器械后的肌肉放松下来；可以改善人的体形，使之变得更为匀称；可以安定神经，有利于减少疲劳感等。瑜伽的独特作用就在于，让人在不知不觉中保持优雅的身形、轻盈灵动的姿态，从而塑造自然、健康的身体。实践证明，有针对性地进行瑜伽练习，对塑造身体各个部位的完美体形具有良好的效果。

第五节 健身操舞

一、健身操舞概述

健身操舞一词主要来源于健身操和舞蹈的结合，起初以广场舞的形式出现。广场舞由于步伐简单易学，节奏明快，同时对场地设施的依赖性也不高，深受群众喜欢。而后，人们发现，广场舞可以加入艺术性强的元素，形成了现在所谓的健身操舞。“操和舞不一样，操一定是操化动作多，横平竖直，它有它的轨迹。舞更多具备舞蹈功能，艺术性更强，展示艺术表现力。舞更加优美，更加丰富。”由健身操和舞蹈结合，便形成了健身操舞。健身操舞老少皆宜，对参与者技能要求相对于其他运动项目而言，也是比较低的，开展活动时对器材、场地的要求也很低。健身操舞简单易学，又能满足老百姓的健身要求。健身操舞的特征是健身性、表演性、简单易学、容易普及、适合全民健身需要等。在分类上，根据我国健身操舞比赛设项来看，健身操舞可以分为徒手广场健身操、徒手广场健身舞、轻器械广场健身操和轻器械广场健身舞。从比赛角度来看，健身操舞有规定动作和自选动作可以选择。截至 2015 年，我国共举行了四次全国健身操舞大赛。

二、健身操舞基本动作

（一）手位动作（见图 9-5-1，图 9-5-2）

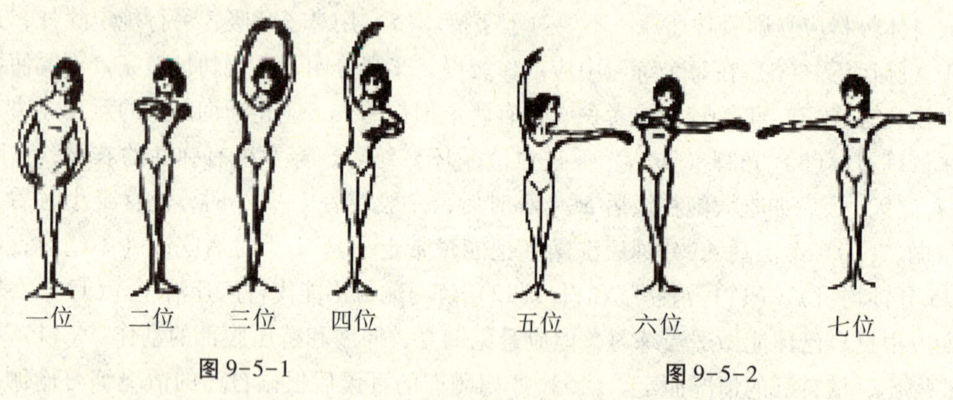

图 9-5-1　　图 9-5-2

（二）脚位动作（见图 9-5-3）

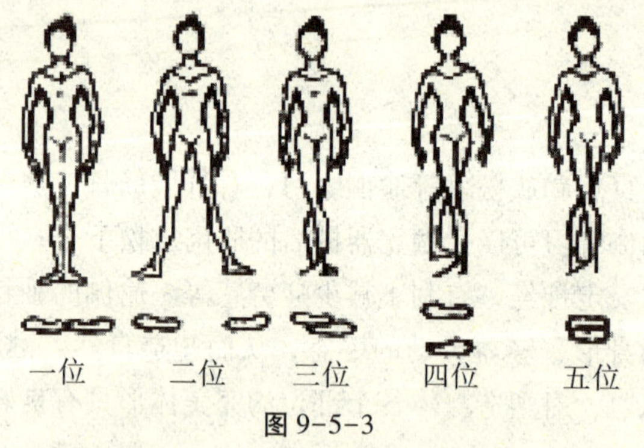

图 9-5-3

（三）基本步法

1. 柔软步

动作要领：由绷脚伸出，前脚掌落地并迅速过渡到全脚掌，同时身体重心及时移至前脚（重心在前），两臂自然摆动。要求：自然连贯。

2. 足尖步

动作要领：基本上同柔软步，但是要求尽量立踵，步幅较小，身体重心要平稳。易犯错误：重心起伏大，耸肩。

3. 弹簧步

动作要领：基本上同柔软步，但是要求落地的同时膝盖有弹性地弯曲，身体重心有节奏地像波浪起伏。要求：从脚尖过渡到全脚掌，步幅较小，身体重心平稳。易犯错误：弹性不足，动作僵硬。

4. 踏步类（同健美操）

动作描述：此类动作两脚一次抬起，在下落时膝、踝关节有弹性地缓冲。

动作变化：踏步、走步、一字步、V字步、曼步。

5. 点地类（同健美操）

动作描述：此类动作两腿有弹性地伸屈，点地时，主力腿稍屈，另一腿伸直（脚尖或脚跟点地）。

动作变化：脚尖前点地、脚尖后点地、脚尖侧点地、脚跟前点地。

6. 迈步类（同健美操）

动作描述：此类动作是指一脚先迈出一步，同时移动身体重心，另一脚点地、并步或抬起的动作。

动作变化：并步、迈步点地、迈步屈腿、迈步吸腿、侧交叉步、迈步弹踢。

7. 单脚抬起类（同健美操）

动作描述：此类动作支撑腿有控制地稍屈膝弹动，另一腿以各种形式抬起，同时收腹、立腰。

动作变化：吸腿、踢腿、弹踢、后屈腿。

三、健身操舞套路练习

（一）健身操舞《小苹果》套路练习

第一组动作：

第一个8拍：1~3拍，顶右胯并脚点地，同时甩手腕（见图9-5-4）；4拍双脚并拢，双手击掌；5~8拍，同1~4拍，方向相反（见图9-5-5）。

第二个8拍：同第一个8拍。

图9-5-4

图9-5-5

第二组动作：

第一个8拍：1~4拍，脚下从右脚点地开始，内点一次，外点一次，内外内分腿，手臂动作，左手臂由左向内向上向外做弧形旋转两次（见图9-5-6），第4拍手臂放下；5~8拍，换左脚点地开始，手臂换右手向内向外画弧形线路旋转两次，第8拍手臂放下（见图9-5-7）。

第二个 8 拍：1 拍跺右脚，2 拍跺左脚，3 拍跺右脚，4 拍跺左脚，手臂握拳随拍做下砸动作，右一次，左一次，再右一次，再左一次（见图 9-5-8）；5~8 拍，双腿分开，双膝弹动，双手握拳拳眼朝上，手臂侧平打开，做抖动肩膀的动作（见图 9-5-9）。

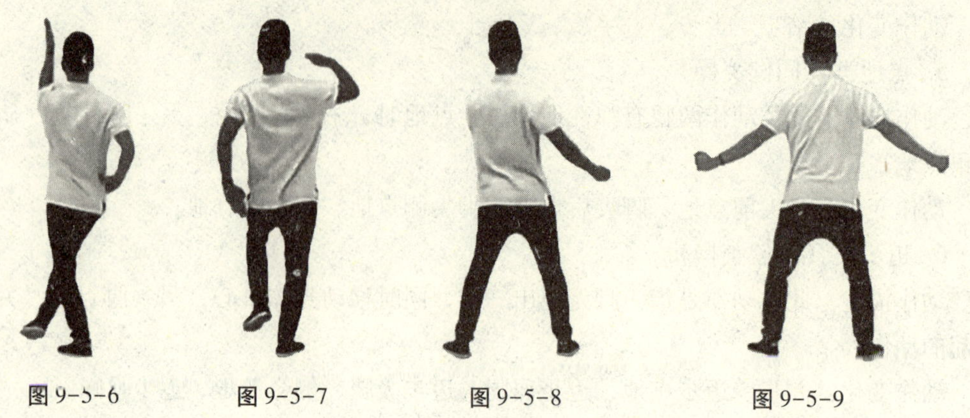

图 9-5-6　　图 9-5-7　　图 9-5-8　　图 9-5-9

第三组动作：

第一个 8 拍：1~4 拍，原地踏步，从右脚开始，手臂随身体自然摆动；5~6 拍，脚下还是做踏步动作，5 拍时右手臂向右侧平举，掌心朝下，左手臂自然下垂（见图 9-5-10）；6 拍左手臂向左侧平举，掌心朝下，右手臂自然下垂（见图 9-5-11）；7 拍，双脚并拢下蹲，双手握拳拳心相对，拳眼向内，曲臂，低头含胸；8 拍双脚跳起，双手臂向上冲拳（见图 9-5-12）。

图 9-5-10　　图 9-5-11　　图 9-5-12

第二个、第三个、第四个 8 拍：同第一个 8 拍。

第四组动作（由两部分组成）：

（1）第一部分。

第一个 8 拍：1~4 拍，单并步，右脚开始，1 拍右手前平举，掌心朝上，左手臂自然下垂，如图 9-5-13；2 拍两手臂自然下垂；3 拍左手臂前平举，掌心朝上，右手臂自然下垂；4 拍两手臂自然下垂；5~6 拍双腿分开弹动，手臂握拳胸前环绕（见图 9-5-14）；7~8 拍，手臂做抖动肩膀动作，两手臂向两侧方向打开，掌心朝下（见图 9-5-15）。

第二个 8 拍：1~2 拍，左腿点地做弹动，右手臂握拳做曲臂抖动（见图 9-5-16）；3~4 拍换左腿，动作一样（见图 9-5-17）；5~8 拍同 1~4 拍。

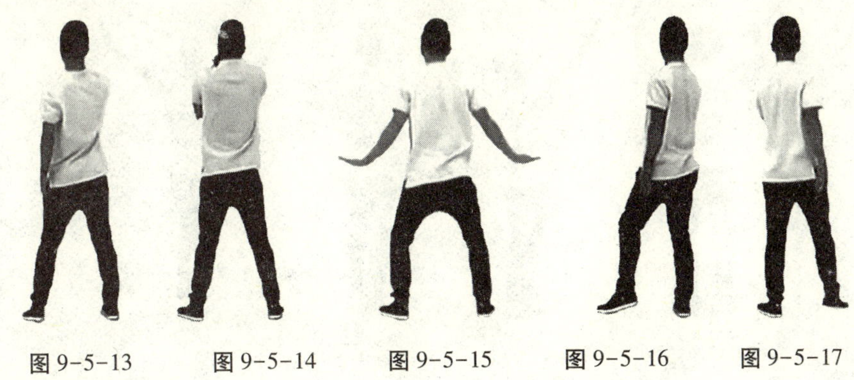
图 9-5-13　图 9-5-14　图 9-5-15　图 9-5-16　图 9-5-17

第三个 8 拍：1~4 拍，双并步，右脚开始，1 拍手臂握拳上举曲臂，两个拳心相对，右转 90°（见图 9-5-18），同样动作，左转 90°，3~4 拍手臂动作同 1~2 拍；5~8 拍，双并步，左脚开始，右手臂垂左肩膀，左手臂自然下垂，共四拍，垂四次（见图 9-5-19）。

第四个 8 拍：1~4 拍，双并步，右脚开始，1 拍左手臂曲臂上举，拳心朝内，右手臂直臂侧平举拳心朝下（见图 9-5-20）；2 拍右手臂曲臂上举，拳心朝内，左手臂直臂侧平举拳心朝下；3~4 拍，手臂动作同 1~2 拍。5~6 拍，双脚原地跳跃一次，手臂打开至身体两侧，掌心朝下；7~8 拍，原地做抖肩动作（见图 9-5-21）。

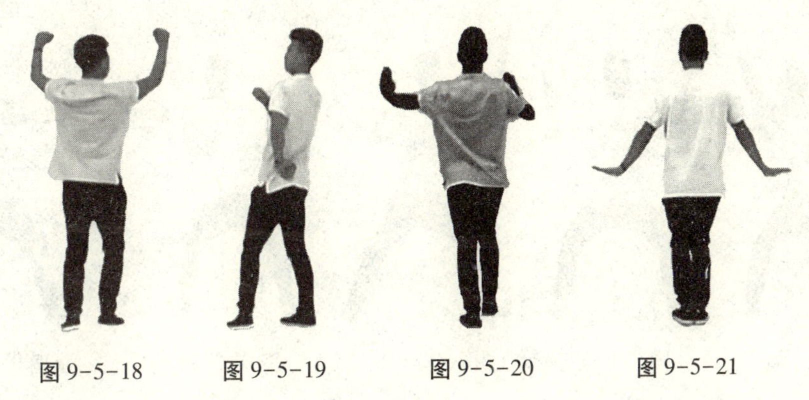
图 9-5-18　图 9-5-19　图 9-5-20　图 9-5-21

（2）第二部分。

第一、二个 8 拍动作同第一部分的第一、二个 8 拍。

第三个 8 拍：1~4 拍，双并步，右脚开始，1 拍手臂握拳上举曲臂，拳心相对，右转 90°（见图 9-5-22），同样动作，左转 90°，3~4 拍手臂动作同 1~2 拍；5~8 拍，双并步，左脚开始，双手掌心朝上，由下向上走弧形线动作（见图 9-5-23）。

第四个 8 拍：1~4 拍，双并步，右脚开始，1 拍左手臂前平举曲臂动作，掌心朝内，右手臂直臂侧平举，立掌朝外（见图 9-5-24）；2 拍右手臂前平举曲臂动作，掌心朝内，左手臂直臂侧平举立掌，掌心朝外；3~4 拍，手臂动作同 1~2 拍；5~8 拍，原地踏步，手臂在胸前交叉由内而外向两侧打开（见图 9-5-25）。

图 9-5-22　图 9-5-23　图 9-5-24　图 9-5-25

第五组动作（结束动作）：

第一个 8 拍：1~8 拍，腿上动作均是双腿分开，马步下蹲。手臂动作：1 拍右上方 45°方向，伸右手臂，掌心向内（见图 9-5-26）；2 拍还原，掌心相对，侧举曲臂打开（见图 9-5-27）；3 拍左上方 45°方向，伸左手臂，掌心向内（见图 9-5-28）；4 拍和 2 拍动作一样；5 拍右手臂向右侧方向侧平打开，掌心朝下；6 拍和 2 拍动作一样；7 拍，右手臂向身体左侧平举，掌心朝下（见图 9-5-29）；8 拍还原。

第二个 8 拍：动作同第一个 8 拍，最后结束动作，8 拍和 7 拍动作一样，作为结束定型动作（见图 9-5-30）。

图 9-5-26　图 9-5-27　图 9-5-28　图 9-5-29　图 9-5-30

（二）健身操舞《倍儿爽》套路练习

第一组动作：

第一个 8 拍：1~2 拍，左腿弹动，双手向上推（见图 9-5-31）；3~4 拍，原地跳跃（见图 9-5-32）；5~6 拍，换右腿弹动，方向相反；7~8 拍同 3~4 拍。

第二个 8 拍：1~4 拍，左膝弯，左腿颤动，向左转圈 360°，手臂撑开，左手臂向下 45°，右手臂向上 45°，手掌均为立掌（见图 9-5-33）；5~8 拍，双腿分开，原地颤动，双手握拳，5 拍左手冲拳，右手握拳胸前平屈（见图 9-5-34），6 拍右手冲拳，左手握拳胸前平屈；7~8 拍同 5~6 拍。

第三个 8 拍同第一个 8 拍，动作相同，但方向相反。

第四个 8 拍同第二个 8 拍，动作相同，但方向相反。

图 9-5-31　　图 9-5-32　　图 9-5-33　　图 9-5-34

第二组动作：1~2 拍，双腿依次分开，手臂向两侧侧平举（见图 9-5-35）；3~4 拍，双腿依次并拢，双手握拳于胸前。过渡动作。

第一个 8 拍：1~8 拍，双腿分开，分别向两边做顶胯练习。双手手指相连，随着顶胯做波浪形摆动（见图 9-5-36、图 9-5-37）。

第二个 8 拍：动作同第一个 8 拍。

第三个 8 拍：1~2 拍，右脚吸腿，左手握拳于胸前朝上，右手握拳下垂（见图 9-5-38）；3~4 拍，左腿吸腿，右手握拳于胸前朝上，左手握拳下垂（见图 9-5-39）；5~6 拍同 1~2 拍，7~8 拍同 3~4 拍。

第四个 8 拍：同第三个 8 拍。

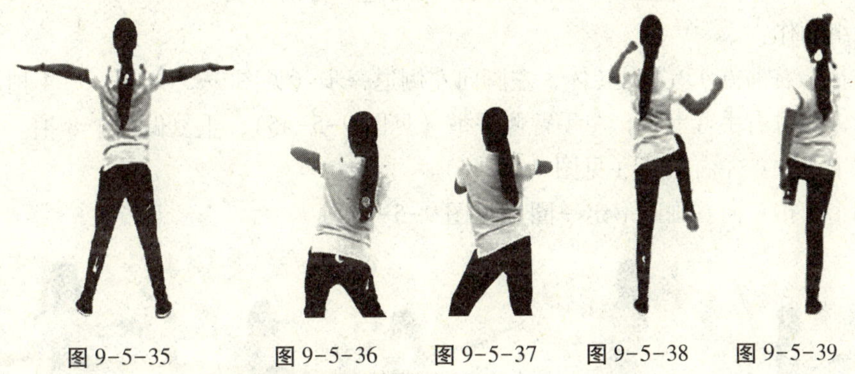

图 9-5-35　　图 9-5-36　　图 9-5-37　　图 9-5-38　　图 9-5-39

第五个 8 拍：1~2 拍，左脚向右前方向做迈步，左手随身体做向前推掌动作，右手叉腰（见图 9-5-40）；3~4 拍左脚向左后方做迈步，左手随身体做向后下方握拳动作，右手叉腰（见图 9-5-41）；5~6 拍同 1~2 拍；7~8 拍左脚向左方向做恰恰步，双手侧平打开（见图 9-5-42）。

第六个 8 拍：动作同第五个 8 拍，但是方向相反。

第七、第八个 8 拍：同第五、第六个 8 拍。

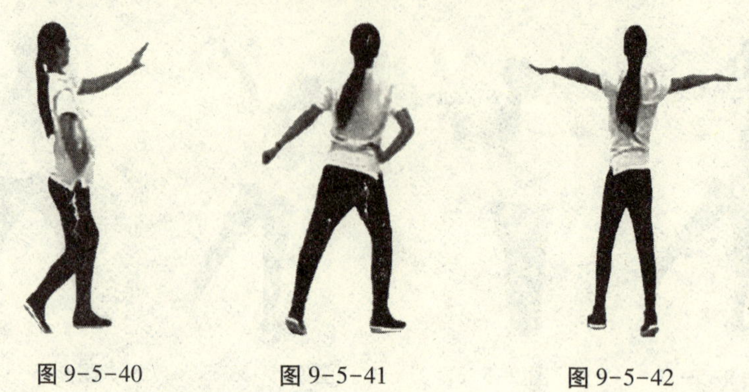

图 9-5-40　　图 9-5-41　　图 9-5-42

第三组动作：

第一个 8 拍：1~4 拍，左脚向左前方 45°方向做跑跳步，手臂随身体自然摆动；5~8 拍，双腿原地弹动，5 拍出左臂向上，掌心向内，6 拍出右臂向上，掌心向内，7~8 拍双手击掌两次。

第二个 8 拍：动作同第一个 8 拍，但方向相反。

第三、四个 8 拍：同第一、二个 8 拍。

（三）健身操舞《中国美》套路练习

第一组动作：

右边一个 8 拍，左脚原地做垫地动作，右腿后踢动作，右手臂斜上举 45°，左手臂侧平举（见图 9-5-43）。左边一个 8 拍，动作同右边，方向相反。

第二组动作：

1~2 拍，右前方 45°方向转体，左脚向左侧退一步（见图 9-5-44）；3~4 拍，左脚向右上一步，同时右手臂上举，左手臂侧平举（见图 9-5-45），重复做两个 8 拍。

第三个 8 拍：左右扭胯（见图 9-5-46）。

第四个 8 拍：向右画圆形走一圈（见图 9-5-47）。

图 9-5-43　　图 9-5-44　　图 9-5-45　　图 9-5-46　　图 9-5-47

第三组动作：

第一个 8 拍，左脚开始恰恰，1~2 拍（见图 9-5-48）；3~4 拍（见图 9-5-49）；5~8 拍同 1~4 拍。

第二个 8 拍：1 拍双脚依次向侧迈开，两手臂向两侧打开，掌心朝外，五指分开（见图 9-5-50）；2 拍双脚并拢，双臂曲臂握拳于胸前（见图 9-5-51）；3 拍双脚依次向侧迈开，双臂握拳直臂上举（见图 9-5-52）；4 拍同 2 拍；5~8 拍同 1~4 拍。

图 9-5-48　图 9-5-49　图 9-5-50　图 9-5-51　图 9-5-52

第三个 8 拍：1~2 拍，左脚向后恰恰，手臂击掌后右手在前下 45°方向，左手在后上 45°方向伸出，立掌（见图 9-5-53）；3~4 拍，右脚向后恰恰，手臂击掌后左手在前下 45°方向，右手在后上 45°方向伸出，立掌（见图 9-5-54）；5~8 拍同 1~4 拍。

第四个 8 拍：十字步 2 次，左脚开始走，手臂随身体自然摆动（见图 9-5-55）。

图 9-5-53　图 9-5-54　图 9-5-55

第四组动作：

第一个 8 拍：1 拍左脚侧点地（见图 9-5-56）；2 拍右脚侧点地（见图 9-5-57）；3~4 拍左脚侧点地后停住不动；5~8 拍同 1~4 拍动作。

第二个 8 拍同第一个 8 拍。接过渡动作，双腿原地弹动 4 拍。

第三个 8 拍：1 拍左脚跺地（见图 9-5-58）；2 拍还原；3~4 拍同 1~2 拍，跺右脚（见图 9-5-59）；5~8 拍，左脚跺地两次，手臂全部做提拉动作。

第四至六个 8 拍：动作全部同第三个 8 拍，方向相反。

图 9-5-56　图 9-5-57　图 9-5-58　图 9-5-59

四、健身操舞与健身

健身操舞从大类上看，属于操和舞蹈的结合，在日常的锻炼中，需要先从基本步法开始学起，然后学习手臂动作，按组合学习，同时多听音乐，跟着节奏练习。主要是自练方法，首先是对录像带、光盘、图解等资料所提供的动作进行模仿。在教练授课过程中，练习者边观察边模仿练习，加深记忆，熟练动作。最后强化练习，在反复多次自练的基础上，熟练比较复杂多变的成组动作，通过自我强化训练，巩固技能，掌握动作技巧。健身操舞在日常的身体锻炼中比较流行，因此也可以跟着广场上锻炼的人群一起学习与锻炼。

第十章 武术运动

第一节 二十四式简化太极拳

一、二十四式简化太极拳概述

太极拳是一项集健身、疾病预防和武术于一体的体育项目，它是中华武术拳种中最为普及和主要的拳种之一，也是一种传统的养生术，它汇集了我国古代保健体育之精华，是宝贵的民族文化遗产。太极拳早期曾被称为“绵拳”“十三式”“软手”等。清乾隆年间，山西民间武术家王宗岳用《周子全书》中阴阳太极的哲理来解释拳义，写成《太极拳论》，太极拳这个名称才确定下来。“太极”一词源自《周易》，含有至高、至极、绝对、唯一的意思。

太极拳的形成有着渊远的文化背景，可总结为三个方面：一是综合吸收了明代名家拳法。明代武术极为盛行，出现了很多名家、专著和新拳种，太极拳就是吸取了当时各家拳法之长，特别是戚继光三十二式长拳的特点。二是结合了古代导引、吐纳之术。太极拳讲究意念引导气沉丹田，讲究心静体松重在内壮，所以被称为“内功拳”之一。三是运用了中国古代的阴阳学说和中医经络学说。陈式太极拳要求按经络通路，螺旋缠绕，以异行气，通任督二脉、练带脉、冲脉。各式传统太极拳也皆以阴阳五行学说来概括和解释拳法中的各种矛盾变化。

现在广为流传的太极拳流派有陈式、杨式、吴式、武式、孙式等。太极拳是一种柔和、缓慢、轻灵的拳术，且柔中有刚，刚柔相济。它以棚、捋、挤、按、采、挒、肘、靠、进、退、顾、盼、定为基本十三式。动作轻柔圆活、绵绵不断，处处带有弧形，势势相承。太极拳的基本要领是“心静”“体松”。所谓“心静”，即思想集中、全神贯注；“体松”即身体各部位保持运动中的自然舒展、不拘不僵，腰为主宰、手脚动作上下相随，从起势到收势紧密衔接，其呼吸随着动作协调进行。

为了便于太极拳运动的普及和推广，国家原体委在20世纪50年代后期创编了简化太极拳（二十四式）与太极剑（三十二式）。这两套套路吸取了杨式太极拳的动作特点和风格，以删繁就简、去重复为原则，使其具备简单易学、易于推广的特点，成了太极拳运动初级套路的代表作。各式太极拳虽然风格不同，各具特征，但是拳理相通，其运动特点、动作要领和健身作用，基本上是一致的。

二、二十四式简化太极拳基本动作

第一组动作：

（一）起势

1. 动作说明

（1）身体自然直立，两脚开立，与肩同宽，脚尖向前；两臂自然下垂，两手放在大腿外侧；目视前方（见图 10-1-1）。

（2）两臂慢慢向前平举，两手高与肩平，与肩同宽；手心向下（见图 10-1-2、图 10-1-3）。

（3）上体保持正直，两腿屈膝下蹲；同时，两掌慢慢下按，两肘下垂与两膝相对；目视前方（见图 10-1-4）。

2. 动作要点

开步平稳，重心移动平稳，保持身体形态，两肩下沉，两肘松垂，手指自然微屈，松腰直体下蹲，臀部不可凸出，身体重心落于两腿中间，两臂下落和身体下蹲的动作要同时开始、同时结束，协调一致。

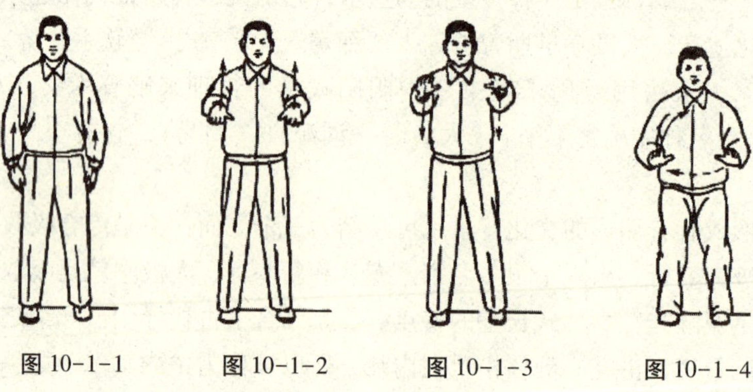

图 10-1-1　图 10-1-2　图 10-1-3　图 10-1-4

（二）左右野马分鬃

1. 动作说明

（1）上体微向右转，身体重心移到右腿上；同时右臂向上划弧到胸前平屈，手心向下，左手经体前向右下划弧到腹前，手心向上，两手心相对呈抱球状；左脚随左手动作收到右脚内侧，脚尖点地；眼看右手（见图 10-1-5、图 10-1-6）。

（2）上体微向左转，左脚向左前方迈出，脚跟先着地，落实后，右腿自然伸直，左膝前屈，成左弓步；同时，上体继续向左转前移，左右手随转体慢慢分别向左上右下分开，左手高与眼平（手心斜向上），肘微屈下垂；右手落在右胯旁，肘也微屈，手心向下，指尖朝前；眼看左手（见图 10-1-7、图 10-1-8、图 10-1-9）。

（3）上体慢慢平移后坐，身体重心移到右腿，左脚尖翘起，微向外撇（45°~60°）。随后脚掌慢慢踏实，左腿慢慢前弓，身体左转，身体重心再移到左腿；同时，左手内旋翻转，掌心向下，左臂收至胸前平屈，右手外旋向左上划弧至腹前，两手心相对呈抱球状；右脚随右手动作收到左脚内侧，脚尖点地，眼看左手（见图 10-1-10、图 10-1-11、图 10-1-12）。

（4）右脚向前方迈出，脚跟先着地，落实后，左腿自然伸直，右膝前屈成右弓步；同时，上体右转前移，左右手随转体分别慢慢向左下右上划弧分开，右手高与眼平，手心斜向上，肘微屈下垂，左手落在左胯旁，肘也微屈，手心向下，指尖向前，眼看右手（见图

10-1-13、图 10-1-14)。

(5) 与 (3) 相同，只是左右相反（见图 10-1-15、图 10-1-16、图 10-1-17）。

(6) 与 (4) 相同，只是左右相反（见图 10-1-18、图 10-1-19）。

2. 动作要点

上体在动作过程中不可前俯后仰。两臂分开要保持弧形。身体转动时要以腰为轴，以转腰带动上肢动作。弓步动作与分手的速度要均匀一致。做弓步时，迈出的脚先是脚跟着地，然后随身体前移脚掌慢慢踏实，脚尖向前，膝盖不超过脚尖。后腿自然伸直，前后脚尖夹角约成 45°~60°（需要时后脚脚跟可以向后蹬转调整）。“野马分鬃”势的弓步，前后脚的脚跟要分布在中轴线两侧，它们之间的横向距离（即以动作行进的中线为轴，其两侧的垂直距离为横向距离）应该保持在 10~30 厘米。

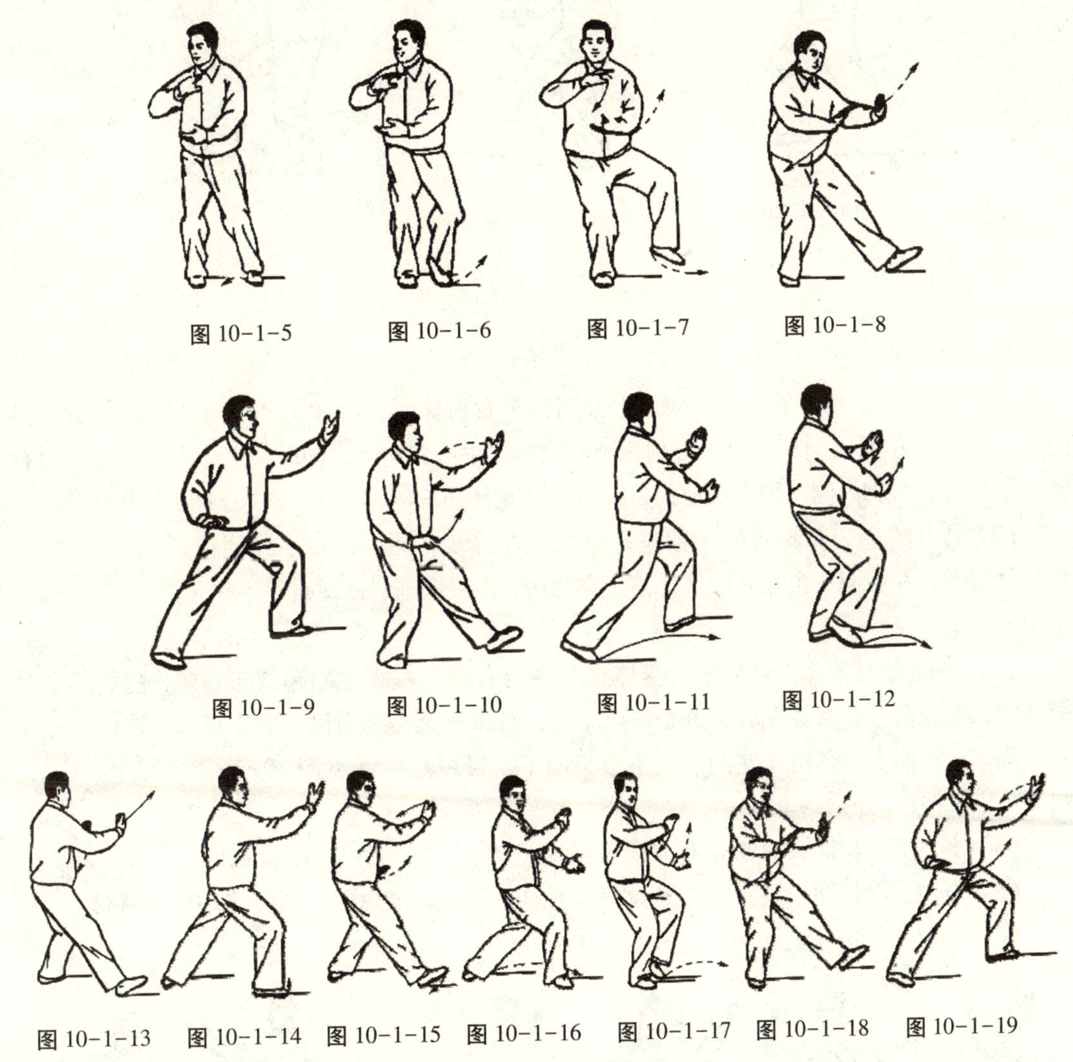

图 10-1-5　图 10-1-6　图 10-1-7　图 10-1-8

图 10-1-9　图 10-1-10　图 10-1-11　图 10-1-12

图 10-1-13　图 10-1-14　图 10-1-15　图 10-1-16　图 10-1-17　图 10-1-18　图 10-1-19

(三) 白鹤亮翅

1. 动作说明

(1) 上体微向左转，重心移至左腿，右脚跟进半步；同时左手向内旋翻，掌心向下，左臂平屈胸前，右手外旋向左上划弧至腹前，手心向上，与左手呈抱球状；眼看左手（见图 10-1-20）。

（2）右脚跟进半步，上体后坐，身体重心移至右腿，上体先向右转，面向右前方，眼看右手；然后左脚稍向前移，脚尖点地，成左虚步，同时，上体再微向左转正，面向前方，两手随转体慢慢向右上左下分开，右手上提停于右额前，手心向左后方，左手下按至左胯前，手心向下，指尖向前；眼平视前方（见图 10-1-21、图 10-1-22）。

2. 动作要点

姿势完成时胸部不要挺出，两臂上下都要保持半圆形，左膝要微屈。身体重心后移，先向右转体后再向左转正身体，转体动作与右手上提、左手下按要协调一致。

图 10-1-20　图 10-1-21　图 10-1-22

第二组动作：

（四）*左右搂膝拗步*

1. 动作说明

（1）右手从体前下落，由下向后上方划弧至右肩外侧；肘微屈，手与耳同高，手心斜向上，左手由左下向上、向右下方划弧至右胸前，手心斜向下；同时，上体先微向左再向右转，左脚收至右脚内侧，脚尖点地；目视右手（见图 10-1-23、图 10-1-24、图 10-1-25）。

（2）上体左转，左脚向前（偏左）迈出成左弓步；同时，右手屈回由耳倒向前推出，高与鼻尖平，左手向下由左膝前搂，落于左胯旁，指尖向前；目视右手手指（见图 10-1-26、图 10-1-27）。

（3）右腿慢屈膝，上体后坐，身体重心移至右腿，左脚尖翘起微向外撇，随后脚掌慢慢踏实，左腿前弓，身体左转，重心移至左腿，右脚收至左脚内侧，脚尖点地；同时，左手向外翻掌由左向上划弧落于左胸前，手心斜向下，目视左手（见图 10-1-28、图 10-1-29、图 10-1-30）。

（4）与（2）相同，只是左右方向相反（见图 10-1-31、图 10-1-32）。

（5）与（3）相同，只是左右相反（见图 10-1-33、图 10-1-34、图 10-1-35）。

（6）与（2）同（见图 10-1-36、图 10-1-37）。

图 10-1-23　图 10-1-24　图 10-1-25　图 10-1-26　图 10-1-27　图 10-1-28

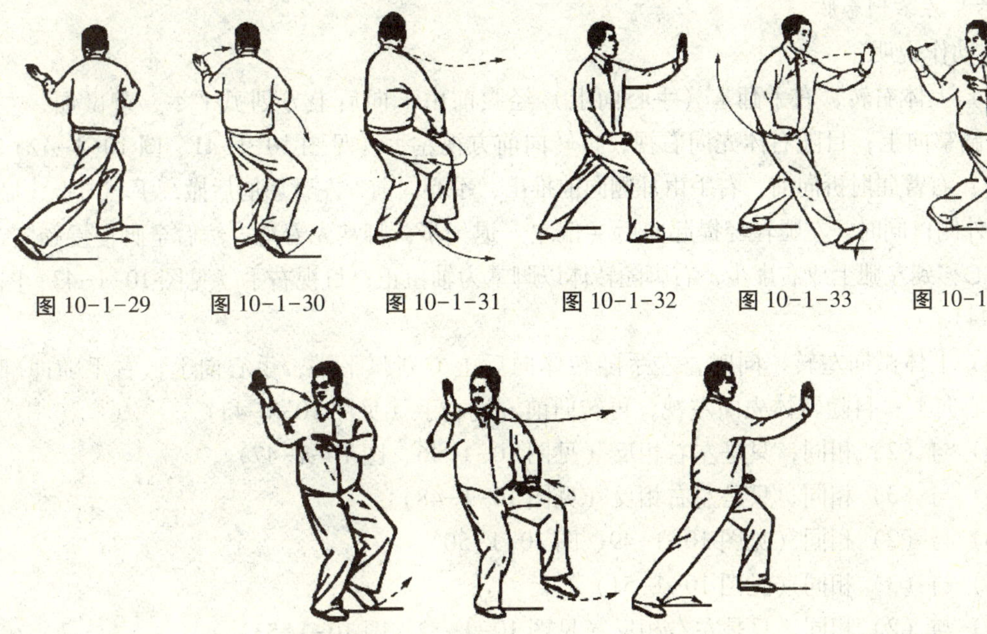

图 10-1-29　图 10-1-30　图 10-1-31　图 10-1-32　图 10-1-33　图 10-1-34

图 10-1-35　图 10-1-36　图 10-1-37

2. 动作要点

白鹤亮翅接下来的动作便是搂膝拗步，在过渡动作中，注意转腰，以腰带动上肢运动；在运动过程中，要注意一手搂膝、另一手外旋的动作要同时进行，前移重心成弓步与一手搂膝至膝侧方、另一手前推掌动作皆要柔顺、协调，同时进行。

（五）手挥琵琶

1. 动作说明

右脚跟进半步，上体后坐，身体重心转至右腿，上体半面向右转，左脚略提起稍向前移，变成左虚步，脚跟着地，脚尖翘起，膝部微屈；同时，左手由左下向上挑掌，高与鼻平，掌心向右，臂微屈；右手收回置于左肘内侧，掌心向左；目视左手食指（见图 10-1-38、图 10-1-39、图 10-1-40）。

2. 动作要点

向前跟步时，右掌臂要随之前推，为之续劲；成虚步脚跟着地与两掌臂合于体前的动作要同时进行。

图 10-1-38

图 10-1-39

图 10-1-40

（六）左右倒卷肱

1. 动作说明

（1）上体右转，右手翻掌（手心向上）经腹前由下向后上方划弧平举，臂微屈，左手随即翻掌向上；目随右体先向右视，再转向前方视左手（见图 10-1-41、图 10-1-42）。

（2）右臂屈肘折向前，右手由耳侧向前推出，手心向前，左臂屈肘后撤，手心向上，撤至左肋外侧；同时，左腿轻轻提起向后（偏左）退一步，脚掌先着地，然后全脚慢慢踏实，身体重心移到左腿上成右虚步，右脚随转体以脚掌为轴扭正；目视右手（见图 10-1-43、图 10-1-44）。

（3）上体微向左转，同时，左手随转体向后上方划弧平举，手心向上，右手随即翻掌，掌心向上；目随转体先向左视，再转向前方视右手（见图 10-1-45）。

（4）与（2）相同，只是左右相反（见图 10-1-46、图 10-1-47）。

（5）与（3）相同，只是左右相反（见图 10-1-48）。

（6）与（2）相同（见图 10-1-49、图 10-1-50）。

（7）与（3）相同（见图 10-1-51）。

（8）与（2）相同，只是左右相反（见图 10-1-52、图 10-1-53）。

2. 动作要点

前推的手不要伸直，后撤手也不可直向回抽，随转体动作仍走弧线。前推时，要转腰松胯，两手的速度要一致，避免僵硬。退步时，脚掌先着地，再慢慢全脚踏实，同时，前脚随转体动作以脚掌为轴扭正。退左脚略向左后斜，避免使两脚落在一条直线上。后退时，眼神随转体动作先向左右看，然后再转看前手。最后退右脚时，脚尖外撇的角度略大些，便于接着做“左揽雀尾”的动作。

图 10-1-41　图 10-1-42　图 10-1-43　图 10-1-44　图 10-1-45　图 10-1-46

图 10-1-47　图 10-1-48　图 10-1-49　图 10-1-50　图 10-1-51　图 10-1-52　图 10-1-53

第三组动作：

（七）左揽雀尾

1. 动作说明

（1）上体微向右转，同时，右手随转体动作向后上方划弧平举，手心向上，左手放松，手心向下，目视左手（见图 10-1-54）。

（2）身体继续向右转，左手自然下落逐渐翻掌经腹前划弧至右肋前，手心向上，右臂屈肘，手心转向下，收至右胸前，两手相对成抱球状；同时，身体重心落在右腿上，左脚收至右脚内侧，脚尖点地，目视右手（见图 10-1-55、图 10-1-56）。

（3）上体微向左转，左脚向左前迈出，上体继续向左转，右腿自然蹬直，左腿屈膝，成左弓步；同时，左臂向前掤出（即左臂平屈成弓形，用前臂外侧和手背向前推出），高与肩平，手心向后；右手向右下落放于右胯旁，手心向下，指尖向前；目视左前臂（见图 10-1-57、图 10-1-58）。

（4）身体微向左转，左手随即前伸翻掌向下，右手翻掌向上，经腹前向上、向前伸至左前臂下方；然后两手下捋，即上体向右转，两手经腹前向右后上方划弧，直至右手手心向上，高与肩齐，左臂平屈于胸前，手心向后；同时，身体重心移至右腿，目视右手（见图 10-1-59、图 10-1-60）。

（5）上体微向左转，右臂屈肘折回，右手附于左手腕里侧（相距约 5 厘米），上体继续向左转，双手同时向前慢慢挤出，左手心向后，右手心向前，左前臂要保持半圆；同时，身体重心逐渐前移变成左弓步；目视左手腕部（见图 10-1-61、图 10-1-62）。

（6）左手翻掌，手心向下，右手经左腕上方向前、向右伸出，高与左手齐，手心向下，两手左右分开，宽与肩同；然后右腿屈膝，上体慢慢后坐，身体重心移至右腿上，左脚尖翘起；同时两手屈肘回收至腹前，手心均向前下方，目视前方（见图 10-1-63、图 10-1-64、图 10-1-65）。

（7）上式不停，身体重心慢慢前移；同时，两手向前、向上按出，掌心向前；左腿前弓成左弓步；目视前方（见图 10-1-66）。

2. 动作要点

（1）掤出时，两臂前后均保持弧形。分手、松腰、弓腿三者必须协调一致。揽雀尾弓步时，两脚跟横向距离不超过 10 厘米。

（2）下捋时，上体不可前倾，臀部不要凸出。两臂下捋须随腰旋转，仍走弧线。左脚全脚掌着地。

（3）向前按出时，两手须走曲线，手腕部高与肩平，两肘微曲。

图 10-1-54　图 10-1-55　图 10-1-56　图 10-1-57　图 10-1-58　图 10-1-59　图 10-1-60

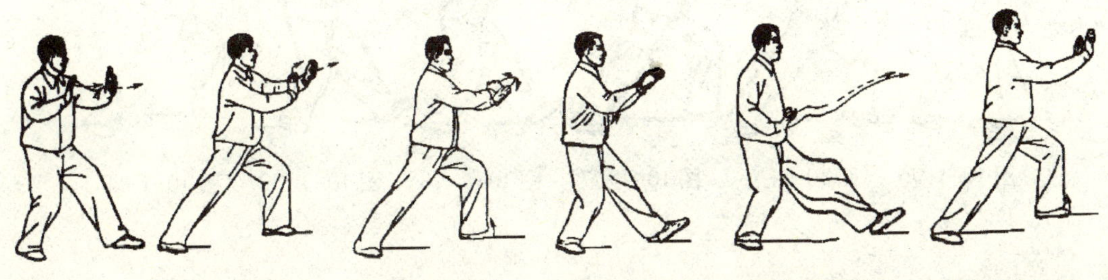

图 10-1-61　图 10-1-62　图 10-1-63　图 10-1-64　图 10-1-65　图 10-1-66

（八）右揽雀尾

1. 动作说明

（1）上体后坐并向右转，身体重心移至右腿，左脚尖里扣；右手向右平行划弧至右侧，然后由右下经腹前向左上划弧至左肋前，手心向上，左臂平屈胸前，左手掌向下与右手成抱球状；同时，身体重心再移至左腿上，右脚收至左脚内侧，脚尖点地；目视左手（见图 10-1-67、图 10-1-68、图 10-1-69、图 10-1-70）。

（2）与“左揽雀尾”（3）相同；只是左右相反（见图 10-1-71、图 10-1-72）。

（3）与“左揽雀尾”（4）相同；只是左右相反（见图 10-1-73、图 10-1-74）。

（4）与“左揽雀尾”（5）相同；只是左右相反（见图 10-1-75、图 10-1-76）。

（5）与“左揽雀尾”（6）相同；只是左右相反（见图 10-1-77、图 10-1-78、图 10-1-79）。

（6）与“左揽雀尾”（7）相同；只是左右相反（见图 10-1-80）。

2. 动作要点

均与“左揽雀尾”相同，只是左右相反。

图 10-1-67　图 10-1-68　图 10-1-69　图 10-1-70

图 10-1-71　图 10-1-72　图 10-1-73　图 10-1-74

图 10-1-75　图 10-1-76　图 10-1-77　图 10-1-78　图 10-1-79　图 10-1-80

第四组动作：

（九）单鞭

1. 动作说明

（1）上体后坐，身体重心逐渐移至左腿上，右脚尖里扣；同时，上体左转，两手（左高右低）向左弧形运转，直至左臂平举，伸于身体左侧，手心向左，右手经腹前运至左肋前，手心向后上方；目视左手（见图 10-1-81、图 10-1-82）。

（2）身体重心再渐渐移至右腿上，上体右转，左脚向右脚靠拢，脚尖点地；同时，右手向右上方划弧（手心由里转向外），至右侧方时变勾手，臂与肩平，左手向下经腹前向右上划弧停于右肩前，手心向里；目视左手（见图 10-1-83、图 10-1-84）。

（3）上体微向左转，左脚向左前侧方迈出，右脚跟后蹬，成左弓步；在身体重心移向左腿的同时，左掌随上体继续左转慢慢翻转向前推出，手心向前，手指与眼齐平，臂微屈；眼看左手（见图 10-1-85、图 10-1-86）。

2. 动作要点

此动作身体重心要左、右移动，变换重心时要缓慢，要与动作协调一致；上体要缓慢转动，带动两手臂在体前上下划圆运转，动作要协调柔顺。

图 10-1-81　图 10-1-82　图 10-1-83　图 10-1-84　图 10-1-85　图 10-1-86

（十）云手

1. 动作说明

（1）身体重心移至右腿上，身体渐向右转，左脚尖里扣；左手经腹前向右上划弧至右肩前，手心斜向后，同时右手变掌，手心向右前；眼看左手（见图 10-1-87、图 10-1-88、图 10-1-89）。

（2）上体慢慢左转，身体重心随之逐渐左移；左手由脸前向左侧运转，手心渐渐向左方；右手由右下经腹前向左上划弧，至左肩前，手心斜向后，同时右脚靠近左脚，成小开立步（两脚距离 10~20 厘米）；眼看左手（见图 10-1-90、图 10-1-91）。

（3）上体再向右转，同时左手经腹前向右上划弧至右肩前，手心斜向后；右手向右侧运转，手心翻转向右；随之左腿向左横跨一步；眼看左手（见图 10-1-92、图 10-1-93、图 10-1-94）。

（4）与（2）相同（见图 10-1-95、图 10-1-96）。

（5）与（3）相同（见图 10-1-97、图 10-1-98、图 10-1-99）。

（6）与（2）相同（见图 10-1-100、图 10-1-101）。

2. 动作要点

身体转动要以腰脊为轴，松腰、松胯，不可忽高忽低。两臂随腰的转动而运转，要自然圆活，速度要缓慢均匀。下肢移动时，身体重心稳定，两脚掌先着地再踏实，脚尖向前。眼的视线随左右手而移动。第三个“云手”，右脚最后跟步时，脚尖微向里扣，便于接“单鞭”动作。

图 10-1-87　图 10-1-88　图 10-1-89　图 10-1-90　图 10-1-91　图 10-1-92　图 10-1-93

图 10-1-94　图 10-1-95　图 10-1-96　图 10-1-97

图 10-1-98　图 10-1-99　图 10-1-100　图 10-1-101

（十一）单鞭

1. 动作说明

（1）上体向右转，右手随之向右运转，至右侧方时变成勾手；右手经腹前向右上划弧至右肩前，手心向内；身体重心落在右腿上，左脚尖点地；眼看右手（见图 10-1-102、图 10-1-103、图 10-1-104）。

（2）上体微向左转，左脚向左前侧方迈出，右脚跟后蹬，成左弓步；在身体重心移向左腿的同时，上体继续左转，左掌慢慢翻转向前推出，成“单鞭”式（见图 10-1-105、图 10-1-106）。

2. 动作要点

与前“单鞭”式相同。

图 10-1-102　图 10-1-103　图 10-1-104　图 10-1-105　图 10-1-106

第五组动作：

（十二）高探马

1. 动作说明

（1）跟步翻掌：右脚跟进半步，身体重心逐渐后移至右腿上；右勾手变成掌，两手心翻转向上，两肘微屈；同时身体微向右转，左脚跟渐渐离地；眼视左前方（见图 10-1-107）。

（2）上体微向左转，面向前方，右掌经右耳旁向前推出，手心向前，手指与眼同高；左手收至左侧腰前，手心向上；同时左脚微向前移，脚尖点地，成左虚步；眼视右手（见图 10-1-108）。

2. 动作要点

上体自然正直，双肩要下沉，右肘微下垂。跟步移换重心时，身体不要有起伏。

图 10-1-107

图 10-1-108

（十三）右蹬脚

1. 动作说明

（1）左手手心向上，前伸至手腕背面，两手相互交叉，随即向两侧分开并向下划弧，手心斜向下，同时左脚提起向左前侧方进步（脚尖稍外撇）；身体重心前移；右腿自然蹬直，成左弓步；眼视前方（见图 10-1-109、图 10-1-110、图 10-1-111）。

（2）两手由外圈向里圈划弧，两手交叉合抱于胸前，右手在外，手心均向后；同时右脚向左脚靠拢，脚尖点地；眼平视右前方（见图 10-1-112）。

（3）两手臂左右划弧分开平举，肘部微屈，手心均向外；同时右腿屈膝提起，右脚向右前方慢慢蹬出；眼视右手（见图 10-1-113、图 10-1-114）。

2. 动作要点

身体要稳定，不可前俯后仰。两手分开时，腕部与肩齐平；蹬脚时，左腿微屈，右脚尖回勾，力点在脚跟，分手与蹬脚须协调一致，右臂和腿上下相对。如面向南起势，蹬脚方向应为正东偏南约 90°。

图 10-1-109 图 10-1-110 图 10-1-111 图 10-1-112 图 10-1-113 图 10-1-114

（十四）双峰贯耳

1. 动作说明

（1）右腿收回，屈膝平举；左手由后向上、向前下落至体前，两手心均翻转向上，两手同时向下划弧，分落于右膝盖两侧，眼视前方（见图 10-1-115、图 10-1-116）。

（2）右脚向右前方落下，重心渐渐前移，成右弓步，面向右前方，同时两手下落，慢慢变拳，分别从两侧向上、向前划弧贯拳至面部前方，成钳形状，两拳相对，高与耳齐，拳眼都斜向内下（两拳中间距离为 10~20 厘米）；眼视右拳（见图 10-1-117、图 10-1-118）。

2. 动作要点

完成式时，头顶正直，松腰松胯，两拳松握，沉肩垂肘，两臂均保持弧形。“双峰贯耳”式的弓步和身体方向与右蹬脚方向相同。弓步的两脚跟横向距离为 10~20 厘米。

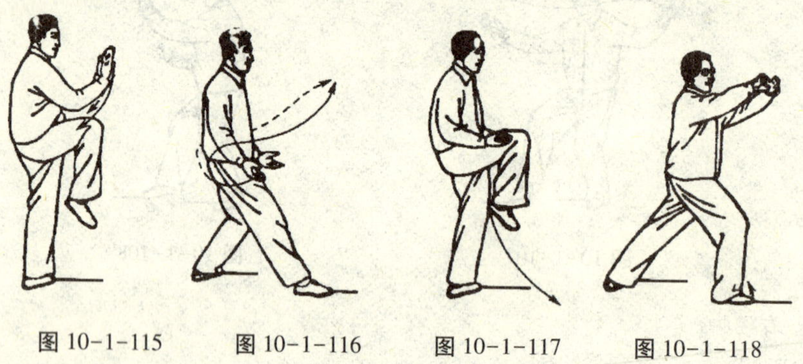

图 10-1-115　图 10-1-116　图 10-1-117　图 10-1-118

（十五）转身左蹬脚

1. 动作说明

（1）左腿屈膝后坐，身体重心移至左腿，上体左转，右脚尖里扣；同时两拳变掌，由上向左右划弧分开平举，手心向前；眼视左手（见图 10-1-119、图 10-1-120）。

（2）身体重心再移至右腿，左脚收到右脚内侧，脚尖点地；同时两手由外圈向里圈划弧合抱于胸前，左手在外，手心均向后，眼平视左方（见图 10-1-121、图 10-1-122）。

（3）两手臂左右划弧分开平举，肘部微屈，手心均向外；同时左腿屈膝提起，左脚向左前方慢慢蹬出；眼视左手（见图 10-1-123、图 10-1-124）。

2. 动作要点

与“右蹬脚”式相同，唯左右相反。左蹬脚方向与右蹬脚方向成 180°（即正西偏北约 30°）。

图 10-1-119　图 10-1-120　图 10-1-121　图 10-1-122　图 10-1-123　图 10-1-124

第六组动作：

（十六）左下势独立

1. 动作说明

（1）左腿收回平屈，上体右转；右掌变成勾手，左掌向上、向右划弧下落，立于右肩前，掌心斜向后。眼视右手（见图 10-1-125、图 10-1-126）。

（2）右腿慢慢屈膝下蹲，左脚由内向左侧（偏后）伸出，成左仆步；左手下落（掌心向外），向左下顺左腿内侧向前穿出；眼视左手（见图 10-1-127、图 10-1-128）。

（3）身体重心前移，左脚跟为轴，脚尖尽量向外撇，左腿前弓，右腿后蹬，右脚尖里扣，上体微向左转并向前起身；同时左臂继续向前伸出（立掌），掌心向右，右勾手下落，勾尖向后；眼视左手（见图 10-1-129）。

（4）右腿慢慢提起平屈，成左独立式；同时右勾手变掌，并由后下方顺右腿外侧向前弧形上挑，屈臂立于右腿上方，肘与膝相对，手心向左；左手落于左胯旁，手心向下，指尖向前；眼视右手（见图 10-1-130、图 10-1-131）。

2. 动作要点

右腿全蹲时，上体不可过于前倾。左腿伸直，左脚尖须向里扣，两脚脚掌全部着地。左脚尖与右脚跟踏在中轴线上。上体要正直，独立的腿要微屈，右腿提起时脚尖自然下垂。

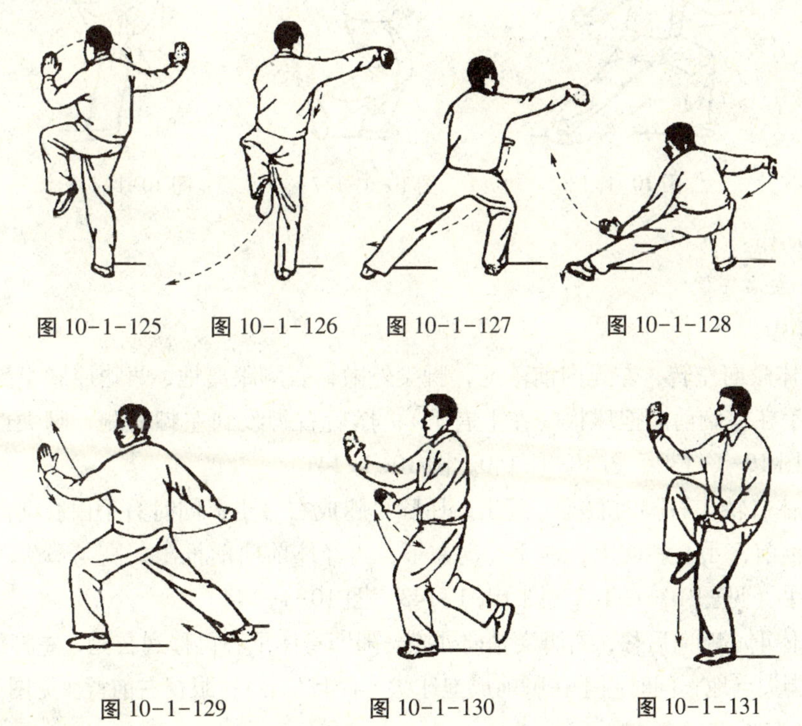

图 10-1-125　图 10-1-126　图 10-1-127　图 10-1-128

图 10-1-129　图 10-1-130　图 10-1-131

（十七）右下势独立

1. 动作说明

（1）右脚下落，左脚前，脚尖着地，然后左脚前掌为轴脚跟转动，身体随之左转，同时左手向后平举变成勾手，右掌随着转体向左侧划弧，立于左肩前，掌心斜向后；眼视左手（见图 10-1-132、图 10-1-133）。

（2）同“左下势独立”（2）解，只是左右相反（见图 10-1-134、图 10-1-135）。

（3）同“左下势独立”（3）解，只是左右相反（见图 10-1-136）。

（4）同“左下势独立”（4）解，只是左右相反（见图 10-1-137、图 10-1-138）。

2. 动作要点

右脚触地后必须稍微提起，然后再向下仆腿。其他均与“左下势独立”相同，唯左右相反。

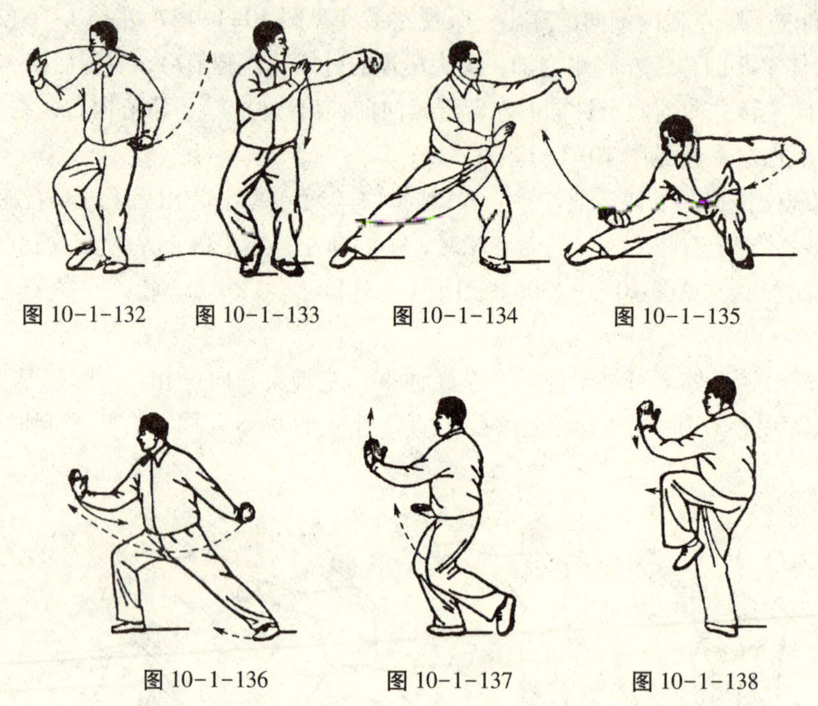

图 10-1-132　图 10-1-133　图 10-1-134　图 10-1-135

图 10-1-136　图 10-1-137　图 10-1-138

第七组动作：

（十八）*左右穿梭*

1. 动作说明

（1）身体微向左转，左腿向前落地，脚尖外撇，右脚跟离地，两腿屈膝半坐成半坐盘式；同时两手在左胸前成抱球状（左上右下）；然后右脚收到左脚内侧，脚尖点地；眼视左前臂（见图 10-1-139、图 10-1-140、图 10-1-141）。

（2）身体右转，右脚向右前方迈出，屈膝弓腿成右弓步；同时右手由脸前向上举并翻掌停架在右额前，手心斜向上；左手先向左下，再经体前向前推出，高与鼻尖平；手心向前；眼视左手（见图 10-1-142、图 10-1-143、图 10-1-144）。

（3）身体重心略向后移，右脚尖稍向外撇，随即身体重心再移到右腿，左脚跟进，停于右脚内侧，脚尖点地；同时两手在胸前成抱球状（右上左下）；眼视右前臂（见图 10-1-145、图 10-1-146）。

（4）同（2）解，只是左右相反（见图 10-1-147、图 10-1-148、图 10-1-149）。

2. 动作要点

完成姿势面向斜前方（如面向南起势，左右穿梭方向分别为正西偏北和正西偏南，均约 30°）。手推出后，上体不可前俯，手向上举时，防止引肩上耸。一手上举一手前推要与弓腿松腰上下协调一致。做弓步时，两脚跟的横向距离为 30 厘米左右。

图 10-1-139 图 10-1-140 图 10-1-141 图 10-1-142 图 10-1-143 图 10-1-144

图 10-1-145 图 10-1-146 图 10-1-147 图 10-1-148 图 10-1-149

（十九）海底针

1. 动作说明

右脚向前跟进半步，身体重心移至右腿，左脚稍向前移，脚尖点地，成左虚步；同时身体稍向右转，右手下落经体前向后、向上提抽至肩上耳旁，再随身体左转，由右耳旁斜向前下方插出，掌心向左，指尖斜向下；与此同时，左手向前、向下划弧落于左胯旁，手心向下，指尖向前；眼视前下方（见图 10-1-150、图 10-1-151）。

2. 动作要点

身体要先向右转，再向左转；完成姿势，面向正西；上体不可太前倾；不要低头，臀部不要凸出；左腿要微屈。

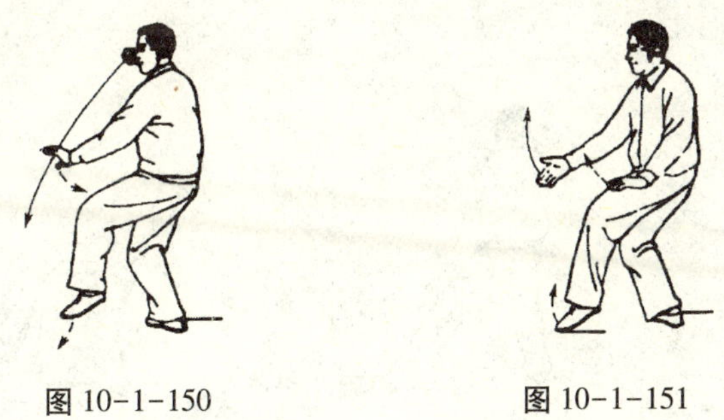

图 10-1-150 图 10-1-151

（二十）闪通臂

1. 动作说明

上体稍向右转，左脚向前迈出，屈膝弓成左弓步；同时右手由体前上提，屈臂上举，停于右额前上方，掌心翻转斜向上，拇指朝下；左手上起经胸前随重心前移慢慢向前推出，高与鼻尖平，手心向前；眼视左手（见图 10-1-152、图 10-1-153、图 10-1-154）。

2. 动作要点

完成姿势上体自然正直，松腰松胯；左臂不要完全伸直，背肌要伸展开；推掌、举手和弓腿的动作要协作一致；弓步时，两脚跟横间距离不超过 10 厘米。

图 10-1-152　　图 10-1-153　　图 10-1-154

第八组动作：

（二十一）转身搬拦捶

1. 动作说明

（1）上体后坐，身体重心移至右腿上，左脚尖里扣；身体向右后转，然后身体重心再移至左腿上；与此同时，右手随着转体动作向右；向下（变拳）经腹前划弧至左肋旁，拳心向下；左掌上举于头前，掌心斜向上；眼视前方（见图 10-1-155、图 10-1-156）。

（2）向右转体，右拳经胸前向前翻转搬出，拳心向上；左手落于左胯旁，掌心向下，指尖向前；同时右脚收回后（不要停顿或脚尖点地）即向前迈出，脚尖外撇；眼视右拳（见图 10-1-157、图 10-1-158）。

（3）身体重心移至右腿上，左腿向前迈出一步；左手上起经左侧向前上划弧拦出，掌心向前下方；同时右拳向右划弧收到右腰旁，掌心向上；眼视左手（见图 10-1-159、图 10-1-160）。

（4）弓步打拳：左腿前弓成左弓步，同时右拳向前打出，拳眼向上，高与胸平，左手附于右前臂里侧；眼视右拳（见图 10-1-161）。

2. 动作要点

右拳不要握得太紧。右拳回收时，前臂要慢慢内旋划弧，然后再外旋停于右腰旁，拳心向上。向前打拳时，右肩随拳略向前引伸，沉肩垂肘，右臂要微屈。弓步时，两脚横向距离同“揽雀尾”式。

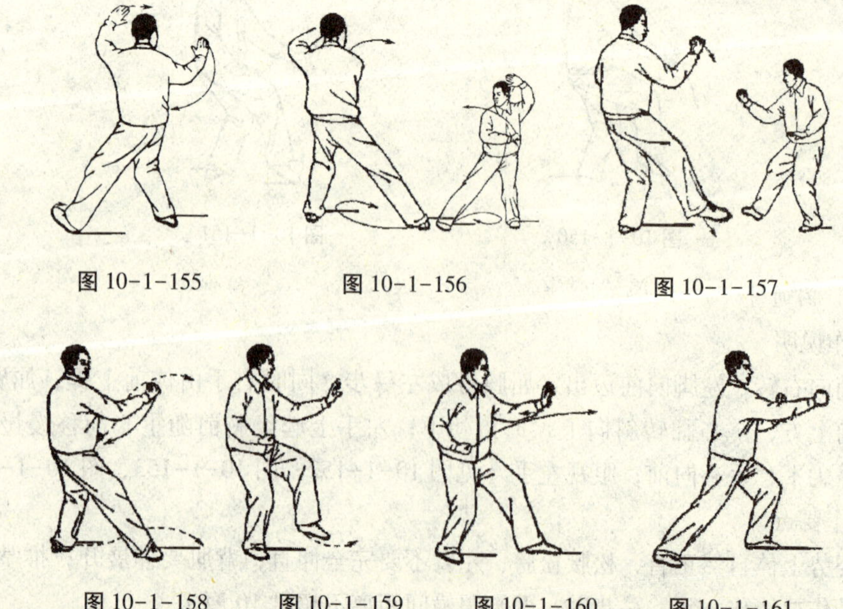

图 10-1-155　　图 10-1-156　　图 10-1-157

图 10-1-158　　图 10-1-159　　图 10-1-160　　图 10-1-161

（二十二）如封似闭

1. 动作说明

（1）左手由右腕下向前伸出，右拳变掌，两手手心逐渐翻转向上并慢慢分开回收；同时身体后坐，左脚尖翘起，身体重心移至右腿；眼视前方（见图 10-1-162、图 10-1-163、图 10-1-164）。

（2）两手在胸前翻掌，向下经腹前再向上、向前推出；腕部与肩平，手心向前；同时左腿前弓成左弓步；眼视前方（见图 10-1-165、图 10-1-166、图 10-1-167）。

2. 动作要点

身体后坐时，避免后仰，臀部不可凸出；两臂随身体回收时，肩、肘部略向外松开，不要直着抽回，两手推出宽度不要超过两胸。

图 10-1-162　图 10-1-163　图 10-1-164　图 10-1-165　图 10-1-166　图 10-1-167

（二十三）十字手

1. 动作说明

（1）屈膝后坐，身体重心移向右腿，左脚尖里扣，向右转体；右手随着转体动作向右平摆划弧，与左手成两臂侧平举，掌心向前，肘部微屈；同时右脚尖随着转体稍向外撇，成右侧弓步；眼看右手（见图 10-1-168、图 10-1-169）。

（2）身体重心慢慢移至左腿，右脚尖里扣，随即向左收回，两脚距离与肩同宽，两腿逐渐蹬直，成开立步；同时两手向下经腹前向上划弧交叉合抱于胸前，两臂撑圆，腕高与肩平，右手在外，成十字手，手心均向后；眼视前方（见图 10-1-170、图 10-1-171）。

2. 动作要点

两手分开和合抱时，上体不要前俯；站起时，身体自然正直，头要微向上顶，下颏稍向后收；两臂环抱时须圆满舒适，沉肩垂肘。

图 10-1-168　图 10-1-169　图 10-1-170　图 10-1-171

（二十四）收势

1. 动作说明

两手向外翻掌，手心向下，两臂慢慢下落，停于腹前；眼视前方（见图 10-1-172、

图 10-1-173、图 10-1-174）。

2. 动作要点

两手左右分开下落时，要注意全身放松，同时气也徐徐下沉。呼吸平稳后，把左脚收到右脚旁，再走动休息。

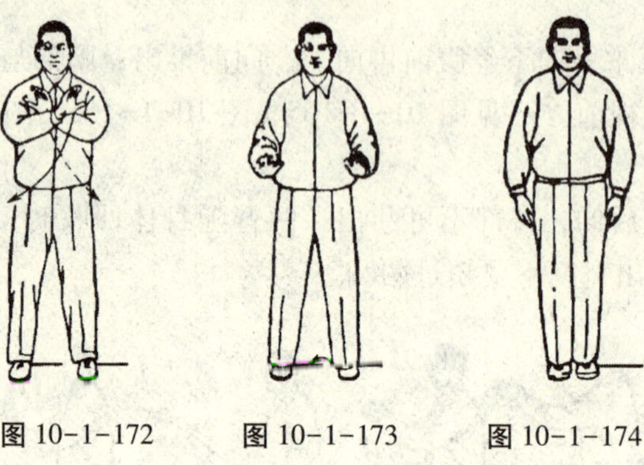

图 10-1-172　　图 10-1-173　　图 10-1-174

三、太极拳与健身

长期练习太极拳具有一定的健身功能。

（一）对神经系统的影响

神经系统是支配所有系统与器官活动的枢纽，人依靠神经系统的活动，使体内各个系统与器官的机能活动按照需要统一起来。练习太极拳，要求"心静、体松、意专"，这对大脑活动有良好的训练作用。练习太极拳时，需要"完整一气"，由眼神到上肢、躯干、下肢，上下照顾毫不散乱，前后连贯，绵绵不断。同时由于动作的某些部分比较复杂，需要有良好的支配和平衡能力，因此需要大脑在紧张的情况下完成，这也间接地对中枢神经系统起到训练的作用，从而使中枢神经系统保持兴奋，其他部位处于抑制休息状态，人体疲劳消除加快。

（二）增强心脏功能、改善微循环系统，扩大肺活量，提高气体交换能力

血液担负着给周身各组织器官提供营养的作用，然而心脏是血液运行的动力，毛细血管则是微循环物质交换的场所。一个久练拳的人，每分钟心率在 60 次左右，这种由于久经锻炼而得来的心率减慢，可延缓心脏舒张期，使心肌得以充分休整，促使心肌收缩力加强，输出量增加，提高了心脏的工作能力。

持久锻炼，内气得以流通，周身放松，使微循环功能加强，有利于毛细血管内外的物质交换，促进组织对氧的利用率，减少肌酸的蓄积，减轻疲劳，益于疾病的恢复，特别是对慢性冠心病、高脂血症、动脉硬化症都有较好的防治作用。

肺是气体交换的场所，呼吸下纳于肾是气体交换的重要条件。肾纳气，则气沉丹田，肾不纳气则上浮胸中而喘。太极拳锻炼的呼吸方式要求深长匀柔，它可以增强膈肌及腹部肌肉的活动度，调节肋间肌对呼吸的作用，使肺与胸廓之间的牵张力加大，增加肺活量，提高肺泡与毛细血管壁的接触面积，使氧及二氧化碳弥散能力增强。长期锻炼太极拳，可使呼吸频率减少，增强呼吸效果，具体的表现是在练拳时"汗流浃背不发喘"。练习太极拳对防治慢性肺气肿有一定的作用，对防治各种慢性肺部病变均很适宜。

（三）强健肌肉，改善骨的理化特性，畅通经络，有利于气血的通行

太极拳的运动方式是，一动无有不动。从内气的畅通到外形的变化，从五脏六腑到四肢百骸，都寓“动”于其中。顺逆缠丝的螺旋运动及上下相随、内外结合、快慢相间、节节贯穿的运动融为一体。从脏腑组织到肌体组织，包括关节韧带、腱鞘肌群，都得到活动和锻炼。久而久之，肌肉丰满发达，骨骼强健有力，使骨的理化特性得以改善，提高骨的抗折、抗压、抗弯、抗脱臼能力。对老年人关节病（关节僵硬、行走坐起不便、足膝萎软、屈伸无力、骨质增生）有良好的预防作用。

第二节 初级长拳第三路

一、初级长拳第三路概述

长拳，是一种拳术流派的总称。新中国成立后，国家原体委把群众中流传广泛的查、华、炮、洪、弹腿、少林等拳种，根据其风格特点，综合整理创编了长拳。长拳是以套路为主的拳术，既适合于基础武术训练，又适合于进行竞赛，有利于技术水平的提高。这类拳术的共同特点是：姿势舒展、动作灵活、快速有力、节奏鲜明，同时多起伏转折、蹿蹦跳跃、跌扑滚翻等动作和技术。经常从事长拳锻炼，能有效增强体质，提高内脏器官的功能。长拳中的各种手法、步法、腿法和身法，动作幅度大，牵动关节多，使肌肉、韧带拉长并富有弹性，柔韧性大大提高；套路中许多踢打摔拿、蹿蹦跳跃和跌扑滚翻等动作，可很好地提升灵敏、速度、力量等身体素质，提高弹跳力和协调性；一套长拳几十个动作要在很短的时间里完成，动作又多起伏转折，节奏多变，因此强度和运动量很大，有效地提高了循环系统、呼吸系统和消化系统的机能；要求每一动作都能做到“手、眼、身法、步、精神、气、力、功”八法协调，对神经系统有良好的影响，使支配各肌肉群活动的运动中枢和内脏器官活动的植物神经系统能很好地配合工作；运动节奏的变化，增加了中枢神经系统快速转换的能力和兴奋与抑制交替过程的灵活性。

初级长拳第三路编创于 1957 年。全套除了预备式和结束动作，分为四段，来回练习四趟，每段八个动作，合计三十六个动作。套路内容充实，包括了拳、掌、勾三种手型；弓、马、虚、仆、歇五种步型；手法有冲、劈、抡、砸、栽等拳法，推、挑、穿、摆、亮等掌法，盘、顶等肘法；腿法有弹、踹、踢、拍等；还有跳跃和平衡等动作。套路编排合理，由简而繁，由易到难，有利于循序渐进地进行练习；套路布局和路线变化前后呼应，左右兼顾，均匀合理；在强调动作规格化、注重功力的同时，还较好地体现了攻防意识，增强了学习的乐趣。

二、初级长拳第三路基本动作

（一）预备动作

1. 预备式

两脚并步站立，两臂垂于身体两侧，五指并拢贴靠腿外侧，眼向前视（见图 10-2-1）。

要点：头要端正，颏微收，挺胸、塌腰、收腹。

2. 虚步亮掌

（1）退步砍掌。右脚向右后方撤步成左弓步；右掌向右、左上、向前划弧，掌心向上；左臂屈肘，左掌提至腰侧，掌心向上；目视右掌（见图 10-2-2）。

（2）后移穿掌。右腿微屈，重心后移；左掌经胸前从右臂上向前穿出伸直；右臂屈肘，右掌收至腰侧，掌心向上；目视左掌（见图 10-2-3）。

（3）转头亮掌。重心继续后移，左脚稍向右移，脚尖点地，成左虚步；左臂内旋向左、向后划弧成勾手，勾尖向上；右手继续向后、向右、向前上划弧，屈肘抖腕，在头前上方成亮拳（即横掌），掌心向前，掌指向左；目视左方（见图 10-2-4）。

要点：并步后挺胸、塌腰。对拳、并步、转头要同时完成，三个动作必须连贯。成虚步时，重心落于右腿上，右大腿与地面平行，左腿微屈，脚尖点地。

图 10-2-1　　图 10-2-2　　图 10-2-3　　图 10-2-4

3. 并步对拳

（1）提膝亮掌。右腿蹬直，左腿提膝，脚尖里扣，上肢姿势不变（见图 10-2-5）。

（2）上步穿掌。左脚向前落步，重心前移，左臂屈肘，左勾手变掌经左肋前伸；右臂外旋向前下落于左掌右侧，两掌同高，掌心均向上（见图 10-2-6）。

（3）上步后摆掌。右脚向前上一步，两臂下垂后摆（见图 10-2-7）。

（4）并步转头对拳。左脚向右脚并步，两臂向外向上经胸前屈肘下按，两掌变拳，拳心向下，停于小腹前，目视左侧（见图 10-2-8）。

要点：并步后挺胸、塌腰。对拳、并步、转头要同时完成。

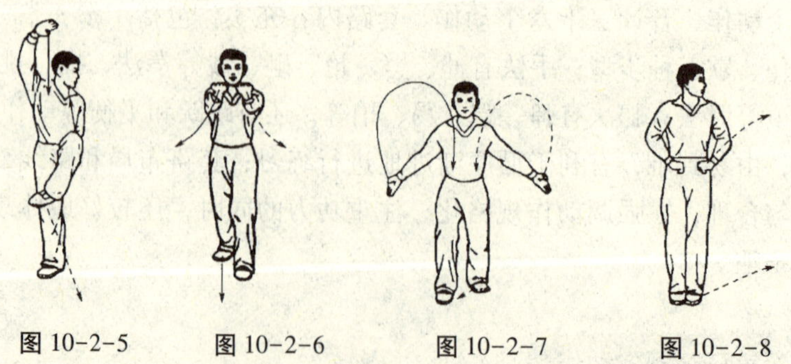

图 10-2-5　　图 10-2-6　　图 10-2-7　　图 10-2-8

（二）第一段

1. 弓步冲拳

（1）上步格挡。左脚向左上一步，脚尖向斜前方；右腿微屈，成半马步；左臂向上向左格打，拳眼向后，拳与肩同高；右拳收至腰侧，拳心向上，目视左拳（见图 10-2-9）。

（2）蹬地冲拳。右腿蹬直成左弓步。左拳收至腰侧，拳心向上，右拳向前冲出，高与肩平，拳眼向上，目视右拳（见图 10-2-10）。

要点：成弓步时，右腿充分蹬直，脚跟不要离地。冲拳时，尽量转腰顺肩。

2. 弹腿冲拳

重心前移至左腿，右腿屈膝提起，脚面绷直，猛力向前弹出伸直，高与腰平；右拳收至腰侧，左拳向前冲出，目视前方（见图 10-2-11）。

要点：支撑腿可微屈，弹出的腿要有爆发力，力点达于脚尖。

3. 马步冲拳

右脚向前落步，脚尖里扣，上体左转；左拳收至腰侧，两腿下蹲成马步；右拳向前冲出，目视右拳（见图 10-2-12）。

图 10-2-9　图 10-2-10　图 10-2-11　图 10-2-12

要点：成马步时，大腿要平，两脚平行，脚跟外蹬，挺胸、塌腰。

4. 弓步冲拳

（1）转体格挡。上体右转 90°，右脚尖外撇向斜前方，成半马步；右臂屈肘向右格挡，拳眼向后，目视右拳（见图 10-2-13）。

（2）蹬地冲拳。左腿蹬直成右弓步，右拳收至腰侧；左拳向前冲出，目视左拳（见图 10-2-14）。

要点：与本节的弓步冲拳相同，唯左右相反。

5. 弹腿冲拳

重心前移至右腿，左腿屈膝提起，脚面绷直，猛力向前伸直弹出，高与腰平；左拳收至腰侧，右拳向前冲出，目视前方（见图 10-2-15）。

要点：与本节的弹腿冲拳相同。

图 10-2-13　图 10-2-14　图 10-2-15

6. 大跃步前穿

（1）收腿挂掌。左腿屈膝，右拳变掌内旋，以手背向下挂至左膝外侧，上体前倾，目视右手（见图 10-2-16）。

（2）上步后摆掌。左脚向前落步，两腿微屈，右掌继续向后挂，左拳变掌，向后向下伸直，目视右掌（见图 10-2-17）。

（3）跃步上摆掌。右腿屈膝向前提起，左腿立即猛力蹬地向前跃出，两掌向前向上划弧摆起，目视左掌（见图 10-2-18）。

（4）仆步抱拳。右腿落地全蹲，左腿随即落地向前铲出成仆步，右掌变拳抱于腰侧，左掌由上向右、向下划弧成立掌，停于右胸前，目视左脚（见图 10-2-19）。

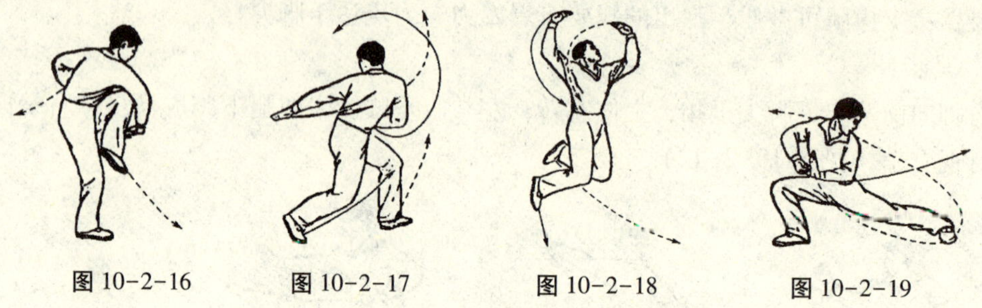

图 10-2-16　图 10-2-17　图 10-2-18　图 10-2-19

要点：跃步要远，落地要轻，落地后立即接做下一个动作。

7. 弓步击掌

右腿猛力蹬直成左弓步。左掌经左脚面向后划弧至身后成勾手，左臂伸直，勾尖向上，右拳由腰侧变掌向前推出，掌指向上，掌外侧向前，目视右掌（见图 10-2-20）。

8. 马步架掌

（1）转体穿掌。重心移至两腿中间，左脚脚尖里扣成马步，上体右转；右臂向左侧平摆，稍屈肘；同时左勾手变掌由后经左腰侧从右臂内向前上穿出，掌心均朝上，目视左手（见图 10-2-21）。

（2）转头亮掌。右掌立于左胸前，左臂向左上屈肘抖腕亮掌于头部左上方，掌心向前，头部右转，目视右方（见图 10-2-22）。

要点：亮掌抖腕和转头同时，发力干脆，马步同前。

图 10-2-20　图 10-2-21　图 10-2-22

（三）第二段

1. 虚步栽拳

（1）提膝转体。右脚蹬地，屈膝提起；左腿伸直，以前脚掌为轴向右后转体 180°；右掌由左胸前向下经右腿外侧向后划弧成勾手；左臂随体转动并外旋，使掌心朝右，目视右手（见图 10-2-23）。

（2）虚步栽拳。右脚向右落地，重心移至右腿上，下蹲成左虚步，左掌变拳下落于左膝上，拳眼向里，拳心向后；右勾手变拳，屈肘向上架于头右上方，拳心向前，目视左方（见图 10-2-24）。

2. 提膝穿掌

（1）转头盖掌。右腿稍伸直；右拳变掌收至腰侧，掌心向上，左拳变掌由下向左向上划弧盖压于头上方，掌心向前（见图 10-2-25）。

（2）提膝穿掌。右腿蹬直，左腿屈膝提起，脚尖内扣；右掌从腰侧经左臂内向右前上方穿出，掌心向上，左掌收至右胸前成立掌，目视右掌（见图 10-2-26）。

要点：支撑腿与右臂充分伸直。

3. 仆步穿掌

右腿全蹲，左腿向左后方铲出成左仆步；右臂不动，左掌由右胸前向下经左腿内侧，向左脚面穿出，目随左掌转视（见图 10-2-27）。

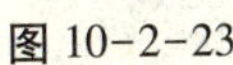
图 10-2-23

图 10-2-24

图 10-2-25

图 10-2-26

图 10-2-27

4. 虚步挑掌

（1）弓步前穿。右腿蹬直，重心前移至左腿，成左弓步；右掌稍下降，左掌随重心前移向前挑起（见图 10-2-28）。

（2）虚步前挑。右脚向左前方上步，左腿半蹲，成右虚步；身体随上步左转 180°；在右脚上步的同时，左掌由前向上向后划弧成立掌，右掌由后向下向前上挑起成立掌，指尖与眼平，目视右掌（见图 10-2-29）。

要点：上步要快，虚步要稳。

5. 马步击掌

（1）掳手抱拳。右脚落实，脚尖外撇，重心稍升高并右移，左掌变拳收至腰侧；右掌俯掌向外掳手（见图 10-2-30）。

（2）上步横击。左脚向前上一步，以右脚为轴向右后转体 180°，两腿下蹲成马步；左拳变掌从右臂上成立掌向左侧击出；右掌变拳收至腰侧，目视左掌（见图 10-2-31）。

要点：右手做掳手时，先使臂稍内旋、腕伸直，手掌向下向外转，接着臂外旋，掌心经下向上翻转，同时抓握成拳。收拳和击掌动作要同时进行。

图 10-2-28

图 10-2-29

图 10-2-30

图 10-2-31

6. 叉步双摆掌

（1）转头下摆掌。重心稍右移，同时两掌向下向右摆，掌指均向上，目视右掌（见

图 10-2-32）。

（2）叉步上摆掌。右脚向左腿后插步，前脚掌着地；两臂继续由右向上向左摆，停于身体左侧，均成立掌，右掌停于左肘窝处，目随双掌转视（见图 10-2-33）。

要点：两臂要划立圆，幅度要大，摆掌与后插步配合一致。

7. 弓步击掌

（1）转身按掌。两腿不动，左掌收至腰侧，掌心向上；右掌向上向右划弧，掌心向下（见图 10-2-34）。

（2）退步击掌。左腿后撤一步，成右弓步；右掌向下向后伸直摆动，成勾手，勾尖向上；左掌成立掌向前推出，目视左掌（见图 10-2-35）。

图 10-2-32　图 10-2-33　图 10-2-34　图 10-2-35

8. 转身踢腿马步盘肘

（1）转身抡臂。两脚以前脚掌为轴向左后转体 180°，在转体的同时，左臂向上向前划半立圆，右臂向下向后划半圆（见图 10-2-36）。

（2）顺势抡臂。上动不停，两脚不动，右臂由后向上向前划半立圆，左臂由前向下向后划半立圆（见图 10-2-37）。

（3）亮掌正踢腿。上动不停，重心移至左脚，右臂向下成反臂勾手，勾尖向上；左臂向上成亮掌，掌心向前上方，右腿伸直，脚尖勾起，向额前踢（见图 10-2-38）。

（4）落步拧身。右脚向前落地，脚尖里扣；右手不动，左臂屈肘下落至胸前，左掌心向下，目视左掌（见图 10-2-39）。

（5）马步盘肘。上体左转 90°，两腿下蹲成马步；同时左掌向前向左平掳变拳收至腰侧，右勾手变拳，右臂伸直，由体后向右向前平摆，至体前时屈肘，肘尖向前，高与肩平，拳心向下，目视肘尖（见图 10-2-40）。

要点：两臂抡动时要划立圆，动作连贯。盘肘时要快速有力，右肩前顺。

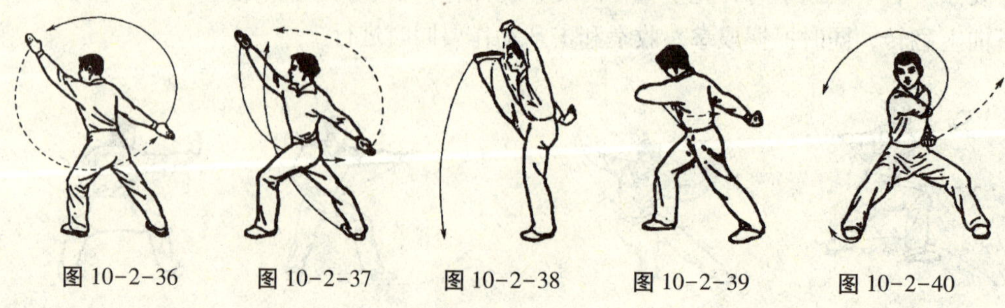

图 10-2-36　图 10-2-37　图 10-2-38　图 10-2-39　图 10-2-40

（四）第三段

1. 歇步抡砸拳

（1）转头抡拳。重心稍升高，右脚尖外撇；右臂由胸前向上向右抡直；左拳向下向左，使臂抡直，目视右拳（见图 10-2-41）。

（2）转体抡摆。上动不停，两脚以前脚掌为轴，向右后转体 180°，右臂向下向后抡摆，左臂向上向前随身体转动（见图 10-2-42）。

（3）歇步砸拳。紧接上动，两腿全蹲成歇步；左臂随身体下蹲向下平砸，拳心向上，臂部微屈；右臂伸直向上举起，目视左拳（见图 10-2-43）。

要点：抡臂动作要连贯完成，划成立圆。歇步要两腿交叉全蹲，左腿大、小腿靠紧，臀部贴于左小腿外侧，膝关节在右小腿外侧，脚跟提起，右脚尖外撇，全脚着地。

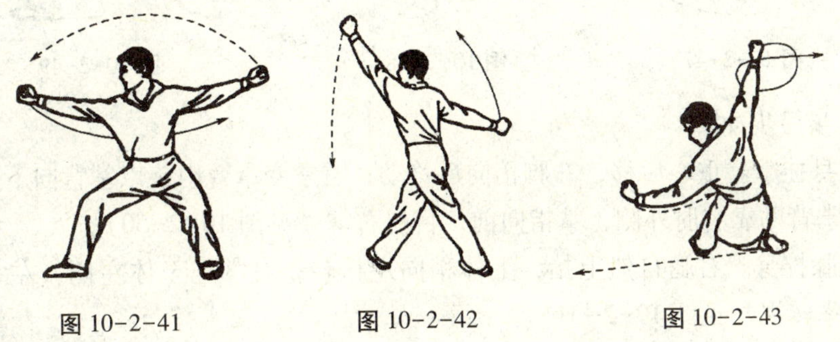

图 10-2-41　　图 10-2-42　　图 10-2-43

2. 仆步亮掌

（1）回身横击掌。左脚由右腿后抽出，上前一步，左腿蹬直，右腿半蹲，成右弓步；上体微向右转；左拳收至腰侧，右拳变掌向下经胸前向右横击掌（见图 10-2-44）。

（2）提膝穿掌。右脚蹬地屈膝提起，上体右转；左拳变掌从右掌上向前穿出，掌心向上，右掌平收至左肘下（见图 10-2-45）。

（3）仆步亮掌。右脚向右落步，屈膝全蹲，左腿伸直，成仆步；左掌向下向后划弧成勾手，勾尖向上，右掌向右向上划弧微屈，抖腕成亮掌，掌心向前；头随右手转动，至亮掌时，目视左方（见图 10-2-46）。

要点：仆步时，左腿充分伸直，脚尖里扣，右腿全蹲，两脚脚掌全部着地。上体挺胸塌腰，稍左转。

图 10-2-44　　图 10-2-45　　图 10-2-46

3. 弓步劈拳

（1）上步掳手。右腿蹬地立起；左腿收回并向左前方上步；右掌变拳收至腰侧，左勾手变掌由下向前上经胸前向左做掳手（见图 10-2-47）。

（2）上步抡摆。右腿经左腿前方向左绕上一步，左腿蹬直成右弓步；左手向左平掳后再向前抡摆，虎口朝前（见图 10-2-48）。

（3）弓步劈拳。在左手平掳的同时，右拳向后平摆，然后再向前向上做抡劈拳，拳高与耳平，拳心向上，左掌外旋接扶右前臂，目视右拳（见图 10-2-49）。

要点：左右脚上步稍带弧形。

图 10-2-47　　图 10-2-48　　图 10-2-49

4. 换跳步弓步冲拳

（1）缩身挂掌。重心后移，右脚稍向后移动；右拳变掌臂内旋以掌背向下划弧挂至右膝内侧；左掌背贴靠右肘外侧，掌指向前，目视右掌（见图 10-2-50）。

（2）提膝拧身。右腿自然上抬，上体稍向左扭转；右掌挂至体左侧，左掌伸向右腋下，目随右掌转视（见图 10-2-51）。

（3）震脚按掌。右脚以全脚掌用力向下震跺，与此同时，左脚急速离地抬起；右手由左向上向前掳盖而后变拳收至腰侧，左掌伸直向下、向上、向前屈肘下按，掌心向下；上体右转，目视左掌（见图 10-2-52）。

（4）弓步冲拳。左脚向前落步，右腿蹬直成左弓步；右拳从左手手背上向前冲出，拳高与肩平，拳眼向上；左掌藏于右腋下，掌背贴靠腋窝，目视右拳（见图 10-2-53）。

要点：换跳步动作要连贯、协调。震脚时腿要弯曲，全脚掌着地，左脚离地不要高。

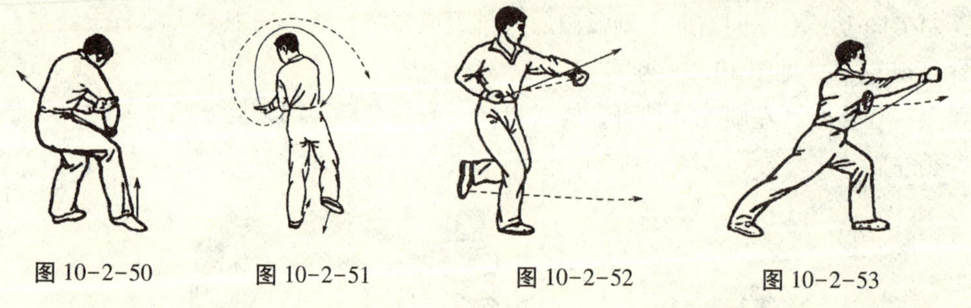

图 10-2-50　　图 10-2-51　　图 10-2-52　　图 10-2-53

5. 马步冲拳

上体右转 90°，重心移至两腿中间，成马步；右拳收至腰侧，左掌变拳向左冲出，拳眼向上，目视左拳（见图 10-2-54）。

6. 弓步下冲拳

右脚蹬直，左腿弯曲，上体稍向左转，成左弓步；左拳变掌向下经体前向上架于头左上方，掌心向上，右拳自腰侧向左前斜下方冲出，拳眼向上，目视右拳（见图 10-2-55）。

7. 叉步亮掌侧踹腿

（1）十字交叉。上体稍右转；左掌由头上下落于右手腕上，右拳变掌，两手交叉成十字，目视双手（见图 10-2-56）。

（2）叉步亮掌。右脚蹬地并向左腿后插步，以前脚掌着地；左掌由体前向下向后划弧成勾手，勾尖向上，右掌由前向右向上划弧抖腕亮掌，掌心向前，目视左侧（见图

10-2-57）。

（3）侧踹腿。重心移至右腿，左腿屈膝提起，向左上方猛力蹬出；上肢姿势不变，目视左侧（见图 10-2-58）。

要点：插步时上体稍向右倾斜，腿、臂的动作要一致。侧踹高度不能低于腰，大腿内旋，着力点在脚跟。

图 10-2-54　　图 10-2-55　　图 10-2-56　　图 10-2-57　　图 10-2-58

8. 虚步挑拳

（1）落步左挑拳。左脚在左侧落地。右掌变拳稍后移，左勾手变拳由体后向左上挑，拳背向上（见图 10-2-59）。

（2）提膝前挂拳。上体左转 180°，微含胸前俯；左拳继续向前向上划弧上挑，右拳向下向前划弧挂至右膝外侧，同时右膝提起，目视右拳（见图 10-2-60）。

（3）虚步右挑拳。右脚向左前方上步，脚尖点地，重心落于左脚，左腿下蹲成右虚步；左拳向后划弧收至腰侧，拳心向上，右拳向前屈臂挑出，拳眼斜向上，拳与肩同高，目视右拳（见图 10-2-61）。

图 10-2-59　　图 10-2-60　　图 10-2-61

（五）第四段

1. 弓步顶肘

（1）缩身下挂。重心升高，右脚踏实；右臂内旋，向下直臂划弧以拳背下挂至右膝内侧，左拳不变，目视前下方（见图 10-2-62）。

（2）提膝摆臂。左腿蹬直，右腿屈膝上抬，上体右转；左拳变掌，右拳不变，两臂向前向上划弧摆起，目随右拳转视（见图 10-2-63）。

（3）跳换步一。左脚蹬地起跳，身体腾空，两臂继续划弧至头上方（见图 10-2-64）。

（4）跳换步二。右脚先落地，右腿屈膝，左脚向前落步，以前脚掌着地；同时两臂向右向下屈肘停于右胸前，右拳变掌，左掌变拳，右掌心贴靠左拳面（见图 10-2-65）。

（5）弓步顶肘。左脚向左上一步，左腿屈膝，右腿蹬直成左弓步；右掌推左拳，以左肘尖向左顶出，高与肩平，目视前方（见图 10-2-66）。

要点：交换步时不要过高，但要快。两臂抡摆时要成圆弧。

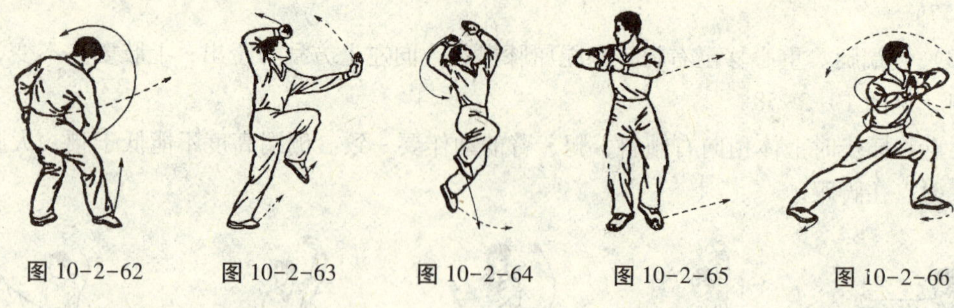

图 10-2-62　　图 10-2-63　　图 10-2-64　　图 10-2-65　　图 10-2-66

2. 转身左拍脚

（1）转身抡臂。以两脚前脚掌为轴向右后转体 180°。随着转体，右臂向上、向右、向下划弧抡摆，同时左拳变掌向下、向后、向前上抡摆（见图 10-2-67）。

（2）左拍脚。左腿伸直向前上踢起，脚面绷平；左掌变拳收至腰侧，右掌由体后向上向前拍击左脚面，目视右手（见图 10-2-68）。

要点：右掌拍脚时手掌稍横过来，拍脚要准而响亮。

3. 右拍脚

（1）左掌后摆。左脚向前落地，左拳变掌向下向后摆，右掌变拳收至腰侧，拳心向上（见图 10-2-69）。

（2）右拍脚。右腿伸直向前上踢起，脚面绷平；左拳变掌由后向上向前拍击右脚面。目视左手（见图 10-2-70）。

要点：与本节的转身左拍脚相同。

图 10-2-67　　图 10-2-68　　图 10-2-69　　图 10-2-70

4. 腾空飞脚

（1）落脚上步。右脚落地，上肢姿势保持不变（见图 10-2-71）。

（2）起跳击掌。左脚向前摆起，右脚猛力蹬地跳起，左腿屈膝继续向前上摆。同时右拳变掌向前向上摆起，左掌先上摆而后下降拍击右掌背（见图 10-2-72）。

（3）空中拍脚。右腿继续上摆，脚面绷平；右手拍击右脚面，左掌由体前向后上举，目视右手（见图 10-2-73）。

要点：蹬地要向上，不要太向前冲，左膝尽量上提。击响要在腾空时完成，右臂伸直成水平。

5. 歇步下冲拳

（1）半马步按掌。左、右脚先后相继落地。左掌变拳收至腰侧，目视右手（见图 10-2-74）。

（2）歇步下冲拳。身体右转 90°，两腿全蹲成歇步，右掌抓握、外旋变拳收至腰侧；左拳由腰侧向前下方冲出，拳心向下，目视左拳（见图 10-2-75）。

图 10-2-71　图 10-2-72　图 10-2-73　图 10-2-74　图 10-2-75

6. 仆步抡劈拳

（1）站起抡臂。重心升高，右臂由腰侧向体后伸直，左臂随身体重心升高向上摆起，目随左拳（见图 10-2-76）。

（2）提膝转体。以右脚前脚掌为轴，左腿屈膝提起，上体左转 270°；左拳由前向后下划立圆一周；右拳由后向下向前上划立圆一周（见图 10-2-77）。

（3）仆步劈拳。左腿向后落一步，屈膝全蹲，右腿伸直，脚尖里扣成右仆步；右拳由上向下抡劈，拳眼向上；左拳后上举，拳眼向上，目视右拳（见图 10-2-78）。

要点：抡臂时一定要划立圆。

7. 提膝挑掌

（1）弓步抡臂。重心前移成右弓步，同时右拳变掌由下向上抡摆，左拳变掌稍下落，右掌心向左，左掌心向右（见图 10-2-79）。

（2）提膝挑掌。左、右臂在垂直面上由前向后各划立圆一周；右臂伸直停于头上，掌心向左，掌指向上，左臂伸直停于身后成反勾手；同时右腿屈膝提起，左腿挺膝伸直独立，目视前方（见图 10-2-80）。

要点：抡臂时要划立圆。

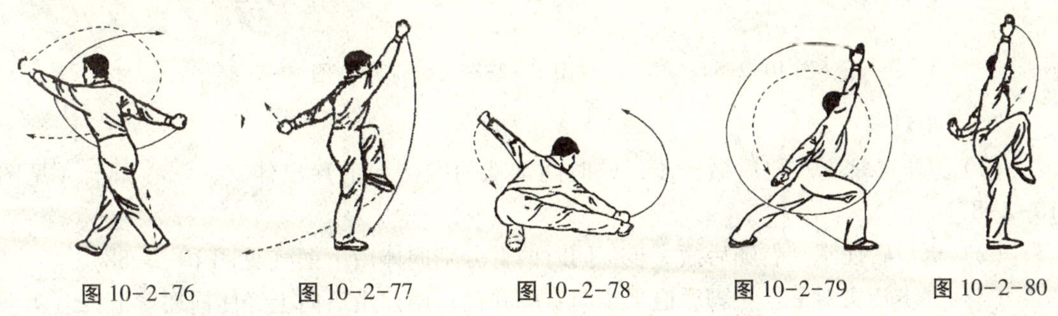

图 10-2-76　图 10-2-77　图 10-2-78　图 10-2-79　图 10-2-80

8. 提膝劈掌弓步冲拳

（1）提膝劈掌。下肢不动，右掌由上向下猛劈伸直，停于右小腿内侧，用力点在小指一侧；左勾手变掌，屈臂向前停于右上臂内侧，掌心向左，目视右掌（见图 10-2-81）。

（2）退步搂手。右脚向右后落地；身体右转 90°；同时左掌变拳收至腰侧，右臂内旋向右划弧做劈掌（见图 10-2-82）。

（3）弓步冲拳。上动不停，左腿蹬直成右弓步；右手抓握变拳收至腰侧，左拳由腰侧向左前方冲出，目视左拳（见图 10-2-83）。

图 10-2-81

图 10-2-82

图 10-2-83

（六）结束动作

1. 虚步亮掌

（1）扣膝抱掌。右脚扣于左膝后，两拳变掌，两臂右上左下屈肘交叉于体左前，目视右掌（见图 10-2-84）。

（2）退步舞花。右脚向右后落步，重心后移，右腿半蹲，上体稍右转；同时右掌向上、向右、向下划弧停于左腋下；左掌向左、向上划弧停于右臂上与左胸前，两掌心左下右上，目视左掌（见图 10-2-85）。

（3）虚步亮掌。左脚尖稍向右移，右腿下蹲成左虚步；左臂伸直向左、向后划弧成反勾手；右臂伸直向下、向右、向上划弧抖腕亮掌，掌心向前，目视左方（见图 10-2-86）。

图 10-2-84

图 10-2-85

图 10-2-86

2. 并步对拳

（1）退步穿掌。左腿后撤一步，同时两掌从两腰侧向前穿出伸直，掌心向上（见图 10-2-87）。

（2）退步后摆掌。右腿后撤一步，同时两臂分别向体后下摆（见图 10-2-88）。

（3）并步转头对拳。左脚后退半步向右脚并拢；两臂由后向上经体前屈臂下按，两掌变拳，停于腹前，拳心向下，拳面相对，目视左方（见图 10-2-89）。

3. 还原

两臂自然下垂，目视正前方（见图 10-2-90）。

图 10-2-87

图 10-2-88

图 10-2-89

图 10-2-90

三、长拳与健身

（一）长拳的特点

长拳具有动作舒展大方、快速有力、动迅静定、节奏鲜明的运动特点，并且有蹿蹦跳跃、闪躲腾挪、起伏转折和跃扑翻滚等动作。长拳出手长、跳得高、蹦得远、刚柔相济、快慢相间，是全国武术表演和比赛项目之一。练好长拳要求在身体素质方面有较好的柔韧性、灵敏度和一定的速度，适合青少年练习，年轻时期进行长拳套路练习对提高灵敏性有较大效果。

（二）长拳的价值

长拳动作舒展，关节活动范围较大，对肌肉和韧带的柔韧性、弹性都有较高要求。青少年练习长拳可以提高心肺功能，促进肌肉、骨骼成长和中枢系统发育，增强身体素质。同时，长拳的适宜对象也相对广泛，男女老少都可以练习。

长拳包含了许多攻防中的拳法、掌法、腿法、擒拿法以及快摔法，经常练习可以使青少年了解和掌握丰富的攻防技法，增强自身的防卫能力。

长拳还具有很好的观赏性，无论是马步冲拳，还是拗弓步冲拳，都能给人以凛然之感，让观者在速度与力量中体会长拳的魅力。从起势、掌拳变换到步法挪移，如行云流水般一气呵成，其灵活性与节奏感都能给人以震撼。

长拳注重对人的心境、意念的调理，练习长拳对我们保持积极向上的心态有很大的帮助。当心情浮躁时，练一练长拳可以有效地释放压力，平定心态，久而久之可以让人心胸开阔，变得更加热爱生活，这是现代年轻人所特别需要的。

对生理和心理都尚未成熟、自立性和独立性还较差的青少年来说，业余时间参加长拳运动，能够提升他们的自制力、毅力和果断力，并能树立良好的人际关系。

同时，长拳作为中华文化的一个重要方面，在中外交流中也扮演着重要角色。现在越来越多的外国人来到中国学习武术，其中便包括长拳。这在一定程度上也是对中华武术的弘扬与推广。

（三）长拳的练习要求

1. 姿势准确

长拳的姿势要求头正、颈直、沉肩、挺胸、立腰。上肢动作要舒展挺拔，下肢动作要稳定，整个形体动作的姿势要匀称。从姿势和精神状态上还要体现出攻防意识。在完成这些动作时，起止点、路线、力点都要清晰、准确，应充分体现动作的攻防特点。如“弹腿冲拳”应先抬大腿再迅速将小腿踢出，要求膝部伸直，脚面绷平，力达脚尖；冲拳时，拳要从腰间沿直线向前快速有力地旋转冲出，力达拳面，上下肢动作应协调一致，做到“手到眼到”。劲力要求刚柔相济，顺达而有爆发力。在做冲拳、推掌、顶肘、弹腿、踹腿等动作时，要运用先柔后刚的“寸劲”，使力量顺达到动作的着力点。“起于根，顺于中，达于梢”，方能做到节节贯通、劲力顺达。同时，还要求以意识支配动作发力和以呼吸配合发力，做到内外合一，即所谓的“以意取力，以气催力”。

2. 劲力顺达

长拳运动中身法多样，闪、展、腾、挪、起伏、转折等动作变化在躯干的紧密配合和协调下，达到上下和顺、首尾相随、完整一体。武术中有“三节”“六合”的说法，手和脚为梢节，肘和膝为中节，肩和胯为根节。这六个部位在运动中和谐，称为“六合”。一般来说，上肢发力应是“梢节起，中节随，根节催”；下肢则是“起于根，顺于中，达于梢”；涉及上下肢的动作，则是“起于腿，发于腰，传于肩，顺于肘，达于手”，使腿、膝、胯的力量以腰力做媒介，以送肩、顺肘而达于拳面，使上、中、下三节都贯通起来。除了讲究发力的顺序外，还要注意发劲的刚柔变化和肌肉的松紧配合。通常动作开始时要放松，逐渐加速，力达末端时达到最高速，这种劲力既迅速敏捷，又有弹性。

3. 精神饱满

长拳练习中眼法是非常重要的，它是体现精神的重要环节。演练长拳时，要善于运用眼神，“眼随手动，步随身行”，通过眼神把一招一式的内在攻防意识充分表达出来。同时，还要求全神贯注，情绪饱满，充满信心，能表现出勇敢、机敏，以及无所畏惧的气概。

4. 呼吸得法

长拳的呼吸要求“气宜沉”，但是除了“沉”之外，还有“提、托、聚”法，合称“提、托、聚、沉”四法。一般情况下，由低势动作进入高势动作时，应该用“提”法；静止性动作应该用托法；刚脆短促动作应该用“聚”法；在由高势动作进入低势动作时，应该用沉法。这些呼吸方法随着动作的进行而变化的时候，应始终遵循“气宜沉”的基本要求。同时要顺其自然，不能故意做作。如果不善于掌握和运用“气宜沉”的腹式呼吸方法，就容易造成供氧不足而出现呼吸短促、头晕恶心、动作紊乱的情况，运动的稳定性也遭到破坏。所以，进行长拳运动时必须运用腹式呼吸法，这样有助于运动的持久和平稳。

5. 节奏鲜明

最后，长拳套路还要求节奏分明，即运动时动作、组合、段落之间所表现的韵律变化恰如其分，整套动作既在快速中进行，又通过速度、力量的变化有机地处理刚与柔、动与静、轻与重、疾与缓等演练技巧。长拳主要表现为动与静、重与轻、快与慢、起与伏、长与短的变化。动与静要做到“动迅静定”，动如疾风般迅速，静若山岳般稳定；重与轻的变化，武术有“重如铁”“轻如叶”之说，如震脚、砸拳、踏步等动作力沉千钧，而弧形步、跃步前穿则要轻灵，若风飘柳絮；起与伏，则是从动作的空间运动来讲节奏变化的，高的动作要挺拔，有顶天立地的气概，低的动作要沉得下去，有鱼翔浅底的本领；快与慢也体现了一定的节奏变化，不能一快到底，为了表现身法和动作的韵律，常出现以慢带快或快而轻慢而后更快的生动节奏；长与短的变化，就像写文章点标点似的，武术中的“长句”称挂串动作，即连续完成多个动作，“短句”称顿挫动作，有时做一二个动作即停，长短参差，使节奏更加多变。节奏感直接体现着武术素养水准，在长拳运动中只有认真研究和体会了套路结构特点及其攻防含义，才能更好地表现出运动的节奏。

以上综合阐述了长拳套路技术的姿势、方法、身法、眼法、精神、劲力、呼吸、节奏这八个方面。它们就是构成长拳套路技术的八个要素，这八个要素既是影响长拳技术水平的基本因素，又是表现长拳技术水平高低的基本特征，只有全面掌握，才能在演练时做到得心应手、内外合一。

第三节 散打

一、散打概述

（一）散打的概念

散打也叫散手，是中华武术的精华，是具有独特民族风格的体育项目，多年来在民间流传发展，深受人民的喜爱。散打的起源与发展是和中华民族悠久历史同步的。它源于先辈的生产劳动、生存斗争，并服务于此，演化至今成为华夏民族灿烂文化遗产中的瑰宝。原始社会人类为了猎取食物，长期与野兽搏斗，学会了多种打斗的方法。古称相搏、手搏、下、弁、白打等。

现在的散打是两人按照国内的规则，运用武术中的踢、打、摔和防守等方法，进行徒手对抗的现代体育竞技项目，它是中国武术的重要组成部分。中国武术有两种表现形式，一种是套路演练形式，一种是格斗对抗形式。散打就是格斗对抗形式的一种。古时称之为相搏、手搏、技击等。现代武术散打对传统技击术进行归纳、整理，舍弃它们的具体形态，找出其中带有共性的规律，即把中国各拳种门派的拳法、腿法通过规整，总结出它们的基本运动形式，经过高度抽象，确立进攻技术具有两种运动形式：一种是直线型方法，另一种是弧线型方法。其中，拳法以冲、掼、抄、鞭，腿法以蹬、踹、扫、摆、勾为内容，摔法则根据“快摔”的要求和“无把”的特点，主要把握“破坏重心”和“抢圈”的要点，创造出“接招摔”和“夹打摔”的方法。同时，防守技术也划分为“接触式防守”和“不接触式防守”两种。散打从比赛形式上采用了中国传统的“打擂台”的方式，一方掉擂出局即为输方。在竞赛方法上采用三局两胜制，先赢两局者即为赢家。

（二）散打的发展过程

1979 年，随着中国武术热的再度兴起，中国体委按照竞技体育模式，首先在浙江省体委、北京体育学院和武汉体育学院进行了武术对抗性项目的试点训练，设置在 80 厘米高，8 米见方的擂台上进行比赛。散打比赛允许使用踢、打、摔等各种武术流派中的技法；不允许使用擒拿；不许攻击喉、裆等要害部位。运动员分体重、穿护具在相同的条件下平等竞争。

1979 年 5 月，在广西南宁举行的全国武术观摩交流大会上做了首次散打汇报表演。同年，又进行了几次比赛。

1982 年制定了《散打比赛规则》，自此，散打运动按照“积极、稳妥”的精神，每年举行一次“全国武术对抗性项目散手表演赛”，不断试验，逐步发展。

1989 年，散打被国家体委批准为正式比赛项目，并制定“团体锦标赛”和“个人锦标赛”赛制。

1993 年散打比赛正式列入第 7 届全运会比赛项目。

1998 年散打比赛列入第 13 届亚运会正式比赛。

2000 年首届中国武术散打王争霸赛在湖南省长沙市举行，湖南卫视对赛事作了全程报道，这是中国武术散打发展史上的里程碑，中国武术散打进入了专业赛制的时期。众多散打高手登台竞技，当年的散打王是来自解放军体院的“劈腿王”柳海龙。

2001 年 3 月 27 日，中国武术散打王争霸赛在国家奥林匹克体育中心中国武术协会散打馆拉开帷幕，比赛的直播工作在 2000 年湖南卫视现场直播的基础上，采取国内各地方电视台与国外电视台同步直播的形式进行。从 2001 年 2 月 15 日开始，《人民日报》《中国青年报》《中国体育报》、北京电视台、北京有线电视台、中央人民广播电台等全国 180 多家媒体对赛事的筹备情况进行了跟踪报道，引起了社会各界对 2001 年散打王争霸赛的广泛关注。

2012 年 2 月 25 日，中国国家散打队在陕西省西安市成立，而建立一支专门的国家队在中国武术发展史上尚属首次。

（三）散打的特点

散打运动具有对抗性、体育性、民族性的特点。

1. 对抗性

相对于武术套路运动，徒手对抗格斗是散打的基本运动特征。现代散打运动并不局限于对中国武术中传统的徒手格斗术的继承和表现，而是在继承的基础上有了发展和提高。其中最为突出的，就是把传统中只注意“招法”的观念发展成为把体能、智能与技能结合起来的综合应用能力。比赛双方没有固定的动作顺序，而是互以对方技击动作随机转移，斗智、较技，互相捕捉对方的弱点以所长制所短。它要求运动员不仅能够熟练地掌握散打技术，还要有敏捷的应变能力，从而明显区别于武术套路运动形式。散打由于自身的特性以及社会的需要，更突出地反映了武术的本质——技击性。打击对方、保护自己是散打运动的基本目的。

2. 体育性

相对于传统的防身自卫绝技，散打作为竞技体育项目，必须体现体育的本质属性，即把人体安全和健康作为自身生存和发展的前提。散打是一种激烈、残酷的运动，虽然其技术总是在不断追求最大的攻击效果中发展，但出现对运动员健康有害的行为是绝对不允许的。因此，散打技术的攻防招法明显区别于致人伤、残的技术方法即所谓置人于死地的绝招。散打竞赛规则严格规定了后脑、颈部、裆部等为禁击部位。另外，从技法上，不管用哪种技术流派的击打方法，均不允许使用反关节的擒拿动作，以及用肘、膝等技法进攻对方。

3. 民族性

指现代散打运动在比赛形式和技术运用上，通过继承与发展，都体现了中国武术的民族性特点。首先，散打在 8×8 米的擂台上进行比赛和三局两胜制就是沿袭了中国古代民间打擂比武的风俗习惯。其次，在散打技术的应用上，“远踢近打贴身摔”技击方法的多样化和打击部位的多层次，充分体现了中国武术的技术整体性运动特点。

（四）散打的作用

1. 培养竞争意识

散打是比较激烈的搏击运动，选手要直面拳脚的攻击与身手的比试，成功与失败、高兴与痛苦、得意与失落，两者必居其一。竞争意识是现代社会各种人才必须具备的基本意识，而散打最能培养“胜不骄败不馁”的竞争精神。青少年经过一段时间的散打练习，成人以后，进入社会的竞争行列，将会更加朝气蓬勃且充满竞争活力。

2. 健体防身

散打运动是斗勇斗智、较技较力的运动。通过散打练习，能掌握自卫防身的技能，同时能够提高人的速度、力量、耐力、灵巧等身体素质，增强人体内脏器官的功能，尤其是对提高人的神经系统的灵活性有很大的作用。

3. 锻炼意志

散打运动对意志品质的锻炼是多方面的。首先，在功力训练上是十分单调的，训练过程中要克服全身肌肉的疼痛，从不适应到适应，是一个艰难的过程。其次，两人交手比试时，要克服心理上的胆怯，逐步增强敢拼的意识。比试中如果遇到强手，可能要挨打，此时的皮肉之痛，使意志薄弱者望而却步，而意志坚强者则会咬紧牙关，在艰难中拼搏，直到最后胜利。多年的散打训练，能培养出顽强拼搏的意志品质。

4. 发展心智

散打绝不是凭蛮力来拼命，而是要讲究方法技巧，要灵活机动地运用战略战术，它是一项以巧取胜的格斗技术。中国传统武术中的“以小胜大”“四两拨千斤”等技击法则，始终是散打技术追求的最高境界。因此，散打练习能有效地提高人的反应与应变能力，发展人的思维敏捷性与灵活性，尤其是培养人在危难之际保持冷静且从容的心理智能。

二、散打的基本技术

散打的基本技术，是指散打运动员在实战中完成进攻与防守动作的方法，是影响散打运动员竞技水平的重要因素。散打运动员所掌握的技术越全面，达到的运动水平越高，就越能有效地使用单个技术和组合技术。全面的技术训练也有利于运动员发展技术上的个人特点，形成自己的技术风格。

（一）实战姿势（预备姿势）

1. 动作过程

散打的实战姿势一般分为左手在前的“正架”和右手在前的“反架”两种。运动员可以根据自己的习惯和爱好，选择一种适合自己的实战姿势作为最初学习散打的定势。本书均以正架为例（见图 10-3-1）。

下面介绍对身体各部位的要求：

（1）步行：两脚前后开立，距离稍大于肩。前脚掌稍内扣，后脚跟微离地。两膝微屈，身体重心在两腿之间（见图 10-3-2）。

（2）躯干：身体侧向前方，含胸收腹（见图 10-3-3）。

图 10-3-1

图 10-3-2

图 10-3-3

（3）手臂和头部：

手型要求四指内屈，并拢握拳，大拇指横压于食指和中指的第二节指节上（见图10-3-4、图10-3-5）。

图10-3-4　　图10-3-5

前臂肘关节夹角为90°~110°，拳与鼻同高，肘下垂；后臂的拳在颌下，屈臂贴靠于胸肋，下颌微收。目平视，合齿闭唇（见图10-3-6、图10-3-7）。

2. 易犯错误及其纠正方法

身体重心过低、前倾或后倾，身体上部保护不够。纠正时，强调步法移动灵活，防守严密，姿势不可太低，重心控制在两脚之间；两手紧护躯体，尽量减少暴露给对手打击的有效部位。

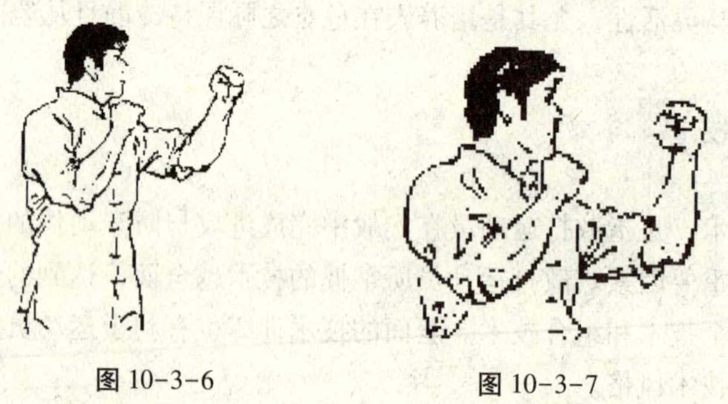

图10-3-6　　图10-3-7

（二）基本拳法

1. 冲拳

（1）左冲拳。

①动作过程：实战姿势，即由左脚、左手在前的正架势开始，右脚微蹬地面，重心微向前脚移动，上体微右转。同时左臂由屈到伸并内旋90°，直线向前冲出，发力于腰，力达拳面（见图10-3-8、图10-3-9）。

②易犯错误及其纠正方法：

撩拳，由于冲拳前肘先于拳而动，易形成拳往下撩的错误。纠正时，强调以拳领先，勿先动肘；或由同伴帮助以一手拉拳，一手按肘，慢慢体会要领。

只动前臂，冲拳时不是以肩催臂，而只是前臂屈伸。纠正时，强调肩先动，催肘送拳。

（2）右冲拳。

①动作过程：右脚微蹬地，并以前脚掌向内转，转腰送肩，上体左转。同时右臂由屈到伸并内旋90°，直线向前冲出，力达拳面（见图10-3-10）。

图 10-3-8　　图 10-3-9　　图 10-3-10

②易犯错误及其纠正方法：

上体过于前倾，冲拳时，上体向前移动过多，腰没有向左拧转。纠正时，多体会腰绕纵轴方向拧转的要领，克服向前俯身的毛病。

翻肘撩拳，冲拳时前臂、肘关节先动并外翻，形成撩拳错误。纠正时，由教练员或同伴帮助，或面对镜子，做慢动作练习。

向后引拳，预兆明显。这是学习拳法的常见错误。纠正时，面对镜子或同伴监督，用慢速放松练习，以体会出拳路线。

2. 贯拳

（1）左贯拳。

①动作过程：上体微向右转，同时左拳向外（约 45°）、向前、向内成平面弧形横击，臂微屈，拳心朝下。同时转腰发力，力达拳面或偏于拳眼侧（见图 10-3-11）。

②易犯错误及其纠正方法：

贯拳幅度过大。纠正时，面对镜子或同伴帮助，消除只想用力的心理，严格体会贯拳的运行路线，待动作基本定型后再加大动作力量。

翻肘过早，出现甩拳。纠正时，由同伴帮助，一手拉拳，一手按肘，克服翻肘的错误。

向前探身。纠正时，多体会向右转腰发力的要领，或由同伴帮助控制身体前探。

（2）右贯拳。

①动作过程：右脚微蹬地并以前脚掌向内转，合胯并向左转腰，右拳向外（约 45°）、向前、向内成平面弧形横击。同时上体左转，腰胯发力，力达拳面或偏于拳眼侧（见图 10-3-12）。

②易犯错误及其纠正方法：参考左贯拳。

图 10-3-11　　图 10-3-12　　图 10-3-13

3. 抄拳

（1）左抄拳。

①动作过程：上体微左转，重心略下沉，腰迅速向左转，发力于腰，左拳由下向前上方勾击，上臂和前臂夹角为90°~110°，拳心朝里，力达拳面（见图10-3-13）。

②易犯错误及其纠正方法：

左拳向外绕行。纠正时，面对镜子，不追求用力，重点体会拳的运行路线。

抄拳发力时上体后仰、挺腹。纠正时，重点体会蹬地转腰的要领以及内力的运用。

重心上提、歪胯。纠正时，由同伴帮助，一手按头，一手扶胯，边练习边提示改进。

（2）右抄拳。

①动作过程：右脚蹬地，扣膝合胯，腰微右转。同时右拳向下、向前、向上勾击，上臂与前臂夹角为90°~110°，拳心朝里，力达拳面（见图10-3-14、图10-3-15）。

②易犯错误及其纠正方法：

右拳后拉，练习者想加大动作力度，以至右拳先后拉再上勾，出现严重预兆。纠正时，应消除单纯用劲心理，着重体会用劲路线和全身协调配合。

身体向上立起，练习者没有体会胯转腰的用力方法，过分追求蹬地伸髋。纠正时，由同伴协助控制重心的起伏，如一手按头，一手给靶（保持正确的高度），体会力从腰发的要领。

图10-3-14

图10-3-15

4. 转身右鞭拳

①动作过程：右脚经左脚后插步，身体向右后转180°。同时左拳与右拳一起回收至胸前。动作不停，上体继续向右转体180°，同时右拳反臂由屈到伸，向外、向右横向鞭打，拳眼朝上，发力于腰，力达拳背（见图10-3-16、图10-3-17）。

图10-3-16

图10-3-17

②易犯错误及其纠正方法：

转体停顿，站立不稳。纠正时，可专做转体练习。

前臂没有外甩，形成直臂抡打，力点不准。纠正时，可原地练习鞭拳，体会前臂鞭甩的要领。

（三）基本腿法

1. 蹬腿

（1）左蹬腿。

①动作过程：右腿微屈支撑，左腿提膝抬起，勾脚，当膝稍高于髋时，以脚领先向前蹬出，髋微前送，力达脚掌（见图 10-3-18、图 10-3-19、图 10-3-20）。

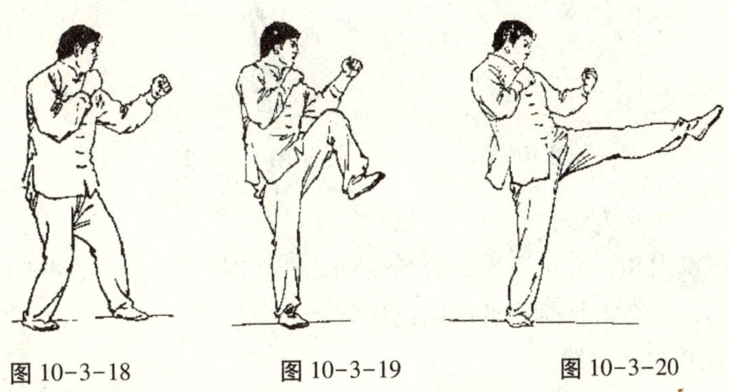

图 10-3-18　　图 10-3-19　　图 10-3-20

②易犯错误及其纠正方法：

提膝不过腰，髋、踝关节放松，力不顺达。纠正时，上体直立，多做提膝靠胸练习和左右转换的蹬腿练习，注意挺髋并稍前送。

（2）右蹬腿动作参考左蹬腿。

2. 踹腿

（1）左踹腿。

①动作过程：身体重心移向右腿，右腿微屈支撑；左腿屈膝抬起与髋同高，小腿外翻，脚尖勾起，由屈到伸展髋、挺膝向前踹出，上体微侧倾，力达脚底（见图 10-3-21、图 10-3-22、图 10-3-23）。

②易犯错误及其纠正方法：

收腹、屈髋、撅臀，上体与腿不能成一条直线，打击距离短、速度慢、力量小。纠正时，手扶肋木或其他支撑物，一腿抬起，脚不落地，严格按动作要求，由慢到快反复练习踹腿。练习之初，踹腿的高度可适当低些，以后逐渐提高高度。

图 10-3-21　　图 10-3-22　　图 10-3-23

（2）右踹腿动作参考左踹腿。

3. 鞭腿

（1）左鞭腿。

①动作过程：右腿微屈支撑，上体稍向右侧倾；左腿屈膝向左侧摆起，扣膝，绷脚背，随即向前挺膝鞭甩小腿，力达脚背至小腿前下端（见图 10-3-24、图 10-3-25）。

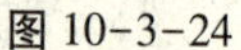
图 10-3-24

图 10-3-25

②易犯错误及其纠正方法：

脚背放松，膝没内扣，力点不准，容易受伤。纠正时，按动作要领多绷脚背，鞭腿击打沙包、脚靶等物，体会击打时脚背的肌肉感觉和力点。

（2）右鞭腿动作参考左鞭腿。

4. 摆腿

（1）左摆腿。

①动作过程：右脚向左腿前上步，腿微屈独立支撑，身体向左后转体 360°，上体稍侧倾；同时左腿经右后向前摆起，脚面绷平，力达脚掌，目视左脚（见图 10-3-26、图 10-3-27）。

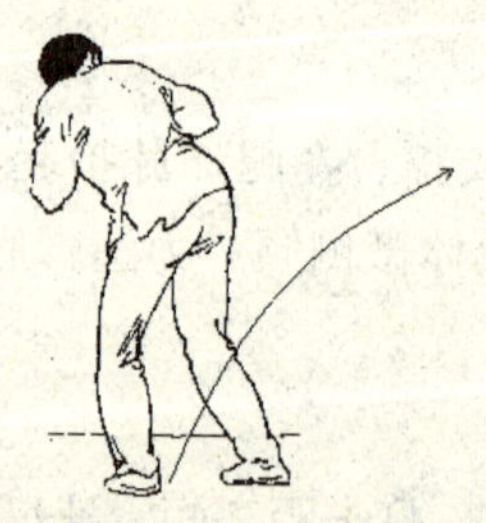
图 10-3-26

图 10-3-27

②易犯错误及其纠正方法：

猫腰，低头，收腹屈髋，扫摆无力，击打不到位。纠正时，多做摆腿击打沙包的练习，体会动作要领，注意转体时以头领先。

（2）右摆腿动作参考左摆腿。

5. 劈腿

（1）左劈腿。

①动作过程：身体重心移至右腿，左腿屈膝抬起送髋，上体保持正直或稍后倾，左脚高举过头后快速下压（如刀劈木材一样），用脚掌或脚后跟下砸对方的头部（见图 10-3-28、图 10-3-29）。

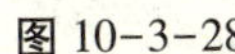

图 10-3-28　　图 10-3-29

②易犯错误及其纠正方法：

提腿高度不够，身体重心前后控制不好。纠正时，可采用武术套路中的正踢方法，只是下落时向前下方劈下，重点体会整体用力的协调性。

（2）右劈腿动作参考左劈腿。

（四）基本摔法

1. 抱腿前顶

（1）动作过程：双方由实战姿势开始，上左步，身体下潜闪躲，然后两手抱对方双腿膝窝下部，两手用力回拉。同时用左肩前顶对方大腿根部或腹部，将对方摔倒（见图 10-3-30、图 10-3-31、图 10-3-32）。

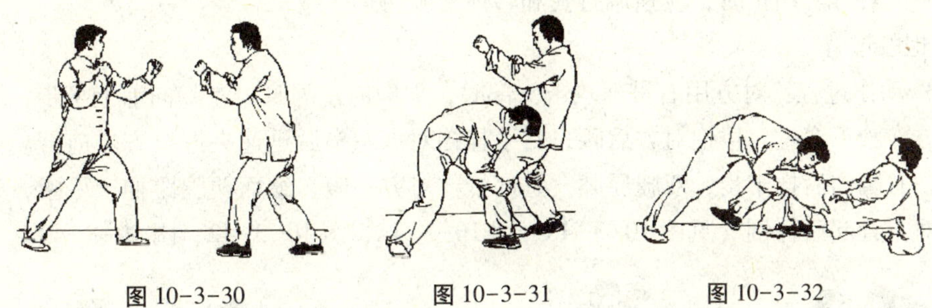

图 10-3-30　　图 10-3-31　　图 10-3-32

（2）易犯错误及其纠正方法：

抱不住双腿。纠正时，注意下潜接近对手。

摔不倒对手。纠正时，应强调两臂后拉与肩顶配合协调。

2. 折腰搂腿

（1）动作过程：下闪，两臂抱住对方腰部，右腿抬起，并以小腿由前向后搂挂对方左小腿。同时两手抱紧对方腰部，上体前压其胸，使其后倒（见图 10-3-33、图 10-3-34、图 10-3-35）。

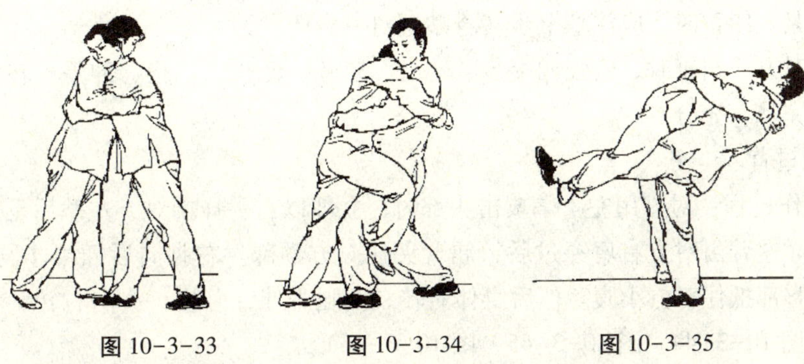

图 10-3-33　　图 10-3-34　　图 10-3-35

（2）易犯错误及其纠正方法：

搂不倒对方。纠正时，强调抱腰要紧并向回拉，上体前倾压胸和搂腿动作一致。

3. 夹颈打腿

（1）动作过程：左手虚晃对方，左脚上步，并向右转体，右手迅速抓住对方左前臂，左臂从对方右肩穿过后屈臂夹抱对方颈部。右脚向后插半步与左脚平行，臀部抵住对方小腹，身体立即右转，同时用左小腿向后横打对方小腿外侧，将对方挑起摔倒（见图 10-3-36、图 10-3-37、图 10-3-38、图 10-3-39）。

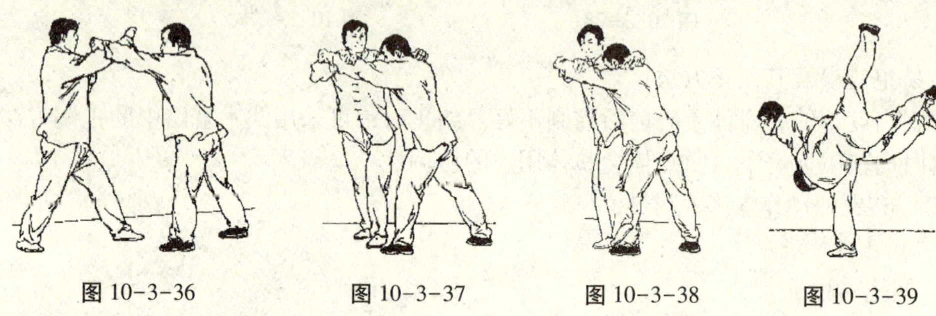

图 10-3-36　图 10-3-37　图 10-3-38　图 10-3-39

（2）易犯错误及其纠正方法：

夹颈不牢固。纠正时，强调身体贴靠对方，屈臂夹紧并回拉。

摔不倒对方。纠正时，应强调打腿和转体变脸协调一致。

4. 抱腰过背

（1）动作过程：对方用右贯拳攻击头部时，立即向左闪身，左脚向前上半步，同时左臂由对方右腋下穿过，搂抱对方后腰；右手挂挡对方左拳后迅速夹握对方左前臂。然后身体右转，右脚向后插半步，双腿屈膝，臀部抵住对方小腹。继而两腿蹬伸，弓腰，头向右转，将对方背起后摔倒（见图 10-3-40、图 10-3-41、图 10-3-42、图 10-3-43）。

图 10-3-40　图 10-3-41　图 10-3-42　图 10-3-43

（2）易犯错误及其纠正方法：

抱腰不紧。纠正时，应注意上步转身贴近对方身体。

摔不倒对方。纠正时，应强调上步、转身、屈膝、低头、弓腰、伸腿、转头动作快速连贯，用力完整、充分。

5. 夹颈过背

（1）动作过程：对方用左贯拳攻击头部时，立即以右手挂挡对方左拳后迅速夹握对方左前臂，同时左臂由对方右肩穿过后，屈臂夹住对方颈部。右脚向后插半步与左脚平行，两腿屈膝，臀部抵住对方小腹。然后身体右转，两腿蹬伸，弓腰，头向右转，将对方背起后摔倒（见图 10-3-44、图 10-3-45、图 10-3-46）。

图 10-3-44　　图 10-3-45　　图 10-3-46

（2）易犯错误及其纠正方法：

夹颈不牢固。纠正时，应强调身体贴住对方，屈臂夹颈要紧。

背不起对方。纠正时，应强调以背部横贴对方胸腹部，插步、转身、低头、弓腰、蹬伸要快速、协调、连贯。

6. 穿臂过背

（1）动作过程：对方用左贯拳攻击头部时，立即向左闪身，同时左脚向前上半步，右手挂挡对方左拳后迅速夹握对方左前臂，同时左臂从对方左臂下穿过并上挑至肩上，身体右转，右脚向后插半步屈膝，臀抵住对方小腹。继而两腿蹬伸，弓腰，头向右转，将对方背起后摔倒（见图 10-3-47、图 10-3-48、图 10-3-49、图 10-3-50）。

图 10-3-47　　图 10-3-48　　图 10-3-49　　图 10-3-50

（2）易犯错误及其纠正方法：

抱不住对手的左臂。纠正时，应强调插步转身要快，双手上下配合一致。

两腿蹬伸不直。纠正时，应增加转身、屈膝和伸腿的辅助练习。

7. 接腿勾踢

（1）动作过程：当对方用右鞭腿进攻肋部时，立即抢先进步，并向左转身，同时用右手臂抄抱其膝关节以上部位，左手搂抱对方小腿。随后用右手迅速向对方颈部下压，右腿勾踢对方支撑腿脚踝处，同时上体右转，右手回拉，将对方摔倒（见图 10-3-51、图 10-3-52、图 10-3-53）。

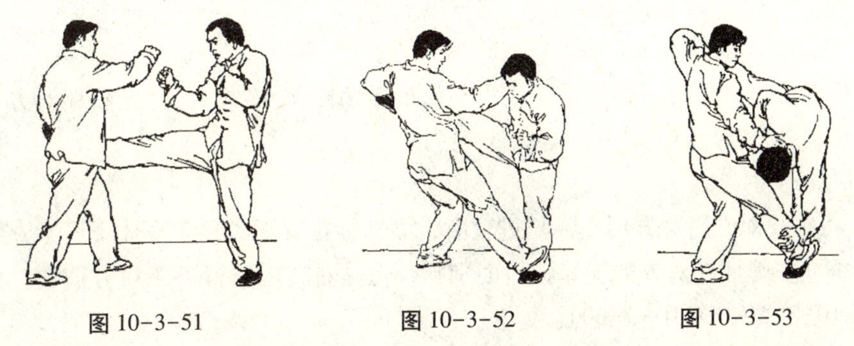

图 10-3-51　　图 10-3-52　　图 10-3-53

（2）易犯错误及其纠正方法：

勾踢不倒对方。纠正时，要求抱腿尽量向膝关节以上抄抱，压颈、勾踢、转腰动作要协调、快速、完整。

8. 接腿挂腿

（1）动作过程：当对方用左鞭腿进攻肋部时，立即以右腿抢先进步，由右手外抄抱其左小腿，左腿抬起前伸，以小腿由前向后搂挂其支撑腿。同时左手用力向前、向下推压其右肩，将其摔倒（见图 10-3-54、图 10-3-55、图 10-3-56）。

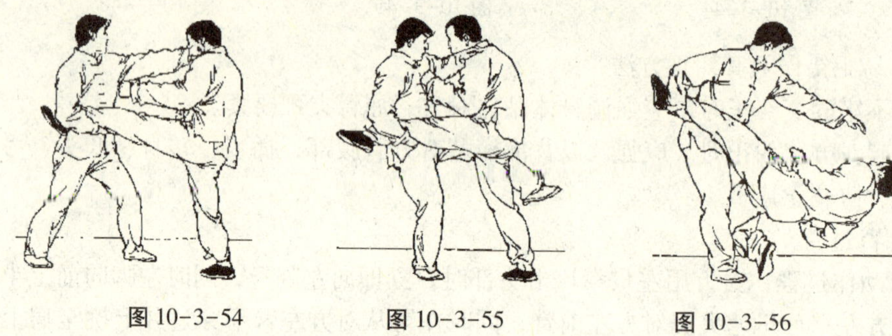

图 10-3-54　图 10-3-55　图 10-3-56

（2）易犯错误及其纠正方法：

抱腿不紧。纠正时，要求接抱腿时抄抱对方腿的膝关节以上部位，并贴近自己肋部，使其不能逃脱。

摔不倒对方。纠正时，强调搂挂腿和右手推压与左手抱腿上掀动作用力一致。

9. 接腿摇摔

（1）动作过程：当对方以左踹腿或左蹬腿进攻时，立即用双手抄抱其脚踝处，然后两腿屈膝退步，两手用力回拉，继而跨左步，上右步，双手由内向下、向左上方弧形摇荡，将对方摔倒（见图 10-3-57、图 10-3-58）。

图 10-3-57　图 10-3-58

（2）易犯错误及其纠正方法：

摔不倒对方。纠正时，强调后拉借力与弧形摇荡协调一致，注意先破坏对方重心然后再摇摔，即先拉后摇。

10. 接腿别腿

（1）动作过程：当对方用左鞭腿进攻时，立即抄抱其腿，接着身体下潜上左步，右脚跟半步，继而左腿插在对方的支撑腿后面别腿，上体右转用胸臂下压对方前腿，使对方摔倒（见图 10-3-59、图 10-3-60）。

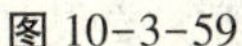

图 10-3-59　　　　图 10-3-60

（2）易犯错误及其纠正方法：

抱不住腿。纠正时，强调掌握好抄抱腿的方法和时机。

摔不倒对方。纠正时，要求别腿、转体、变脸、压腿衔接要快，用力要整。

三、散打练习方法

（一）加强基本技术动作练习

练习散打或参加比赛前应有充分的准备活动。压腿是不可缺少的首要环节，在压腿过程中，千万不能急于求成，而应由轻到重，不能用力过猛。在技术动作训练中应注意加强薄弱环节部位的练习和肌肉放松，特别要注意腰部力量的练习。准备活动做好后，要以较轻的重量先做上一到两组，让各个部位都有所适应，以免受伤，然后再加重练习。

（二）加强心理素质练习

散打运动是比赛的双方在短时间、近距离之内进行比技术、比体能、比毅力、比承受力的高强度、强对抗运动。这种竞争不仅是技术、战术和体力的角逐，还是意志品质、智慧和心理的较量。这要求运动员不仅要有良好的身体素质，还要有稳定的心理状态，并掌握一定的心理战术。

（三）加强武德修养

学习散打的目的不仅是追求强健的体魄和自强不息的尚武精神，更是培养宽厚谦让、诚实守信、除暴安良、扶助弱小的道德修养。因此，学练散打必须加强武德修养，树立助人为乐、见义勇为的优良风尚。同时，树立良好的武德也是一名习武者必须具备的道德修养。

（四）树立坚韧不拔的意志和持之以恒的学习态度

散打运动是一项既复杂又难练的项目，运动员在学习的过程中将遇到各种各样的困难，如疼痛、疲劳等。在这些困难面前只有树立坚韧不拔的意志和持之以恒的学习态度，潜心钻研，才能不断提高自身的武技。

（五）遵循循序渐进原则，不可急功近利

科学合理地安排学习训练计划，才能够较好地掌握散打技术，切不要贪多图快，否则欲速则不达。

（六）训练结束后要进行全面的放松

训练结束后，人体的各种生理机能还维持在一个较高的水平，需要有一个调整过程。

全面地进行放松整理，能有效地消除疲劳，消除代谢产生的乳酸，缓解肌肉疼痛。

四、散打与健身

（一）培养练习者竞争意识，促进心理素质提升

散打属于激烈运动项目，面对对手拳脚的进攻与身手比试，必须拥有不服输、勇于拼搏的竞争精神才能坚持下来，从而突破自我，击败对手。两人交手比试时，要克服心理上的胆怯，逐步增强敢拼的意识。面对困境，能在艰难中拼搏，直到最后胜利，能培养出顽强拼搏的意志品质。散打不是用蛮力而是要讲究方法技巧，要灵活地运用战术，它是以巧取胜的格斗技术。散打练习能有效提高人的反应与应变能力，发展人的思维敏捷性与灵活性，尤其是培养人在危难之际保持冷静且从容的心理素质。

（二）提高练习者身体素质，促进身心健康发展

散打运动是斗智斗勇、较技较力的运动。散打练习，能使人们掌握自身防卫的技能，同时能够提高人的速度、力量、耐力、灵巧等身体素质，增强人体内脏器官的功能，尤其是提高人的神经系统的灵活性。

第四节 防身术

本节主要介绍在不同情况下同犯罪分子做斗争时如何防身的内容，并且对实战中每个动作的要点做出图文介绍。

一、防身术概述

（一）防身术的概念

防身术是一项运用踢、打、拉、缠等手段，以制约对方、保护自已为目的的专门技术。防身术一般从守势开始。防身术主要提供一些基本姿势、拳法、肘法、腿法以及一些巧招。动作以单一性动作为主，为使其得到合理的运用，需在教学中要求女生做到“一狠”“二全力”“三准确”。战胜暴徒讲究“一招制敌”。

（二）防身术的特点

1. 攻防的技击性

防身术是由踢、打、摔、拿等有关技法组成的，是一种防身自卫术，它是攻防格斗的新形式，集中国武术擒拿格斗之众长，具有攻防的技击性、生活的实战性，以及广泛的适应性等特点。在防卫过程中特别注意技法的精、巧、妙及顺势借力，以巧取胜，以柔克刚，竭尽全力打击暴徒的要害部位和薄弱环节，达到一招制胜。在战术上做到出其不意，攻其不备，扬长避短，避实就虚，利用携物，就地取材，从而以弱胜强。

2. 生活的实践性

防身术的技术实用性很强，经常练习，不仅能够提高身体的各项素质，同时也能够增强身体机能，更重要的是，通过对防卫技术的练习和掌握，人们在与暴徒的实际格斗中能

够运用其技术方法来抗击暴徒对自身的侵害。

防身术根据人们生活的实际需要，有针对性地选择实际有效的技术动作。根据不同的情况，灵活多变地采用不同技术方法，出其不意，攻其不备，迅速勇猛，稳、准、狠地反击对方，从而达到防身的目的。

3. 广泛的适用性

防身术不仅适用于女性，同时也适用于男性。从事不同工作的人都可以从中选择适合自己的技术动作来进行练习。由于防身术注重实际需要，因此，其技术动作结构简单精练，一招一式都有一定的用途和目的，没有华而不实之处，层次分明，便于练习，不受场地的限制，大多数是单人或双人对练，徒手方法较多，简单易行，容易掌握，是理想的大众健身项目。

（三）人体要害部位及薄弱关节

1. 人体要害部位

（1）头部。太阳穴、后脑和下颌，若受到剧烈打击，人会昏迷，甚至死亡。眼、鼻部三角区，神经、血管分布相当丰富，痛觉极为敏感，受到打击时疼痛难忍，甚至因此而丧失战斗力。

（2）颈部。颈部中间有咽喉，是食道、呼吸的器官，当受到打击和卡掐时，可致呼吸困难，窒息而死；两侧有颈动脉血管，若受到剧烈击打、掐压，会使人休克，甚至猝死。

（3）胸部。上胸部锁骨较薄弱，若受到剧烈打击易骨折；胸腔内有心、肺等重要器官，若受到剧烈打击或压迫，心肺会受到损伤，失去正常功能。

（4）腹部。腹腔内有肝、脾、胃、肾、膀胱等重要器官，腹部神经末梢丰富，受到剧烈打击时，会造成剧痛，引起恶心呕吐，甚至昏厥；若造成内脏出血，还会危及生命。

（5）肋部。肋部左右共有 12 对肋骨。若受到剧烈打击或压迫，会造成剧痛、骨折，甚至损伤内脏器官。

（6）腰部。腰部是维持身体姿势、传导重力的重要部位。若背后受到拳打、脚踢等暴力攻击时，会造成腰椎、肾脏损伤。

（7）裆部。裆部有生殖器官，同时也是人体神经末梢最丰富的部位，若受到剧烈的顶、撞、踢、揪，会造成剧痛、休克，甚至死亡。

2. 人体薄弱关节

（1）颈部关节。颈部关节是人体活动最多、灵活性最强的一个部位。由七块颈椎骨串联形成椎管，椎管内有脊髓通过。若受到剧烈打击或拧转颈部超过一定的限度，会导致颈椎脱位、骨折，重者会危及生命。

（2）肩关节。肩关节是球窝关节，由肱骨头与肩胛骨的关节盂构成，是人体关节活动范围最大的关节。灵活性好，但牢固性差。若用力左右拧转或过分后伸，极易造成关节脱臼，甚至肌肉、韧带撕裂。

（3）肘关节。肘关节是复合关节，由肱骨下端、尺骨和桡骨上端相应关节组成。只能做屈伸、旋内与旋外运动，活动范围较小。在关节伸直的情况下，朝肘尖部用力打击，会造成关节脱臼、骨折。

（4）腕关节。腕关节由 8 块腕骨组成。可作屈、伸、内收、外展及环转运动。由于关节结构复杂，覆盖的肌肉、韧带薄弱，且骨多形体小，因此，用力使腕向任何方向做过度的扭转、屈、伸，会造成骨折、脱臼或韧带损伤。

（5）髋关节。髋关节是球窝关节，属多轴关节。由髋臼和股骨头组成。牢固性好，灵活性差。髋关节囊的后下方韧带较薄弱，加上支撑人体的重量，若受到剧烈打击或过分前屈后伸，会造成脱臼或骨后肌群损伤。

（6）膝关节。膝关节是人体中最复杂的关节。由股骨内、外侧腘关节面、胫骨上关节面及髌骨的关节面组成，为复合关节。能做屈伸和较小幅度的旋内、旋外运动，不能进行外展和内收。因此，该关节在伸直状态支撑体重时，若两侧或前部髌骨受到暴力打击，会造成关节脱臼或韧带损伤，甚至髌骨破裂、半月板骨折。

（7）踝关节。踝关节由胫骨下关节面与内、外踝关节面共同组成。能做屈、伸、内翻、外翻和环转运动。由于外侧的韧带较薄弱且分散，故最易内翻受伤。若受到猛烈打击或扳拧，会造成关节脱臼或韧带损伤。

二、防身术基本动作

（一）自卫搏击的基本姿势

侧身是自卫与遭遇其他不测时必须注意的。道理很简单，只有侧身才可能尽量少地暴露易遭攻击的部位。这种侧身是两腿一前一后，屈膝、脚掌着地。两手握拳一前一后（见图 10-4-1）。

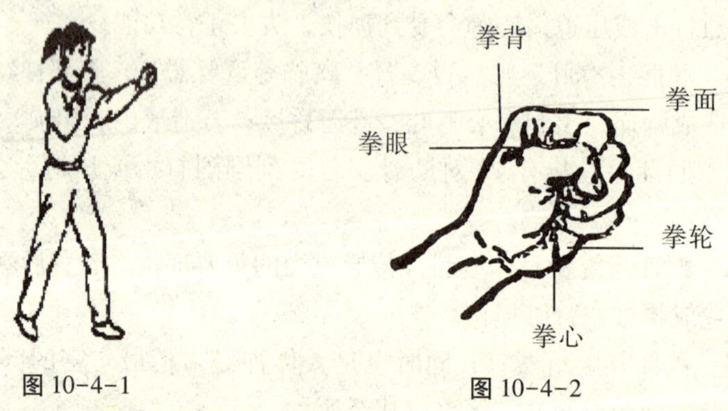

图 10-4-1　　图 10-4-2

（二）拳法介绍

1. 拳

四指内屈，并拢握拳，大拇指横压于食指和中指的第二节指节上。手是人最主要的攻击武器。手是最灵活的，在攻防格斗中，手的威力又最大，而手的攻击形式以拳为主。

（1）拳型部位：拳眼、拳面、拳背、拳心和拳轮（见图 10-4-2）。

（2）拳法分类：直拳、勾拳、劈拳和鞭拳。

直拳又称冲拳，主要是直线用拳直接攻击对方面部和胸部（见图 10-4-3）。

勾拳又称抄拳，主要走弧线或直线，由下方用拳面击打对方腹部、下颌等（见图 10-4-4）。

劈拳，由上往下以拳外背棱或指棱攻击对方面部的拳法（见图 10-4-5）。

鞭拳，由左右以拳背攻击对手头部的拳法（见图 10-4-6）。

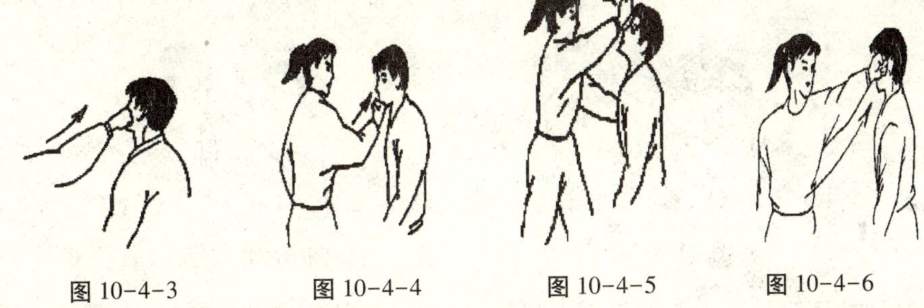

图 10-4-3　　图 10-4-4　　图 10-4-5　　图 10-4-6

2. 拳法发力动作要领

先蹬地发力，拧腰旋身，发力于腰，力达拳面。

3. 易犯错误

（1）发力顺序不正确，身体僵硬。

（2）出拳的路线与收回路线不一致。

（三）掌、爪和指的介绍

1. 掌

四指并拢伸直，拇指弯曲紧扣于虎口处（见图 10-4-7）。掌部位分掌根、掌外沿、掌指、掌背、掌心。

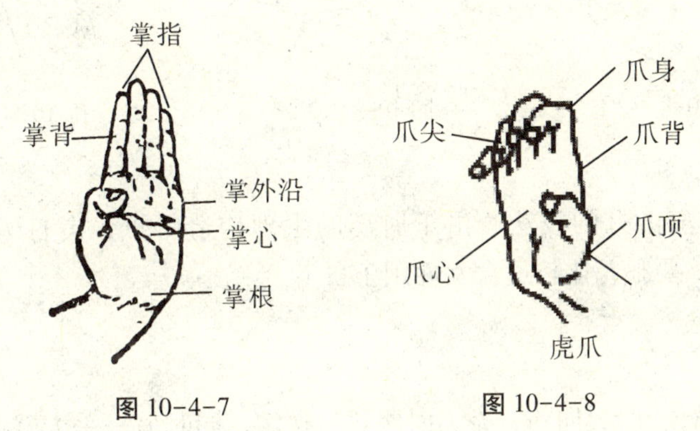

图 10-4-7　　图 10-4-8

2. 爪

五指放松弯曲，力达指尖（见图 10-4-8），爪部位分爪尖、爪身、爪背、爪心、爪顶。

3. 指

单指或者多指伸直，其余各指弯曲（见图 10-4-9）。

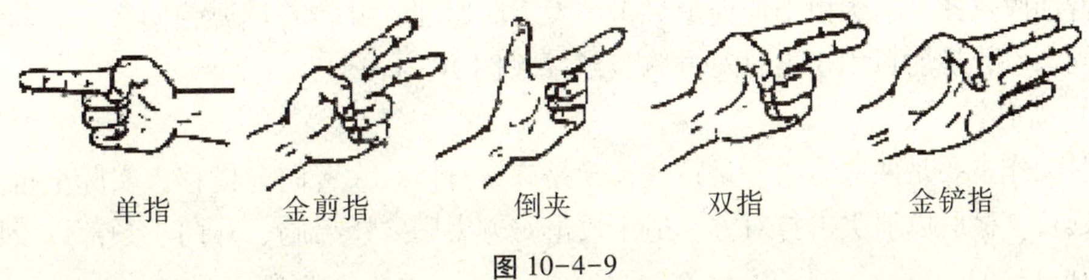

图 10-4-9

被暴徒按压时，如手未被按压，可张开手掌，以掌根猛击暴徒鼻梁。暴徒受此攻击后，轻则鼻血长流，重则可致昏厥（见图 10-4-10）。掌到位后，张开的五指以指甲贴其面抓下（见图 10-4-11），可使暴徒轻则被抓破眼睑，泪流不止，眼睛睁不开，重则伤及眼球。这一招虽不致命，但使用方便，使对方一时丧失施暴能力，自卫者可及时逃脱。

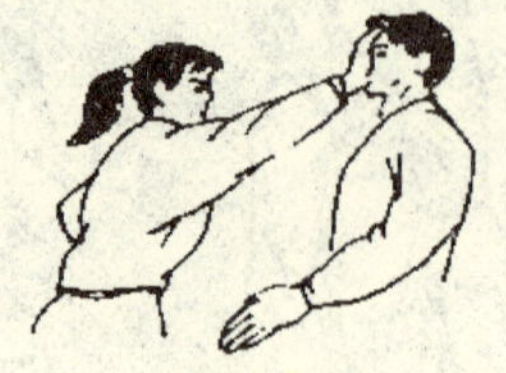
图 10-4-10

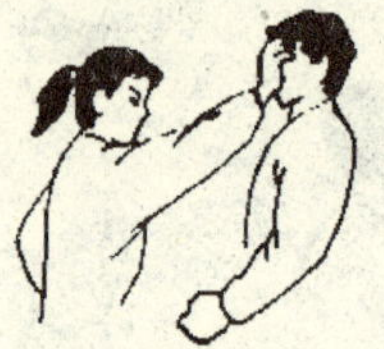
图 10-4-11

在被暴徒按压时，因为距离极近，暴徒又不防范，使用单指叉眼、双指叉眼的技法则是非常有效的（见图 10-4-12①、图 10-4-12②）。事实上，只要能叉中暴徒眼睛，并不拘泥于用单指还是双指，用五指亦可，用双手双指亦可。前提是要视使用的熟练程度和当时两手自如情况而定。

用大拇指勾托住对手下巴，以食指、中指尖压插进对手眼球上部（见图 10-4-13）。使用此招的前提是：暂时封住对方双手，最好利用地形环境等使其身体被控制住，双手不能救，身体不能脱逃，头部被大拇指固定跟随。

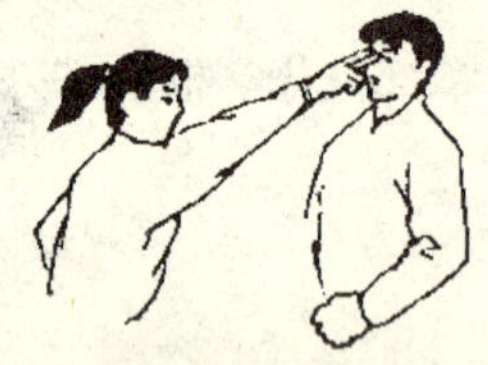
图 10-4-12①

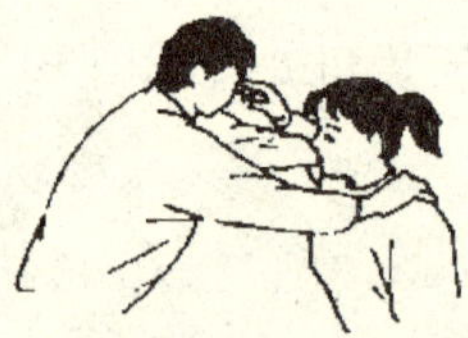
图 10-4-12②

图 10-4-13

（四）肘法介绍

肘法属于近距离击打的技法。由于肘部的生理构造特点，击打力量较之其他手法（掌、拳等）要重、要狠，比较适合女性用于自卫。

1. 肘法分类

（1）顶肘。

肘部平抬，屈臂，肘尖向前，发力时蹬腿、送髋，同时另一手大臂向另一侧也产生一股伸张力。蹬腿、送髋、大臂猛伸张，三股力用好了，顶肘动作就完美了。顶肘是以肘尖攻击，女性自卫时用以顶击对方腋下，效果最好。顶肘发力距离短，又无旋转助力，练习时难度大些（见图 10-4-14）。

（2）挑肘。

前臂回收弯曲，肘尖由下向前上挑击。发力时蹬腿、旋转身体要领同直拳、勾拳。挑臂动作同勾拳，挑肘可用于击打对方胸腹部（见图 10-4-15）。

（3）横肘。

横肘动作主要是两股力，一是蹬腿，二是旋转身体。大臂向前横移，实际上也是旋身之力的延长。横肘以肘尖击打对方，适于攻击对方太阳穴、后脑、耳门、颈部以及胸肋等（见图 10-4-16）。

（4）砸肘。

手臂上抬，肘尖朝上，砸击时身体迅速下沉，肘由上往下砸击。身体下沉与手臂砸击两股力合而为一。砸肘多用于对方抱腰、腿时砸击其后脑、腰部（见图 10-4-17）。

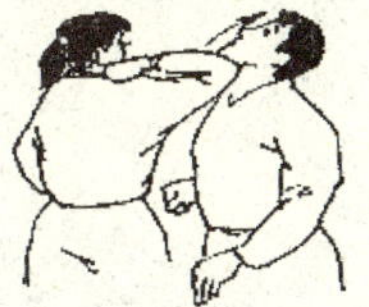

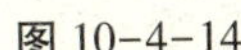
图 10-4-14　图 10-4-15　图 10-4-16　图 10-4-17

（5）反手顶肘。

手臂略上抬，身体迅速下沉（但幅度没有砸肘大），同时两肘向后顶击，力达肘尖。顶肘主要用于攻击背后之敌肋、腹部（见图 10-4-18）。

（6）反手横肘。

手臂平抬，蹬腿，身体旋转发力，同时手臂随旋转方向向后横向猛击，力达肘尖。反手横肘主要用于攻击背后之敌面部、太阳穴等（见图 10-4-19）。

2. 肘法发力动作要领

送胯、拧腰、旋身力量自下而上发力。

3. 易犯错误

（1）发力顺序不正确，身体僵硬。

（2）出肘时对不准击打位置。

（五）用膝法攻击

1. 膝法分类

（1）提膝。

又称顶膝，要领是膝腿上抬，动作要猛，并以双手拉住对方帮助发力（见图 10-4-20）。提膝是女性用以攻击的利器。提膝时可用手帮助发力。

（2）侧撞膝。

侧撞膝分为左侧撞膝和右侧撞膝。左侧撞膝是左膝上抬，由左向右侧撞击。动作要领是，微倒身，扭髋内转，两手可抓住对方帮助发力。右侧撞膝动作与左侧撞膝相反（见图 10-4-21）。

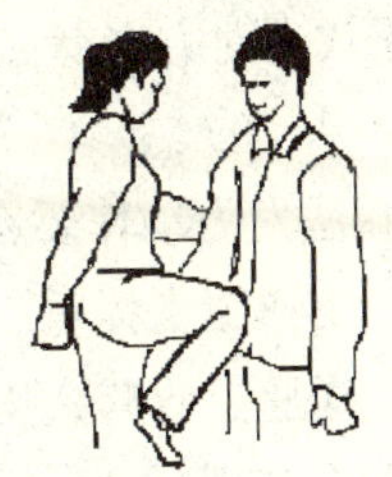

图 10-4-18　图 10-4-19　图 10-4-20　图 10-4-21

膝的力量极大，攻击男性毫无承受打击能力的裆部，有两个好处，一是距离短，这就保证了攻击可以在瞬间完成；二是角度小，攻击准备和攻击过程都可以很隐蔽。用膝攻击距离一定要近，因为用膝与用腿不同，膝比大腿小腿之和肯定短了许多，不到位或勉强到位，对手稍微弯腰一弓身就化解了。

2. 膝法发力动作要领

（1）支撑腿支撑重心，另外一腿提膝发力。

（2）送胯，力量由膝盖发出，自下而上发力。

3. 易犯错误

（1）提膝不送胯。

（2）发力顺序不正确，身体僵硬。

（3）击打目标不准。

（六）腿法介绍

1. 腿法分类

腿法可分为屈伸性腿法和直摆性腿法。

（1）蹬腿。

蹬腿时，一腿支撑，一腿膝上抬，同时向前蹬出。蹬腿要领是脚尖要勾，力达脚跟。蹬腿时身体不可前后俯仰，要干脆有力，蹬出后迅即收回（见图 10–4–22）。

（2）弹腿。

一腿支撑，一腿提膝，同时膝关节由屈到伸，向正前方弹踢出腿。脚背绷直，力达脚背。弹踢时要干脆有力（见图 10–4–23）。女性自卫一般多用正弹腿攻击裆部。

（3）踹腿。

踹腿又可分为正踹、侧踹。

正踹时，一腿支撑，一腿提膝稍上抬，上抬之腿脚尖外摆，向前下方猛力踹击，力达脚跟。正踹腿一般用于攻击对手胫骨（小腿骨）（见图 10–4–24）。

图 10–4–22

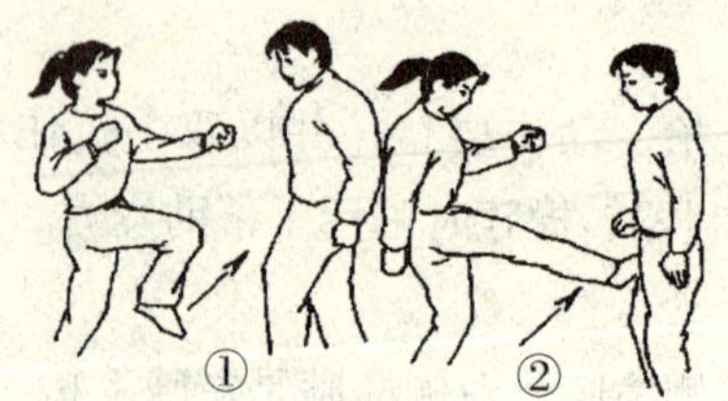

图 10–4–23

图 10–4–24

侧踹时，先转体，一腿上抬，屈膝，勾脚尖，由屈到伸向前踹击，力达脚跟。低侧踹腿可用于攻击对方胫骨（见图 10–4–25）膝关节；中侧踹腿可用于攻击对方裆部、腹部（见图 10–4–26）。

2. 腿法发力动作要领

（1）支撑腿支撑重心，另外一腿提膝送出时发力。

（2）送胯、收胯，力量由脚发出，自下而上发力。

3. 易犯错误

（1）收腿不紧，直腿起，容易被阻截。

（2）膝关节不夹紧，大小腿折叠不够。

（七）头部方法介绍

虽然头部有最多要害薄弱部位，但头部也有坚实的区域，这就是前额。主要用于撞击对手面部和胸部，一般而言，撞击面部效果较好。动作：下颚微收，硬气脖颈，感觉从胯至头顶已直硬，然后腿蹬地发力，整体撞击对方（见图 10–4–27）。撞击面部要瞄准鼻梁处三角区，千万不能撞在对方前额上，形成互伤。

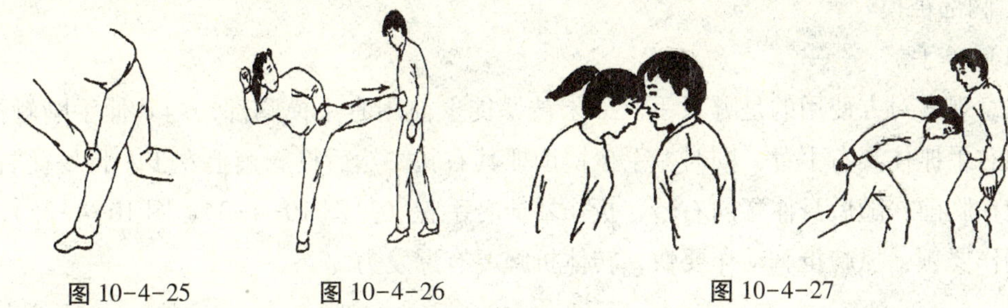

图 10-4-25　　图 10-4-26　　图 10-4-27

(八) 常见情况女子防身技法

1. 头发被抓扯

(1) 当女子被人从正前方抓住头发往前拖扯之时，切勿与抓扯者的抓扯力相抗，以免头皮受伤。抓扯者拖带一般朝上向下前方，女子的头不能抬起，头、眼也朝着这个方向。外行抓扯人一般都是身内拖带，因此裆部要害部位便全部暴露，并正处于被抓扯者面对的方向。这时，应趁被抓扯者俯身向前窜而站立不稳之机，借着抓拉之力，借着惯性，将膝头高提，以提膝的打法猛撞暴徒裆部（见图 10-4-28）。尤其要注意的是：很多人抓扯别人头发都有抓住前后推拉的习惯。在抓扯人推时，应顺其力后仰或后退，以免受伤；在抓扯人拉时，则借其力冲过去提膝攻击。千万不要和暴徒硬抗是关键。

动作要领：借力、顺势提膝、突然顶裆。

(2) 当女子侧立被人扯拖头发时，可顺其力侧身弯腰靠近对方，顺势发撩掌击其裆部，然后以手抓握其睾丸（见图 10-4-29）。暴徒有时会揪住女子头发拖着往前走，这时女子是在暴徒的背侧位置，头已过其肘前，身在其肩后。这时，应以手掌自暴徒后裆猛地插入，使用掏裆法，握紧其睾丸后提。一手掏裆时，另一手抓抱其腰胯配合发力。

动作要领：借力、顺势发撩掌击其裆部、抓睾丸。

(3) 当被暴徒右手抓住头发时的防卫。

将右臂上举屈肘，首先右手迅速扣握住暴徒抓发之右手手背、右脚向后侧撤步，右手翻暴徒右手腕，左臂屈抬，用左小臂下压（砸）暴徒右臂肘关节（见图 10-4-30、图 10-4-31）。

要点：在做翻腕压肘动作时，首先右手迅速扣握住暴徒抓发之手，撤步时注意身体右转，翻腕有力、压（砸）肘突然。

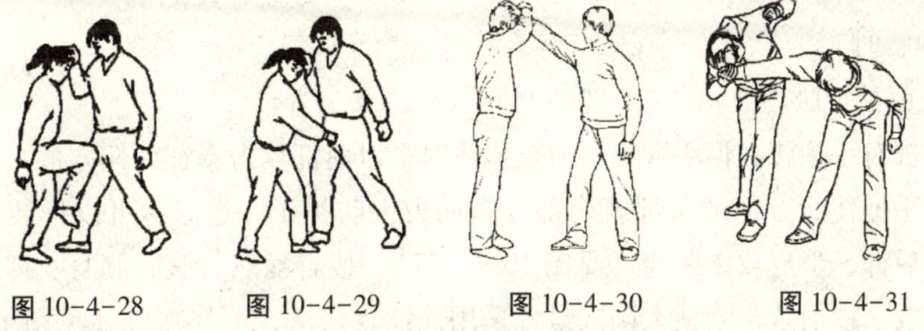

图 10-4-28　　图 10-4-29　　图 10-4-30　　图 10-4-31

2. 肩部被抓

注意观察对方使用的是哪只手。当被暴徒右手抓住左肩部时应将右臂上举屈肘，右手握住暴徒右手手背，右脚向后侧撤步，右手翻暴徒右手腕，左臂屈抬，用左小臂下压（砸）暴徒右臂肘关节（见图 10-4-32、图 10-4-33）。

要点：撤步时注意身体右转，翻腕有力、压（砸）肘突然。

3. 胸部被摸

（1）单手。

注意观察对方使用的是哪只手。如果被暴徒上前用右手摸胸部，当其伸手刚触摸时，立刻用右手抓住其右手背，同时左手也协助抓其右腕，然后挺胸稍上左步，将暴徒右手牢牢固定在胸前，随后身体猛向右转，折伤暴徒右手腕（见图 10-4-34、图 10-4-35）。

动作要领：抓腕挺胸动作要快，转体折腕要有爆发力。

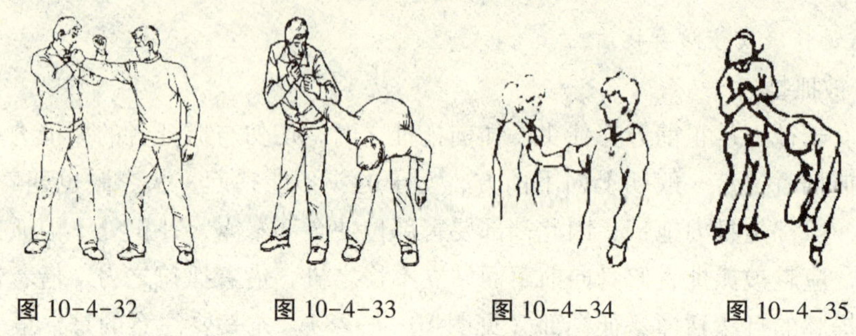

图 10-4-32　　图 10-4-33　　图 10-4-34　　图 10-4-35

（2）双手。

当暴徒从正面扑上用双手抓摸前胸时，切勿抓握对方手臂，方法是含胸收腹，将双臂屈肘微抬起，看准时机，双肘猛力下砸暴徒的左右小臂，迫使其手臂弯曲，然后，双手伸出勾住暴徒颈脖，抬右膝狠顶其裆部，将其击倒（见图 10-4-36）。

动作要领：砸肘要狠准，勾颈顶裆动作要突然。

图 10-4-36

4. 被抱腰时

（1）正面被抱腰。

①正面被对手抱腰，但手臂未同时被抱住时是以肘部攻击暴徒太阳穴的最好时机。一旦被暴徒双手抱住腰，他的头部就全部暴露而失去防护了。这时，可以佯装拒绝其亲吻等，使上身后仰，形成攻击距离（见图 10-4-37）。接着猛然收腹、旋身、挥臂，以肘部猛击其太阳穴。以肘攻击暴徒太阳穴最好采用连续攻击法，一气呵成（见图 10-4-38①、图 10-4-38②）。

动作要领：收腹、旋身、挥臂，以肘部猛击其太阳穴。

图 10-4-37

图 10-4-38①

图 10-4-38②

②正面被抱腰时攻击对方眼睛，折其手指。

正面被抱腰时，因为手臂未被抱住，所以这时也可以采用戳眼，戳喉等方法（见图 10-4-39）。如果只求解脱，可采用折手指技法（见图 10-4-40）。

动作要领：戳眼，折手指，用力要猛，动作迅速。

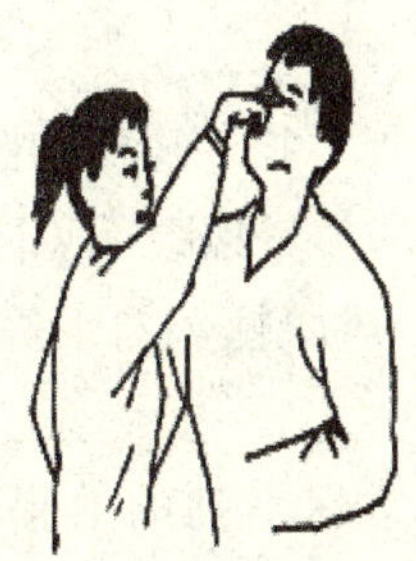
图 10-4-39

图 10-4-40

（2）背后被抱腰。

①后腰被抱时，抬手以反手横肘向后猛击对方太阳穴，当然别忘了蹬腿，身体旋转发力，力达肘尖（见图 10-4-41）。反方向折其拇指或小指（见图 10-4-42）。以脚跟猛跺其脚面（见图 10-4-43）。

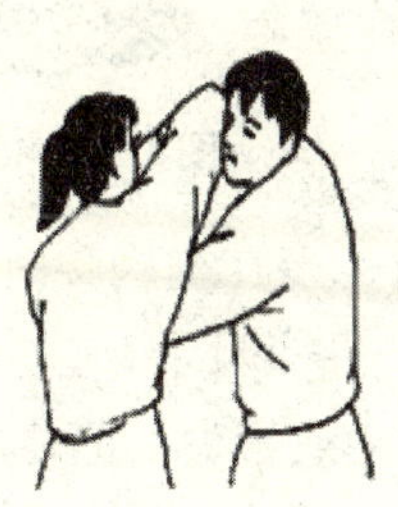
图 10-4-41

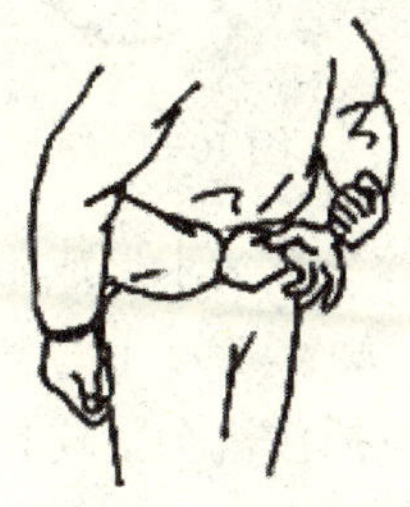
图 10-4-42

图 10-4-43

动作要领：旋转发力靠肘尖，折指用力要迅速，全力跺脚面。

② 连手臂后腰被抱。被抱者可伸手抓、握、提对方的睾丸（见图 10-4-44）。因对方注意力在上部，很有隐蔽性，成功可能性很大。需要注意的是，反手掏出，务必准确。如果暴徒抱住的是腰际，那么暴徒必然弯腰，头较低，这时可猛仰头以后脑击其面部（见图 10-4-45）。

动作要领：反手掏裆，仰头猛击后脑，务求迅速。

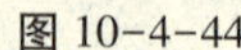

图 10-4-44

图 10-4-45

5. 仰卧被按压

倒地后成仰卧姿势，被暴徒按压。这时暴徒可能站着，可能跪着，可能坐着，也可能趴着，可能骑在女性身上，也可能卧靠在旁边，仅以上身压着仰卧者；可能抓领，可能抓肩，可能搂脖，也可能掐喉。但是不管处于上述哪种情况，都要尽可能地采取攻其要害、一招制敌的抬腿蹬击裆部方法。

（1）如对方是分跨于仰卧者身体站立，而俯身抓、掐、压制仰卧者，仰卧者可抬腿蹬击其裆部。要领是要抬起腰、臀，用将身体送出去的力量猛蹬（见图 10-4-46）。

（2）如对方手肘抬起，露出腋下，可用掌夹、风眼捶、勾手等手法猛击其腋窝（见图 10-4-47）。

（3）直接戳击对方眼睛和戳击对方咽喉，有意想不到的效果，因为这时距离很近（见图 10-4-48）。

图 10-4-46

图 10-4-47

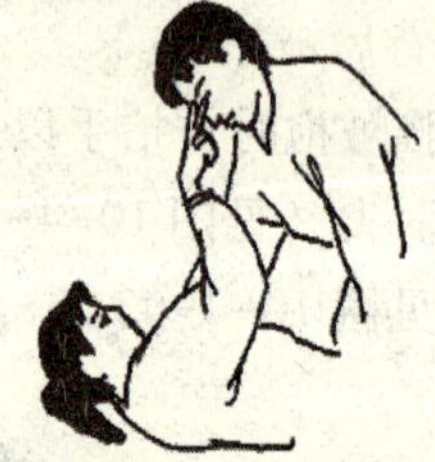

图 10-4-48

（4）如果手臂未被压住，对方的手臂又未形成阻隔（多在抱胸腰时），可用肘尖横击其太阳穴。要点是要用上腰腹之力、旋臂之力（见图 10-4-49）。

（5）如暴徒强行亲吻仰卧者，可抓住机会狠咬其鼻尖或舌尖。但要注意的是，被咬伤后的暴徒可能更丧心病狂。因此要在狠咬之后，趁其负痛一时失智的机会，连续进攻，再对其要害部位实施攻击（见图 10-4-50）。

（6）以头锋撞其鼻梁，抬头要猛（见图 10-4-51）。

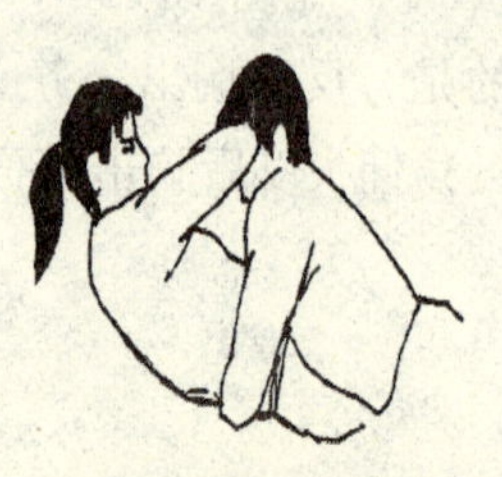

图 10-4-49

图 10-4-50

图 10-4-51

6. 被锁喉、掐喉

（1）被暴徒从后方锁喉时，要使劲收紧下颚，或者把头偏向暴徒肘弯一侧，使其肘臂不能直接勒紧你的脖子（见图 10-4-52），这时你便可以趁势反击。如果正好在下颚抬起时被勒，情况便有些不妙。这时应把头偏向其肘弯一侧，咬其手臂（因被勒紧，直接往下咬够不着）（见图 10-4-53），趁其手臂稍松，把下颚插进去。只要下颚一插进去，便暂时没有生命危险了。接下来，你可以把手掌放到对方的手背上，扣握住其四指指尖，用力握紧，并以自己肩部为支点，朝对方手指、腕、肘的反关节方向拉拽（见图 10-4-54、图 10-4-55）。用力猛，速度快，可折断其指、肘关节。

（2）被暴徒从后方双手掐喉时，可以用一手或双手抓住对手单手或双手的拇指猛掰。若力量太弱，可改抓小手指，以一手之力抓折其一小指（见图 10-4-56）。

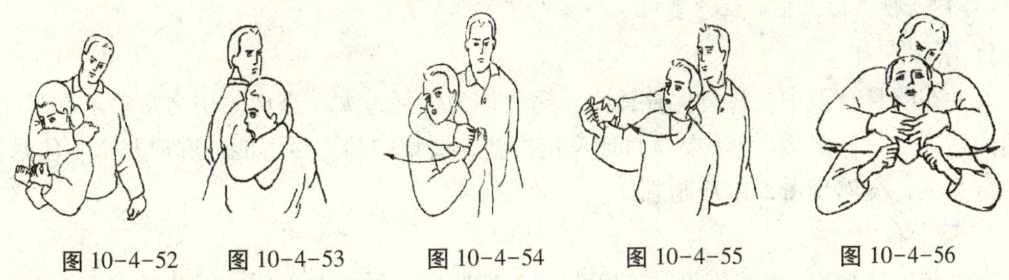

图 10-4-52　图 10-4-53　图 10-4-54　图 10-4-55　图 10-4-56

三、女子防身的注意事项

（一）女子防身的练习方法

1. 加强心理素质训练

（1）当身处有利于暴徒实施犯罪行为的时空环境中时，要提高警惕，注意观察，发现犯罪迹象后，在迅速做好防卫准备的同时，冷静思考对策，设法脱身。

（2）坚定邪不压正的信念，克服恐慌心理。当突然遭遇暴徒时，在暴徒的威逼下，难免会产生害怕的心理，这是正常的。但是我们必须以最短的时间克服这种不良心理，稳定自己的情绪。

（3）尽可能认真地观察，对暴徒的状况有个基本的了解。例如判明暴徒是否携带凶器等，这样在自卫中就能比较积极有效地采取相应的防卫措施。在自卫的过程中要尽可能地隐蔽自己的意图，出其不意，攻其不备，以快制胜。

（4）敢于并善于同暴徒斗争是战胜暴徒、保护自己的重要前提。要明确暴徒的犯罪目的，可佯装顺从，尽可能地与暴徒周旋，拖延时间，积极考虑寻找摆脱的方法，在暴徒狂妄、大意、松懈时，应用有效的防卫解脱手段，打击暴徒，并迅速摆脱困境。

（5）善于争取外援。

2. 加强身体素质训练

身体素质表示能在体力工作、训练和其他活动中有效率发挥作用的能力并能让人一直拥有足够的精力储备以处理任何可能出现的紧急情况。

身体素质要素包括以下几方面：

心肺功能，代表身体为肌肉活动提供所需的氧气和营养并运送细胞产生废物的效能。

肌肉力量，肌肉或肌肉群在一次努力中能运用的最大力量。

肌肉耐力，肌肉或肌肉群在低于最大力量长时间进行持续重复运动的能力。

柔韧性，移动关节（例如，肘，膝）或任何一组关节，达到完全正常活动范围的能力。

身体构成，相比其总体重的脂肪量。

改善以上身体素质要素列表中的前三项将改善身体构成并减少脂肪含量。过多的身体脂肪要素会抹杀其他健身要素的作用，降低工作能力，影响形象，并对个人的健康产生不利的影响。速度、敏捷性、肌肉力量、眼手协调和眼足协调等要素被列为身体素质的核心组成部分。运动原则必须遵循以下要点：规律性、循序渐进、平衡、专一性、恢复、超负荷、频率。

（二）女性在防卫中的注意事项

1. 保存体力

女性在防身自卫中要注意保存体力，避免体力消耗过大，进而集中力量争取在最短的时间内达到“一招见效”。不要盲目地反抗挣扎，要集中精力尽可能地麻痹并牵制住暴徒，以防御为主，突然反击，以巧制胜。

2. 反击有力

女性与男性相比，由于生理上的差异，一般肌肉力量相对较弱。因此要求女性在自卫时做出的任何一个反击动作，都要竭尽全力，以最大的力量去打击暴徒的要害部位，从而争取达到最好的效果。

3. 动作快速

女性在防卫中成功的关键往往在于速度，体现在反应速度和动作速度两个方面，要做到反应快速，判断准确，灵活多变，攻击突然快速。

4. 抓住机会，准确击打要害部位

由于女性的生理特点，其速度、力量相对弱于男性，因此在防卫过程中准确击打暴徒要害部位，往往是成功防卫的关键。机会一方面是暴徒疏忽造成的，另一方面又是自卫者自己有意捕捉到的。所以掌握机会并不完全是被动地等待，需要自卫者主动观察、寻找。例如，当暴徒的手是举起来的，那么他的下身要害部位就要暴露；暴徒东看西看，你就要趁其目光移开时下手。自卫者还必须留心观察身边的环境，看看有哪些条件可以为你自卫所用，如身边有无石头、木棒等，自己的身后有没有逃路。如果说捕捉机会还不够主动的话，那么制造机会就是更主动地把握机会的行为。在制造机会的过程中，要充分利用自己的智慧，常言说“力敌不如智取，力胜不如智胜”。

5. 把握距离

距离是指被袭击者与袭击者之间的距离，通常将这两者之间的攻防有效距离称之为实战距离，即一臂长或一腿长的距离。女性在自卫中要掌握好距离，并且配合时机地控制，才能使反击有效。也就是说要根据暴徒在距离上的变化而相应地调整自己的站位和角度，在调整的过程中，寻找最佳的反击时机，有效地利用距离去反击暴徒。

（三）女性防护原则：防护为先

1. 日常必备

晚上出门尽量拿件外套，将皮包套住，避免被抢劫。平常在身上一定要备有一定金额的零钱，开两个以上的银行账户，平时出门拿日常花销的银行卡。皮夹内放有自己名字及亲友名字、电话的小卡片。

2. 独自出门

避免衣着暴露、装扮性感。避免单独出行与夜间出行，避开照明不足的地方和人少的地方。如果夜间独行，手里最好拿点东西，即使是卷着的杂志也比徒手好。随时注意周围环境，发现可疑情况立即避开。搭乘出租车时，注意前后座有没有人。晚归时，应走灯光明亮的街道，或是逆向行走，以便掌握路况。上楼前，如果有门禁，应先按门铃，让家人知道你回来了，以避免在楼道里遭到暴徒侵害。回到家门之前准备好开门的钥匙，不要站在门口才找钥匙。

注意不要双手插兜单独走路。如果双手提物，应可以随时方便地把它们丢在地上，保护自己是首选。

背挎包走路的时候，注意挎包不要放在身体侧面，也不要把手指穿过包上的金属环，而是应该将挎包放在胸前，用前臂护包。

夜间独自走路，注意走在道路中央，避开街巷出口或屋门口，那些地方往往是暴徒的藏身之所。

对走在你身后的人要特别加以警惕。你放慢脚步，看他是否也放慢脚步。对于街道对面的人也要特别加以注意。一旦发现被跟踪，可以用脚踢或用皮包拍打路边停靠的车辆，目的是触发报警器响，引起别人注意。

如果女性独自一人在公共场所喝东西，且没有喝完就去上厕所或者离开打电话，回来后最好不要再喝，以免中间被下药。

进出电梯要注意同乘者，要尽量站在控制钮的地方，一旦被攻击，立即用手拍打每层楼梯的按钮，电梯会在每个楼层停下来，此时趁机对外大喊失火，引起注意。

在夜间乘公交车时，尽量和女性或者夫妻坐在一起。乘地铁则尽量坐在靠门的位置，以便一旦发现危险迅速逃脱。

3. 独自驾车

如果是女性单独驾车，上车前应注意周围有没有人，上车后第一个动作是按下车锁，以防有人突然开门而入；停车时，千万不要把家里电话写在车窗前，避免有人故意叫人移车行凶。为防“假车祸、真抢劫”，碰到车祸，千万不要马上下车，最好先冷静观察对方有几个人，如果来者不善，最好马上开走，同时猛按喇叭，引起旁人的注意。停车时，如果有其他车跟着，停妥后，不要马上下车，应先等对方走远，以防被抢劫。停车熄火熄灯后，留在车内观察片刻再开车门出来，将值钱的东西放在看不见的地方。

4. 其他情境

发生不幸时，一定要镇定，记得对方的特征，并留下证据。若不幸发生了意外，也要尽可能将伤害减到最少。如果在街上有可疑人员问路，应婉言拒绝，并用语言提示他有人在前面等你。当搭一个熟人的便车，那人有过火的举动，那么先用语言警告他。如果没有奏效，在遇到红灯或堵车的情况下停车时，立即下车。不要要求他停车，因为那会让他知道你的意图，进而阻止你。如果到生疏的地方去参加聚会，特别是参加熟人很少的聚会，一定注意观察周围的环境，比如楼下的卫生间是否有可供紧急情况下逃脱的窗户。对于陌生人给的饮料应该加以小心，若认为其有疑应悄悄地把它倒掉。不要一边步行一边打电话或发短信，应该时常注意后方的情况。把手机调到随时可以拨打报警电话的状态。

四、防身术与健身

（一）提高练习者身体素质，促进身心健康发展

防身术练习既能让人掌握自身防卫的技能，也能够提高人的身体素质，增强人体内脏器官的功能，提高人的神经系统的灵活性。

（二）培养练习者安全意识，促进心理素质提升

防身术不是靠蛮力取胜而要讲究方法技巧，要灵活地运用战术，以巧取胜。练习能有效提高人的反应与应变能力，发展思维的敏捷性与灵活性，尤其是培养人在危难之际保持冷静、从容应对的心理素质。

第五节 跆拳道

一、跆拳道运动的概述

（一）跆拳道的起源与发展

跆拳道是朝鲜半岛普遍流行的一项技击术，是一项运用手脚技术进行格斗的民族传统的体育项目。它由品势、搏击、功力检验三部分内容组成。跆拳道是不断创新与发展的一门独特武术，具有较高的防身自卫及强壮体魄的实用价值。它通过竞赛、品势和功力检测等运动形式，使练习者增强体质，掌握技术，并培养坚韧不拔的意志品质。

跆拳道源于朝鲜半岛三国时代的跆拳。其根源甚至可以追溯到古代的徒手搏击。另有说法认为跆拳道并无历史，其内涵风格以及名字均自 20 世纪 50 年代起始。“跆拳道”一词，是 1955 年由崔泓熙创造的。其中“跆”指踢击（脚法），“拳”指拳击，“道”则代表道行和自已对礼仪的修炼。崔泓熙在日本留学时，学习了日本松涛馆流空手道，并融入跆拳道中，因此在跆拳道的类型中，可以看到少数松涛馆流的手部招式。

跆拳道古称跆跟、花郎道，是起源于古代朝鲜的民间武艺。公元 688 年，新罗王国统一了朝鲜，经济繁荣，百业兴旺，建立了一种“花郎制度”。到真兴王时，便创立了“花郎道”。

“花郎道”是花郎制度的组织形式，即将年轻人组织到一起进行武艺锻炼。其宗旨是“事君以忠，事亲以孝，事友以信，临阵无退，杀身有择”。以此磨炼人的意志、锻炼人的体魄，培养造就了一批又一批忠君事孝、英勇顽强、无所畏惧的战士。在一本描写新罗风俗习惯的书《帝王韵记》中，记载着跆拳道活动。

公元 935 年，勇敢善战的高丽军队推翻了新罗王朝，建立了高丽王朝。士兵们的战斗力来自平日的训练和对跆拳道的喜爱。他们平时常常用拳掌击打墙壁或木块，以训练手部的攻击能力。十分喜爱徒手搏斗的忠惠王曾专门邀请臂力过人、武功超众的士兵金振都（亦有称金扼郁的）到宫廷表演手搏技艺，使跆拳道声望大震，并日渐被广大民众接受。

1392 年，高丽王朝被李朝取代，武功及跆拳道没有得到足够的重视，但在民间，这一

活动却始终没有停止。1790 年汇编成书的《武艺图谱通志》中收录了“手搏”“跆跟”等武艺的技术与方法，以及动作图解和一些器械的使用方法，并将很多技击性很强的武术技艺融会到跆拳道的技法之中。

1910 年日本侵占朝鲜后，建立起殖民政府，一度下令禁止所有的文化活动，跆拳道自然在劫难逃，在朝鲜境内销声匿迹。一些不甘寂寞或被生活逼迫的人远离国土，到中国或日本谋生，同时把跆拳道延续下来。更为重要的是将其与中国武术和日本武道交融与结合，孕育了新的技术体系。第二次世界大战后，自卫术再度兴起，从异国他乡回归故土的朝鲜人也将各国的武道技艺带回本国，逐渐与跆拳道融为一体，形成了现在的跆拳道体系。1955 年正式称朝鲜的自卫术为“跆拳道”。

1961 年 9 月，韩国成立了“唐手道协会”，后更名为“跆拳道协会”，并成为全国运动会正式竞赛项目。

1966 年第一个国际组织——“国际跆拳道联盟”成立。

1973 年 5 月在汉城成立了“世界跆拳道联合会”。1975 年“世界跆拳道联合会”（简称世界跆联）被国际体育联合会接纳为正式会员。1980 年国际奥委会正式承认“世界跆联”。迄今为止，“世界跆联”已有 144 个会员国，6 500 多万爱好者参加练习。

1988 年，跆拳道在韩国汉城奥运会首次亮相后，为了适应国际重大比赛，跆拳道的技术在不断地变革和发展。世界跆拳道联盟的总部中有一特别技术委员会，其主要任务就是改进跆拳道技术。当然，今日的跆拳道动作似乎不像以前那样圆滑流畅，也不似以前那样重视运动中身体的平衡。然而对当今跆拳道技术的检验并不在它的外观，而是在于实战之中。具体地说，就是在实战对抗中或在大街上遭受袭击被迫自卫的情形下，新型跆拳道的技术无疑要比拘于形式的老技术更胜一筹。时代是不断变化的，随着它的变化，跆拳道也将不断地发展延伸下去。

2000 年跆拳道成为奥运会的正式比赛项目，设八枚金牌。同时它也是亚运会、泛美运动会、全非运动会及中国全运会、中国城市运动会等一系列国际重大赛事的正式比赛项目。该项目已成为全国单项比赛中参加人数最多的比赛。

（二）跆拳道的特点

1. 以腿法为主，拳脚并用

竞赛的需要、规则的限制和跆拳道进攻方法的特点，使得跆拳道以腿法攻击为主。据统计，在跆拳道技术当中，腿法约占总技法的 70%。腿击无论在攻击范围、攻击力量等方面都远远超过拳法的攻击，而拳法的招式，一般偏重于防守和格挡。

2. 动作追求速度、力量和效果，以击破为测试功力的手段

跆拳道不讲究花架子，所有动作都以技击格斗为核心，要求速度快、力量大、击打效果好。在功力的检测方面，则以击破力为测试的手段。就是分别以拳脚击碎木板等，以击碎的厚度来判定功力。

3. 强调呼吸，发声扬威

在跆拳道的练习当中，要求在气势上给人以威严的感觉，练习者常以洪亮并带有威慑力的声音来显示自己的威力。据日本有关研究资料证明，人在无负荷工作时，10% 的肌肉会由于发声使他们的收缩速度提高 9%，在有负荷工作时更是可以提高 14%。这就是为什么在比赛当中运动员会发出响亮的喊叫声。在发声的同时停止呼吸，可以使人体内部的阻

力减小，提高动作速度，集中精力，使动作发挥出更大的威力。

4. 以刚制刚，方法简练

受跆拳道精神影响，运动员在比赛当中多是直击直打，接触防守，躲闪技术运用得比较少。进攻都采用直线连续进攻，以连贯快速的脚法组合击打对手。防守多采用格挡技术，或采取以攻对攻，以攻代防的技术。

5. 礼始礼终，内外兼修

在任何场合下，跆拳道练习者始终以礼相待。练习活动都要以礼开始，以礼结束，以养成谦虚、友好、忍让的作风，在道德修养方面不断地提高自己。

二、跆拳道基本技术

（一）站姿

（1）双脚自然地与肩同宽，前后站立，前脚掌向前微内扣，后脚掌向前内扣 30°～60°。膝盖微曲，保持弹性和灵活（见图 10-5-1）。原理：膝盖若太直，活动不灵活，且容易骨折。

（2）身体侧面对敌，向前约呈 30°～45°。原理：拳击、泰拳、空手道等搏击多采用正面对敌，大有杀敌一千自损五百之势，且便于用拳。而跆拳道是以腿法为主的灵活型竞技格斗，侧面对敌有利于闪躲和用腿。

（3）前手低后手高，呈防御状态。原理：前手作为先锋手，后手作为重攻击手负责近身防御和有力反攻。此外，也有的习惯于前手高后手低的风格。前手大小臂自然弯曲前伸，拳眼对低，前左右三个方向防御，拳的高度大约在脖颈或肩膀的位置。后手护住胸腹和下巴，拳的高度在下巴位置。双手之间配合防御，不要在胸腹处露出大空档。

（4）站姿名称：右手右脚在后为“右格斗式”，左手左脚在后为“左格斗式”。原理：在后的手脚为“主攻击手”或称“重攻击手”，因此当右手脚在后，则右手脚主攻击，称为“右格斗式”，反之为“左格斗式”。有个别教练简单地认为哪手在前就是哪手的格斗式，是错误的。区分标准不在于哪手在前或在后，而是要看哪手是主要攻击手，而在后的才是主要攻击手。

图 10-5-1

（二）步伐

（1）前滑步（后撤步）：前脚先动，向前小距离迈步，后脚迅速跟进，注意是有力且有弹性地跟进，而非被前脚拖进。后滑步反之。此步伐用于敌我距离较近的时候，要谨慎而迅速地接近或离开对手。属于较高程度的保持防御的前进或后撤步伐。

（2）前垫步（后垫步）：和前滑步相反，后脚先动，向前有力而弹性地垫向前脚，同时前脚迅速向前小距离迈步，感觉就像后脚撞击前脚有弹性地前进。后垫步反之。此步伐用于迅速前进并直接用前脚攻击，属于前进和攻击一气呵成的腿法。当发现对手薄弱空档时，可迅速前进攻击。

（三）腿法

1. 前踢

前踢是跆拳道最基本的腿法之一。前踢技术在跆拳道比赛中很少运用，主要运用于自卫或跆拳道基础练习中。

动作方法：实战姿势站立（见图 10-5-2①）；右脚蹬地，身体重心移至左脚；右脚向正前方屈膝上提，右小腿夹紧，随即，以膝关节为轴向前送髋、顶膝、小腿快速向前踢出，力达脚背或脚前掌，动作完成后成右实战姿势站立（见图 10-5-2②③④⑤）。

图 10-5-2

动作要领：提膝时小腿要夹紧，踢腿动作应迅速有力，髋关节前送。

易犯的错误：髋部没有向前送；击打时脚面没有绷直；提膝时没有直线出腿；支撑脚没有积极配合髋部的转动；小腿弹出后，在弹直的一刹那，没有一个制动过程，即没有快打快收的折叠小腿过程。

2. 横踢

横踢是跆拳道比赛中运用率最高的腿法。横踢动作简单实用，技术变化多样，是跆拳道技术中重要的腿法。为了便于大家掌握，我们把横踢技术分解为提膝、转体和弹腿三个部分，下面予以介绍。

动作方法：实战姿势站立（见图 10-5-3①）；右脚蹬地，身体重心移至左腿；同时，右腿小腿夹紧向前方提起（见图 10-5-3②）；以左脚前脚掌为轴，脚跟内旋，身体向左侧旋转，转体时，右脚小腿与地面接近水平，大腿与上体成一条斜线，上体微侧倾（见图 10-5-3③）；右腿以膝关节为轴迅速伸膝向左侧方弹出，脚面绷直，以脚背为力点，踢击对方的头部或躯干（见图 10-5-3④），动作完成后小腿放松沿出腿路线收回，成右实战姿势站立（见图 10-5-3⑤⑥）。

图 10-5-3

动作要领：提膝时，膝关节夹紧直线向前提膝；横踢动作时，支撑腿要以前脚掌为轴，随横踢动作脚跟逐渐内旋（约 180°），横踢发力时，髋关节应展开；髋关节前送，击打的感觉似鞭打动作；横踢时，摆动腿应踢过身体中线约 30 厘米；小腿弹踢的瞬间，要有一个制动的过程，使击打腿产生鞭打的效果。

易犯的错误：右脚上提时没有直线向前上方提膝；躯干没有稍后倾，上体前压，使腿的长度没有被充分利用；大小腿折叠回收不够，打击力度不够；击打时脚面没有绷直；小腿弹出后，在弹直的一刹那，没有制动；先转髋再提膝，造成膝盖过早偏向右侧；左脚没有积极配合髋部的转动，左脚太“死”，或是在身体向前移动时，支撑脚没有配合向前移动，在后面“拖”着。

3. 侧踢

侧踢在跆拳道比赛中，主要用于攻击对方的躯干和头部，也可以用于阻截对手的进攻。它有力量大、速度快、进攻动作直接的特点。

动作方法：实战姿势站立（见图 10-5-4①）；身体重心前移，右腿屈膝上提（见图 10-5-4②）；左脚尖勾起，以前脚掌为轴外旋约 180°（见图 10-5-4③）；同时，迅速伸膝发力，右脚直线向右前方踢出，力达脚外侧或整个脚掌（见图 10-5-4④），踢击动作完成后，右腿迅速放松按出腿路线返回，成实战姿势站立（见图 10-5-4⑤）。

图 10-5-4

动作要领：提膝时，膝关节夹紧向前直线提起，提膝、转体与踢击要协调连贯；踢击时，要转体、展髋，上体略侧倾，踢击目标的瞬间髋、膝、腿应在同一平面内；动作完成后，应按原路线返回。

易犯的错误：打击对方时，髋部没有展开，致使击打力度不够；大小腿折叠不够，或是蹬出的速度不快。

4. 勾踢

勾踢也称为侧摆踢，是跆拳道侧向进攻技术，主要用于攻击对方头部的侧面，实战中，运用得当也会给对手带来重创。

动作方法：实战姿势站立（见图 10-5-5①）；右脚蹬地，身体重心前移至左脚，以左脚支撑，右腿屈膝提起（见图 10-5-5②）；左脚以前脚掌为轴，脚跟向内旋转约 180°，右腿膝关节提起并向左内扣，右小腿由外向内伸出，伸直后以脚掌为力点向右侧摆击，身体随之侧倾（见图 10-5-5③④），动作完成后右腿放松回收成实战姿势站立（见图 10-5-5⑤）。

图 10-5-5

动作要领：勾踢时，身体要适当放松；起腿后，右腿屈膝抬至水平，然后内扣；勾踢时，要充分发挥腰、腿的力量，小腿后勾要快；鞭打后要顺势放松。

易犯的错误：右脚直着伸出，没有沿弧线摆动；在开始时小腿过于紧张，小腿和足没有横着鞭打；身体转动时，头部没有配合同向转动。

5. 下劈腿

劈踢是跆拳道技术中杀伤力较大的腿法之一，也常作为跆拳道的招牌腿法动作，比赛中得分率较高，主要用于攻击对方的头部、面部、肩部。比赛时，运用得当会给对方造成重创。

动作方法：实战姿势站立（见图 10-5-6①）；右脚蹬地，身体重心前移至左脚。以左脚支撑，右腿屈膝抬起（见图 10-5-6②）；右脚快速上举过头顶，左髋关节上送，右膝伸直贴近上体，随即，右腿迅速向前下方劈落，力点达脚跟或前脚掌（见图 10-5-6③）；动作完成后小腿放松下落成实战姿势站立（见图 10-5-6④）。

图 10-5-6

动作要领：右腿上摆时，大腿应放松，踝关节应举过头顶，身体重心应向高起；动作要迅速有力，支撑脚脚跟要离地，同时髋关节上送；向下劈落时，踝关节应放松；向下劈落时要有控制。

易犯的错误：起腿高度不够；支撑脚没有积极配合身体向上向前移动，“拖”在了后面；下劈时，没有控制好身体重心而使重心过于前压；上体过于后仰，使得下劈力量不足。

6. 推踢

推踢属于直线型腿法技术。它具有动作突然、起动较快的特点。实战中，主要用于阻截对方的进攻或与其他动作配合进攻，一般情况下推踢很少能够直接得分。

动作方法：实战姿势站立（见图10-5-7①）；右脚蹬地，身体重心移至左脚；随即，大小腿夹紧屈膝提起（见图10-5-7②）；左脚以前脚掌为轴外旋约90°，上体略后仰；同时，右腿以膝关节为轴迅速向前蹬出，力达脚掌（见图10-5-7③）；动作完成后右腿放松回收，成实战姿势站立（见图10-5-7④）。

图10-5-7

动作要领：提膝时，大小腿应夹紧。推踢时，腿法运行的路线应是水平向前的；推踢时，髋关节应向前送，应利用身体重心的前移来加大腿法的力量。

7. 后踢

后踢是跆拳道中的转身攻击技术，比赛中，可以直接用于反击或与其他动作相配合进攻，运用得当会给对手以重创。

动作方法：实战姿势站立（见图10-5-8①）；右脚蹬地，身体重心移至左腿，右脚以前脚掌为轴，脚跟向内旋转；同时，左脚以前脚掌为轴，脚跟向外旋转180°，使脚跟正对对手方向，成背向对方姿势（见图10-5-8②）；此时，右脚蹬地提起，左腿支撑，右腿大小腿折叠，髋关节收紧，脚尖勾起（见图10-5-8③）；右肩微下沉；随即，迅速向后展髋、伸膝沿直线向后蹬踢，上体侧倾，力达脚跟（见图10-5-8④）；动作完成后，上体右转，右脚向前落步成实战姿势站立。

图10-5-8

动作要领：后踢时，上体与踢出腿应在同一平面内，要控制住肩部不要随之转动；踢腿时，大小腿应充分回收，蓄力待发；转身、提腿、后踢三个动作要连贯有力。

易犯的错误：身体转到背朝对手时没有制动，身体继续转动，腿不是直线向后踢出；在提起右腿时，右腿没有“擦”着左腿起腿；身体转动时，头部配合同向转动，但肩和上体不应跟着转动，否则容易被对手反击。

8. 后旋踢

后旋踢同后踢一样，均属于转身腿法，动作较为复杂。后旋踢也是比赛中常用的技术，应用时，可以直接用于进攻也可以与其他技术配合用于进攻，还可以用于反击，运用得当往往会重创对方。

动作方法：实战姿势站立（见图 10-5-9①）；身体重心移至左脚，同时，以左脚为轴内旋约 90°，左膝关节内扣，右脚前掌蹬地外旋，背向对手（见图 10-5-9②）；动作不停，右脚蹬地起腿，以腰部带动身体向右后方转动；同时，右腿随转体向右上方屈膝提起；随即用右脚掌自左向右弧线踢击，接近目标时右腿伸直，力达脚掌（见图 10-5-9③④）；动作完成后恢复实战姿势站立（见图 10-5-9⑤⑥）。r

图 10-5-9

动作要领：摆动腿在正前方时，击打的路线应是水平弧线；以腰带动腿发力，原地旋转 360°；起腿要快，蹬地、转腰、转上体、摆腿发力要连贯、协调、快速，不要停顿。

易犯的错误：右脚轮圆了去划弧，在开始时没有一个向斜后方向蹬伸的动作；身体向右后方转动时，提起右脚的速度过慢；身体转动时，头部没有积极配合同向转动；小腿在动作开始时没有放松而是完全绷紧；左脚没有积极配合髋部的转动，左脚太“死”；右脚鞭打后，身体没有继续旋转，右脚直接向斜下方向落地，不能用脚掌沿水平弧线鞭打，造成过早翻转身体而使重心过于偏后。

三、跆拳道与健身

跆拳道启示着人们的生活方式和思考方法，特别是在发展精神文明的同时培养正义的巨大力量。而且，它培养学生的高贵气质，提高学生的适应性，使学习跆拳道的学生容易融入社会。由于跆拳道的每个动作都是科学的和有明确目的的，所以优秀的示范能够使任何学生有信心掌握跆拳道。反复的练习可以培养忍耐力和克服任何困难的意志，练习掌握的技术和力量可以使学生产生在任何条件任何时候都可以对付任何对手的自信心。跆拳道的对打练习可以使学生更加谦虚，培养克制能力和勇气，而且可以提高机敏性和警惕性，同时可以测验动作的适应性和正确性。跆拳道的套路练习使基本动作更加柔韧、优雅最终达到最高境地。基本功的练习使学生的动作更加简洁明了，能尽快掌握其原则和方法。跆拳道的练习能塑造学生的人生观。在练习跆拳道的过程中，观察每个人的动作就可预知各人的技术水平。因此，学生之间将产生竞争心和学习热情，这能培养学生积极向上、不断进取的精神，以及助人为乐、谦虚有礼的行为和严谨的生活方式。通过有纪律的生活，不但使学生容易融入社会，而且使其树立更高的人生目标。在学习跆拳道的过程中，学生有机会和不同年龄、不同性别、不同民族的人进行交流，增进友谊，学习不同的文化。而且，练习跆拳道可因劳逸结合而使学生振作精神，使其能够重新集中精力学习。跆拳道教育的核心是使学生正确掌握把全身各部位作为武器的方法和正确合理使用跆拳道技术的精神。

注：本节部分图示参考自刘学谦，曾庆国，张建雄，等. 现代散打·跆拳道·柔道教程［M］. 广州：暨南大学出版社，2004.

推荐阅读书目与网络链接：

- 刘卫军编著，《跆拳道》。
- 钱永领主编，《跆拳道》。
- 《大学体育教程》编写委员会编，《大学体育教程》。
- 跆拳道网-http://www.daoba.com

第十一章 跳绳运动

第一节 跳绳运动概述

一、跳绳运动简介

跳绳，在中国历史悠久，盛行于清代。在清代北京元宵节民间娱乐时，人们称跳绳为“跳百索”。济南府《府志》中载：“每年孟春正月元旦……儿女以绳跳为戏，名曰‘跳百索’。”《松风阁诗抄》中也有记载：“白光如轮舞索童，一童舞索一童唱，一童跳入光轮中。”

当时，这种跳绳加伴唱的游戏，娱乐性很强，对促进少年儿童发展灵敏、速度、弹跳及耐力等身体素质，皆有好处。所以，跳绳运动一直流传至今。

到了现代，跳绳运动得到了广泛的开展、普及和提高。许多国家把它列为体育课的内容，我国把它列为“国家学生体质健康标准”测试项目之一。

二、跳绳组织结构模式

现今全球最具代表性、权威性，结构最完整的世界性跳绳组织当属国际跳绳联盟(International Rope Skipping Federation)，其成立于1996年，是各个国家官方予以承认的国际性跳绳组织，由它组织各类世界性的跳绳比赛。国际跳绳联盟同其他国际性运动联盟一样，由亚洲、泛美洲、非洲、欧洲、大洋洲5大洲跳绳联盟组成。

国际跳绳联盟现有48个成员，365 000个会员，其中亚洲、欧洲跳绳联盟的成员较多(见图11-1-1)，因为在这两大洲的大部分国家和地区中，跳绳是民间的传统运动项目。中国被认为是跳绳运动的发起国家，唐代起就有关于跳绳的明确记载。

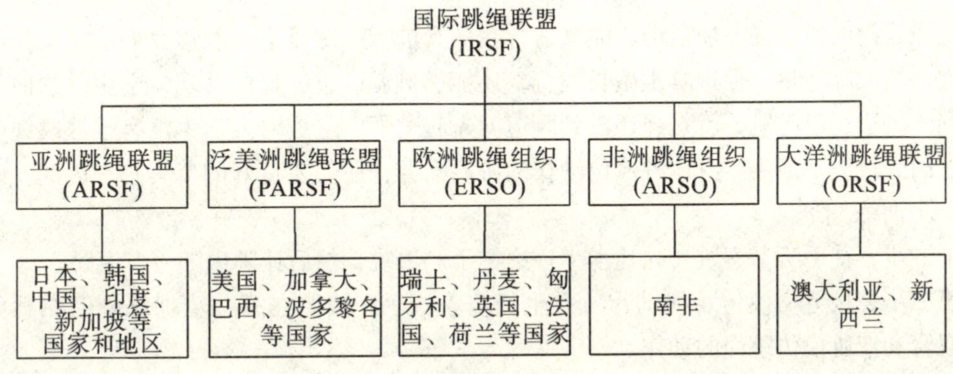

图11-1-1

三、中国现代跳绳运动的发展

跳绳在我国历史悠久，流传广泛。无论是在城市的广场，还是乡村的学校，到处都可以看到跳绳的人群。有的城市甚至一片连着一片，场面十分壮观。可以说，中国是世界上跳绳人数最多的国家。但在2007年以前，我国没有举办过全国性的跳绳比赛。

各地的机关、部队、企业、学校为了丰富文体生活经常举行一些群众性跳绳比赛，例如：中央电视台等许多单位每年一度的跳绳比赛；北京、天津高校大学生跳绳比赛分别在每年的12月下旬和4月下旬举行；浙江省已举办过多届少儿艺术跳绳大赛；20世纪90年代初陕西省的西安市举行过全市跳绳大赛。

2002年在山西省阳泉市举办了“中国人寿保险杯阳泉十万人跳绳大赛”。

2007年11月在广州举办了第一届全国跳绳公开赛。

2007年10月1日，河南洛阳洛龙区教育局举办了首届河洛跳绳节，到场观众人次达到3万人次。

2008年9月，河南洛阳洛龙区教育局举办第二届河洛跳绳节。

2008年7月受国家体育总局的指派，河南洛阳洛龙区第二实验小学的河洛跳绳队和广东广州番禺区石基镇沙虫小学的跳绳队代表内地参加了三地（内地、香港、澳门）跳绳精英赛。

2009年5月，洛阳市跳绳运动协会正式成立。

2009年7月，第二届全国跳绳公开赛在四川阆中举行。

2009年7月，洛阳市跳绳运动协会派队代表中国参加了在香港举行的第五届亚洲跳绳锦标赛。

2010年5月，亚洲跳绳联盟中国理事会、洛阳市跳绳运动协会和洛龙区教育局举办2010洛阳跳绳公开赛，参赛选手打破多项全国纪录。

第二节 跳绳的方法

一、跳绳学习步骤

跳绳是简便易行的一项运动，尤其适合在冬天进行。跳绳不但能够发展学生动作的协调能力，增大肺活量，促进学生生长发育，还能够健脑。通过观察发现，学生跳绳时，不是绳到了脚边还没起跳，就是绳还没到脚边就先起跳了。这是因为学生没有掌握跳绳时的节奏。因为跳绳不但需要身体各部位动作的协调配合，还需要良好的节奏感。因此，跳绳需要分步训练。

第一步，徒手听节奏跳。先让学生一边拍手一边跳，然后让学生随着节奏跳。

第二步，按节奏模仿跳绳动作。学生仍空着双手，按照在第一步训练中已熟悉的节奏，双臂和双脚模仿跳绳的动作。

第三步，单手拿绳（握住跳绳的两头），按正常的节奏模仿跳绳动作。左、右手交替拿绳，要求绳落地时双脚跳动。

第四步，双手拿绳实际练习。

以上四步训练，分解了学生学跳绳的难度，强化了跳绳时的节奏感，学生学习跳绳就容易多了。

二、绳类运动练习方法

体育教学中，应用跳绳进行课堂教学，不仅能发展学生的身体素质，丰富教学手段，而且能发展学生动脑、动手的能力；跳绳不但能培养学生的创新意识和团结协作的能力，而且还能提高学生的兴趣和学习的积极性，同时也能充实课堂教学内容。

（一）原地练习法

（1）单人跳绳练习：在篮球场上，将全班学生分成两组面对面站立，距离 4~5 米，每人左右之间相距 2~3 米。两手分别执绳的两段，持绳于身后，进行正、反、单、双足跳或单、双足交替跳；正反夹花跳；单、双足双飞跳；蹲着跳（将绳对折单手执绳的一端，蹲下单手贴地摇绳跳）等（见图 11-2-1）。

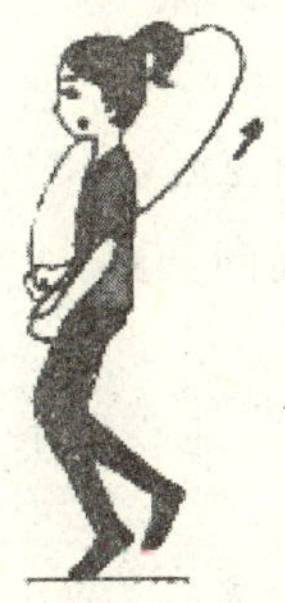

图 11-2-1

（2）两人同跳一根绳练习：一人摇绳两人同跳（没摇绳的人站在摇绳同学的前面或后面）；两人同摇同跳（两人同站一排，各执绳的一端，同摇齐跳）；两人同摇一人跳（跳绳人外侧手执绳的一端，没跳者执绳的另一端，同时摇绳）。

（3）夹物跳练习：双踝夹物跳；双膝夹物跳；双腋夹物跳；双踝、双膝、双腋同时夹物跳。要求：跳绳过程中要控制所夹物体不掉地。

（4）自我展示跳绳练习：将学生分成几组，依次进行，每组 6~8 人，让学生自择或自创跳绳方法进行表演。要求：学生进行自我评价，互相交流技艺。

（5）牵绳练习：两人一组，自由组合，绳子从腰间绕过，两人分别各执绳子一端，通过牵、放绳子来较量，以脚下是否稳定来决定胜负。要求：要学会用巧劲来取胜。

（二）拔河练习

将全班分成若干组，4~6 人一组，学生自行组织，将同组内的几根跳绳并在一起，成一根拔河用绳，进行拔河比赛。要求：①每组学生自定裁判；②按规则进行，采用三局两胜制。

（三）投掷练习

在场地上画一条起抛线。将全班学生分成若干组，每组 6~8 人进行投掷跳绳比赛，看谁投得远。每位学生将自己的跳绳织成团或其他形状，只要自己认为它便于抛掷就行。要求：①抛掷方法不限；②不得跨越起抛线。

（四）跳篱笆练习

在草坪上进行，将学生分成人数相等的两大组，再将每一组分成两排面对面蹲下，用手各执绳子的一端，将绳子拉直，每根绳子之间相距1~1.5米，绳子离地高度适度，另一组学生依次跳过每一根绳，练习两至三回后两组互换练习。要求：①双脚连续依次跳过绳子，注意安全；②前后学生相距3~4根跳绳。

（五）匍匐前进练习

在草坪上，将学生分成人数相等的两大组，再将每一组分成两排面对面蹲下，用手各执绳子的一端，将绳子拉直，每根绳子之间相距1~1.5米，绳子离地高度与膝同高，另一组学生依次从绳网下爬过，练习两至三回后两组互换练习。要求：①用双手或双肘和双膝爬进；②身体任何部位不得触及绳。

（六）跑的练习

（1）你追我逃：在篮球场上进行，将学生分成4大组，分别站在4块篮球场上，每组再分2小组进行。一组跳绳逃跑，另一组跳绳追，被追住的同学站到场外，直至最后一位同学被追住为止，然后，两小组角色互换再进行练习。要求：①逃的同学不能出界；②追的同学不能停绳追，用手拍击逃跑人的身体。

（2）跳绳往返接力跑：距离10~15米，将全班分成人数相等的几组，成纵队站立，每组只用一根绳。比赛开始后，每组的第一位同学跳绳向前跑出，绕过终点标志物返回，将手中的绳交给第二位同学，第二位同学重复第一位同学的动作，然后第三、第四、第五……依次进行，看哪一组最先跑完。要求：用手交接绳，不得抛绳（见图11-2-2）。

图11-2-2

（3）跳绳迎面接力跑：距离15~20米分别画两条平行线，将学生分成人数相等的4组，面对面纵队站立，每组用一根绳，准备好后教师发令，每组第一位同学跳绳跑向对面同伴，将绳交给同伴进行，看哪组最先完成判定胜负。要求：①必须跳绳跑；②接绳之前不得跨越起跑线（见图11-2-3）。

（4）两人三足跑：距离20~30米，分别画两条平行线，将学生分成多组，站于起跑线后，各组学生两人一组，可自由组合，用跳绳将自己的一只脚和同伴的一只脚绑在一起，准备好后教师发令，各组学生快速走或跑向终点。要求：配合协调，步调一致。

（5）蜈蚣赛跑：距离100米，分别画两条平行线，在田径场上进行。将学生分成4组，每组10~12人，成纵队站于起跑线后。每组用各自连接好的两条长绳：一条用来系住各人的左脚踝关节；另一条系住各人的右脚踝关节。每人前后相距一臂距离，后面的人双手搭在前面的人肩上，准备好后教师发令，各组学生快速走向终点线，以各组的最后一人先过终点线为胜。要求：①各组之间相距 1~1.5 米，注意安全；②协调一致，走成直线。

图 11-2-3

（七）跳长绳练习

在篮球场上进行练习。将学生分成 2~4 组，每组将短绳接成长绳，进行集体跳长绳练习。要求：①学生可自行编制与选择跳长绳的花式；②多人花样跳时要注意安全（见图 11-2-4）。

图 11-2-4

三、趣味跳绳练习方法

为了活跃课堂气氛，增加学生练习跳绳的积极性，在跳绳教学中，采用多种教学手段，使学生在欢乐愉快的跳绳活动中，达到增强腿部力量，发展弹跳力、耐久力及灵巧性的目的，此处总结了以下几种趣味跳绳法。

（一）集体跳

（1）由单人鱼贯式或多人一齐跑进、跑出、跳过或连跳的方式进行跳绳。在跳的时候，可任意跳几次，可加做一些自己喜欢的小动作，如：拍手、转身、报号、唱儿歌、拾物等，增加跳绳的乐趣（见图 11-2-5）。

（2）2~3 人花样趣味跳绳法。

①一人摇跳，另一人跑进、跑出或同跳（见图 11-2-6）。

②一人助摇跳。

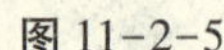

图 11-2-5

图 11-2-6

（3）两人同摇跳。

①两人跑动跳。方法：两名同学左、右手持绳的两端，做向前跑动跳绳的练习，速度要求中等，动作协调，注意不要被绳子绊倒（见图 11-2-7）。

图 11-2-7

②三人重叠跳：一人摇跳，另 2 人跑进、跑出或同跳。方法：一人先用稍长的绳并脚跳，速度较慢，然后其余 2 人跳进或跳出跳绳者的体前或体后，同跳。注意跳起时基本一致，摇绳速度要均匀，不能忽快忽慢（见图 11-2-8）。

图 11-2-8

（二）单人跳

（1）原地单脚向前（后）摇跳：如一脚跳过绳，另一腿前举，前屈或后屈（见图 11-2-9）。

（2）原地双脚摇跳：如前腿跳，蹲跳等（见图 11-2-10）。

（3）原地交换脚跳：如交换做高抬腿跳等（见图 11-2-11）。

图 11-2-9　　图 11-2-10　　图 11-2-11

（4）花样跳：如双摇跳、侧摇跳、“8”字摇跳等，也可计时跳，规定数量跳，变换速度跳等（见图 11-2-12）。

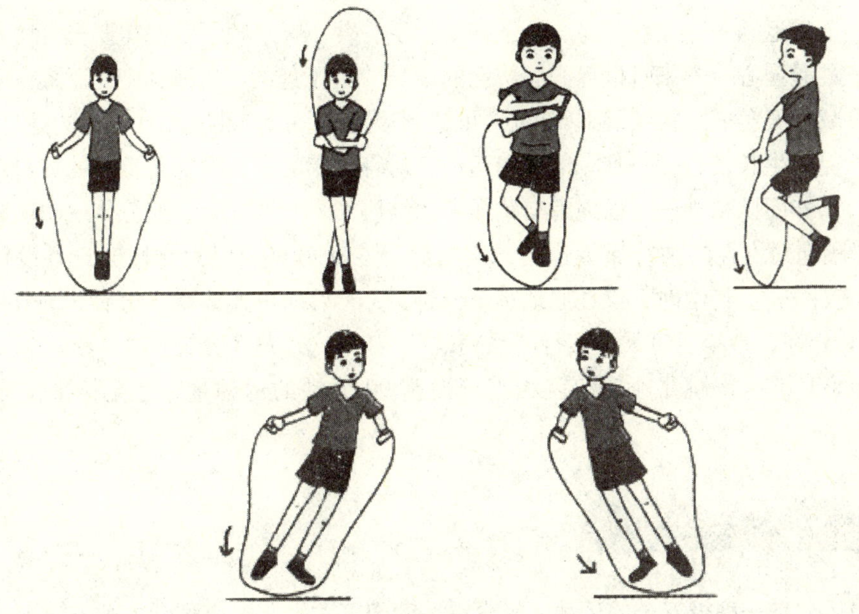

图 11-2-12

以上趣味跳绳法在体育教学中，收到了良好的效果，既锻炼了学生的体质，又培养了学生的良好品德。

第三节 跳绳运动与健身

一、跳绳的健身功能

跳绳是一种全身性活动，既能加快胃肠蠕动和血液循环，促进全身的新陈代谢，又能使心情兴奋起来。跳绳能促进人心灵手巧。人的机体在运动时会把信息反馈给大脑，从而刺激大脑的积极思维，而跳绳时的自跳自数正是这样，通过信息的来回往返，促进大脑思维加快，判断更准确，肢体活动灵活有力而达到心灵手巧。

跳绳可以锻炼力量，也可以增强身体的协调性和反应能力，还能增强心肺功能。总之，不同的跳绳方式可以带来不同的锻炼效果。北京体育大学运动训练学博士武文强表示，多跳花式（像两手交叉、摇两次跳一次或者摇一次跳两次等花样）可以锻炼跳绳者的灵敏度，而如果要锻炼心肺功能，则要慢速长时间地跳，比如一组 20 分钟等。

也有人认为，跳绳对膝盖的冲击很大。但有专家研究指出，跳绳对膝盖的冲击力量只有跑步的 1/7 至 1/2。武文强博士认为，只要落地方法正确，就可以将冲击力量减少至安全范围。

二、跳绳运动的优点

（1）简便易行——不受时间场地限制，一根绳子，无限花样。

（2）富有挑战——跳绳花样繁多，各种技巧的组合更是不计其数。

（3）全身运动——左右开弓，上下齐动，手、臂、腰、腿、足都需要充分协调。

（4）跳绳强心——来自世界心脏协会的口号"为了您的心脏跳绳吧"。

（5）减肥健美——持续跳绳 10 分钟可达到慢跑 30 分钟或跳操 20 分钟的健身效果。

（6）促进生长发育——唯一的纵向运动，对青少年的身高增长有良好的促进作用。

（7）培养团队精神——摇绳者与跳绳者团结协作，互动配合，充分体现团队精神。

鉴于跳绳对女性的独特保健作用，法国健身专家莫克专门为女性健身者设计了一种"跳绳渐进计划"。初学时，仅在原地跳 1 分钟，3 天后即可连续跳 3 分钟，3 个月后可连续跳上 10 分钟，半年后每天可实行"系列跳"，如每次连跳 3 分钟，共 5 次，直到一次连续跳上半小时。一次跳半小时，就相当于慢跑 90 分钟的运动量，已是标准的有氧健身运动。

三、跳绳的要求及注意事项

跳绳运动是一种极安全的运动，绝少有运动伤害发生，即使跳跃失败或停顿，也不会有坠落、跌倒、冲突或被用具所伤的危险。况且跳绳者又能随自己的身体状况、体力及方法来自由调节跳绳的速度及次数，因此同学们可以放心地去练习。以下几点是同学练习跳绳时的要求和应注意的事项：

（1）选择适当的场地。

（2）穿着适当的服装。

（3）充分做好准备活动和整理活动。

（4）要有正确的跳绳方法。

①跳绳方法是用前脚掌起跳和落地，切记不可用全脚或脚跟落地，以免脑部受到震动；当跃起在空中时，不要极度弯曲身体，而应成为自然弯曲的姿势。

②握绳的方法是两手分别握住绳两端的把手，通常情况下以一脚踩住绳子中间，两臂屈肘将小臂抬平，绳子被拉直即为适合的长度。

③摇绳的方法是向前摇时，大臂靠近身体两侧，肘稍外展，上臂近似水平，用手腕发力做外展内旋运动，使两手在体侧做画圆动作；每摇动一次，绳子从地经过身后向上向下回旋一周，绳子转动的速度和手摇绳的速度成正比，摇动越快，则绳子回旋越快。

④停绳的方法是向前摇时，一脚伸出，前脚掌离地，脚跟着地使绳停在脚掌下；向后

摇时，则一脚伸出，后脚跟离地，前脚掌着地，使绳停在脚底。

（5）要循序渐进练习。

（6）严防事故。

以下是几种因跳绳引起的常见事故：

①相互间拿着跳绳追逐打闹，用绳子当“鞭子”抽打同学。

②将绳子挂在器械上当吊绳，做“秋千”荡，易出事故。

③从高处将绳子甩下击打同学的头，有时一不小心，也会造成自己受伤。

以上种种，应加强教育防范，杜绝事故。

第四节　跳绳竞赛规则

本节内容摘录自国家体育总局社会体育指导中心最新审定的《中国跳绳运动竞赛规则（试行）》。

一、参赛人员及规定

参赛人员包括运动队的领队、教练员、运动员。为保证比赛的顺利进行，参赛人员须认真遵守组委会的各项规定，保持良好的赛风赛纪，并遵守以下规定：

（1）参赛人员必须身体健康，并经医院体检合格。

（2）各运动队必须按规程规定办理报名手续，及时提交报名表等相关表格。

（3）运动队应公平竞争，服从裁判的判罚。

（4）任何参赛人员不得在比赛期间对裁判人员施加影响和干扰。裁判员不得收授礼品或礼金等。

（5）场地内外与参赛队伍有关人员不得以任何形式对场上运动员进行提示、指导。

（6）每名运动员每次只能代表一支队伍参赛，违者取消比赛资格。

（7）参赛人员不得使用或误服兴奋剂。

二、场地、器材、服饰

（一）比赛场地

（1）个人赛场地：4×4 米（计时计数赛）、9×9 米（花样赛）；团体赛场地：5×5 米（计时计数赛）、12×12 米（花样赛、表演赛）。比赛场地四周至少有 3 米宽的无障碍区；比赛区上空的无障碍空间，至少高于地面 4 米。

（2）比赛场地地面平整，无影响比赛的隐患。

（3）比赛场地的界线宽为 5 厘米，线宽不包括在场地内，颜色应与场地有明显区别。

（4）裁判席设在裁判区内。裁判区为比赛场地周围 3 米区域，离观众席至少 2 米。

（5）在队员比赛的同时，教练员和替补队员应留在替补席。

（二）比赛器材

（1）比赛用跳绳及其他设施须经组委会审定。

（2）绳的长短、粗细、结构和重量不限，应有与服装和地板明显反差的颜色，不得使用金属材料制作的绳具（手柄除外）。

（3）手柄的长短、粗细、颜色、形状、结构、材料和重量不限，也可使用不带手柄的绳具。

（4）比赛用绳不得有安全隐患和影响裁判员判断的饰物。

（三）比赛服装

（1）比赛服装（袖子和领子除外）的主要颜色应与比赛用绳有明显区别。

（2）比赛服上衣背部的中间位置应佩戴组织者指定的用于标明运动员参赛的号码布，号码布规格为不大于24（高）×20（宽）厘米的矩形。比赛服上可标有队名、赞助商标志，标志最大面积为30平方厘米（6×5厘米）。

（3）服装上不得带有不文雅及与本项运动或其他运动项目相悖的设计或字样。

（4）同队运动员参赛应穿着统一的比赛服装（鞋袜除外，鞋子颜色应与跳绳明显区别）。

（5）不得佩戴妨碍比赛安全的任何饰物、挂件。

三、竞赛通则

（一）竞赛分组

（1）按性别分为男子组、女子组和男女混合组。

（2）按年龄分为儿童组、青少年组、成人组。

儿童组：不满12周岁；青少年组：12周岁~17周岁；成人组：18周岁（含）以上。

（二）竞赛项目

1. 计时计数赛

（1）个人赛。

30秒速度单摇跳；30秒间隔交叉单摇跳；30秒速度双摇跳；3分钟速度耐力单摇跳；连续三摇跳。

（2）团体赛。

30秒混双单摇跳；4×30秒单摇跳（接力）；4×30秒双摇跳（接力）；4×45秒双绳交互摇速度单摇跳（接力）；10~12人长绳“8”字跳（3分钟）。

2. 花样赛

（1）个人赛。

花样跳绳（45~75秒）

（2）团体赛。

2人花样跳绳（45~75秒，每人一绳）；4人花样跳绳（45~75秒，每人一绳）；双绳交互摇三人跳绳（45~75秒）；双绳交互摇四人跳绳（45~75秒）。

3. 表演赛（3~6分钟）

（三）竞赛办法与相关规定

1. 竞赛办法

（1）比赛开始与结束均以口令或鸣哨为信号。计时员发出“选手准备”指令后，所有参赛运动员就位；发出指令“预备”后，所有参赛运动员做好跳绳准备，单绳项目的选手双手持绳于身后，双绳、长绳“8”字跳项目的选手持绳站好。

（2）计时计数赛。

① 单摇跳：运动员跳起一次，双手摇绳，绳跃过头顶通过脚下绕身体一周（360°），称作单摇跳，记次数 1 次，在规定时间内累积计数。

② 双摇跳：运动员跳起一次，双手摇绳，绳跃过头顶通过脚下绕过身体两周（720°），称作双摇跳，记次数 1 次，在规定时间内累积计数。

③ 三摇跳：运动员跳起一次，双手摇绳，绳跃过头顶通过脚下绕过身体三周（1080°），称作三摇跳，记次数 1 次，在规定时间内累积计数。

④ 间隔交叉单摇跳：运动员单摇跳起一次，双手体前交叉摇绳，绳跃过头顶通过脚下绕身体一周（360°），再跳起一次，依次一摇一变化交叉跳称作间隔交叉单摇跳，记次数 1 次，在规定时间内累积进行。

⑤ 混双单摇跳：男女运动员各一名共两名（1 名运动员持绳并摇绳）同时跳起 1 次，绳跃过两人头顶通过脚下绕身体一周（360°），计次数 1 次，在规定时间内累积计数。

⑥ 接力赛：4×30 秒单摇跳、4×30 秒双摇跳、4×45 秒双绳交互摇速度单摇跳，须以 30 秒或 45 秒口令为信号进行接力跳。

⑦ 长绳“8”字跳：2 名运动员（男女不限）持绳站好，间距不小于 3.6 米。在口令或鸣哨后将绳同方向 360°摇起，运动员无论采用何种方式须依次以“8”字路线跑入绳中跳跃、长绳过双脚一次、再跑出长绳，则计次数 1 次，在规定时间内累积计数。

（3）花样赛。

① 花样跳绳必须遵守跳绳运动的基本规律进行动作与套路的编排。

② 花样赛：个人或 2、4 人自行编排动作及套路在规定时间内进行跳绳比赛。

③ 双绳交互摇三人跳绳和双绳交互摇四人跳绳：在 45~75 秒内 3 或 4 人按自行所编动作及套路轮流进行跳绳比赛。

（4）表演赛：由 4~14 名运动员以配乐进行表演，表演内容为自编花样。

2. 犯规及罚则

（1）在“开始”口令未下达前出现摇绳或抢跳，裁判员须重新开始比赛，并提出警告，对于两次抢跳的运动员取消其本场比赛资格。

（2）踩线或出界犯规。

① 单摇、双摇速度赛：如运动员踩线或出界，裁判员须暂停比赛，让其回到原位后继续比赛，计数从运动员回到原位后继续累计。

② 三摇跳运动员失误、踩线、出界或出现其他犯规行为，比赛即告结束。

③ 花样赛与表演赛：踩线或出界犯规由裁判长扣除 0.2 分/次。

（3）转换犯规。

① 转换犯规是指在接力赛中“转换”口令未下达之前运动员开始转换。

② 如出现转换犯规，比赛继续，记犯规 1 次。

③ 转换犯规 1 次将从成绩中扣除次数 5 次。

（4）时间犯规。

① 花样跳绳比赛时间不足 45 秒或超过 75 秒，视为犯规，判扣 0.2 分。

② 三摇跳：运动员在听到开始比赛信号后 10 秒之内未能开始三摇跳，将从计数中扣除 5 次三摇跳。

（5）双绳交互摇花样跳：所有运动员须在比赛中以跳绳运动员身份完成至少 3 个技术动作，比赛即为有效。否则，视为犯规，少 1 个技术动作扣 0.2 分。

（6）判罚犯规由裁判长执行。计时计数赛中，犯规 1 次，扣除次数 5 次；花样赛和表演赛中，犯规 1 次，扣除 0.2 分。

参考文献

[1] 王成，杭兰平，虞荣安. 大学体育理论 [M]. 西安：西北工业大学出版社，2014.

[2] 陈志军，张君其. 大学体育 [M]. 苏州：苏州大学出版社，2014.

[3] 李振斌. 大学体育教程 [M]. 长春：东北师范大学出版社，2013.

[4] 王瑞元，苏全生. 运动生理学 [M]. 北京：人民体育出版社，2012.

[5] 吕晓华. 运动营养学 [M]. 成都：四川大学出版社，2005.

[6] 国家体育总局. 2014 年国民体质监测公报 [EB/OL].（2015-11-25）. http://www.sport.gov.cn/n16/n1077/n1422/7331093.html.

[7] 国家国民体质监测中心. 2014 年 6-69 岁人群体育健身活动和体质状况抽测调查结果 [EB/OL].（2014-8-6）. http://www.fitness.org.cn/news/201486/n7248668.html.

[8] 王亚琼. 运动竞赛学 [M]. 北京：北京师范大学出版社，2009.

[9] 李晗，赵立军. 运动竞赛的组织与实施 [M]. 沈阳：东北大学出版社，2009.

[10] 刘国. 新编大学体育 [M]. 西安：西北大学出版社，2007.

[11] 赵立. 体育概论 [M]. 北京：人民体育出版社，2009.

[12] 王月华，王淑清. 学校体育学与社会 [M]. 长春：吉林大学出版社，2010.

[13] 卢元镇. 体育社会学（第三版）[M]. 北京：高等教育出版社，2010.

[14] 胡声宇. 运动解剖学——体育院校通用教材 [M]. 北京：人民体育出版社，2000.

[15] 邓浩，王东升，张伟. 大学体育健康教程 [M]. 郑州：中原农民出版社，2008.

[16] 彭雪玲，李刚. 大学体育与健康 [M]. 成都：电子科技大学出版社，2008.

[17] 侯桂明. 大学体育基础教程 [M]. 南京：河海大学出版社，2007.

[18] 谭成清，李艳翎，裴竞波. 现代大学体育教程 [M]. 长沙：国防科技大学出版社，2010.

[19] 王家彬，虞荣安，杭兰平. 大学体育教程——理论篇 [M]. 西安：西北工业大学出版社，2007.

[20] 张洪潭. 体育的概念、术语、定义之解说立论 [J]. 西安体育学院学报，2006（4）.

[21] 包佶. 关于体育的概念和本质的讨论 [J]. 科技信息（学术版），2007（23）.

[22] 范海荣，任继祖. 学校体育学 [M]. 上海：复旦大学出版社，2009.

[23] 龙明，张军. 奥林匹克运动要论 [M]. 兰州：兰州大学出版社，2009.

[24] 项立敏. 现代奥林匹克运动 [M]. 徐州：中国矿业大学出版社，2005.

[25] 中国奥委会. 奥运百科 [EB/OL]. http://www.olympic.cn/olympic/movement/.

［26］来源，黄承欢. 大学体育健康教程［M］. 西安：西北工业大学出版社，2009.

［27］王萍. 大学体育与健康教育［M］. 天津：天津科学技术出版社，2008.

［28］席凯强，李鸿江. 田径技术教学程序与设计［M］. 北京：北京航空航天大学出版社，2011.

［29］刘建国. 田径运动［M］. 北京：高等教育出版社，2010.

［30］全国体育院校教材委员会. 排球运动［M］. 北京：人民体育出版社，1992.

［31］刘文春. 排球运动［M］. 北京：高等教育出版社，2005.

［32］朱红丹. 排球入门与技战术图解［M］. 北京：蓝天出版社，2010.

［33］赵青. 排球技战术全图解［M］. 北京：北京体育大学出版社，2009.

［34］中国排球协会. 排球竞赛规则 2013—2016［M］. 北京：人民体育出版社，2013.

［35］刘建伟. 推动排球运动发展的真正动力［J］. 科技信息，2007（27）.

［36］南来寒. 排球［M］. 长春：吉林文史出版社，2014.

［37］林宇峰，李海伟，等. 膝关节损伤对排球专项学生急停纵跳的生物力学影响［J］. 北京体育大学学报，2014（3）.

［38］吴国正，董雪芬. 排球［M］. 北京：北京体育大学出版社，2010.

［39］白红. 排球教程［M］. 北京：北京理工大学出版社，2012.

［40］乌尔里希·菲舍尔. 羽毛球教学［M］. 王悦，译. 北京：北京体育大学出版社，2005.

［41］陈莉琳. 羽毛球［M］. 福州：福建科技出版社，2013.

［42］林建成. 羽毛球技、战术训练与应用［M］. 北京：人民体育出版社，2009.

［43］张虹. 健美操［M］. 北京：北京师范大学出版社，2008.

［44］黄淑萍，刘凯. 大学体育舞蹈教程［M］. 兰州：甘肃教育出版社，2008.

［45］国家体育总局. 第九套广播体操图解［Z］. 北京：人民体育出版社，2011.

［46］吴彬，何瑞红，等. 长拳入门与提高［M］. 北京：人民体育出版社，2003.

［47］姬上兵. 民族传统体育研究热点与趋势分析［J］. 北京体育大学学报，2011（3）.

［48］郑孙勇，王美丽. 长拳、太极拳练习对男性大学生心肺功能的影响［J］. 中国体育科技，2008（6）.

［49］刘同为，周惠新. 长拳演练节奏及其变化规律探析［J］. 上海体育学院学报，2006（3）.

［50］岳言，格日乐图. 长拳［M］. 长春：吉林出版集团有限责任公司，2008.

［51］全国体育院校教材委员会. 中国武术教程（下册）［M］. 北京：人民体育出版社，2004.

［52］陈勇. 图解女子防身术［M］. 济南：山东人民出版社，2011.

［53］侯仲约，程大力. 最新女子防身术［M］. 北京：人民体育出版社，1998.

［54］谢香道，等. 大学体育教程［M］. 上海：立信会计出版社，2011.

［55］朱继华，潘志军. 大学生运动与健康［M］. 北京：高等教育出版社，2011.

［56］唐阳成，郝建军. 新编大学体育与健康［M］. 西安：西北工业大学出版社，2014.

[57] 黄荣，张鹏，王严旎．健美操［M］．北京：清华大学出版社，2015.

[58] 王月．形体礼仪与瑜伽塑身训练［M］．北京：清华大学出版社，2012.

[59] 韩俊．瑜伽初级教程［M］．沈阳：辽宁科学技术出版社，2006.

[60] 中国足球协会．足球竞赛规则 2015—2016［M］．北京：人民体育出版社，2016.

[61] 苏还仁．现代乒乓球运动教学与训练［M］．北京：人民体育出版社，2003.

[62] 唐建军．乒乓球实战技巧技战术图解［M］．北京：北京体育大学出版社，2003.

[63] 姜桂萍．体育舞蹈［M］．北京：高等教育出版社，2008.

[64] 钱宏颖．体育舞蹈与排舞［M］．杭州：浙江大学出版社，2011.

[65] 赵振平．从小爱跳绳［M］．北京：人民教育出版社，1999.

[66] 邱丽玲．中国跳绳竞赛项目设置与竞赛方法研究［D］．北京：北京体育大学，2009.

[67] 张冥．跳绳在体育教学中的运用［J］．和田师范专科学校学报，2008（1）.

[68] 牛延校．开展跳绳运动促进职业院校体育多样化［J］．延安教育学院学报，2009（3）.

[69] 伟芳．跳绳健身也时尚［N］．中国中医药报，2006（3）.

[70] 郑贺，冯晓丽．中国民族传统体育的发展及走向［J］．体育文化导刊，2004（1）.

[71] 邓艳艳，宋军．关注体育中考中的弱势学生［J］．中国学校体育，2008（9）.

[72] 梁超．花样跳绳在上海市部分中小学推广的现状及可行性研究［D］．上海：上海体育学院，2010.

[73] 郭贤成，刘洪燕，邱丽玲．我国跳绳竞赛项目设置的研究［J］．北京体育大学学报，2010（8）.

[74] 马万凤，徐金华，夏小平，平朋刚．试论高校校园体育文化的特征及其功能［J］．北京体育大学学报，2003（4）.

[75]《国家学生体质健康标准解读》编委会．国家学生体质健康标准解读［M］．北京：人民教育出版社，2007.